10

백제학연구총서 쟁점백제사

한성백제사 다시보기

Reviewing the Issues on Hanseong-Baekje History

백제학연구총서 쟁점백제사 10

한성백제사 다시보기

발행인 이인숙(한성백제박물관장)
총괄 이인숙(한성백제박물관장)
기획 · 진행 조영훈(백제학연구소장), 이장웅(학예연구사)
편집교정 이장웅(학예연구사)
행정지원 오천석 · 이영경 · 정혜경(총무과)

한성백제박물관
05540 서울특별시 송파구 위례성대로 71
Tel. 02-2152-5800
http://baekjemuseum.seoul.go.kr

발행일 2017년 9월 8일

디자인 · 제작 학연문화사
Tel 02-2026-0541

ISBN 979-11-86012-31-4

10

백제학연구총서 쟁점백제사

한성백제사 다시보기

Reviewing the Issues on Hanseong-Baekje History

한성백제박물관
SEOUL BAEKJE MUSEUM

발간사

한성백제박물관은 2012년 4월 개관 후부터 매년 두 차례씩 '쟁점백제사' 학술회의를 개최해 왔으며, 2017년 4월에는 개관 5주년 기념으로 그 열 번째 학술회의를 개최하였습니다. 이번에는 "한성백제사 다시보기" 라는 주제 하에 그동안 아홉 차례에 걸쳐 논의된 한성백제 정치사를 총 정리해 보자는 의도로, 지금까지 발간된 9권의 쟁점백제사 연구총서 내용을 종합 정리하는 식으로 컨퍼런스를 진행하였으며, 이를 정리하여 한성백제박물관 백제학 연구총서, 쟁점백제사 제Ⅹ권, '한성백제사 다시보기'를 발간하게 되었습니다.

백제사학계의 중요 쟁점 사항에 대한 연구 발표와 끝장 토론으로 이루어진 한성백제박물관의 쟁점백제사 학술회의 시리즈는 지금까지 집적된 연구 업적과 새로이 추가되는 학술 자료 및 학계의 시각에 대해 소개하고 제기되는 문제점들을 집중 논의의 마당으로 끌어내고자 하는 취지에서 기획되었습니다. 이제 어느덧 박물관 개관 5주년을 맞이한 시점에 그 열 번째 학술대회를 개최하였고, 종합 편에 해당하는 쟁점백제사 제10권을 간행하게 된 것입니다.

지난 5년 간, 쟁점백제사 학술대회가 열리는 날마다, 여러 편의 논문들이 발표되고 매번 집중토론이 5시간 이상 이어져 왔습니다. 모두 9회에 걸친 학술대회의 매 주제별 발표와 토론 내용을 제 10회 학술대회, "한성백제사 다시보기"에서 요약, 정리함으로써 현시점에서 제기되는 견해에 대해 다시 점검해 보는 좋은 기회가 되었습니다. 이 학술대회의 성과를 한권의 책으로 엮어 앞으로 나아갈 방향을 가늠해 보고 학계와 일반 독자들에게 한성백제 역사에 대한 보다 진전된 정보를 제공하고자 합니다.

그동안 10회에 걸친 쟁점백제사 학술대회에 적극적으로 참석하여 논문 발표와 토론을 통해 연구 성과를 학계와 시민들에게 나누고 있는 여러 학자님들께 깊은 감사의 말씀을 드립니다.

또한 꾸준히 박물관의 학술 행사에 동참하면서 한성백제박물관의 백제사 연구와 복원에 기울이는 노력과 여러 가지 활동을 아낌없이 성원해 주시는 일반 시민 여러분들께도 이 자리를 빌려 머리 숙여 고마움을 표하고자 합니다. 그리고 그동안 한성백제박물관이 일구어낸 이 적지 않은 성과에 대하여 관원들과 함께 가슴 뿌듯한 보람을 나누고자 합니다.

2017년 9월

한성백제박물관 관장

李 仁 淑

목 차

종합토론 |

좌장 노중국 **토론** 임영진 · 신희권 · 강종원 · 조윤재 · 윤용구 · 정재윤 · 박현숙 · 임기환 · 양기석

컨퍼런스 1부

컨퍼런스 2부

컨퍼런스 2부

주제발표 1

다시 보는 한성백제사

노 중 국 계명대학교

Ⅰ. 들어가며

2012년 4월 한성백제박물관이 개관하였다. 서울은 천년 수도이며 2천년 고도古都이다. 한성백제박물관의 건립은 서울이 천년 수도임을 다시 한 번 분명히 한 것이며 한성도읍기 백제 역사를 재조명해 보는 토대가 되었다. 한성백제박물관은 다른 박물관과 차이점이 있다. 박물관 내에 연구소를 설치한 것이다. 백제학연구소가 그것이다. 이로써 한성백제박물관은 전시기능, 연구기능, 교육기능을 제대로 갖추어 운영되는 대표적인 박물관이 되었다.

2017년 4월로 한성백제박물관이 개관한지 만 5년이 된다. 이 5년 동안 한성백제박물관이 이룩한 연구 성과는 쟁점 백제사 9권의 출판으로 대변된다. 1년에 두 번 백제사와 관련한 쟁점을 토론을 하고 그 결과를 묶어낸 것이다. 이는 다른 기관에서는 도저히 생각하지도 못했고 또 생각하였다고 하더라도 실행에 옮길 수도 없는 대 사업이다.

쟁점 백제사 대토론회는 이제 10회에 이르게 되었다. 쟁점 백제사 대토론회는 다음과 같은 목표로 시작되었다. 첫째, 토론문화의 활성화를 통해 백제사에 대한 연구수준을 한 단계 높이는 것이다. 둘째, 백제사 연구에서 쟁점이 되는 주제들에 대한 기탄없는 토론을 통해 일정한 공감대를 이루어 내는 것이다. 셋째, 백제사 연구의 진전을 위해 앞으로 연구해야 할 과제들을 도출해 내는 것이다. 넷째, 한성도읍기 백제사의 범주를 확대하는 것이다.

이러한 목적에서 시작한 쟁점 백제사 대토론회의 성과물인 9권의 책은 두 가지 특징을 갖는다. 하나는 문헌사 중심의 연구와 고고학 자료 중심의 연구를 잘 조화시키려 한 것이다. 다른 하나는 4시간 내지 5시간에 걸친 장시간의 토론문을 부록으로 수록한 것이다. 토론문 속에는 논문에서 미처 이야기하지 못한 다양한 내용들과 쟁점들이 들어있다. 매 권마다 토론문을 수록한 것은 보기 드문 현상이다. 9권의 책 제목은 다음과 같다.

제1권 백제, 언제 누가 세웠나 : 백제의 건국 시기와 주체세력
제2권 근초고왕 때 백제영토는 어디까지였나 : 백제의 영토 확장
제3권 한성백제의 왕궁의 어디 있었나 : 한성의 도시구조
제4권 백제의 왕권은 어떻게 강화되었나 : 백제의 중앙과 지방
제5권 백제의 성장과 중국
제6권 한국사 속의 백제와 왜
제7권 백제와 요서지역
제8권 개로왕의 꿈, 대국 백제
제9권 백제의 성장과 낙랑·대방

9회에 걸쳐 행해진 쟁점 백제사 대토론회에서 다루어진 내용은 백제의 건국과 건국 이후 성장·발전해 가는 과정에서 행해진 정치와 외교가 중심을 이루었다. 따라서 9회에 걸친 토론의 내용은 '한성도읍기 백제의 정치사'라고 할 수 있다.

이제 10회의 쟁점 백제사 대토론회는 그간의 성과들을 정리해 보면서 미처 정리되지 못한 부분들이 무엇이며 앞으로 이 문제들을 어떻게 정리해야 할 것인가를 논의해 보는 자리이다. 이 자리는 9개의 큰 주제에 대한 발표와 토론에서 거둔 성과들을 정리할 수 있는 부분들은 정리하여 더 이상의 소모적인 논쟁을 피하는 것이 학문 발전에 보다 도움이 된다는 생각에서 마련되었다. 본고에서는 백제정치사의 전개과정을 개관하면서 9회에 걸친 각 주제에 대한 발표 · 토론에서 일정하게 거둔 성과들을 종합하고 앞으로 해결해야 할 문제점들을 몇 가지로 정리해 두기로 한다.

Ⅱ. 기본자료에 대한 이해

1. 『삼국사기』 초기기록과 『삼국지』 동이전

한국고대사를 연구할 때, 특히 삼국의 초기 역사를 연구할 때 핵심이 되는 자료는 『삼국사기』 초기기록과 『삼국지』 동이전의 기록이다. 『삼국사기』 초기기록은 고구려는 태조왕 이전, 백제는 고이왕 이전, 신라는 나물왕 이전 시기의 기록을 말한다. 『삼국지』 동이전은 기원 전후한 시기에서 3세기 중엽에 이르기까지 만주와 한반도 및 일본 열도에 성립한 여러 정치체에 대한 기록이다. 이에 대한 이해를 어떻게 하느냐에 따라 삼국 초기사의 모습이 매우 다르게 나타난다.

『삼국사기』 초기기록에 대해 일제식민사학자들은 신빙할 수 없는 것으로 부정해 버렸다. 이를 '초기기록 불신론'이라 한다. 1970년대에 들어와서 고고학적인 연구 성과의 축적에 따라 초기기록을 그대로 취신하여 삼국의 초기 역사를 재구성해야 한다는 견해가 제시되었다. 이를 '초기기록 신빙론'이라 한다. 불신론을 따르면 삼국의 초기사는 거의 재구성할 수 없는 문제점에 봉착하고, 신빙론을 따를 경우 『삼국지』 동이전이 보여주는 모습과 어긋나는 문제가 생겨난다. 이러한 문제점들을 해결하기 위해 초기기록과 동이전의 내용을 절충해 보아야 한다는 견해가 나왔다. 절충하고자 할 때 구체적인 방법으로 제시된 것이 필자의 '초기기록의 분해론'과 '동이전의 단계화론'이다.

초기기록을 분해하고자 할 때 분해의 주 대상은 백제의 경우 온조왕기와 고이왕기이다. 온조왕기의 경우 즉위년조에는 건국, 국호의 결정과 개칭, 하북위례성에서 하남위례성으로의 이동, 왕실의 성씨 등이 나오고, 이후 좌우보제의 실시, 4부제의 실시, 마한의 멸망, 고사부리까지의 축성 등이 집중되어 나온다. 고이왕기의 경우 좌장의 설치, 남택南澤에의 도전稻田 개간, 제사에서 고취의 사용 등을 비롯하여 특히 27년 · 28년조에는 6좌평의 설치, 16관등제의 실시, 삼색공복제의 실시, 남당에의 청사, 왕의 복색, 6좌평의 임명 등의 기사가 집중되어 있다.

온조왕 대에서 고이왕 27 · 28년까지의 시기는 『삼국지』 동이전에 나오는 백제국伯濟國의 시기에 해당된다. 백제국伯濟國은 마한을 구성한 54국 가운데 하나였다. 이 시기 마한은 경기도, 충청도, 전라도를 포괄하고 있었다. 그런데 초기기록을 그대로 따르면 백제는 온조왕 대에 이미 마한을 멸망시키고, 영역은 전북 고부지역까지 확대되었으며, 이러한 영역을 다스리는 통치조직으로 6좌평, 16관등제가 실시되고 또 삼색공복제가 시행되고, 관인의 종신금고제가 실시된 것으로 된다.

초기기록이 보여주는 이러한 모습은 마한 54국 가운데 하나인 백제국伯濟國의 모습이 아니라 훗날 통일왕국을 이룬 백제百濟의 모습이다. 그럼에도 『삼국사기』 초기기록은 이러한 일들이 모두 시조왕과 고이왕 대에 이루어진 것처럼 정리하였다. 즉 후대에 이루어진 일들을 시조와 고이왕대의 사실로 재편집한 것이다. 따라서 초기기록에는 후대에 이루어진 일들이 들어 있는 것이다. 초기기록에 들어 있는 후대에 이루어진 일들을 분별해 내어 백제가 성장해 가는 모습을 재구성하려는 것이 바로 '초기기록 분해론'인 것이다.

초기기록에 집중되어 있는 사건들을 분해하여 사용하는 것은 자칫하면 자의적인 이용이라는 비판을 면하기 어렵다. 이러한 어려움을 극복할 수 있도록 단서를 제공해 주는 것이 『삼국지』 동이전이다. 동이전에는 3세기 중엽경까지 만주와 한반도 및 일본열도에 성립해 있던 부여, 고구려, 동옥저, 예, 한, 왜의 모습이 나온다.

이 정치체들은 비록 공간은 달리하지만 공시적共時的으로 존재하였다. 그러나 일정 시기를 기준으로 단면지어 보면 이 정치체들의 정치 발전 정도는 동일하지 않았다. 선진적인 국도 있고, 후진적인 국도 있었다. 이렇게 차이가 나는 각 지역 정치체의 발전 수준을 시간적인 선후로 배열하면 정치발전의 단계를 설정하는 것이 가능하다. 이것이 '동이전의 단계화론'이다. 이에 따라 한국 고대국가의 발전단계는 읍락단계-국단계-국연맹단계-부체제단계-중앙집권체제단계로 정리해 볼 수 있다.

읍락단계는 사로국의 6촌장村長이나 가락국의 9촌간村干의 단계로 국이 성립하기 이전의 단계이다. 국단계는 사로국, 가락국, 십제국 등의 국國이 각 지역에서 성립하여 분립分立해 있던 단계이다. 국연맹단계는 각 지역에서 분립해 있던 국들이 상대적으로 강한 국을 중심으로 연맹체를 형성한 단계이다. 마한연맹체, 진한연맹체, 변한연맹체가 바로 그것이다. 부체제 단계는 연맹체의 중심국이 크게 성장하여 주변국들을 정복·병합한 후 그 국의 수장들을 중앙귀족으로 편입하고 이들을 중앙의 지배자집단인 부部로 편제하여 국가를 운영한 단계이다. 고구려와 부여의 5부가 바로 여기에 해당된다. 중앙집권체제 단계는 왕권 강화의 결과로 지방통치조직이 마련되어 전 영역

이 국왕의 직접지배의 대상이 된 단계이다.[1]

이러한 국가발전 단계에 맞추어 초기기록의 내용들을 분해하여 적용하면 온조기의 내용들은 국단계 내지 국연맹단계에 일어난 일들에 해당시켜 볼 수 있고, 고이왕기의 내용들은 부체제 및 중앙집권체제 단계에 해당시켜 볼 수 있다. 이렇게 분해론과 단계론을 적절하게 대응시키면 초기기록을 자의적으로 이용한다고 하는 비판은 어느 정도 극복할 수 있을 것으로 본다.

2. 고고학 자료와 국가발전단계론

백제의 건국과 성장, 발전의 모습을 물질적인 측면에서 보여주는 것이 고고학 자료이다. 이러한 자료 가운데 주목을 받아온 것이 성곽, 고분, 토기, 위신품, 그리로 전문도기를 비롯한 외래품 도자기 등이다. 이 가운데 백제의 국가발전단계를 논하는데 중요 요소로 간주된 것이 성곽과 고분이다. 성곽과 고분을 국가발전단계와 연동하기 위해서는 성곽과 고분의 축조시기를 시계열화하고 이를 문헌자료를 토대로 도출한 국가발전단계설과 대응시켜 보는 것이 필요하다.

성곽의 경우 서울 지역에서 가장 빠른 것이 풍납토성 내의 삼중환호 유적이다. 그 다음이 풍납토성과 몽촌토성이다. 『삼국사기』에 의하면 백제 왕도 한성漢城은 남성과 북성으로 구성된 것으로 나온다. 풍납토성은 평지성으로서 북성에 해당되고 몽촌토성은 산성적 성격을 지니는 남성이라는 데는 이

1) 『삼국사기』 초기기록의 분해론과 『삼국지』 동이전의 단계화론에 대해서는 노중국, 1988, 『백제정치사연구』, 일조각 참조.

견이 없다. 풍납토성은 성벽에 대한 발굴 결과 초축 이후 두 번에 걸쳐 보축이 이루어진 것으로 밝혀졌다. 풍납토성의 축조시기에 대해서는 3세기 후반으로 보거나 그 보다 늦게 보기도 한다.

삼중환호와 풍납토성을 시계열화하면 삼중환호가 먼저 축조되고 그 다음에 풍납토성과 몽촌토성이 축조된 것으로 된다. 따라서 백제의 성곽 축조는 삼중환호를 조성한 단계와 풍납토성을 축조한 단계로 구분할 수 있다. 그렇다면 삼중환호를 축조한 세력이 그 힘을 키워 마침내 풍납토성과 몽촌토성을 축조한 것으로 볼 수 있는 것이다.

삼중환호를 사용하던 시기에서 풍납토성을 축조하여 사용한 시기로 넘어가는 경계선은 3세기 후반경이 된다. 구체적으로는 고이왕 27년(260)을 전후하는 시기가 된다. 이를 문헌자료를 토대로 도출한 국가발전단계와 대비해 보면 삼중환호는 목지국이 마한연맹체의 맹주국이었을 당시 마한연맹체의 한 구성체로서의 백제국伯濟國의 모습을 보여주며 반면에 풍납토성을 축조한 시기는 부체제 단계에 해당된다. 그렇다면 고고학에서 풍납토성을 축조한 시기에 백제국이 건국되었다고 한 것은 부체제단계의 백제를 말하는 것으로 볼 수 있다.

한편 삼중환호는 현재 풍납토성에서 확인된 유적 가운데 시기가 가장 빠르다. 그 시기는 2세기 중반 내지 3세기 초반이 된다. 이를 토대로 백제국伯濟國이라는 정치체가 2세기 중반에 와서 처음으로 만들어진 것으로 볼 수는 없다. 왜냐하면 고구려, 신라는 물론 김해의 가락국도 그 성립 시기는 모두 기원 전후한 시기로 나오기 때문이다. 이로 미루어 삼중환호를 만들기 이전의 정치체는 『삼국사기』의 십제국이고 그 중심지는 하북에 위치하였을 가능성도 배제할 수 없다. 다만 하북위례성의 위치와 그 모습은 앞으로의 발굴 성과에 기대해 보아야 할 것이다.

고분의 경우 석촌동고분군, 방이동고분군이 주목된다. 석촌동고분군에는 토광묘, 즙석묘, 적석총 등이 보이고 방이동고분군에는 횡혈식석실분이 보인다. 이 고분들은 시간의 선후를 가지면서 일정한 기간 동안 공시성을 가지기도 한다. 그러나 시계열로 보면 토광묘-즙석묘-적석총-횡혈식석실분으로의 흐름을 보인다.[2]

고분은 백제 왕실의 출자문제를 보여주는 중요한 자료로 인식되어 왔다. 즉 문헌에 나오는 출자인식을 물질적으로 잘 뒷받침해 주는 것이 고분으로 본 것이다. 이러한 인식은 '건국 집단은 원주지의 묘제를 쓴다'고 하는 논리의 틀을 전제로 하여 나온 것이다. 이러한 논리의 틀을 고집하면 지배집단의 묘제가 바뀌면 왕실의 교체가 이루어진 것으로 오해될 가능성이 크다.

'건국 집단은 원주지의 묘제를 쓴다'는 논리의 틀은 성립 가능하지만 반드시 그런 것만은 아니다. 즉 필요조건은 되지만 충분조건은 되지 않는다. 그 예로서는 고구려의 경우를 들 수 있다. 고구려는 북부여에서 출자하였지만 고구려 건국집단의 무덤은 북부여의 토광묘가 아닌 무기단식 적석총이었다. 이는 출자가 같다고 하더라도 원주지의 무덤과 새로 정착한 지역의 무덤이 달랐음을 보여준다. 따라서 어느 집단의 계통을 이야기할 때 출자와 무덤이 일치해야 한다는 인식에서 벗어나면 석촌동과 방이동고분군의 다양한 묘제는 백제 왕실이 채용한 묘제의 다양성을 보여주는 것으로 볼 수 있다.

부체제 단계의 백제의 모습을 보여주는 것이 풍납토성과 몽촌토성이다.

---

2) 임영진, 2013, 「백제, 누가 세웠나-고고학적 측면」『백제, 누가 언제 세웠나』 백제의 건국시기와 주체세력, 백제학연구총서 쟁점백제사1, 한성백제박물관.

여기에서는 수십 점의 중국제 도자기가 나왔다. 대표적인 것이 전문도기이다. 중국제 도자기의 경우 그 용도보다는 풍납토성과 몽촌토성의 축조연대를 결정하는 단서가 된다는 점에서 주목되었다. 풍납토성이나 몽촌토성에서 출토된 전문도기를 서진(265-317) 대의 것으로 늦추어 보아야 한다는 견해에서는 일반적으로 풍납토성의 축조 연대를 3세기 중후반 경으로 보아왔다.[3] 근래에 와서 이 도자기들은 남조 송(420-478) 초의 것으로 보는 견해가 제기되면서[4] 풍납토성의 축조시기도 4세기 말 5세기 초로 늦추어 보아야 한다는 견해도 나왔다.

풍납토성과 몽촌토성은 모두 생활 유적이다. 단순한 생활 유적이 아니라 왕실과 귀족들의 생활 유적이다. 이곳에서 수십 점의 중국제 도자기가 출토되었다. 이 도자기들은 의례용일 뿐만 아니라 생활용기로도 사용되었다. 이 도자기들이 갖는 의미를 생각할 때 고려해야 할 것은 외래품은 교섭과 교류의 산물이지만 이러한 외래품을 선호하고 소비할 수 있는 지배층과 부유층이 형성되어야만 들여올 수 있다는 점이다. 즉 외래품을 소비하고 선호할 수 있는 층의 형성이 먼저이고 교섭과 교류를 통한 외래품의 도입은 뒤가 된다는 것이다. 늦어도 동진 말 송 초로 보이는 중국제 도자기가 풍납토성과 몽촌토성에 대량으로 나온다는 것은 이 시기에 백제에서는 이러한 중국제 도자기를 선호하는 층이 형성되었음을 보여준다. 따라서 전문도기의 제작 연대가 늦다고 하여 풍납토성이나 몽촌토성의 축조연대를 전문도기의 연대에

---

3) 박순발, 2001, 『한성백제의 탄생』, 서경문화사.

4) 王志高, 2012, 「풍납토성의 세 가지 문제에 대한 시론」『동북아시아 속의 풍납토성』, 학연문화사.

맞추어 늦게 보는 것은 재고되어야 할 것이다. 이런 관점에서 보면 풍납토성과 몽촌토성의 3세기 후반 축조설은 의미를 갖는 것이다.

3.『일본서기』신공기 49년조와 주체교체론

『일본서기』 신공기 49년조는 근초고왕 대에 백제와 왜의 관계뿐만 아니라 백제가 심미다례忱彌多禮 : 新彌國 세력을 정복하고 영산강 유역을 백제의 영역으로 편입한 것을 추정하고자 할 때 중요한 자료가 된다. 그러나 이 자료를 이용하기 위해서는 몇 가지 정리해야 할 것들이 있다.

첫째, 군사 활동의 주체 문제이다. 일제 시기 일인 사학자들은 이 기사의 문장을 그대로 받아들여 왜가 신라와 가야 및 영산강 유역 세력을 정복하였다고 하면서 왜를 주체로 보았고 그 입장에서 임나일본부의 설치를 논하였다. 그러나 이 군사 활동에서 핵심적인 구실을 한 사람은 백제 장군 목라근자木羅斤資였다. 또 심미다례를 평정할 때 근초고왕이 태자 근구수와 함께 친히 군대를 이끌고 참여하였다. 이런 사실 등에서 미루어 볼 때 이 기사에 보이는 군사 활동의 주체는 백제로 보는 것이 타당하다. 이를 '주체교체론'이라고 한다.[5]

이와는 달리 신공기 49년조의 기사 자체를 6세기 전반기 성왕 대의 역사적 사실을 과거에 투영하여 만들어낸 것이라고 하면서 허구라고 보는 견해도 있다.[6] 그러나 후대의 사실을 앞 시대로 투영하였다고 하더라도 앞 시대

5) 『일본서기』 신공기 49년조의 주체교체론에 대해서는 천관우, 1991, 『가야사연구』, 일조각 참조.

6) 연민수, 1990, 『고대한일관계사』, 혜안; 김태식, 1993, 『가야연맹사』, 일조각; 이영식, 1993,

에 그와 관련이 되는 사건이 있었기 때문에 투영할 수 있는 것이다. 따라서 신공기 49년조의 기사가 근초고왕대의 사실을 보여준다는 것을 굳이 부정할 필요는 없다.

둘째, 이 군사작전이 일어난 시기 문제이다. 『일본서기』의 기년대로 하면 신공기 49년은 249년이 된다. 그러나 『일본서기』의 신공기에서 웅략기 이전까지의 기년은 2주갑 인하해 보아야 한다는 것이 학계의 공통적인 견해이다. 따라서 이 기사의 연대를 수정하면 신공기 49년은 369년으로서 근초고왕 24년이 된다. 이와는 달리 『일본서기』 응신기 25년조에는 나오는 목라근자의 아들 목만치木滿致를 475년에 문주왕이 웅진으로 천도할 당시 보신이었던 목협만치木劦滿致와 동일 인물로 파악한 후 목라근자와 관련한 사건의 연대만을 3주갑 내려 429년(비유왕 3)으로 보는 견해도 있다.[7] 연대를 3주갑 인하해 보는 이 견해는 목만치와 목협만치가 동일인물이라는 전제할 때 생겨나는 나이 문제를 해결하기 위해 나온 것이다.

목만치를 목협만치와 동일 인물로 보면 목만치가 보여주는 구이신왕대의 활동은 없어지게 된다. 또 목만치와 목협만치를 동일 인물로 만들기 위해 이 기사의 연대만을 3주갑 인하하는 것은 논리의 일관성을 결여하고 있다. 필자는 목만치와 목협만치는 동명이인으로 시기를 달리하여 활동한 것으로 파악한다. 즉 목만치는 구이신왕 대의 주요 인물이고, 목협만치는 개로왕 대의

『加耶諸國と任那日本府』, 吉川弘文館.

7) 山尾幸久, 1978, 「任那に關する一試論-史料の檢討を中心に」『古代東アジア史論集』下; 古川政司, 1981, 「5世紀後半の百濟政權と倭 -東城王卽位事情を中心として」『立命館文學』433·434 合輯號, 立命館大學;鈴木靖民, 1981, 「木滿致と蘇我氏」『日本のなかの朝鮮文化』第50號.

주요 인물인 것이다.[8] 이렇게 보면 신공기 49년조의 기사는 근초고왕대의 사실을 전하는 것으로 볼 수 있다.

8) 노중국, 1988, 『백제정치사연구』, 일조각.

Ⅲ. 백제의 건국과 성장

1. 건국주, 건국주의 출자, 건국 시기

1) 건국주

백제정치사의 시작은 건국부터이다. 건국과 관련해 크게 문제가 된 것이 세 가지이다. 첫째는 건국자가 누구이냐 점이다. 둘째는 건국자의 출자가 어디이냐 하는 점이다. 셋째는 건국은 언제 이루어졌느냐 하는 점이다.

건국은 건국자가 있어야 하고 건국 시기가 있어야 한다. 건국자는 한 사람이어야 한다. 물론 건국 이전에 건국의 토대가 놓여지는 과정이 있었다고 하더라고 결국 건국은 건국자에 의해 이루어지기 때문이다. 그러나 백제의 경우 건국자는 각 사서에 다르게 나온다. 『삼국사기』에는 시조 온조왕과 비류왕이, 『주서』 백제전과 『수서』 백제전에는 시조 구태가, 『일본서기』에는 태조 도모가 시조로 나온다. 그래서 건국주가 누구이냐가 문제가 되는 것이다.

이 가운데 구태는 대방고지帶方故地에서 나라를 세운 것으로 되어 있다. 대방군은 2세기 말에 요동군의 패자 공손씨 세력에 의해 세워졌고 314년에 고구려에 의해 멸망되었다. 따라서 구태가 대방고지에 나라를 세웠다고 하면 백제의 건국 자체는 4세기 전반 이후로 된다. 따라서 구태를 건국주로 볼 수 없다. 도모는 음운상에서 미루어 볼 때 고구려의 시조 주몽이나 부여의 시조 동명과 연결되는 인물이다. 따라서 도모를 백제국의 시조로 볼 수 없다. 비류의 경우 미추홀을 기반으로 하여 성립한 국(미추홀국?)의 건국주이지 백제국의 건국주는 아니다. 다만 비류가 온조와 형제로 나오고 있는 것은 두 세력이 연맹을 형성한 것을 반영해 주는 것이다. 이렇게 보면 백제 시조는 온조왕으로 보는 것이 타당하다.

2) 건국주의 출자

출자는 나라를 세운 건국 집단이 어디에서 나왔느냐 즉 왕실의 근원이 어디이냐를 보여주는 것이다. 출자는 나라를 새로 세웠을 경우 왕실의 권위와 정통성을 담보해 주는 기능을 한다. 부여의 경우 시조 동명의 출자는 고리국槀離國으로, 고구려의 경우 「광개토대왕비」에 의하면 시조 주몽은 북부여 출자로 나온다. 그러나 백제의 시조 온조왕의 출자에 대해서는 고구려 출자설과 부여 출자설이 나온다.

그런데 온조왕은 건국 후 성씨를 부여씨로 하였고, 부여의 시조인 동명을 모시는 사당을 세웠다. 개로왕이 북위에 보낸 국서에는 "백제와 고구려는 그 근원이 부여에서 나왔다"고 하고 있다. 성왕은 538년에 웅진에서 사비로 천도하면서 일시적으로 국호를 '남부여'로 고치기도 하였다. 이는 백제 왕실이 부여 출자임을 보여준다.

그럼에도 시조 온조의 고구려 출자설이 나오게 된 배경을 해명하고자 할 때 주목되는 것이 고구려의 경우이다. 그런데 「광개토대왕비」에서는 분명히 시조의 북부여 출자를 말하고 있음에도 『삼국사기』 고구려본기에는 동부여 출자로 나온다. 이규보의 『동명왕편』에도 동부여 출자로 나온다. 이는 시조 주몽왕의 출자가 북부여에서 동부여로 바뀐 것을 보여준다.

북부여에서 동부여로의 출자의 변화가 이루어진 시기는 분명히 하기 어렵지만 「광개토대왕비」가 왕실에 의해 세워진 것이라는 점에서 미루어 광개토대왕 이후 즉 고구려 후기일 가능성이 크다. 이때 생각해 볼 수 있는 것이 영양왕 대에 『신집』의 편찬이다. 신집을 편찬하면서 고구려는 「광개토대왕비」에 보이는 시조 주모왕, 2대 유류왕, 3대 대주류왕을 시조 동명성왕, 유리명왕, 대무신왕으로 개칭하고 이러한 칭호의 변화와 짝하여 시조의 출자도 북부여에서 동부여로 새로 정리한 것 같다.

이처럼 시조의 출자는 시대적 상황에 따라 바뀌기도 하였다. 이로 미루어 백제 왕실의 출자도 처음에는 북부여였다가 뒤에 고구려로 정리된 것 같다. 북부여에서 고구려로 출자가 바뀐 시기는 사비로 천도하여 건방지신建邦之神의 사당을 훼철한 성왕 대 이후 이른바 백제삼서를 편찬한 위덕왕 대이거나 백제가 고구려와 연병連兵하여 신라에 압박을 가하던 무왕 대가 아닐까 한다.

3) 국호와 왕호의 변화

나라를 세우게 되면 국호를 정하고 왕호를 정한다. 국호는 한 정치체가 내적으로는 일정한 공간과 그 공간에 살고 있는 사람들이 최고지배자의 지배를 받는다는 것을 나타냄과 동시에 대외적으로는 이 공간을 대표하며 이 공간은 다른 나라의 힘이 미치지 못한다는 것을 나타내 주는 역할을 한다. 왕호는 이 정치체의 최고지배자를 상징해 주는 것으로서 최고지배자의 위상에 존엄을 더해준다.

국호와 왕호는 고정 불변의 것이 아니라 국가발전 단계에 따라 또는 정치적 상황의 변화에 따라 개칭되기도 하였다. 신라의 경우 국호가 서라벌국 → 계림국 → 신라로 바뀌고 왕호가 거서간 · 차차웅 → 이사금 → 마립간 → 왕으로 바뀐 것이 그 사례가 된다.

백제의 경우 『삼국사기』에는 온조가 나라를 세웠을 때의 국호를 십제十濟라 하였고 그 이후 백제百濟로 고쳤다고 하였다. 반면에 『삼국지』 동이전에는 백제국伯濟國이 나온다. 국가발전단계에서 국(소국) 단계를 설정하는 견해에서는 이 삼자를 모두 인정하여 십제국十濟國 → 백제국伯濟國 → 백제국百濟國으로 개칭된 것으로 보기도 하고,[9] 십제국의 존재는 인정하지 않고 백제국伯濟國에서 백제국百濟國으로 변화한 것으로 보는 견해도 있다.[10] 이와는 달리 십제국의 존재는 인정하면서 백제국伯濟國과 백제국百濟國은 표기상의 차이에 불과한 것으로 보아 십제국 → 백제국으로 개칭된 것으로 보는 견해도[11] 있다. 이 견해에서는 백제국百濟國의 국명은 백제국에 '백가제해百家濟海'나 '백성낙종百姓樂從'의 의미를 부여함으로써 생겨난 것으로 본다. 이는 신라가 신라 국호를 확정하면서 '덕업일신 망라사방德業日新網羅四方'의 의미를 부여한 것과 궤도를 같이 한다.

국가발전단계에 따른 국호의 변화는 왕호의 변화와도 연동된다. 최고지배자를 나타내는 칭호로 『삼국사기』에는 '왕'호만 보이지만 『삼국지』 동이전 한전에는 '신지'나 '읍차'가 보인다. 신지는 대국의 수장이, 읍차는 소국의 수장

9) 양기석, 2013, 「백제 언제 세웠나-문헌학적 측면」 『백제, 누가 언제 세웠나』 백제의 건국시기와 주체세력 백제학연구총서 쟁점백제사1, 한성백제박물관.

10) 권오영, 2001, 「백제국에서 백제로의 전환」 『역사와 현실』 40집, 한국역사연구회.

11) 노중국, 1988, 『백제정치사연구』, 일조각.

이 칭하였다. 그리고『주서』백제전에는 건길지나 어라하가 보인다.

이러한 칭호들을 국가발전단계와 연계하여 보면 국의 힘이 상대적으로 약하였던 십제국 단계에서 최고지배자는 읍차를, 백제국伯濟國 단계에서는 신지를 칭한 칭한 것 같다. 건길지나 어라하는 연맹체 단계에서 백제국이 연맹장의 지위를 차지한 이후 연맹장의 칭호로서 사용한 것 같다. 그리고 백제가 중앙집권체제를 갖추어지면서 최고지배자는 '왕'으로 불렸다.「칠지도명문」에 나오는 '백제왕세자百濟王世子'는 늦어도 4세기 중반에 와서 백제의 최고지배자는 중국식 '왕'호를 사용하였음을 보여준다.

2. 마한과의 관계

1) 마한 맹주국의 변화

백제가 건국 후 성장해 가는 과정은 두 가지 측면에서 살펴보아야 한다. 하나는 백제국 자체의 내적 성장이 어떻게 이루어졌는가를 살펴보는 것이고 다른 하나는 이러한 정치적 성장에 따라 마한과의 관계가 어떻게 전개되었는가를 살피는 것이다. 전자는 백제의 국가발전단계로 나타나는 것이고 후자는 마한을 구성한 국들을 정복·병합하는 과정으로 나타난다.

연맹체 단계에서 연맹체를 대표하는 나라가 맹주국이다. 연맹체 단계에서 맹주국의 수장은 동시에 연맹장(맹주)으로서의 기능을 하였다. 그러나 연맹장의 지위는 세습되어지는 것이 아니라 힘의 우열에 의해 교체되기도 하였다. 비록 신라의 경우이지만 연맹장을 의미하는 이사금의 지위가 박씨에서 석씨로 또 김씨로 옮겨진 것이 방증 사례가 된다. 이렇게 보면 연맹체 역사의 전개과정은 맹주국의 교체과정이라고도 할 수 있다.

마한연맹체는 서기전 194년에 위만에게 쫓긴 기자조선의 준왕이 '한지韓地(익산)로 내려와서 '한왕韓王'을 칭하면서부터 시작되었다. 한왕은 연맹장을 말한다. 그 후 준왕이 죽자 그 후손은 절멸되었다고 한다. 준왕의 후손은 당연히 한왕의 지위를 이어야 하였다. 그럼에도 준왕의 후손이 절멸되었다고 하는 것은 준왕 후손이 연맹장의 지위를 잇지 못한 것을 의미한다. 이는 연맹장의 지위가 다른 세력에게로 넘어간 것을 말한다. 이 시기에 새로이 맹주국이 된 세력은 익산의 건마국으로 추정된다.

준왕이 한왕을 칭하고 또 준왕 사후 건마국이 새로운 맹주로 두각을 나타내고 있을 때 한강유역을 중심으로 하는 경기도 일대에는 진국辰國이 성립되어 있었다. 이 진국은 진국연맹체의 맹주국이었으며 한漢에 국서를 보낼 정도로 성장하였다. 그렇지만 위만조선의 방해로 진국은 한漢과는 직접적인 교섭은 하지 못하였다.

그후 위만조선과 한漢 사이에 갈등이 일어나 전쟁의 상태로 돌입하게 되었다. 이때 한과의 전쟁을 하지 말 것을 간하였던 위만조선의 조선상 역계경은 우거왕이 자신의 건의를 받아들이지 않자 위만조선을 이탈해온 진국으로 내려왔다. 2천여 호나 되는 대규모의 역계경 집단의 이주는 진국연맹체에 큰 파동을 일으켰다. 이 파동으로 말미암아 마침내 진국연맹체는 해체되고 말았다. 이 와중에서 진국을 대신하여 이 연맹체를 이끌 세력도 나오지 않았다. 그 결과 한강 유역은 일시적으로 힘의 공백 상태가 되었다. 이러한 상황을 이용하여 익산의 건마국을 중심으로 하는 세력들이 한강유역으로 힘을 뻗쳐왔다. 그에 따라 진국을 구성한 세력들도 마한연맹체 속에 들어오게 되었다.

그 후 어느 시기에 마한의 맹주국은 익산의 건마국에서 천안 · 직산의 목지국으로 넘어갔다. 『삼국지』 한전에 마한연맹체의 맹주인 진왕이 목지국을 치소로 하였다는 것이 이를 보여준다. 목지국의 수장은 새로이 마한연맹체의 연맹장의 지위에 오르자 맹주의 칭호를 종래의 마한왕에서 진왕辰王으로 바꾸었다. 진왕은 명칭에서 미루어 진국辰國과 밀접한 관련을 갖는다. 이로 미루어 목지국은 맹주국이 된 이후 진국을 계승하겠다는 의도에서 진왕을 칭한 것으로 보인다.

그러나 3세기 후반에 와서 백제국이 목지국을 병합하여 새로이 맹주국의 지위를 차지하였다. 백제국이 맹주국의 지위를 차지한 이후부터 마한사는 백제사가 되었다. 이렇게 보면 백제국이 맹주국이 되기까지의 마한사는 백제의 전사前史로 볼 수 있겠다.

2) 마한연맹체에 내에서의 백제국의 활동

한편 목지국의 수장이 진왕을 칭하기에 이르기까지 십제국(후일의 백제국伯濟國)은 마한연맹체의 일원이었다. 마한연맹체의 일원으로서의 백제국이 마한연맹체 내에서 존재한 모습은 백제국이 건국 이후 성장하는 과정과 연동되어 나타난다.

건국 당시 온조 집단은 마한왕으로부터 100리의 땅을 할애받아 건국할 수 있었다. 그래서 건국 이후에 십제국은 마한연맹체의 한 구성원이 되어 맹주국에 대해 일정한 복속의례를 행하였다. 온조왕이 신록神鹿을 잡아 마한왕에게 보낸 것이 그 사례가 된다. 이는 맹주국과 연맹체를 구성한 국 사이의 관계가 공납관계임을 보여준다.

이후 마한연맹체 내에서 백제국의 활동은 몇 단계로 정리해 볼 수 있다. 첫째는 인천의 미추홀에 자리잡은 비류 중심의 세력과 지역연맹체를 형성한 것이다. 이는 시조형제설화로 나타났다. 둘째는 온조왕 13년조에 나오는 영역획정 기사이다. 이는 백제국 중심의 지역연맹체의 범위를 맹주국과 협상한 것이다. 셋째는 246년 마한과 중국 군현과의 전쟁에 참여한 것이다. 이때 백제는 낙랑군의 변민을 습취해 오는 군사 활동을 하였다. 넷째는 246년 중국 군현과의 전쟁에서 패배하여 영도력이 약해진 목지국을 공격해 병합한 후 새로이 마한연맹체의 맹주국이 된 것이다.

맹주국이 된 이후 국력이 강해진 백제국은 마한을 구성한 국들의 독립성을 해체하고 영역으로 편입하였다. 그리고 그 수장들의 일부를 중앙귀족으로 전환시켰다. 이리하여 백제는 3세기 후반에 와서 부체제를 성립시켰다. 이렇게 보면 중앙집권체제를 이루기 이전의 모습을 보여주는 마한연맹체 내에서의 백제국의 활동과 성장은 초기백제사라고 할 수 있겠다.

3. 백제국 이름으로 중국 왕조와의 교섭

초기기록과 동이전이 보여주는 기사에서 백제국 성장의 마지막 단계는 백제국이 마한이라는 이름이 아닌 백제국이라는 이름으로 중국과 교섭과 교류를 한 단계이다. 문제는 그 시기가 언제이냐는 것이다. 『진서』 마한전에 의하면 290년까지 마한이서진과 교섭과 교류를 한 것으로 나온다. 그런데 『양서』 백제전에 의하면 조위 대까지는 마한, 진한이라는 이름으로 중국과 교섭이 행해졌지만 동진 대[晉過江]에 이르러 백제라는 이름으로 교섭이 이루어졌다고 하였다.

동진의 시작은 317년부터이다. 이로 미루어 백제는 4세기에 들어와 백제라는 이름으로 동진과 교섭과 교류를 하였음을 알 수 있다. 한편 백제와 16

국과의 교섭과 교류를 보여주는 자료는 『진서』 모용재기에 나오는 봉유封由의 상표문이다. 345년에 전연의 봉유가 올린 이 상표문에는 백제가 보이고 있다. 이로 미루어 백제가 전연과 교섭과 교류를 한 시기는 345년 이전으로 올려볼 수 있다.

이렇게 보면 백제국이 마한이라는 이름이 아닌 백제국의 이름으로 서진과 교섭을 한 시기는 290년 이후 345년 사이가 된다. 이 사이에 서진에서 동진으로의 변화가 있었고 북쪽에서는 16국이 성립되어 있었다. 그 시기는 비류왕(304-343) 대이다. 따라서 백제가 백제라는 이름으로 중국과 교섭을 한 왕은 비류왕(304-344)로 볼 수 있다.

비류왕은 330년에 벽골제를 축조한 것에서 보듯이 경제 기반을 크게 확대하였다. 320년에는 궁궐 서쪽에 활 쏘는 대[射臺]를 만들어 매달 그믐과 보름[朔望]에 활 쏘기 연습을 한 것에서 보듯이 군사력도 확대하였다. 또 궁실을 중수하여 왕실의 위엄을 높이고, 진의眞義를 내신좌평으로 삼아 정치적 지지 기반도 확대하였다. 이리하여 비류왕 대의 왕권은 이전에 비해 훨씬 강화되었다. 이 토대 위에서 비류왕은 마침내 마한연맹체의 옷을 벗어버리고 백제라는 새 옷을 갈아입고 서진과의 교섭과 교류를 하였던 것이다.

Ⅳ. 왕도 한성

1. 하북위례성과 하남위례성

온조 집단이 북에서 내려와 정착하여 나라를 세운 중심지가 위례성이다. 위례성의 '위례慰禮'는 울타리[圍里]를 의미하는 보통명사였지만 뒤에는 백제 수도를 나타내는 고유명사가 되었다. 『삼국사기』 시조 온조왕 즉위년조에는 시조 온조가 처음부터 한강 남쪽의 위례성에 자리를 잡은 것으로 나온다. 이 위례성을 하남위례성이라 한다. 그런데 『삼국사기』 온조왕 13년조에는 백제는 처음에는 하북위례성에 자리를 잡았다가 그 후 어느 시기에 하남위례성으로 옮긴 것으로 나온다.

온조왕 즉위년조를 중시하는 견해에서는 백제는 처음부터 하남위례성에 도읍을 정한 것을 보고 있다. 그런데 시조 즉위년조에는 정치적 중심지뿐만 아니라 십제국에서 백제국으로의 국호 개칭, 미추홀에 자리한 비류집단의 흡수, 부여씨를 왕성王姓으로 칭한 것 등등 중요한 일들이 모두 시조 대에 이루어진 것으로 나온다. 그러나 이러한 일들이 시조 즉위년에 모두 이루어질 수 있는 것은 아니다. 하남위례성에 자리를 잡았다는 것도 마찬가지이다. 따라서 온조 집단의 정치적 중심지는 처음부터 하남위례성이 아니고 처음에는 하북위례성이었다가 뒤에 하남위례성으로 옮긴 것으로 보는 것이 타당하다.

하북위례성의 위치가 어디인지는 분명하지 않다. 이에 대해 백제가 '대방고지'에 세워졌다는『수서』백제전의 기록과 연계하여 파주의 육계토성으로 보는 견해도 있다. 그러나 파주지역의 고고학적 유적은 이곳에 백제와는 별도의 국이 성립된 것을 보여주는 것으로 보아야 한다. 왜냐하면 의미가 있는 유적을 백제에만 연계시켜 보면 마한을 구성한 여러 국들의 모습을 추적할 수 없기 때문이다. 따라서 십제국의 정치적 중심지는 한강 이북에서 그렇게 멀리 떨어지지 않은 곳에 위치한 것으로 보아야 할 것이다. 필자는 그 위치를 현재의 서울시 종로구 일대로 추정한다. 그렇지만 지금까지 이곳에서 초기백제와 관련되는 유적과 유물은 확인되지 않았다. 이에 대해서는 앞으로의 고고학적 조사에 기댈 수밖에 없다.

하북에서 하남으로 중심지를 옮겼을 때의 성, 즉 초기의 하남위례성은 풍납토성 현대주택에서 확인된 삼중환호 유적이다. 삼중환호에서는 성벽이나 목책은 확인되지 않았지만 그 규모가 작지 않아 역시 성으로 볼 수 있다. 따라서 백제 왕실은 건국 이후 어느 시기에 하북위례성에서 하남위례성인 환호유적으로 중심지를 옮긴 것 같다. 이때 백제는 국호를 십제국十濟國에서 백제국伯濟國으로 개칭하지 않았을까 한다.

2. 왕도 한성의 구조

삼중환호로 이루어진 위례성으로 중심지를 옮긴 이후 백제국은 점차 성장하여 영토도 넓어지고 인구도 많아졌다. 그에 따라 마한연맹체 내에서 백제국伯濟國이 차지하는 정치적 비중도 높아졌다. 이에 백제국은 변화된 상황에 맞게끔 위례성의 규모를 크게 확대하였다. 이렇게 확대되어 만들어진 성이 바로 풍납토성과 몽촌토성이다. 풍납토성은 평시 거성으로 평시에 사용하였다. 몽촌토성은 유사시에 대비하기 위해 만든 방어성인데 성안에 별궁도 조영하였다. 이렇게 성의 규모가 확대되자 도성의 이름도 큰 성이라는 의미의 한성漢城으로 불렀다. 이리하여 백제 도성 한성은 남북 이성체제가 되었다. 북성은 평지성인 풍납토성이고, 남성은 산성의 성격을 갖는 몽촌토성이다.

발굴 결과 풍납토성의 성벽 축조는 크게 세 시기로 나누어 이루어졌다.[12] 1차 성벽 축조시기는 백제가 부체제를 이룬 시기와 연동하여 살펴볼 수 있다. 2차 성벽이 축조된 시기에 백제는 중앙집권체제를 이룬 것으로 보인다. 그리고 3차 성벽의 축조는 문헌 기록과 연관하여 보면 개로왕대의 증토축성과 연결시켜 볼 수 있다. 풍납토성 발굴에서는 아직 확인되지 않았지만 몽촌토성 발굴에서는 회 성분이 확인되었다고 한다.[13] 이는 개로왕 대에 증토축성하였다는 기사를 뒷받침해 주는 고고학적 자료라고 할 수 있다.

왕도 한성의 내부 구조는 궁궐 구역, 경당지구의 제의시설 지구, 창고시설 지구 등등으로 나누어 볼 수 있다. 성내에서는 도로 시설이 확인되었고, 각종 저장시설이 확인되었다. 또 궁남지로 표현될 수 있는 연못도 확인되었다.[14] 무수한 기와는 기와집의 존재를 추정하게 하며, 도수관은 상수도나 하

12) 이성준 · 김명진 · 나혜림, 2013, 「풍납토성 축조연대의 고고과학적 연구-2011년 동성벽 조사결과를 중심으로」『한국고고학보』 88집, 한국고고학회.

13) 심광주, 2010, 「한성 백제의 '증토축성'에 대한 연구」『향토서울』 76집, 서울특별시사편찬위원회.

14) 신희권, 2014, 「한성백제 왕궁의 구조와 풍납토성」『한성백제의 왕궁은 어디에 있었나』 한성

수도의 존재를 상정하게 한다.

3. 능묘

능묘는 왕실의 묘로서 왕실의 사후세계를 보여준다. 왕실 묘역은 역대 왕들의 사후 공간으로, 선왕들의 무덤이 안치된 장소이다. 왕실의 능묘는 일반인들과는 차별되게 일정한 묘역에 만들어졌다.

백제에서 능묘제가 본격적으로 실시되기 시작한 시기는 중앙집권력이 어느 정도 이루어진 부체제 단계부터라고 할 수 있다. 이 시기에 오면 지배층의 무덤 공간과 피지배층의 무덤 공간이 구별되었다. 그리고 중앙집권체제의 정비에 따라 왕권이 보다 강화되면서 왕실의 무덤 구역과 귀족들의 무덤 구역도 나누어지고 무덤 구조도 일정하게 규제되었을 것이다.

한성도읍기의 능묘 구역이 바로 석촌동과 가락동 일대와 방이동 일대의 고분군 분포 지역이다. 석촌동고분군에는 토광묘, 즙석묘, 적석총 등이 보이고 방이동고분군에는 횡혈식석실분이 보인다. 이 고분들은 일정한 기간 동안 공시성을 가지면서 시간의 선후로 조영되었다. 이를 시계열로 보면 토광묘-즙석묘-적석총-횡혈식석실분 순으로 축조의 흐름을 보인다.[15] 이러한 고분의 형식 변화를 축조집단의 변화로 이해하기도 한다. 능묘 구역에서 축조집단의 변화는 왕실의 변화를 의미한다. 이렇게 보면 백제 왕실은 수시로 바뀌는 것

의 도시구조 백제학연구총성 쟁점백제사3, 한성백제박물관.

15) 임영진, 2013, 「백제 누가 세웠나-고고학적 측면」『백제, 누가 언제 세웠나』 백제의 건국시기와 주체세력 백제학연구총서 쟁점백제사1, 한성백제박물관.

이 된다. 이는 현실적으로 불가능함으로 이러한 견해는 성립할 수 없다.

왕실 능묘와 관련하여 먼저 정리해 두어야 할 것은 왕실의 출자와 능묘와의 관계이다. 능묘가 왕실의 출자를 보여준다는 견해에서는 새로운 왕실은 원주지의 묘제를 반드시 사용해야 한다는 것을 전제로 한다. 즉 백제의 건국 집단이 고구려 또는 부여 출자라고 하면 능묘에는 고구려나 부여의 묘제가 확인되어야 한다는 것이다. 그러나 이러한 전제가 반드시 옳은 것은 아니다. 묘제는 선택의 문제이지 반드시 원주지의 묘제를 써야 하는 것은 아니기 때문이다. 따라서 능묘 구역에 고구려 초기의 무덤인 무기단식 적석총이나 부여계 무덤이 보이지 않는다고 하여 백제를 고구려계 또는 부여계 출자가 아니라고 할 수 없다.

그렇다면 석촌동과 방이동에서 확인되는 묘제는 백제 건국 이후 왕실이 채용한 묘제로 보아야 할 것이다. 백제 왕실이 채용한 무덤은 위례성 지역에 선주하고 있던 토착세력의 무덤 양식일 수도 있고, 고구려계 무덤 양식일 수도 있다. 이처럼 백제가 건국 이후 다양한 묘제를 선택한 배경은 그 당시의 정치적 문화적 상황과 연동하여 살펴보아야 할 것이다.

4. 왕도의 범위

한성이 풍납토성과 몽촌토성이라는 이성체제로 이루어졌다고 하였을 때 도성의 범위는 어디까지인가도 고려해야 한다. 도성은 왕궁과 각종 의례공간을 둘러싸고 있는 궁성과 귀족들과 민들의 거주공간인 시가지로 이루어진다. 그 외곽에는 교郊가 있다. 교는 천지에 제사를 드리는 공간의 역할을 하였다. 따라서 백제 도성의 범위는 교를 포함하는 일정한 공간으로 볼 수 있다.

한성 왕도 일대 유적 분포도

한성의 핵심은 궁성인 풍납토성과 몽촌토성이다. 이 가운데 평상시의 거성居城인 풍납토성이 중심이다. 풍납토성 밖에는 시가가 형성되었고 그 외곽에 교가 있었다. 그러나 궁성과 시가지를 둘러싼 외곽성으로서의 나성은 존재하지 않았다. 따라서 왕도 한성의 규모를 추정하기 위해서는 궁성 밖의 시가지의 범위를 어디까지로 잡아야 할 것인가를 정해야 한다. 이때 고려할 수 있는 조건이 두 가지이다.

하나는 자연지리적 조건이다. 한성은 북쪽으로는 한강이 흐르고, 동북쪽으로는 고덕천[蟹川]이, 서남쪽으로는 탄천이 흐르고 있다. 그리고 동남으로는 일자산이 있다. 자연지리적 측면에서 볼 때 한강과 고덕천과 탄천 그리고 일자산이 한성의 공간적 범위를 설정하는데 중요한 조건이 된다.

다른 하나는 능묘의 분포 양상이다. 능묘는 성스러운 공간이지만 살아있는 자들이 거주하고 생활하는 공간과는 위치를 달리하였다. 생활 공간과 무덤 공간을 구분한 것은 죽음이라는 부정적인 기운이 살아있는 자들의 공간에 접근하지 못하게 하려는 의도에서였다. 따라서 능묘 구역은 도성 안에 포함시킬 수 없다. 능묘 구역을 도성의 범위를 정하는 하나의 기준으로 보면 한성 도성의 범위는 석촌동·가락동고분군과 방이동 고분군이 분포하고 있는 지역 이내로 보아야 할 것이다.

자연적인 조건과 고분군의 분포 양상을 종합할 때 한성의 범위는 서북으로는 한강을 경계로 하고, 동북으로는 고덕천이 경계가 되며, 동남으로는 일자산 기슭과 석촌동·가락동고분군과 방이동고분군을 연결하는 선 이내로 설정해 볼 수 있겠다.[16]

16) 박순발, 2010, 『백제의 도성』, 충남대학교출판부, 67쪽 지도 참조.

V. 중앙집권체제의 확립과 지방지배

1. 중앙집권체제의 확립

중앙집권체제를 확립하기 위해서는 중앙귀족들을 서열화하는 관등조직과 지방통치조직의 편제가 중요하다. 관등조직에 대해 『삼국사기』에는 고이왕 27년조에 6좌평제와 더불어 16관등제가 마련된 것으로 나온다. 그러나 이는 사비시대의 사실이 고이왕 대로 소급·부회된 것이고 실제로 이 시기의 관등은 좌평과 솔, 덕 정도의 상위 관등과 좌군-진무-극우로 이루어진 하위 관등으로 구성된 것으로 보인다. 고이왕 대의 이러한 관등은 비류왕대를 거쳐 근초고왕대에 와서 크게 정비되었다. 근초고왕대의 관등은 좌평을 1품으로 하면서 솔을 5등급으로 나누어 상위 관등으로 하고, 덕을 5등급으로 나누어 중위 관등으로 하고, 그 아래에 하위 관등군으로 좌군, 진무, 극우를 두는 형태로 이루어진 것으로 보인다.

그런데 근자에는 신라의 국가발전단계와 맞추어 근초고왕 대의 백제를 마립간시기의 신라와 비슷한 것으로 파악하려는 견해도 있다. 신라의 마립간 시기는 중앙집권체제가 이루어지기 이전인 부체제 단계이다. 이를 따르면 근초고왕대의 백제는 아직 부체제 단계에 있었던 것이 된다.

그러나 근초고왕 대 백제는 3만의 정병을 동원하여 고구려의 평양성을 공격하는 등 고구려와 대등한 군사력을 가졌다. 칠지도의 명문에서 보듯이 왜왕을 후왕으로 관념하는 천하관도 가지고 있었다. 열병할 때 황색 깃발을 사용하는 등 백제국이 천하의 중심임을 표방하였다. 박사 고흥으로 하여금『서기』라고 하는 역사서를 편찬하게 하여 유교정치이념을 치국책의 하나로 삼았다. 영산강유역을 영역으로 편입하여 영토를 크게 확장하고 담로제라고 하는 지방통치조직을 마련하였다. 372년에는 동진에 사신을 파견하여 진동장군영낙랑태수鎭東將軍領樂浪太守 작호를 받아 국제무대에 당당히 두각을 드러내었다.

이러한 모습은 중앙집권체제가 갖추어졌을 때 볼 수 있는 모습이다. 이로 미루어 근초고왕 대에는 부체제에 해당되는 신라 마립간시기와는 달리 중앙집권체제가 갖추어진 시기로 파악하는 것이 타당하다.

2. 영역의 확장

백제의 영역 확장 과정은 크게 둘로 나누어 볼 수 있다. 하나는 마한연맹체를 구성한 여러 세력들을 점차적으로 정복·병합해 가는 과정이다. 다른 하나는 이웃 나라와의 전쟁을 통해 영역을 확대해 나가는 과정이다. 이는 정복적 팽창이라 할 수 있다.

이런 정복·병합 과정은 일시에 이루어질 수 있는 것은 아니다. 그럼에도『삼국사기』백제본기에는 백제의 영역 확장은 시조 온조왕 대에 모두 이루어진 것으로 나온다. 이는 건국 이후 점진적으로 이루어진 영역 확장 과정을 시조 대에 일괄 기록한 결과인 것이다. 그러므로 온조왕기의 영역 확장 기사를 분해해 보면 일정한 단계와 과정을 추출해 낼 수 있다.

제1단계는 온조왕 13년조의 '북으로는 패하에 이르고, 남으로는 웅천을 경계로 하고, 서로는 대해에 닿고, 동으로는 주양을 끝으로 하는(北至浿河 南限熊川 西窮大海 東極走壤)' 영역획정 기사이다. 패하는 예성강, 웅천은 경기도 안성천, 대해는 서해, 주양은 춘천이다. 이 영역획정 기사는 시기적으로 보아 백제국 중심의 지역연맹체를 구성한 국들이 위치한 범위를 보여주는 것으로 추정해 볼 수 있다. 그렇다면 백제가 마한연맹체의 맹주국인 목지국과 협상한 영역이란 자신이 주도하는 지역연맹체에 참여한 국들이 위치한 범위를 가리키는 것이 아닐까 한다. 그 시기는 백제가 하남위례성으로 중심지를 옮겨 삼중환호를 만든 시기와 연계시켜 보면 대략 2세기말 3세기초의 초고왕(166-214) 대로 볼 수 있다.

2단계는 온조왕 26-27조의 마한 멸망 기사이다. 그 계기는 246년에 일어난 마한과 중국 군현과의 전쟁이다. 이 전쟁에서 마한은 기리영 전투에서 대방태수 궁준을 전사시키기도 하였지만 결국 패배하였다. 이 패배로 목지국의 위상이 크게 약화되자 백제는 이 틈을 타서 목지국을 공격해 병합해 버렸다. 그 시기는 고이왕 13년(246) 이후에서 멀지 않은 시기로 볼 수 있다.

제3단계는 우곡성을 근거로 한 주근周勤의 반란을 평정한 기사이다. 우곡성의 위치는 불명이지만 반란을 일으킨 주근은 마한의 옛 장수였다. 따라서 우곡성은 마한연맹체의 맹주국이었던 목지국이 위치하였던 천안·직산이남 지역에 위치하였을 가능성이 크다. 이 반란을 평정한 후 백제는 탕정성을 축조하였다. 탕정성은 온양이다. 이로 미루어 이 시기에 와서 금강 이북 지역도 백제의 영역으로 편입된 것 같다. 이렇게 보았을 때 화천 원천리 유적은[17] 제2단계와 제3단계에서 백제의 영역이 춘천, 화천 지역으로까지 확대된 것을 보여주며, 안성 도기동 유적은 백제의 영역이 남쪽으로 안성 지역까지 포함하였음을 보여주는 고고학 자료라 할 수 있다.

제4단계는 고사부리성을 축조한 기사이다. 고사부리성은 정읍시 고부이다. 고사부리성의 축조는 전북지역이 백제의 영역이 되었음을 의미한다. 그 시기를 추정하는데 단서가 되는 것이 벽골제의 축조이다. 김제에 벽골제가 축조되었다는 것은 김제 지역이 이미 백제의 영역이 되었음을 보여준다. 벽골제의 축조는 330년(비류왕 27)이다. 그렇다면 김제와 지리적으로 멀지 않는 고사부리 지역도 4세기 전반경에는 이미 백제의 영역에 포함된 것으로 볼 수 있다. 그래서 백제는 이곳에 성을 축조하였던 것이다.

제5단계는 영산강유역을 병합하는 것이다. 영산강 유역에 자리한 대표적인 세력이 심미다례忱彌多禮이다. 심미다례는 『진서』 장화전에 나오는 신미국新彌國과 동일체이다. 장화전에 의하면 신미국은 주변의 20여 국과 더불어 연맹체를 하고 있었다.그리고 자신들이 마한의 정통성을 가지고 있다는 의미에서 마한을 칭하면서 서진에 독자적으로 사신을 보내기도 하였다. 백제는 이러한 신미국 세력의 행동을 괘씸히 여겨 남만南蠻으로 불렀다.

심미다례 세력에 대한 백제의 정복 활동은 369년 3월에 이루어졌다. 심미제국 공격에는 장군 목라근자가 이끈 군대가 중심적인 역할을 하였다. 목라근자는 이보다 앞서 신라를 공격해 신라가 고구려에 기울어지지 못하도록

---

17) 예맥문화재연구원, 2013, 『화천 원천리유적』 -화천 원천리 2지구 유물산포지 발굴조사보고서- 제Ⅳ권 : 본문3 · 부록- 학술조사보고 제54책, 45쪽 및 192쪽.

우호관계를 맺고 또 가야 7국을 평정하여 부자관계를 맺어 영향권에 넣었다. 그리고 나서 목라근자는 군대를 거느리고 가라국(고령)에서 출발하여 서쪽으로 가서 고해진에 이른 후 심미다례를 도륙하였다. 이때는 근초고왕과 왕자 근구수가 왕도에서 거느리고 간 군부대도 참여하였다. 이로써 영산강유역 일대는 백제에 모두 병합되었다. 이후 영산강유역에 위치한 정치체의 국명은 더 이상 나오지 않는다. 이는 근초고왕 대의 군사 활동으로 신미국을 중심으로 하는 마한세력이 소멸되었음을 보여주는 것이다.

3. 지방 지배

부체제 단계에 들어오면 영역은 확대되고 그에 따라 이전의 국읍은 수도로서 기능하여 왕과 중앙 귀족화한 세력들의 거주지가 되었다. 이 단계에서 백제의 영토 안에는 독자적인 국명을 가진 정치체는 존재하지 않았다. 그래서 백제는 이 지역들을 지방으로 편제해 갔다. 이리하여 수도로서의 한성은 중앙이 되고 중앙 이외의 영역은 지방이 되었다.

지방지배와 관련하여 논란이 된 것은 백제가 언제 영역을 직접지배하게 되었느냐는 것과 직접지배가 이루어지기 이전의 지배방식을 무엇이라 불렀느냐 하는 점이었다. 지방에 대한 지배방식은 크게 직접지배와 간접지배로 나눌 수 있다. 연구자에 따라 면지배, 선지배, 거점지배 등의 용어를 사용하기도 하지만[18] 이러한 지배 방식은 모두 직접지배 속에 포함되며, 세력권은

18) 주보돈, 1996, 「마립간시대 신라의 지방통치」『영남고고학』 19집, 영남고고학회.

국과 국 사이에서 이루어지는 관계인 공납관계에 포함된다고 할 수 있다.[19]

간접지배의 양상은 부여의 사출도四出道 지배에서 찾아볼 수 있다. 부여는 방方 2천리에 호가 8만이나 되었다. 이 방 2천리의 영역 안에는 독자적인 국명을 가진 세력은 존재하지 않았다. 그 대신 중앙 귀족으로서 지배자집단을 이룬 제가諸加들이 있었다. 제가들은 세력의 크기에 따라 대가, 소가로 구분되었다. 이 제가들은 사출도를 별도로 주관別主하였다. 대가가 주관하는 가家는 수천 가였고, 소가는 수백 가를 주관하였다.

사출도는 제가들이 '별주別主'한 곳이므로 부여의 영역인 방 2천리 모두를 말하는 것이 아니다. 즉 사출도는 왕의 직할지를 제외한 영역을 말한다. 이처럼 국왕의 직할지 이외의 지역을 제가들로 하여금 별주하게 한 것이 간접지배이다. 반면에 국왕은 자신의 직할지는 지방관을 파견하여 직접 지배하였다. 이때 파견된 지방관이 도사道使이다. 도사의 존재는 비록 신라의 경우이지만 마립간 시기에 이미 보인다. 이처럼 부체제 단계에서 부여의 영역 지배는 국왕의 직할지에 대한 직접지배와 중앙의 유력 귀족들에 의한 간접지배가 이원적으로 작동하였다. 백제에서도 부체제단계의 영역 지배는 이와 유사하였을 것이다.

부체제 단계의 이원적인 지방지배는 왕권의 강화와 중앙집권체제가 갖추어지면서 점차 국왕의 직접지배라고 하는 일원적인 지배로 변화되어 갔다. 영역을 국왕이 일원적으로 지배하는 것을 구현하기 위해 만들어진 것이 지방통치조직이다. 직접지배는 지방을 몇 개의 통치구역으로 나누고(지방통치

19) 노중국, 「문헌 기록을 통해 본 영산강 유역-4~5세기를 중심으로」『백제와 영산강』, 학연문화사, 2012

조직) 여기에 파견된 지방관이 국왕을 대신하여 지배하는 것을 말한다. 지방관이 파견됨으로써 이제 전 영역은 국왕의 직접 지배를 받게 되었으며, 이곳에 사는 백성들은 모두 국왕의 백성이 되었다. 그 결과 모든 영토는 공지公地가 되고 모든 백성은 공민公民이 되었다. 이는 부체제의 해체를 의미한다. 이로써 중앙집권체제가 갖추어지게 되었다.

한성도읍기에 갖추어진 지방통치조직에 대해 성-촌으로 보는 견해도 있고, 부제部制로 보는 견해도 있지만[20] 담로제로 보는 것이 타당하다. 담로에 대한 기록은 『양서』 백제전에 처음 나온다. 그러나 『양서』의 기사는 담로제 시행의 상한선이 아니라 하한선을 보여주는 것이다. 따라서 담로제 시행의 상한선은 한성도읍기로 올려보아야 한다.

한성도읍기에 담로제가 시행된 시기에 대해서는 근초고왕 대로 보는 견해와 개로왕 대로 보는 견해로 나누어진다. 근초고왕 대로 보는 견해는 『일본서기』 인덕기 41년(353)조에 나오는 '국군강장을 처음으로 나누어 향토의 소출을 모두 기록하였다(始分國郡疆場 具錄鄕土所出)'는 기사의 연대를 353년(근초고왕 8)으로 보는 것에 근거한 것이고, 개로왕대로 보는 견해는[21] 이 연대를 2주갑 인하하여 473년으로 보는 것에 근거한 것이다.

『일본서기』 인덕기의 기사를 개로왕 대의 사실을 보여주는 것으로 보면 백제가 지방통치조직을 만든 시기는 매우 늦게 된다. 이는 근초고왕 대에 백제가 정병 3만의 군대를 동원하여 고구려를 공격한 모습과 맞지 않는다. 정병

20) 박현숙, 1991, 「백제초기의 지방통치체제의 연구 -'부'의 성립과 변화과정을 중심으로」 『백제문화』 20집, 공주대학교 백제문화연구소.

21) 김영심, 1990, 「5~6세기 백제의 지방통치체제」 『한국사론』 22집, 서울대학교 국사학과.

3만을 동원하기 위해서는 민을 동원할 수 있는 체제가 갖추어져야 하는데 민의 동원 체제는 지방통치조직의 정비와 떼놓을 수 없기 때문이다. 따라서 담로제의 실시는 근초고왕대로 파악하는 것이 타당하다.

담로제가 실시되었다고 하여 모든 곳에 지방관이 파견되었느냐에 대해서는 논란이 없지 않다. 그래서 재지세력을 통한 간접지배가 행해진 곳도 있는 것으로 보는 견해도 있다. 그러한 사례로 들어지는 곳이 영산강 유역이다. 영산강 유역은 전용 옹관을 사용하는 독특한 분묘 조영 전통을 가지고 있고 또 장고형고분도 분포하고 있는 곳이다. 이러한 독특한 문화 전통을 강조하여 영산강 유역은 6세기 전반까지 백제의 영역이 아니라고 보는 견해도 나왔다.

그러나 영산강 유역의 문화현상은 그 지역 문화의 특징을 보여주는 것이지 그것을 강조하여 독립적인 국이 존재하였다고는 볼 수 없다. 왜냐하면 369년 3월에 근초고왕이 남방경략을 단행하여 영산강 유역의 심미다례 세력을 병합한 이후 이 지역에는 독자적인 국명을 가진 정치체가 더 이상 보이지 않기 때문이다.

4. 지방 도시

중앙집권체제의 확립은 권력의 중앙집중화를 강화하면서 동시에 지방에 대한 지배력도 강화하였다. 지방에 대한 지배력의 강화는 지방통치조직을 통해 이루어진다. 한성도읍기의 지방통치조직은 담로이다. 담로제의 실시에 의해 국왕의 지배권을 대신 행사하기 위해 파견된 지방관이 통치행위를 하는 핵심 공간이 지방관의 치소治所이다. 이 치소는 종래 국의 중심지였던 국읍을 전화轉化시킨 것이 일반적이지만 경우에 따라 새로운 중심지를 만들어 치소로 삼기도 하였다. 이 치소가 지방도시의 중심의 이룬다.

한성도읍기 백제의 지방도시의 모습을 보여주는 사례로는 연기 나성리 유적을 들 수 있다.[22] 이 유적은 금강으로 유입되는 2개의 지천 사이의 남북 600m, 동서 300m 정도 되는 미고지에 위치하고 있다. 동쪽에는 잔구를 이용하여 축조한 토성이 있으며, 서쪽 송원리 구릉지에는 분묘역이 조성되어 있고, 북쪽의 송담리의 얕은 구릉에도 원삼국시기부터 지속적으로 사용된 묘역이 있다. 그 사이의 저평한 지역에는 가로 세로 2~3조의 도로망을 구획한 뒤 주구가 돌려진 건물지들이 분포되어 있다.

구획구의 크기는 대략 대 · 중 · 소 3개의 군으로 구분이 가능하다. 대형 구획구는 1개뿐인데, 그 입지나 내부 건물지 배치로 보아 수장의 거관居館으로 판단된다. 중형 구획구는 5~6개 정도이고, 소형 구획구는 분명하지 않으나 그보다 많이 있었던 것으로 판단된다. 수장 거관 대지에는 고상 창고로 추정되는 저장시설이 달려 있다. 수장 거관이 위치한 북단부의 서쪽에 있는 토단 형태의 방형 구획 4개는 사직단과 같은 제의 시설일 가능성이 크다. 취락의 남단 금강 변에는 토기 가마를 비롯한 수공업 작방作坊이 위치한다. 이곳에 있는 2~3개의 수혈주거지는 장인들의 숙소나 공방으로 판단된다. 그리고 강변에 인접한 곳에 빙고가 설치되어 있다.

나성리 취락은 경제적 관계망의 핵심으로서의 시市와 함께 공권력의 보루인 성을 구비하고 있다. 이곳에 거주하는 사람들은 지방의 수장을 비롯한 각 취락 상층 인물들로 구성되었으며, 그 밖에 수공업 생산에 종사하는 장인층匠人層, 교역에 종사하는 상인층, 그리고 병사들이었을 것으로 보인다. 이들은

22) 박순발, 2014, 「백제 한성기의 지방도시」『백제 왕권은 어떻게 강화되었나』 한성백제의 중앙과 지방 백제연구총서 쟁점백제사4, 한성백제박물관.

모두 농업생산에서 벗어난 도시에 집주해 사는 주민들임은 물론이다. 이로 미루어 나성리 취락은 백제의 지방도시로서 담로의 치소로 볼 수 있다. 앞으로 이러한 지방도시들에 대한 검토가 적극적으로 이루어져야 할 것이다.

Ⅵ. 백제와 중국 왕조와의 관계

1. 1~3세기 : 낙랑 · 대방군과의 관계

낙랑군은 서기전 108년에 한 무제가 위만조선을 멸망시키고 설치한 한사군漢四郡 가운데 하나였으며 그 치소는 오늘날 평양이었다. 이 낙랑군은 313년에 고구려에 의해 소멸되었다. 무려 400여 년 동안 존속한 낙랑군은 고대 동아시아에서 정치적 경제적 문화적 교류관계에서 중요한 구실을 하였을 뿐만 아니라 한반도의 여러 정치체에 많은 영향을 끼쳤다.

백제와 낙랑군과의 관계에 대한 기사는 『삼국사기』 백제본기에는 온조왕기와 고이왕기에 나오는데 특히 온조왕기에 집중되어 있다. 온조왕기의 4년, 8년, 11년, 13년, 17년, 18년의 기사가 이를 보여준다. 그러나 온조왕 대는 백제를 건국한 시기이고 국의 규모도 100리 정도에 불과하였다. 또 한강 이북지역에는 모수국, 상외국, 우휴모탁국 등이 자리해 있었다. 이 국들은 지리적인 측면에서 볼 때 낙랑과 충돌하였을 가능성이 크다. 이렇게 보면 온조왕 대에 백제와 낙랑과의 충돌 기사와 화호 기사는 한강 이북에 자리하였던 세력들과 낙랑군 사이에 일어났던 일을 뒷날 역사서를 편찬하면서 온조왕 대의 일로 정리한 결과라 할 것이다.

1-3세기 삼한과 중국 군현과의 관계는 『삼국지』 동이전의 내용과 『진서』 동이전의 내용에 따라 5시기로 나누어 볼 수 있다. 따라서 『삼국사기』에 보이는 온조왕대의 낙랑 관련 기사도 중국 군현과의 관계가 전개된 시기와 연계하여 분해해 보아야 할 것이다.

제1기는 환제 이전까지의 시기이다. 이 시기에는 삼한 각국의 세력도 크지 않아 중국 군현과 큰 충돌이 없었다. 온조왕 4년조에 낙랑과 수호하였다는 기사는 이러한 상황을 반영해 주는 것이다.

제2기는 환제-영제 시기이다. 이 시기는 '환령지말桓靈之末'이라는 표현에서 보듯이 후한이 환관의 발호로 매우 혼란스러운 시기여서 낙랑군을 지원할 수 없는 상황이었다. 그래서 한韓과 예濊가 강성하게 되자 군현민들은 한과 예로 빠져나가기도 하였다. 이 시기에 백제는 인천의 미추홀 세력과 지역연맹체를 형성한 후 맹주의 지위를 차지하여 세력을 키웠다. 이로 말미암아 백제는 낙랑군과 대립과 갈등을 되풀이 하였다. 온조왕 8년조에 마수성과 병산책의 축조로 낙랑군과 실화失和하였다는 기사와 온조왕 11년조에 백제가 '낙랑의 길을 막았다'는 기사가 이를 상징해 준다. 그 시기는 초고왕 대로 보인다.

제3기는 공손씨의 대방군 설치시기이다. 후한 말 요동군의 패자가 된 공손강은 건안(196-219) 연간에 둔유현 이남의 황지에 대방군을 설치한 후 빠져나간 민호들을 다시 불러 모았다. 그리고 한과 예를 공격하여 이들이 군현에 적대하지 못하도록 하였다. 온조왕 13년조에 낙랑과 말갈이 국경을 자주 침범함으로 천도를 해야겠다고 한 사건과 17년조에 낙랑이 위례성에 불을 질렀다고 한 사건은 이 시기와 연계하여 살펴볼 수 있다. 이런 사건을 겪은 후 백제는 하북위례성에서 하남위례성으로 중심지를 옮긴 것으로 보인다.

제4기는 조위(220-265) 시기이다. 조위는 경초(237-239) 중에 공손씨 세력을 평정한 후 제한국諸韓國의 신지들에게는 읍군을, 그 다음의 유력세력들에게는 읍차의 관호를 주어 화호 관계를 맺었다. 그러나 정시(240-248) 연간에 와서 246년에 마한과 낙랑·대방군은 진한 8국의 분할 문제로 전쟁을 하게 되었다. 기리영 전투에서 한은 대방태수 궁준을 전사시키는 전과를 거두기도 하였고, 백제 고이왕은 낙랑군의 변방민들을 습격해 잡아오기도 하였다. 그렇지만 마한은 이 전쟁에서 결국 패하였다. 그 결과 나해국 등 수십국이 마한을 이탈하여 중국 군현에 항복하는 상황도 벌어졌고, 고이왕은 습취해 온 낙랑군 변민들을 되돌려 주어야 하였다.

제5기는 서진(265-316) 시기이다. 서진은 처음에는 마한과의 관계를 우호적으로 유지하였다. 그래서 마한은 진 무제 태강 원년(280)에서 태희 원년(290)에 이르기까지 빈번히 서진에 사신을 보냈다. 이 과정에서 고이왕은 대방왕녀 보과를 아들 책계의 부인으로 맞이하였고, 책계왕은 고구려의 공격을 받은 대방군이 군사원조를 요청하자 응해주기도 하였다. 그러나 백제의 성장은 중국 군현으로서는 부담스러웠다. 이로 말미암아 중국 군현과 백제는 대립관계로 들어갔다. 그 결과 책계왕은 13년(298)에 한漢과 맥인貊人의 공격을 막다가 전사하였고 아들 분서왕도 304년에 낙랑태수가 보낸 자객에 의해 피살되었다.

이렇게 전개된 마한과 중국 군현과의 관계에서 문헌사학은 물론 고고학 쪽에서도 주목한 사건이 둘이다. 하나는 제2기 즉 환령지말에 많은 군현민들이 한과 예로 왔다고 하는 사실이다. 그래서 경기도 일대에서 확인되는 낙랑계 유물이 군현민의 유입을 보여주는 것으로 파악되었다. 대표적인 사례

로는 화성 기안리에서 출토된 낙랑계 유물을 들 수 있다.[23]

그러나 마한과 중국 군현과의 관계에서 보다 주목해야 할 것은 평화 시의 교섭과 교류이다. 특히 조위 대에는 삼한 각국의 중요 수장들은 읍군, 읍장, 귀의후, 중랑장, 도위, 백장 등의 작호를 받았다. 이러한 작호의 수여에는 인수와 의책은 물론 일정한 위신품도 사여되었다. 그래서 군현에 드나든 하호가 1천여 명이나 되었다는 사실이 상징해 주듯이 낙랑·대방군과의 교섭과 교류는 활발하였고 이를 통해 새로운 문물이 한韓사회로 많이 들어오고 인적 왕래도 이루어졌다. 따라서 중국군현과의 관계에서는 조위 대에 이루어진 백제와 중국 군현과의 교섭과 교류에 대한 검토가 치밀하게 이루어져야 할 것이다. 그리고 평양 일대에서 출토되는 칠기를 비롯한 화려한 낙랑유물이 한강 유역에 거의 나오지 않는 배경도 검토되어야 할 것이다.

다른 하나는 246년의 한韓과 중국 군현과의 전쟁을 주도한 세력에 관한 문제이다. 이 전투를 이끈 세력에 대해 백제국으로 보는 설, 목지국으로 보는 설, 신분고국으로 보는 설 등이 나왔다. 이 문제를 해명하는데 전제해야 할 것은 군현과의 전쟁은 어느 일국의 힘만으로는 할 수 없다는 것이다. 즉 전쟁의 발단, 전쟁의 수행, 이 과정에 참여한 각국의 활동, 전쟁의 성과, 전쟁의 결과 등을 일연의 연속선상에 두고 살펴보아야 할 것이다.

이렇게 보면 마한과 중국 군현이 충돌하게 된 배경에는 신분고국이 있었지만[24] 막상 충돌이 일어났을 때 마한연맹체의 군대를 동원하여 중국 군현에

---

23) 김무중, 2006, 「화성 기안리 제철유적 출토 낙랑토기에 대하여」『백제연구』 39집, 충남대 백제연구소.

24) 윤용구, 1999, 「삼한의 대중교섭과 그 성격 -曹魏의 동이경략과 관련하여」『국사관논총』 85

맞선 것은 맹주국인 목지국이었다. 이때 여러 국들도 군대를 동원하여 참전하였다. 백제국이 낙랑군의 변민을 약취해 왔다고 하는 것이 이를 보여주는 것이다.

중국 군현과의 전쟁에서의 패배는 마한사회에 큰 변화를 가져왔다. 맹주국인 목지국의 위상은 크게 약화되었고, 나해국 등 수십국이 이탈하여 군현에 항복하는 사태도 벌어졌다. 이에 백제국은 마한목지국의 맹주권에 도전하여 마침내 목지국을 멸망시키고 새로이 맹주국으로 등장하였다. 그 시기는 고이왕 13년 이후이다. 따라서 246년의 전쟁은 백제국의 정치적 도약을 가져오는 중요한 계기가 되었다고 할 수 있다.

2. 4~5세기 : 16국 및 남북조와의 관계

1) 동진 및 송과의 관계

4세기에 들어와 백제는 이제 백제라는 이름으로 본격적으로 중국 왕조와 교섭과 교류를 하였다. 그 첫 시작이 동진과의 교섭이었다. 백제왕 여구餘句(근초고왕)는 372년에 동진으로 사신을 보냈고 동진으로부터 '진동장군영낙랑태수鎭東將軍領樂浪太守'의 작호를 받았다. 이로써 백제는 국제무대에서도 당당히 두각을 드러내었다. 386년 여휘(진사왕)는 동진으로부터 "사지절도독진동장군백제왕使持節都督鎭東將軍百濟王"이라는 작호를 받았다. 지절, 도독, 장군호, 왕호를 갖춘 작호를 대를 이어 받은 것은 이번이 처음이다. 이후 백제

집, 국사편찬위원회.

는 중국 왕조로부터 이러한 형식의 작호를 받았다.

송을 건국한 무제(363~422)는 건국 후 백제왕 여영(전지왕)을 진동장군에서 진동대장군으로 진호進號하였다. 이때 송이 진호한 자는 모두 7명이었다. 이 가운데 5명은 송의 신하였고, 나머지는 고구려왕과 백제왕이었다. 백제왕이 고구려왕과 더불어 대장군으로 진호되었다는 것은 송나라가 백제에 대해 각별한 관심을 가지고 있었음을 보여준다.

이렇게 서진을 비롯하여 동진 및 송과 교섭과 교류를 하는 과정에서 백제는 새로운 문물을 받아들였다. 450년에 비유왕이 송에 사신을 보내 『역림』, 『식점』, 요노腰弩 등을 요청해 받은 것이 대표적이다.

한편 백제가 남조의 여러 왕조로부터 받은 문물 가운데 고고자료로서 주목되는 것이 이 도자기이다. 중국제 도자기는 왕도 한성에 압도적으로 많이 출토되고 있다. 중국제 도자기는 그 용도보다는 풍납토성과 몽촌토성의 축조연대를 결정하는 단서가 된다는 점에서 주목되었다.

풍납토성이나 몽촌토성에서 출토된 전문도기를 서진(265-317) 대의 것으로 보고 풍납토성이나 몽촌토성의 축조시기를 4세기 말이나 5세기 초로 늦추어 보는 견해가 일반적이었다. 그래서 풍납토성이나 몽촌토성의 축조 연대를 3세기 후반으로 추정하였다. 그런데 근래에 와서 이 도자기들이 제작된 연대는 송(420-478) 초로 보는 견해도 나왔다.

중국제 도자기를 중심으로 풍납토성이나 몽촌토성의 축조 연대를 추정하고자 할 때 고려해야 할 것은 외래품은 일단 교섭과 교류의 산물이라는 것과 이러한 외래품을 선호하고 소비할 수 있는 지배층과 부유층이 형성되어 있어야만 들어올 수 있다는 점이다. 즉 외래품을 소비하고 선호할 수 있는 층의 형성이 먼저 이루어져야만 교섭과 교류를 통해 이러한 외래품이 들어오게 되는 것이다. 풍납토성과 몽촌토성의 생활 유적에서 중국제 도자기가 다수 출토되었다는 것은 이 시기 백제에는 이러한 도자기를 선호하고 향유하는 지배층이 이미 형성되어 있었음을 보여준다. 그리고 이러한 지배층이 형성되어 있었기 때문에 풍납토성이나 몽촌토성을 축조할 수 있었다. 때문에 전문도기의 제작연대가 늦다고 하여 풍납토성이나 몽촌토성의 축조연대를 전문도기의 연대에 맞추어 늦게 보는 것은 재고되어야 할 것이다. 이런 관점에서 보면 풍납토성과 몽촌토성의 3세기 후반 축조설은 의미를 갖는 것이다.

2) 16국과의 관계

4세기 초엽에서 백 수십 년간 화북에서는 흉노족, 갈족(흉노의 별종), 선비족(터키계), 저족(티베트계), 강족(티베트계) 등 북방민족 이른바 5호胡가 잇달아 정권을 수립하여 흥망을 되풀이하였다. 이 시기를 16국시대라고 한다.

백제와 16국과의 교섭과 교류를 직접 보여주는 자료는 없다. 그러나 16국 가운데 백제와 교섭과 교류를 가졌을 가능성이 가장 높은 나라는 전연이다. 전연前燕(337~370)은 선비족 모용황慕容皝에 의해 건국된 나라이다.

백제와 전연과의 관계를 보여주는 것이 342년에 전연의 봉유가 올린 상표문이다. 여기에는 군대를 동원해 백제인을 끌고 왔다는 내용이 나온다. 이는 342년 이전에 백제와 전연 사이에 어떤 형태로든 교섭이 있었음을 짐작하게 한다. 이와는 달리 이 상표문에 나오는 백제는 본래는 고구려였는데 후일 사서가 편찬되면서 백제로 변개된 것으로 보고 이 상표문을 근거로 백제와 전연 사이의 교섭을 상정할 수 없다는 견해도 있다.[25] 그러나 상표문을 사서에 옮겨 수록할 경우 그 내용을 축약하기는 해도 내용을 변개하는 것은 거의 없다. 따라서 결정적인 자료가 없는 한 이 상표문은 원형 그대로 보는 것이 타당할 것이다. 그렇다면 이 자료는 백제와 전연 사이에 교섭과 교류가 있었음을 보여주는 것으로 볼 수 있다.

다음으로 가능성이 높은 나라로는 전진前秦(351년~394년)을 들 수 있다. 전진은 티베트계 저족氐族에 의해 건국된 나라이다. 부견苻堅 대에 와서 370년에 전연을 멸망시키는 등 전성기를 이루었다. 이때 고구려와 신라는 전진과 교섭과 교류를 가졌다. 그래서 전진은 고구려에 불교를 전해주었고, 신라는 377년과 382년에 두 번에 걸쳐 전진에 사신을 파견하였다.

백제와 전진과의 교섭과 교류를 추론하는데 단서가 되는 것이 전진왕 부견의 사촌 동생인 부락苻洛의 반란과 관련한 기사이다. 부락은 반란을 일으키면서 백제에도 군사 지원을 요청하였다. 이는 부락의 반란 이전에 백제와 전진 사이에 교섭과 교류가 있었음을 보여준다. 실물은 없고 그림만 남아있는 「백제왕동호부百濟王銅虎符」도 이 시기에 전진왕 부견이 백제왕에게 보내준 것이[26] 아닐까 한다.

한편『태평어람』에는 382년에 신라 사신 위두衛頭가 전진에 가서 전진왕 부견과 문답한 내용이 나온다. 이 기사에서 주목되는 것은 위두를 파견하였다는 기사 다음에 '신라는 백제의 동쪽에 있다[國在百濟東]'는 기사이다. 종래

25) 이병도, 1976,『한국고대사연구』, 박영사, 221-222쪽; 여호규, 2012,「4세기-5세기 초 고구려와 모용 '연(燕)'의 영역확장과 지배방식 비교」『한국고대사연구』 67집, 한국고대사학회.

26) 방선주, 1973,「예, 백제관계 호부에 대하여」『사총』 17 · 18합집, 고려대학교사학회.

의 연구에서는 신라 사신 위두는 고구려의 도움을 받아 전진에 간 것으로 이해하였다. 그렇다면 신라의 위치를 이야기할 때 고구려를 기준으로 하여야만 하였을 것이다. 그런데 『태평어람』의 이 기사는 백제가 신라의 위치를 말하는 기준이 되었음을 보여준다. 이로 미루어 신라가 전진과 교섭을 할 때 백제의 도움을 받았을 가능성도 배제할 수 없겠다.[27]

16국과의 교섭과 교류를 통해 들어온 문물로는 좌현왕, 우현왕이라는 왕호제와 증토축성법 등을 들 수 있다. 좌현왕, 우현왕은 중국에는 없고 유목민족 사회에서 널리 사용된 작호이다. 따라서 좌현왕, 우현왕은 백제가 16국과의 교섭과 교류에서 받아들인 것으로 볼 수 있다. 증토축성 기법은 토성을 축조할 때 석회를 이용하여 단단하게 쌓는 법을 말한다. 대하大夏의 혁련발발赫連勃勃이 수도 통만성通萬城을 축조할 때 이 기법을 사용한 것이 대표적이다. 백제도 몽촌토성 축조에 이 기법을 사용하였음이 확인되고 있다. 이는 증토축성 기법이 16국과의 교섭과 교류를 통해 백제에 들어왔음을 보여준다.

3) 북위와의 관계

16국의 혼란을 수습하여 북조 시대를 연 것이 북위(384-534)이다. 북위의 존속 기간은 150년간이다. 이 기간 동안 백제와 북위와의 교섭을 보여주는 자료는 개로왕이 18년(472)에 북위에 보낸 국서가 유일하다. 이 국서에 의하면 개로왕은 북위에 사신을 보내 고구려를 견제해 줄 것을 요청하였고 북위가 거절하자 개로왕은 사신 파견을 중단해 버리고 말았다. 이 때문에 종래의 연구

27) 노중국, 2012,「백제의 문서행정과 관인제」『백제와 주변세계』 성주탁교수 추모논총, 진인진.

에서는 백제와 북위와의 교섭은 472년의 교섭 1회뿐이었던 것으로 보아왔다.

그러나 북위가 존속한 150년 동안 백제가 북위에 사신을 한 번만 보낸 것으로 파악하기는 어렵다. 472년 이전에도 북위에 사신을 보냈을 가능성은 열어두어야 한다. 이를 뒷받침해 주는 것이 개로왕의 국서에는 '경진년'이 하나의 기준이 되고 있다는 사실이다. 경진년은 440년으로 비유왕 14년이다. 이는 비유왕 대에도 백제와 북위 사이에 교섭과 교류가 있었음을 짐작하게 한다. 따라서 개로왕의 국서를 잘 검토하면 백제와 북위와의 교섭의 다양성을 추출해 낼 수 있을 것이다. 이를 보완해 주는 것이 물질자료이다.

먼저 들 수 있는 것이 뚝섬 출토 금동불좌상이다. 고개를 약간 숙이고 손을 모아 배에 대고 선정인을 취한 모습은 북위 초기에 간다라 불상을 수용한 불상들과 관련이 있으며 제작 시기는 5세기 전반이라고 한다. 종래에는 백제와 북위 사이에 교섭이 없었다고 보고 이 불상은 고구려를 통해 백제에 들어온 것으로 보기도 하였다. 그렇지만 백제가 북위와 교섭을 가졌다고 하면 북위에서 백제로 바로 들어온 것으로 보아도 무리는 없을 것이다.

다른 하나는 풍납토성 경당지구에서 출토된 연화문 와당이다. 이 와당의 제작 연대는 5세기 중엽 이후 한성 함락 이전까지로 추정되고 있다. 이 와당은 남조의 연화문와당과는 뚜렷이 구분되며, 중국 대동大同의 초당산 유적에서 출토된 8엽복판연화문 와당이나 북위 낙양성 건춘문 유적에서 출토된 5엽복판연화문와당과 비슷하여 북위계 와당이라 할 수 있다.[28] 이 북위계 와당이 풍납토성에서 출토되었다는 것은 백제와 북위 사이에 교섭과 교류가

28) 문동석, 2009,「한성백제의 도교문화와 그 성립과정」『백제연구』50집, 충남대 백제연구소.

있었음을 보여주는 물질적인 증거가 되겠다.

4) 백제의 요서 경략 문제

백제와 중국과의 관계에서 특히 주목되어 온 기사의 하나는 중국 사서에만 나오는 백제의 요서 경략 기사이다. 이 기사는『송서』백제전에 처음으로 나온다. 이에 의하면 "고구려가 요동을 점령하니, 백제는 요서를 점령하고 진평군 진평현을 두었다"라고 하였다.『송서』는 심약沈約(441~513)이 편찬한 사서이다. 이후 백제의 요서 경략과 관련하여『양서』백제전,『양직공도』,『통전』에도 비슷한 내용이 나오는데 내용에 약간의 변개가 있다. 그러나『삼국사기』에는 이 내용은 없다.

『송서』백제전을 비롯한 중국 사서에 나오는 이러한 기사를 토대로 한 것이 이른바 '백제의 요서경략설'이다. 이 요서경략설은 선비족인 모용씨의 전연이나 탁발씨의 북위가 바다를 건너 백제를 침공할 수는 없다는 입장에서 나온 것이다. 그러나 백제가 요서 지역을 경략하다는 것에 대한 반론도 만만치 않다. 무엇보다도 요서지방은 한반도의 서남부에서 바다를 사이에 두고 수천 리 떨어져 있는 곳이어서 백제가 이곳에 진출해야 할 필요성과 가능성에 의문이 가기 때문이다.

그래서『송서』백제전의 요서경략 기사에 대해 양국이 충돌한 지역이 백제 영역이었다는 견해도 있고, 요서지역이 아니더라도 북중국 해안지대에 설치된 백제세력 근거지를 둘러싼 충돌일 것이라는 의견도 있다. 근래에는 여암餘巖의 반란이 요서경략설의 토대가 되었다는 설과 백제가 동진이 북진할 때 일정한 도움을 주었고 그 시기는 고구려가 요동지역으로 진출한 시기와 같

은 것으로 보는 견해도 나왔다.[29]

백제의 요서진출과 관련한 기록은 중국의 정사에 나오는 만큼 이를 일방적으로 부정하기는 어려울 것이다. 그렇다고 하여 백제의 요서진출이 현재 국사교과서에 어엿한 역사적 사실로서 수록되어 있는 것도 문제이다. 현재 학계에서는 백제의 요서경략설을 둘러싸고 논의가 분분한 상황이기 때문이다. 그러므로 요서경략설 문제는 이에 대한 연구가 진전되어 일정한 의견 수렴이 이루어진 후 그 성과를 교과서에 수록하는 것이 타당할 것이다.

29) 강종훈, 2015, 「4세기 전반 백제군(百濟軍)의 요하 일대에서의 활동에 관한 기사의 검토」 『백제와 요서지역』 백제학연구총서 쟁점백제사7, 한성백제박물관.

Ⅶ. 백제와 왜와의 관계

1. 칠지도

칠지도七支刀는 일본 나라현 천리시의 석상신궁石上神宮에 소장된 백제 시대의 일곱 가지 모양의 철제 칼이다. 현재 일본의 국보로 지정되어 있다. 전체 길이는 75cm이고 칼 몸의 길이는 65cm이다. 『일본서기』 신공기 52년 조에는 백제가 왜에 칠지도七枝刀를 보내준 기사가 나온다. 이 칼은 문헌기록과 실제 유물이 일치하는 드문 사례이다.

이 칼 앞면에는 34자, 뒷면에는 27자의 금상감 명문이 있었다. 판독에 이견이 있는 부분도 있지만 대다수의 글자에 대해서는 의견의 일치가 이루어졌다. 판독문을 제시하면 다음과 같다.

앞면: 泰和(?)四年五月十六日丙午正陽造百練鉎七支刀出(生?)辟百兵
宜供供侯王△△△△作

뒷면 : 先世以來未有此刀百濟王世子奇生聖音故爲倭王旨造傳示後世

이 명문에서 주요 논쟁은 몇 가지였다. 첫째는 칼의 제작연대이다. 이 칼의 제작 연대를 보여주는 것이 '태화(?)사년오월십육일병오泰和(?)四年五月十六日丙午'이다. 태화는 동진의 연호로서 4년은 369년이 된다. 이와는 달리 이 태화를 북위의 태화(477~499)로 보고 4년을 490년으로 보는 견해도 있다. 한편 연호보다는 병오일丙午日이라는 일간지를 중시하여 전지왕 4년(408)으로 보는 견해도 있다.[30] 그러나 연대를 따질 때는 일간지보다는 연호를 중시해야 한다. 더구나 문헌기록에는 칼을 제작하여 왜에 보낸 해가 371년으로 나온다. 문헌기록과 연계시켜 볼 때 태화는 동진의 연호로 볼 수 있다. 따라서 이 칼이 제작된 연대는 369년이고 왜에 보내진 것은 371년으로 파악하는 것이 타당하다.

둘째는 '후왕侯王'의 성격이다. 이를 길상구로 보는 견해도 있다. 그러나 후왕은 중국에서 작호제의 하나이다. 백제가 왜왕에게 이 칼을 하사하면서 후왕이라고 쓴 것은 단순한 길상구로서 사용한 것이 아니라 왜왕을 제후왕으로 인식하는 생각이 반영된 것으로 보는 것이 타당할 것이다.

셋째는 이 칼이 보여주는 백제와 왜와의 관계이다. 일제시기에는 백제왕이 이 칼을 만들어 왜왕에게 바쳤다는 이른바 헌상설이 주장되었다. 이러한 주장은 왜가 백제를 비롯하여 신라, 가야 등 한반도 남부지역에 자리한 나라들을 지배하였다고 하는 이른바 '임나일본부설'의 주요 논거가 되었다.

그러나 명문 자체에 의하면 이 칼은 백제 왕세자가 만들게 하여 왜왕에게 보낸 것이다. 이는 백제 왕세자가 왜왕과 동등한 위치에 있는 존재임을 보여

30) 홍성화, 2015, 「4세기 말~5세기 초 백제와 왜의 관계」『한국사 속의 백제와 왜』 백제학연구총서 쟁점백제사 6, 한성백제박물관.

준다. 그렇다면 백제왕은 왜왕보다 상위의 존재이다. 따라서 이 칼은 백제왕이 왜왕에게 하사한 것으로 보는 것이 타당이다.

넷째는 이 칼의 모양이 일곱 가지七枝의 형태로 만들어진 의미이다. 『일본서기』 신공기 52년조에는 백제가 이 칼을 왜에 보낼 때 칠자경七子鏡도 함께 보냈다고 하였다. 여기에서 주목되는 것은 칼과 거울에 '칠七'이 공통으로 들어있다는 사실이다. 이는 백제에서 숫자 '七'이 특별한 의미를 가지고 있음을 시사해 준다. 그런데 근초고왕 대의 장군 막고해는 태자 근구수에게 『도덕경』의 내용을 언급하며 북진하지 말 것을 간언하였다. 이 기사는 이 시기에 도교 사상이 유행하였음을 보여준다. 이로 미루어 이 시기 숫자 '七'은 도교 사상과 연관시켜 볼 수 있다.

이 칼은 백제가 왜에 헌상한 것은 아니다. 따라서 이 칼은 임나일본부설을 입증해 주는 자료는 아니다. 도리어 이 칼은 백제가 왜의 조공국이라는 『일본서기』의 기록과는 달리 왜왕보다 상위의 존재로 군림하면서 왜왕을 제후왕으로 관념한 백제의 세계관을 보여주는 것이다.

2. 왜 오왕(五王)

1) 왜왕 자칭호(自稱號)의 성격

왜는 247년 조위에 사신을 보낸 이후 약 180년 동안 중국 왕조와의 교섭과 교류를 중단하였다. 이 왜가 다시 중국 왕조와 교섭을 시작한 것은 동진 말부터였다. 왜왕 찬讚은 동진 안제(405-418) 대에 사신을 보내 조공하였다. 그리고 420년에 진晉이 망하고 송이 건국되자 왜왕 찬은 421년에 사신을 송에 보냈다. 송 태조는 왜왕 찬에게 조서를 내려 작호를 제수하였다.

찬의 뒤를 이어 즉위한 동생 진珍은 송에 사신을 보내 공헌한 후 스스로 '사지절도독왜백제신라임나진한모한육국제군사안동대장군왜국왕使持節都督倭百濟新羅任那秦韓慕韓六國諸軍事安東大將軍倭國王'이라고 일컬은 작호를 제수해 줄 것과 왜수倭隋 등 13명에게 평서·정로·관군·보국장군호를 정식으로 제수해 줄 것을 요청하였다. 송은 진에게는 '안동장군왜국왕'만 제수하고 왜수 등 13명에게 요청한 장군호는 그대로 승인하였다.

451년에 왜왕 제濟가 사신을 보내 봉헌하자 송은 예전처럼 안동장군호를 수여하고 '사지절도독왜신라임나가라진한모한육국제군사使持節都督倭百濟新羅任那秦韓慕韓六國諸軍事'를 더해 주었다. 제가 죽고 세자 홍興이 사신을 보내오자 송은 홍을 '안동장군왜국왕'으로 봉하였다. 홍이 죽고 나서 즉위한 동생 무武는 478년에 '사지절도독왜백제신라임나가라진한모한칠국제군사안동대장군왜국왕使持節都督倭百濟新羅任那加羅秦韓慕韓七國諸軍事安東大將軍倭國王'을 스스로 일컬었다. 그렇지만 송은 그에게 백제를 뺀 '사지절도독왜신라임나가라진한모한육국제군사안동대장군왜국왕使持節都督倭新羅任那秦韓慕韓六國諸軍事安東大將軍倭國王'만 책봉하였다.

『송서』 왜전에 보이는 찬-진-제-홍-무 등 5명의 왕을 왜 오왕五王이라 한다. 이 가운데 무는 『일본서기』에 나오는 웅략雄略천황에 비정하는 것이 일반적이다. 나머지 왕들과 『일본서기』에 나오는 천황들과의 대비에 대해서는 여러 설이 분분하다.

왜 오왕과 백제와의 관련 기사에서 논의의 초점이 된 것은 두 가지이다. 하나는 왜왕이 자칭한 도독제군사호에 백제, 신라, 가라, 임나, 진한, 모한 등이 포함되어 있는 점이다. 이 자칭호에 대해 송은 백제만은 빼고 인정해 주었다. 백제를 뺀 것은 송은 이보다 앞서 백제왕을 '사지절도독백제제군사진동대장군使持節都督百濟諸軍事鎭東大將軍'으로 책봉하였기 때문이다. 송이 백제왕에게 제수한 진동대장군은 왜왕에게 제수한 안동대장군보다 위계가 높다. 이는 백제가 동아시아세계에서 차지하는 위상이 왜보다 한 단계 높았음을 보여주는 것이다.

그렇다고 하더라도 왜왕이 자칭한 칭호대로라면 왜왕은 한반도의 여러 나라들에 대해 군사적으로 도독都督하는 위치에 있게 된다. 그러나 이 시기 왜의 야마토[大和] 정권은 아직 일본열도도 평정하지 못하였다. 그런 왜가 한반도의 백제, 신라, 가야는 물론 진한, 모한까지 군사적으로 도독한다는 것은 어불성설이다. 이 자칭호는 왜왕이 한반도의 여러 나라와 관계를 주도하고 있음을 과시하기 위한 대내용으로 보아야 할 것이다.

2) '도평해북渡平海北'의 의미

다른 하나는 왜왕 무가 478년에 송에 보낸 상표문에서 "왜왕 무의 할아버지와 아버지祖禰가 동쪽으로 모인毛人의 55국을 정복하고, 서쪽으로 중이衆夷의 66국을 정복하고 바다를 건너 해북의 95국을 평정하였다"는 기사에 나오는 '도평해북95국渡平海北九十五國'의 실체이다. 왜왕 무의 할아버지는 진珍이고 아버지는 제濟이다. 이들이 정복활동을 한 시기는 대략 430년대에서 460년대 사이이다.

진과 제가 정복한 지역에 대해 일본학계에서는 "동정모인東征毛人"은 관동지역으로, "서복중이西服衆夷"는 이즈모出雲 · 기비吉備 · 기타큐슈北九州 지역으로, "도평해북渡平海北"은 한반도로 보는 것이 일반적이다. 도평해북을 한반도로 보는 견해는 왜가 한반도 남부지역을 지배하였다는 이른바 '임나일본부설'을 뒷받침해 주는 근거가 되었다.

이 상표문에 나오는 정征 · 복服 · 평平은 똑같이 평정 · 정복이라는 의미를 갖는다. 그런데 동정東征과 서복西服의 대상이 된 지역에는 이후 독자적인 국명을 가진 세력이 더 이상 존재하지 않는다. 그러나 한반도 남부지역에는 백제, 신라, 가야 등 독자적인 국명을 가진 나라들이 여전히 존재하고 있다. 이러한 사실은 해북海北의 95국이 한반도에 있었던 여러 나라를 가리키는 것이 아님을 말해주는 것이다.

이 도평해북을 「광개토대왕비」에 4세기 말 5세기 초두에 왜군이 신라 · 고구려 영역에 일시적으로 진공한 사실이 있는데 왜 측에서 이를 과장해서 표현한 것으로 보는 견해도 있다. 그러나 이 시기의 왜군은 고구려군에 의해 격파되었기 때문에 이 견해는 성립할 수 없다. 필자는 '도평해북'이 기내의 야마토 정권이 구주 지역을 정복한 모습을 보여주는 것이 아닐까 생각하고 있다.[31] 이에 대해서는 앞으로 세밀한 검토가 필요하다.

3. 도왜인의 활동

1) 왜로의 문물 전수와 도왜인

백제와 왜가 교섭과 교류를 본격적으로 하기 시작한 것은 4세기 중반 경부터이다. 『일본서기』 신공기에 의하면 왜와의 교섭을 튼 백제는 오색채견, 칠지도, 칠자경, 철정 등 고급 물건들을 왜에 보냈다. 왜 조정은 백제의 이러한 선진문물에 놀라움을 표하였다. 백제 물품은 신라 물품과 비교하여 빼어난

31) 노중국, 2005, 「5세기 한일관계사 -"송서" 왜국전의 검토」『한일역사공동연구보고서』 제1권, 한일역사공동연구위원회.

것으로 평가되었다.

백제와 왜와의 우호관계가 수립되면서 물품뿐만 아니라 많은 사람들이 왜로 건너갔다. 이름을 알 수 있는 경우로는 양마기술과 더불어 유교경전도 교육한 아직기阿直岐, 왜에 『논어』와 『천자문』을 전해주어 유학을 널리 퍼뜨린 왕인, 왜에 매 사냥 기술을 가르쳐 준 주군酒君, 백제의 제철 기술을 전해준 철기 기술자인 탁소卓素, 왜에 술 빚는 기술을 가르쳐준 수수허리須須許理(仁番), 왜에 직조기술을 가르쳐 준 봉의공녀縫衣工女인 진모진眞毛津 등이 대표적이다. 이외에 이름은 알려져 있지 않지만 도자기 제작, 말안장 제작, 비단직조 등과 같은 재능과 기술을 지닌 자들로 왜로 건너갔다.

왜로 건너간 사람들에 대해 일본학계에서는 처음에는 『일본서기』의 기사를 그대로 따라 귀화인歸化人이라 하였다. 귀화인은 천황의 덕화를 흠모해 온 사람이라는 뜻이다. 그러나 이 용어가 타당하지 않다는 비판이 제기되자 일본학계에서는 현재 도래인渡來人이라는 용어를 사용하고 있다. 바다를 건너 왜로 건너왔다는 의미를 갖는 도래인은 가치중립적인 표현으로서 왜의 입장에서는 타당한 용어이다. 그러나 한반도에서 왜로 건너갔다는 점을 강조하면 도왜인渡倭人으로 부르는 것이[32] 타당하다. 이는 당나라에 유학을 간 학생이나 승려들을 도당유학생渡唐留學生 또는 도당유학승渡唐留學僧이라 부르는 것과 궤도를 같이 한다. 이 도왜인들은 왜에서 자신의 능력을 발휘하여 왜의 문화 수준을 높이는데 기여하였다.

---

32) 김기섭, 2005,「5세기 무렵 백제 도왜인의 활동과 문화 전파」『왜 5왕 문제와 한일관계』 한일관계사연구논집 2, 한일관계사연구논집 편찬위원회 편, 경인문화사.

2) 곤지의 활동과 왕호의 추봉

앞에서 언급한 것처럼 『일본서기』에는 많은 백제인들이 왜로 건너간 사실이 기록되어 있다. 이렇게 왜로 건너간 사람 가운데 주목되는 인물이 개로왕의 동생인 곤지昆支이다. 곤지는 개로왕 4년(458)에는 정로장군 좌현왕의 지위에 있었던 여곤餘昆과 동일 인물이다. 그는 461년(개로왕 7)에 개로왕에 의해 왜에 파견되었고, 477년에 문주왕의 부름을 받고 귀국하였다. 곤지는 『삼국사기』에도 나오고 중국사서에서도 나오고 『일본서기』에도 나오는 유일한 인물이다. 또 왜에 장기간 머물다가 귀국하여 활동한 내력을 알 수 있는 유일한 인물이기도 하다.

개로왕이 곤지를 왜에 파견한 목적에 대해 고구려의 압박에 대항하고자 왜에 군사 지원을 요청하기 위한 것으로 보는 견해도 있고, 왜에 있는 백제계 이주민을 조직화하여 백제를 지원하기 위한 것이라는 견해도 있다.[33] 그러나 자료 그대로를 보면 곤지를 왜로 파견한 목적은 앞서 파견된 지진원池津媛의 음행으로 빚어진 왜와의 갈등 관계를 우호 관계로 회복하는 것이었다.

곤지는 477년에 귀국하기까지 15년 동안 왜에 머물렀다. 이 기간 동안 그는 왜에서 부인을 맞아 둘째 아들 동성을 비롯하여 네 아들을 얻었다. 곤지는 개로왕의 동생이었다. 이러한 그의 신분에서 미루어 그가 얻은 부인은 왜 왕실 여성이었을 가능성이 크다.

475년 고구려의 공격으로 왕도 한성이 함락되고 개로왕이 붙잡혀 죽자 왕

---

33) 정재윤, 1999, 「웅진시대 백제 정치사의 전개과 그 특성」, 서강대학교대학원 박사학위논문.

위에 오른 문주왕은 웅진으로 천도하여 백제의 명맥을 이어갔다. 문주왕은 천도 후 불안한 정치정세를 안정시키기 위해 477년에 곤지를 불러들였다. 그가 귀국하자 문주왕은 내신좌평으로 삼았다. 그러나 곤지는 내신좌평에 임명된 지 3개월 만에 죽었다. 아마도 그는 권력다툼 속에서 병관좌평 해구에 의해 제거되고 만 것 같다. 곤지의 죽음으로 문주왕이 구상한 지배세력의 안배는 깨어지고 말았다.

곤지를 제거하고 실권을 장악한 해구는 문주왕을 형식상의 임금으로 받들고 국정을 오로지 하다가 왕을 시해하고 열세 살의 어린 삼근을 왕위에 올렸다. 그후 해구는 478년에 연신과 함께 대두성에서 반란을 일으켰다. 그러나 해구의 반란은 진로에 의해 평정되고 말았다. 진로는 삼근왕이 재위 3년 만에 죽자 곤지의 둘째 아들로서 왜에 있던 말다末多를 옹립하였다. 이가 동성왕이다.

동성왕은 백제 역사 상 아버지가 왕이 아니었음에도 불구하고 왕위에 오른 최초의 왕이 되었다. 여기서 정리해 두어야 할 것은 즉위 후 동성왕이 아버지 곤지를 어떻게 대우하였을까 하는 점이다. 이 문제에 대해서는 지금까지 아무런 논의가 없었다. 필자는 이 문제와 관련하여 추봉追封 제도를 주목할 필요가 있다고 본다.

추봉 제도는 전왕의 자식이 아닌 사람이 왕이 되었을 경우 자신의 친부를 왕으로 추숭하는 제도이다. 비록 신라의 경우이지만 김춘추가 진덕여왕의 뒤를 이어 왕이 되자 진평왕대에 내성사신內省私臣의 벼슬을 하였던 아버지 용춘을 문흥文興대왕으로 추봉한 것이 그 예가 된다.

동성왕이 아버지 곤지를 추봉하였을 가능성을 엿보게 하는 것이 곤지에 대한 칭호이다. 『일본서기』 웅략기와 무열기에는 곤지의 직함으로 '군군軍君',

'곤지군琨支君', '곤지왕자琨支王子' 등과 더불어 '곤지왕琨支王'이 나온다. '곤지왕자'는 비유왕의 아들이라는 의미로서 말 그대로 왕자이다. '군군軍君'은 작호이다. '곤지군琨支君'은 최고의 작호인 '군君'을 이름에 붙인 것이다. 그러나 이 '군君'은 '왕王'은 아니다. 반면에 '곤지왕'의 '왕'은 '왕'을 의미한다.

『일본서기』에서 백제인 가운데 왕이 아닌 사람을 왕으로 표기한 것은 곤지왕이 유일하다. 물론 『신찬성씨록』에는 호왕虎王, 주왕酒王, 의보하라지왕意寶荷羅支王처럼 왕호를 가진 자들이 많이 나오지만 이 왕호는 815년에 『신찬성씨록』이 만들어질 당시 후손들에 의해 붙여지고 가탁된 것이다. 따라서 이 왕호들은 720년에 만들어진 『일본서기』의 '곤지왕'과는 성격을 달리한다.

곤지가 왕으로 대우받게 된 시기와 계기는 동성왕의 즉위와 떼놓을 수 없다. 동성왕은 아버지 곤지가 반신 해구에 의해 피살된 후 왕위에 올랐다. 이런 상황에서 즉위한 동성왕은 왕위계승의 정통성을 확보하기 위해 또 아버지의 명예를 회복하고 위상을 높이기 위해 곤지를 '곤지왕'으로 추봉하지 않았을까 한다.

이와 유사한 모습을 보여주는 것이 신라 동륜태자의 경우이다. 동륜태자는 진흥왕의 맏아들로 태자에 책봉되었지만 왕위에 오르지 못하고 죽었다. 그런데 『삼국유사』 왕력에는 동륜태자가 '동륜왕'으로도 표기되어 있다.[34] 이 동륜왕은 아들 진평이 삼촌 진지왕을 폐위시키고 왕위에 오른 후 아버지 동륜태자를 추봉하여 올린 추봉호이다. 그래서 동륜은 '동륜왕'으로 표기되기도 하고 '동륜태자'로 표기되기도 하였다. 이는 곤지가 '곤지왕자' 또는 '곤지군'으로 표

34) 『삼국유사』 권 제1왕력 제26 진평왕조의 "名白淨 父銅輪王 一云銅輪太子…" 참조.

기되면서 동시에 '곤지왕'으로 표기된 것과 궤도를 같이 한다. 이로 미루어 백제에도 추봉왕 제도가 있었다고 보아도 큰 무리는 없을 것이다.

3) 곤지 후손의 왜에서의 활동

477년 왜에서 귀국한 곤지는 해구에 의해 제거되었다. 그렇지만 그가 왜에서 낳은 네 명의 아들 가운데 후일 왕이 된 동성을 제외한 나머지 세 아들은 왜국에 그대로 남았다. 이들은 왜에 정착하였고 시간이 흐름에 따라 그 후손은 점차 늘어나 일정한 집단을 이루었을 것이다. 하내河內지역에서 곤지를 시조로 하는 집단을 보여주는 것이 비조호조씨飛鳥戶造氏이다. 비조호조씨는 왜 왕권의 실무관료로서 비조호飛鳥戶의 집단을 이끌고 있는 반조伴造였다. 이 시기 하내 지역에서 확인된 비조천총飛鳥千塚고분군은 곤지의 후예인 비조호조씨에 의해 조영된 것으로 볼 수 있겠다.

이 곤지계 집단들은 왜국 내에서 자신들의 정체성을 지키고, 동질성을 유지하고, 도왜인들을 결속하기 위한 구심점이 필요하였다. 그 구심점으로 가장 적합한 인물이 곤지였다. 곤지는 도왜하여 오랫동안 왜에 거주한 인물 가운데 가장 지위가 높았으며 또 본국에서 정쟁政爭에 의해 비운의 죽임을 당하였다. 그래서 곤지의 후손들은 억울하게 죽은 그의 명복을 빌기 위해 그를 제신祭神으로 모시는 신사를 세웠다. 이것이 하내국 안숙군安宿郡(현재의 오사카부 羽曳野市)에 있는 비조호신사飛鳥戶神社이다.

이 신사는 안숙군의 명신대사名神大社로서 천황이 신사의 제일祭日에 맞춰서 칙사를 파견하였다고 한다. 비조신사의 격이 이처럼 높았다는 것은 곤지를 추숭하는 후손들이 왜 왕권에서 차지하는 위상도 높았음을 보여준다. 따라서 곤지신사와 비조천총고분으로 대변되는 하내의 비조문화는 백제왕족인 곤지계를 중심축으로 하는 도왜계 백제인들에 의해 이루어진 백제색이 농후한 문화였다고 하겠다.

Ⅷ. 앞으로 토론해야 할 주제들

1. 진국辰國(衆國)의 문제
2. 마한과 백제
3. 광개토대왕비가 보여주는 백제
4. 왕, 후, 태수, 장군호제
5. 위신품과 신분제
6. 백제와 고구려, 신라, 가야와의 교섭과 교류

주제발표 2

'한성백제사' 연구의 진전을 위한 몇 가지 提言

주 보 돈 경북대학교

Ⅰ. 발제 참여의 의미

근자에 백제사 연구가 매우 활기를 띠어 장족의 발전을 이루어 왔음은 두루 알려진 바와 같다. 돌이켜보면 한국고대사 연구의 무게 중심은 이제 백제사로 옮겨져 갔다는 느낌이 들 정도이다. 백제사 분야가 질량質量의 두 측면에서 한국고대사 연구를 추동하면서 선도하고 있다고 하여도 지나치지 않는다.

백제사 연구가 그처럼 활기를 띠고 추진되면서 크게 쟁점으로 삼을 만한 주제들이 적지 않게 드러나게 되었다. 그들 가운데 연구자들 사이에 거의 접근이 이루어진 문제도 있지만, 선뜻 풀기 어려운, 어쩌면 영원히 풀리지 않을 것 같은 과제도 엿보인다. 거기에는 단순히 자료 빈곤이나 영성함이라는 수준을 뛰어넘어 인식상의 근본 문제까지 뒤섞여 있기 때문이다. 최근 한성백제박물관에서는 그를 풀어가기 위한 야심찬 기획을 세워 백제사 관련 주요 쟁점 사항을 주제별로 선정해 공개 토론의 장을 마련하여 깊이 다룸으로써 조금이나마 의문을 풀어보고 나아가 이 방면의 수준을 한 단계 드높이려는 과감한 시도를 하였다.

필자는 평소 한국고대사의 여러 분야 가운데 특히 신라사와 가야사를 주요 전공 영역으로 삼아왔다. 그런 측면에서 이번 토론회의 평자로서는 적임자가 아닐 수도 있겠다. 그래서 애초에 참여를 의뢰받았을 때 약간 주저하면서 잠시 난색의 뜻을 표하였다. 그렇지만 기획의 의도가 어디에 있을까를 곱씹어보면서 마침내 생각을 바꾸게 되었다. 아홉 차례에 걸쳐 진행되어온 이른바 '쟁점백제사'의 한 단락을 맺음하려는 마당에 무엇인가 새로운 문제 제기를 하려는 것이라는 데에 생각이 미쳤기 때문이다.

기실 '우물 속으로 깊숙이 들어가서'는 그 안팎의 어느 것 한쪽이라도 제대로 가늠하기가 힘들어지게 마련이다. 마찬가지로 백제사를 전론專論하는 연구자(다른 장場에서 관련 분야에 대해 견해를 밝힌 연구자도 당연히 포함하여)가 자신이 이미 발표한 논제나 쟁점 사항에 대해 선입견에 따른 주관적 판단에 깊숙이 빠져듦으로써 대상을 객관화해 논평하는 데에는 일정한 한계가 뒤따를 수밖에 없을 것임은 자명한 일이다. 그런 의미에서 주최 측이 논평자로서 필자를 선정한 것은 일견 적절한 판단이라 여겨지기도 하였다. 물론 당연히 이번의 쟁점 토론에 평자가 설정한 바의 목적을 충실히 달성하는 한에서 그러하다는 뜻이겠다. 아마 원래 이번 토론회의 기획 속에는 백제사 바깥의 제3자, 혹은 국외자局外者의 눈으로 논의 사항을 낱낱이 점검해보고 다른 분야와 대비對比함으로써 어떤 유의미한 문제점을 적확的確하게 추출해내고 장차 해명, 보완해야 할 과제를 적절히 적시摘示해 보라는 기대가 깔린 것으로 짐작된다.

그런 의미에서 이번 기획 승패勝敗 여하를 가름할지 모르는 큰 짐이 필자에게도 던져진 셈이어서 상당한 부담이 느껴진다. 백제사에 대해 거의 문외한이라 하여도 좋을 필자에게는 한편 그런 요청이 과분한 일이기도 하므로 능력이 닿는 범위 내에서 최선을 다함으로써 조금이나마 주어진 소임과 기대에 부응해 보려고 한다.

Ⅱ. 쟁점 논의에 대한 전반적 평가

그 동안 간행된 전체 9권의 '한성백제사' 학술총서를 일별하면 당해 시기의 논란꺼리가 될 만한 주제들은 거의 대부분 선정되어 다루어졌다는 느낌이 든다. 일견 더 이상 대상으로 삼을 만한 커다란 과제가 언뜻 떠오르지가 않는 것은 그런 실상을 여실히 반영해주는 사실이다. 그렇지만 총서를 쭉 훑어보면서 출발 당시 전면에 내세웠던 이른바 '끝장토론'에 걸맞게 설정한 목표 지점에 제대로 도달한 것인가 하는 데 대해 약간의 회의가 들었던 것도 숨길 수 없는 사실이다.

일반적으로 쟁점 사항에 대해 본격적인 토론을 거치는 것은 논자論者들 사이에 내재한 시각과 입장의 차이를 확연히 드러내는 것이기도 하려니와 다른 한편으로는 그를 통해서 가능하면 상호 지니고 있던 간극間隙을 좁히고 최소화시키면서 어떤 접점接點을 찾아보려는 데에 기본 목적의 하나를 두고 있다고 하겠다. 본 토론회에서도 그런 과정을 거치면서 주어진 주제에 대해 비록 완전하지는 않더라도 어느 정도 합의된 견해를 도출하거나 혹은 그렇지는 않더라도 근접할 여지를 마련하는 쪽으로 의견이 수렴되기를 바라는 의

도가 깔려 있었던 듯하다. 이미 주최 측에서 미리 내건 '끝장토론'이란 표현 속에는 그런 희망 사항이 강하게 깃들어 있는 것으로 보이기 때문이다.

그러나 이번의 쟁점 토론은 설정한 바의 목표 지점에 충분히 다가갔다기보다는 논자들 간의 견해 차이만을 한층 뚜렷하게 부각시켜 재확인한 측면이 강한 것으로 비쳐진다. 물론 차이점을 선명하게 드러낸 그 자체만으로도 충분한 성과를 올렸다고 자평할 수도 있을런지 모르지만 기울인 공력에 비해 상호 접근이 무척 까다롭다는 사실을 확인한 것만으로는 너무 아쉬움이 남는 대목이다. 물론 한술 밥으로 배가 불러질 리 만무한 일이지만 그래도 설정한 목표치와는 너무나 동떨어졌다는 생각이다. 앞으로 새로운 각도에서 쟁점을 다시 시도함으로써 가능한 부면에 대해서는 백제 초기사의 체계화를 위해 정말로 끝장을 보지 않으면 안 된다. 그런 장을 다시 마련해 일정한 성과를 올리지 않으면 자칫 더 이상 이와 같은 토론이 과연 어떤 의미가 있을까라는 회의까지 불러일으킬 지도 모를 일이다. 다만, 현 시점에서 전개될 재론再論을 통하여 어느 정도 의견이 수렴되고 그 차이가 최대한 좁혀진다면 그럴 때 지금까지 진행된 쟁점 토론 자체도 매우 유용한 과정이었다는 평가가 내려지리라 예상된다. 그러기 위해서는 좀 더 심도深度있고 허심虛心한 논의를 통하여 진정 '끝장토론'이란 이름에 걸맞은, 부분적이라도 일정 정도 합의될 수 있는, 혹은 그렇게 되리란 가능성이라도 활짝 열어두는 결론을 이끌어내는 토론의 장이 되었으면 한다.

그렇다면 지금껏 진행된 논의를 통해 논자들 사이에 의견 차이가 쉽게 좁혀지지 않았던 근본 요인이 어디에 있는가 하는 의문은 당연히 가져봄 직하다. 이를 풀어가는 것은 곧 장차 논의를 지속해갈 수 있는 명분으로도 될 터이다. 원인에 대한 명확한 진단이 내려지고 그에 토대한 처방이 적절히 이루어지지 않는다면 논자들 사이에 만들어놓은 간극은 전혀 좁혀질 기미를 보이지 않은 채 영원히 평행선을 달리게 될 터이고, 나아가 장래의 쟁점을 둘러싼 토론 자체의 실행조차 별로 큰 의미를 갖지 못하는 결과로 이어질지 모를 일이다. 그러므로 어떻든 그 근인根因은 꾸준하게 추적되어 마땅한 대상이라 하겠다.

여기서 일단 결론부터 먼저 제시한다면 백제사 관련하여서는 아무래도 자료상의 한계가 너무 크다는 점을 들지 않을 수가 없다. 그렇지만 그런 한계를 인정하면서 동시에 진행된 양상을 들여다보면 차라리 새로운 주장을 개진하고 그를 무조건 지켜내려는 개인적 성향이 팽배한 연구 풍토와 환경, 그리고 접근의 방법론으로부터 비롯한 바도 매우 크게 작용하고 있다는 느낌을 떨치기 어렵다. 그러므로 아래에서는 그런 점을 감안하면서 기왕의 진행된 논쟁論戰에 보이는 문제점의 점검을 통해 극복의 방안을 나름대로 모색해 보기로 하겠다.

Ⅲ. 문헌상으로 본 쟁점 논의의 공과

1. '한성백제(사)'의 의미

가장 먼저 논의 대상으로 삼고 싶은 것은 '한성백제사'란 제목이다. 이제 백제사 전체는 왕도의 소재지를 기준으로 크게 시기를 구분해 이해함이 일반화되어 깊숙하게 뿌리내려진 상태이다. 그래서 '한성백제(사)'는 물론 '웅진백제(사)', '사비백제(사)'란 표현도 스스럼없이 사용하고 있기도 하다. 이는 인근의 다른 국가사에서는 볼 수가 없는 백제사만의 특징적 면모이다. 동일하게 몇 차례 천도를 하였지만 고구려사의 경우에는 '국내(성)고구려(사)', '평양(성)고구려(사)'라는 용어가 거의 사용되지 않는 현상과 좋은 대조를 이룬다.

기실 일국사一國史의 흐름에 대해 왕도를 기준으로 삼는 것도 하나의 유력한 방법이므로 전혀 타당성이 없다고 단언할 수는 없다. 예나 지금이나 정치적 중심지로서 수도가 차지하는 사회경제적 비중도 워낙 크기 때문이다. 그래서 수도의 천도란 곧 내부의 정치사회적 변동의 산물로서 그를 기준으로 삼는 것이 당연하게 여겨질 만하다. 그렇지만 동시에 수도의 소재지 및 그에 따른 특징적 요소는 물론 직전과의 질적인 차이 등도 아울러서 여실하게 밝혀져야 마땅한 대상이다. 그렇지 않다면 단순히 수도의 위치라는 지리적 명칭만 붙여져 당연시함으로써 자칫 피상적 용어 사용이나 이해로 흐를지 모를 일이기 때문이다.

'한성백제사'란 용어를 계속 사용하려면 신중하고 면밀하게 재검토해야 마땅한 대상들도 적지 않게 엿보인다. '한성백제'의 내부적 특성이 어떤지, 여타 뒷날의 다른 수도와는 지리적 여건을 비롯한 기본적 요소 등에서 어떻게 같고 다른지 등이 명확하게 정리되어야 한다. 그런 실상을 의식한 탓인지 일부 논자는 '백제의 왕권은 어떻게 강화되었나'를 다룬 제4권에서 '한성백제'란 표현 대신 굳이 '한성도읍기', '백제 한성기'란 용어를 사용하기도 하였다. '한성백제(사)'란 용어를 단순하고 안이하게 왕도의 위치만으로 나타내는 데에 머물지 말고 앞으로 내재적인 특성을 여러모로 밝혀내는 데 노력을 경주해야 할 것 같다. 한성기만의 특질이 제대로 밝혀진다면 거기에 준거하여 웅진이나 사비로 천도 이후 그 계승성이나 단절성 등까지도 아울러 논의될 여지가 생겨나기 때문이다. 그럴 때 이들의 특징도 동시에 뚜렷해지게 마련이다. 요컨대 왕도를 중심으로 백제사를 재단하는 것은 그 동안 역사학에서 의도적으로 꺼려온 중앙 중심적 시각, 지배자 중심의 시각과도 맥락이 닿아 있는 셈이다. 그런 인식을 불식시키기 위해서도 내재적 발전론에 입각한 접근이 이루어져 '한성백제(사)'한 용어를 당당하게 사용할 수 있는 자세를 보여야 한다.

2. 소위 '한성백제사'의 시기 구분

이미 드러난 바와 같이 '한성백제사'는 백제국가 형성기부터 고구려에 의해 한성이 함락당하고 개로왕蓋鹵王이 피살된 475년까지의 기간을 주된 대상 시기로 잡고 있다. 이 기간의 흐름을 체계적으로 분석하고 이해하기 위해서는 나름의 설득력 있는 기준에 토대한 시기 구분이 절실하다. 그럴 때 일반적으로 고이왕과 근초고왕대를 각기 기점으로 내세워 크게 세 시기로 나누어서 이해하려고 한다. 본 쟁점토론회에서 주제를 선정한 밑바닥에는 그런 인식이 그대로 깔려 있음은 물론이다.

그런데 가장 큰 문제는 고이왕대와 직전 마한과의 관계를 어떻게 설정하느냐이다. 백제사 가운데 입문이라 할 초기 부분, 즉 '한성백제사'의 체계적 이해를 위한 일차적 관건이기 때문이다. 이 주제는 고이왕대古爾王代를 어떻게 파악할 것이냐, 당시의 정치적 성격은 어떠한가는 물론이고 근초고왕近肖古王대에 대한 이해까지도 직결되는 문제이다. 그래서 기존 논의에서도 이에 대해 많은 관심이 할애되었다. 그럼에도 불구하고 선명하게 해명되지를 못한 부분이 적지 않게 남아 있다. 어쩌면 그를 통해 오히려 논란만 한층 더 가중되었다는 표현이 적절할지도 모르겠다. 아래에서는 그와 관련한 약간의 문제 제기를 시도해보고자 한다.

다 아는 바처럼 마한이 몰락하면서 그것이 백제로 일시에 전환하게 된 것이 아니었다. 마한에서 백제로 전환되어 가는 도정에서 양자가 서로 겹쳐지는 부분이 있음이 적지 않게 확인된다. 상호 겹치는 부분을 어떻게 어떤 방식으로 접근해 풀어 가느냐에 따라 전환에 대한 이해는 크게 달라진다. 흔히 교과서적으로는 마한과 백제, 진한과 신라, 변한과 가야를 곧장 등치시키고 있지만, 세밀히 들여다보면 이는 올바른 이해가 아님이 곧장 드러난다. 선후先後하는 두 세력들 사이의 연결 양상에서는 크게 차이가 나기 때문이다.

신라는 4세기 초 진한 구성 정치세력인 12개국의 일원이었던 사로국斯盧國이 그 맹주로서 동료국가들을 병합함으로써 신라로 전환하기에 이르렀다. 그래서 그 밑바탕에는 진한의 지배질서와 단절성斷絶性보다는 연속성連續性이 매우 강하게 작용하였다는 데에 커다란 특징이 간취된다. 비록 진한의 구성 정치세력들이 사로국 주축의 신라로 전환해가면서 독자적 국명 사용은 철저히 금지 당하였지만 그들이 지닌 기반 모두가 근본적 변동을 겪은 것은 아니었다. 『삼국사기』의 찬자도 그 점을 의식한 탓인지 신라본기新羅本紀의 첫머리에서 진한이 곧 신라로 전환되어 6부部를 매개로 해서 양자가 등치된 듯한 기술을 하고 있는 것이다. 한편 가야의 경우에는 하나로 통합된 왕국을 건설하는 데 성공하지 못한 채 변한의 정치적 분립 상태가 거의 그대로 이어졌다. 다만, 변한이 가야로 이행해가는 가운데 일정하게 내부적 변동이 뒤따랐음은 국명이 달라진 경우가 이따금씩 보이는 데서 유추되는 사실이다. 그런 과정에서 국가에 따라 지배세력의 교체가 일어난 경우 등등도 예상된다. 그렇지만 역시 질적 변동을 근본적으로 수반한 것이 아니라는 점에서는 진한으로부터 신라로 전환하는 양상과 매우 비슷한 면모를 보였다고 할 수 있다. 다만, 신라본기에는 가야와는 전혀 별개로 변한이 혁거세거서간赫居世居西干 19년(서기전 39년)에 신라에 자진 투항한 것으로 정리되어 있다. 『삼국사기』 찬자가 변한과 가야의 관계 설정에 상당히 고심한 흔적을 보이는 대목이다.

그런 실상에 대비對比하면 백제의 성립은 전혀 다른 면모를 보이므로 각별히 주목해 볼 대상이다. 『삼국지三國志』 한조韓條에 따르면 마한은 54국으로 구성된 연맹체였으며 3세기 무렵 그 맹주는 목지국目支國이었다. 뒷날 성립하는 백제의 모태인 백제국伯濟國은 그 일원으로서 54국 가운데 하나였을 따름이다(이하 자칫 빚어질 혼동을 피하기 위하여 백제국과 백제는 구별하여 사용). 그런데 백제국은 마한의 구성세력을 하나하나씩 잠식, 병합해 가면서 영역국가로 발전하는 길을 걸어갔다. 급기야는 마한 전체를 모두 손아귀에 넣음으로써 이른바 백제 왕국을 성립시켰다. 그런 과정에서 백제국은 자연히 목지국 주도의 마한 연맹체와 패권을 다툴 수밖에 없었다. 그 패권은 드디어 백제국으로 넘어가고 말았지만 그런 결과에 이르기까지를 몇 단계로 나누는 설정이 가능한 것으로 보인다.

이상과 같은 측면에서 진한으로부터 신라가 성립해간 과정이나 변한에서 가야로의 전환과는 판이하게 다른 모습이었다. 목지국은 퇴조, 몰락의 길을 걸어간 반면 백제국은 목지국보다 뒤늦게 출현, 처음에는 약세였지만 이후 승승장구해가면서 최후의 승리자가 된 것이었다. 그런 측면에서 보면 백제의 성립은 마한으로부터의 연속성보다는 일단 단절적 성격이 강하였다고 정리할 수 있다. 백제의 성립을 신라나 가야와는 달리 취급할 만한 근거는 이런 데서 찾아진다.

지금까지의 설명은 논자들 사이에 약간의 차이는 있겠으나 대체로 일치하는 해석이라 할 수 있다. 그런데 구체적으로 들여다보면 현저하게 다른 모습이 확인된다. 일반적으로는 백제의 성장만을 중시하여 다룰 뿐이며, 상대적으로 마한의 쇠퇴 요인이나 과정 등에 대해서는 거의 도외시하여 왔다는 인상이 짙기 때문이다. 승자의 중시, 중앙 지배층 중심의 접근이다. 이것은 재고해 볼 여지가 있는 대목이다.

사실 하나의 건물을 위에서 내려다보는 경관景觀과 밑에서 올려서 쳐다보는 경관이 전혀 다르게 그려지듯이 마한의 형성에 초점을 둔 관점으로부터 출발해 이후 그를 기점으로 밑으로 내려가면서 전개 양상을 살피는 방식과 결과적으로 완성된 백제 왕국을 기준으로 그 시원, 모태인 백제국을 중심에 놓고 그 성립 과정을 찾아나서는 방법으로 그려진 그림이 동일할 수 없음은 명백한 사실이다. 말하자면 마한과 백제의 관계를 어떤 시각과 입장에 놓고 접근하느냐에 따라 그 모습은 전혀 달라지기 마련이다.

이처럼 백제사의 입장에서 마한사는 전사前史(전사론前史論)로도, 혹은 전기前期(전기론前期論)로도 얼마든지 다르게 다루어질 수가 있는 대상이다.[1] 이는 어느 쪽이 정확하고 올바른지의 가치 판단 문제는 아니며 어느 쪽에 중점을 두고 접근하느냐 하는 데 따라 그려지는 모습의 차이일 뿐이다. 마한을 백제사의 전기론 입장에서 접근하면 저절로 그 가운데 모태가 되는 백제국에 무게 중심을 둔 접근으로 이어지겠다. 그렇다면 자연히 여타의 마한 구성 세력이나 목지국은 대부분 도외시되거나 소홀하게 다루어지게 마련이다. 이들은 거의 주된 관심 대상으로부터 비켜나 있게 된다. 그런 의미에서 보면 지금까지 백제사의 접근 방식은 대체로 전기론의 입장이 주류였다고 평가할 수 있다. 한때 마한의 맹주국으로서 역할해온 목지국조차 그 향방이 모호하게 처리되거나 관심 밖에 놓이고 대신 새로이 부상한 백제국의 고이왕古爾王대를 각별히 주목해 강조하거나 이 시기의 지배체제 정비나 혹은 국가의 성격에 대해 크게 의미를 부여하려고 한다. 이를 대상으로 마한 연맹체와는 뚜렷하게 차이가 나는 연맹체론, 부체제론을[2] 거론하거나 하는 등의 이해는 그런

1) 과거 오래 전 필자는 변한과 가야의 관계를 정리하면서 전기론과 전사론이란 용어를 처음으로 제안하였다. 여기서는 그를 원용하는 셈이 되겠다.

2) 마한으로부터 백제로의 전환 과정에서 나타난 과도기에 대해 연맹왕국으로 보는 주장과 부

양상을 뚜렷하게 증명해 주는 사실이다.

그렇다면 백제국의 내부 구성과 그것이 성장해가는 과정에 대한 관심을 소홀히 해서는 안 된다. 그런 측면에서 지금껏 백제국의 성립 및 성장 관련한 사례 연구가 별로 진행되지 않은 것은 매우 의아스럽게 느껴지는 대목이다. 오로지 온조집단이나 비류집단의 남하만을 주요 대상을 다루고 있을 따름이다. 그러나 백제국을 구성한 읍락이나 국읍의 문제나 내부 구성 등등은 따로 면밀하게 다루어져야 마땅한 대상이다.

사실 백제사를 전기론이 아닌 전사론의 입장을 취하게 되면 전혀 다른 모습이 그려질 수가 있다. 백제국도 마한의 일원으로서 그 내부 구성세력의 하나였을 뿐이므로 거기에만 초점이 맞추어져서는 안 되기 때문이다. 따라서 목지국을 중심으로 마한 구성 세력 전부의 소장성쇠를 염두에 둔 논의가 반드시 필요한 것이다. 그럴 때 초기국가가 출현한 개별 지역 대상의 사례 연구도 다루어져야 한다. 그 가운데 맹주로 활약한 목지국이 상대적으로 유력세력으로 부상하게 되는 배경과 과정, 그리고 통합의 주도세력으로 발전하

체제로 보는 주장으로 엇갈려 있다. 동일한 시기의 대상을 놓고서 서로 다르게 이해하고 있는 것이다. 사실 한편으로 보면 단순하게 용어의 차이로 비쳐지기도 하지만 전후를 설명하는 방식과 내용에서는 상당한 편차를 보인다. 사실 연맹왕국이란 용어에는 외형만을 대상으로 삼았을 뿐이므로 당시 지배체제 운영의 내용을 그로부터 유추해내기는 힘들다. 게다가 이미 영역으로 편입된 지역을 대상으로 聯盟이란 용어를 사용하는 자체는 적절하지 못하다. 한편, 부체제는 외형을 나타내는 데서는 아직 미흡한 표현이지만 당시 지배체제의 내적 구조와 운영을 고려한 데서 나온 용어로서 그 지배 하의 영역에 대해서는 간접지배를 설정하고 있다. 다만, 백제사의 경우에는 부체제의 실체나 그 특징적 측면이 아직 납득할 수준으로 아직 선명하게 드러나 있지가 않다. 따라서 부체제를 당연시하기에 앞서 그 구체적 실태에 대한 천착이 선행된 위에 하나의 단계로서 설정하는 것이 올바른 자세라 여겨진다. 자칫 결과론에 끼워 맞춘 자의적 해석으로 비화할 가능성도 있기 때문이다.

지 못하고 쇠퇴해 끝내는 백제국에 주도권을 빼앗기게 된 요인 등등도 모색되어 마땅한 대상이다. 반면 백제국의 성공은 그런 과정에서 나온 유력한 사례의 하나로 정리되어야 할 터이다.

이상과 같이 마한에서 백제로의 전환을 어떤 입장에서 어떻게 정리하느냐에 따라 전혀 다른 그림이 그려질 수 있음을 설정해 보았다.[3] 그럴 때『진서』에 보이는 3세기 말 서진西晉에 견사遣使한 마한의 실체를 어떻게 보느냐에 따라서도 백제사의 전개 과정은 전혀 다르게 설명될 수 있다. 목지국을 중심에 놓고 본다면 3세기 말 시점에 국제무대에다 마한이란 이름을 갖고 얼굴을 내밀 정도로 아직 건재한 셈이 된다. 그럴 때 백제국은 바로 유력한 세력으로 부상하기는 하였으나 마한의 여러 구성원 가운데 하나의 세력으로 다루어짐이 마땅하다. 그러나 서진에의 견사가 백제국 주도 아래 마한이란 이름으로 추진된 것이라면 전후 사정은 전혀 다르게 이해되어야 한다. 백제국도 국제

3) 이를테면 평자가 전기론의 입장에서 그려본 그림을 잠시 소개하면 다음과 같다. 마한 연맹체의 일원으로서 백제국 형성과 전개의 단계, 백제국을 중심한 새로운 (지역)연맹체 형성의 단계(목지국 중심의 연맹체와 분립, 대결하는 단계. 소위 백제의 부체제 단계), 마한의 주류 및 잔여 세력을 복속하는 단계(마한의 소멸과 전체 대상의 통합 단계이면서 내부적으로는 새로운 지배체제가 출현하고 외교상에서는 이제 백제라는 국명만이 사용되는 단계. 중앙 집권력의 강화로 부체제가 왕경의 행정 단위적인 성격으로 바뀌는 단계, 이에 기반해 내부 질서의 재편을 토대로 고구려와 대결, 국제관계가 중시되는 단계)로서 근초고왕 369년을 하나의 劃期로 설정 가능하다. 이 시점을 새로운 시대로서 영역국가의 정식 출범을 알리는 신호탄으로 정리할 수 있다. 한편 전사론의 입장에서는 마한을 구성한 개별 국가의 형성 단계(읍락의 형성과 결속으로 초기국가가 출현하는 단계), 마한연맹체의 성립 단계(목지국을 맹주로 편성되는 단계), 마한 연맹체의 분리, 쇠퇴의 단계(목지국 중심의 연맹체와 백제국 중심의 지역연맹체 대결의 단계. 전자는 전통적 입장을 견지하여 분립성을 지향하고 후자는 통합성을 지향한다는 의미에서 근본적 입장 차이를 견지), 마한 연맹체의 약화, 해체 소멸의 단계, 백제의 성립 단계)로 잠정 정리할 수 있다. 각각의 강조점에서는 뚜렷하게 차이가 날 수밖에 없다.

무대에서 여전히 마한이란 연맹체의 이름을 이용한 셈이 되므로 일단 맹주권을 목지국으로부터 이양받은 것으로 보아야 하기 때문이다. 그럴 때 이 단계가 곧바로 백제의 성립이라 직결시키기는 곤란한 일이다. 백제국이 기존 목지국 중심의 마한 지배질서를, 혹은 그 일부만을 목지국으로부터 물려받은 셈이 되기 때문이다. 이는 백제국이 마한의 맹주로서 기능한 연맹체가 그대로 존재한 사실을 뜻한다. 그런 상태에서는 백제의 부체제를 설정하기는 곤란해진다. 마한 연맹체의 맹주가 백제국으로 바뀌어졌다면 자연히 그렇게 진행되는 과정에서 이탈해간 정치세력도 존재하였을 가능성도 상정해야 한다.

한편 목지국 중심의 기존 마한 연맹체, 혹은 그 구성세력이 축소 약화되었더라도 그대로 존속하였을 때에는 그로부터 몇몇 해석이 파생派生된다. 마한 연맹체와는 전혀 별개로 백제국 중심의 지역연맹체가 한강 유역을 중심으로 한 일대에 새로이 성립하였을 가능성이다. 그럴 때 백제국이 맹주였을 수도 있고 아니면 그런 수준을 뛰어넘어 이미 통합된 하나의 왕조국가로 전환해 가는 도중이었을 가능성도 있다. 이때 백제국은 이미 마한이란 연맹체와는 무관한 존재였으며 동시에 이제 기존의 이름까지도 버리고 새로운 통합 왕조의 국명인 백제를 내걸었을 수 있다. 만약 두 연맹체가 동시적으로 존재하였더라도 목지국이 기존처럼 병존의 분립 상태를 유지하기 위해 지원세력을 얻으려는 입장이었다면 백제는 통합 왕조를 내세웠다는 점에서 근본적 입장 차이를 보였다고 하겠다. 그렇다면 내부적으로는 부체제의 상정도 가능해진다. 이로써 고이왕대의 정치 성격이나 국왕의 위상 등에 대한 이해도 달라질 여지가 생겨난다.

요컨대 마한과 백제의 관계 및 전환 과정을 어떻게 설정하느냐는 신중히 고려되어야 할 대상이다. 기존에 무조건 당연시해온 전기론의 입장을 취하더라도 내부적으로는 낱낱이 점검해 따지면서 체계적으로 정리해야 할 부분이 적지 않다. 무조건 백제사 중심의 결과론적 접근만을 고집해서는 잃어버릴 부분이 많을 터이며, 동시에 쟁점 논의는 오직 다람쥐 쳇바퀴 돌듯 공전空轉만 거듭할 뿐이겠다.

사실 이런 전환기의 이행 과정에 대한 실상에 대해서는 논자들마다 서로 각기 다른 이해를 하고 있어 합치된 결론은 얻어내기가 무척 까다롭다. 현재까지의 자료적 양상으로 미루어 그를 기대하기 난망難望한 실정이다. 그렇지만 온갖 주장이 난무하는 속에서나마 설득력을 지닌 것인지 아닌지는 다각도로 검증되어 마땅한 일이다. 그럴 때 유력한 방법의 하나로서 각자가 '한성백제사' 전반의 흐름과 전개의 과정을 체계적으로 서술해보기를 시도하는 것이다. 모든 개별적 주장은 그 자체만을 놓고 보면 매우 적절하며 일견 타당성이 있는 것처럼 보일지도 모른다. 그렇지만 장절章節을 짜고 전체의 흐름 속에 각기 주장해온 사실을 배치해 이를 수미일관한 모습으로 논증하지 못한다면 정합성을 잃는 셈이 되어 설득력을 갖기 어려움은 저절로 판명날 터이다. 그러므로 이 시기를 다루는 논자라면 누구라도 전기론, 혹은 전사론의 입장을 취하든 어떻든 간에, 마한의 성립 혹은 백제국의 형성기부터 475년에 이르기까지의 전반을 하나의 기준과 틀 위에서 체계적 논리적인 설명을 해낼 수 있어야 한다. 내세워진 낱낱의 주장만으로는 적절성 여하의 검정이 힘들지만 이들을 일련의 흐름 속에 열거해 두고 보면 잘잘못이나 한계는 선명히 도드라질 터이기 때문이다.

3. 백제본기 溫祚紀의 사료 검증

'한성백제사'에는 유난히 쟁점이 될 만한 주제가 많다는 점은 또 다른 하나의 특징이다. 이는 '한성백제사'의 많은 부분이 논자들 사이에 논란되고 있다는 의미이겠다. 그렇게 된 일차적 요인은 사료상의 문제로 귀결될 터이다. 논자들이 역사 복원을 위해 활용하는 기본 텍스트의 기년과 내용 등 기초적 요소에 대해 공유共有함을 원칙으로 하는 법이다. 서로 다른 텍스트로 접근해서는 모름지기 전연 다른 해석이 나올 수밖에 없음은 당연한 이치이다. 따라서 무엇보다도 먼저 텍스트를 공유하는 데에 모쪼록 힘을 쏟아야 한다. 그러나 실상은 그렇지 못하다는 데에 문제가 뒤따른다. 논쟁점이 적지 않게 생겨난 것은 기본 텍스트에 대해 의견이 합치되지 않은 데서 비롯한 바가 크다. 이는 본질적 성격의 문제이므로 앞으로도 좀 더 심도 있는 논의가 진행되기를 기다리는 대상이다.

'한성백제사' 관련 당대 기록으로는 칠지도七支刀, 광개토왕비廣開土王碑, 개로왕이 북위에 보낸 국서國書 정도를 일단 손꼽을 수 있다. 다 아는 바처럼 칠지로는 연대나 성격 문제 등에 대해 논란이 많으며, 개로왕 국서는 외교문서이어서 역사 복원의 이용에는 일정한 한계가 뒤따른다. 광개토왕비문조차도 고구려의 입장에서 광개토대왕의 업적 현창顯彰을 겨냥해 작성한 것이므로 백제사의 복원을 위한 사료로서는 상당한 문제를 안고 있다. 백제사의 입장에서 활용하려면 뒤집어 살펴볼 요소가 많은 대상이다.[4]

---

4) 광개토왕비문에 대해서는 흔히 당대 자료라는 이유만으로 아무런 조건 없이 기록 그대로 기년과 내용을 받아들이는 경향이 강하다. 그러나 이미 특정한 목적 아래 당대 史家의 입장에

뒷날 정리된 주요 문헌사료로서는『일본서기』와『삼국사기』백제본기를 들 수 있다. 익히 아는 바처럼『일본서기』에는 백제사 관련 사료가 많이 실려 있지만 그들은 대체로 일관된 흐름 속에서 계통을 갖춰 체계적으로 정리된 것이 아니며 그나마 파편적 형태로 여기저기에 흩어져 있다는 점에서 한계가 뚜렷하다. 게다가 편찬의 목적이 8세기 당시 일본의 특정한 정치적 의도를 구현해내려는 데에 둔 것이란 점에서 근본적 한계를 지닌 사서라 하겠다. 거기에 근초고왕 이전으로 소급될 수 있는 기사가 전무하다는 점도 참고로 된다. 그런 저런 연유로『일본서기』의 활용에는 언제나 철저한 사료비판의 작업이 선행되어야 함은 두말할 나위가 없는 일이다. 그렇지만 현재 활용 정도에 비하여 원전原典에 대한 원천적 비판이 제대로 이루어졌는지에 대해서는 크게 의문이 든다.

이들에 비해 사실 '한성백제사'의 체계화를 위한 일차적이며 기본적인 사료는『삼국사기』백제본기라고 할 수 있다. 그런데 백제본기가 3세기 말에 쓰인『삼국지』와 내용이 크게 상충된다는 점이 문제이다. 앞서 언급한 점을 기준으로 볼 때 백제본기가 전기론의 입장에서 정리된 내용이라고 한다면 민족지적民族誌的 성격을 지닌『삼국지』자체는 어디까지나 전사론적 입장을 취하고 있다고 할 수 있다. 따라서 어느 쪽을 기본 자료로 선택하느냐에 따라 '한성백제사'의 전모는 다르게 그려질 수밖에 없는 일이다. 그 가운데 가

서 재정리된 것이므로 엄정한 검증 절차가 필요하다. 고구려의 적대세력이었던 백제 관련 기사에 대해서는 더욱 더 신중하게 다루어야 할 대상이다. 이를테면 백제를 줄곧 百殘이라 卑下해 부르면서도 阿莘王의 항복을 쉽게 받아들였다는 것도 일정한 모순적 측면을 갖고 있다는 점에서 재음미해 보아야 한다.

장 크게 논란되고 있어 주목해볼 대상은 온조기溫祚紀이다. 온조기 속에는 초기의 국가사 기사에서 흔히 볼 수 있는 설화성 짙은 기사보다는 역사성이 높은 내용의 기사가 많이 담겨져 있기 때문이다.

온조기를 비롯한 백제본기의 초기기사를 바라보는 인식은 일반적으로 지적되고 있듯이 크게 긍정론, 부정론, 수정론의 세 가지 입장으로 정리된다. 대체로 우리 한국고대사 학계에서는 수정론의 입장이 현재 주류라고 단정할 수 있지만 그를 구체적으로 풀어가는 데서는 논자마다 상당한 편차를 보인다. 그 가운데 수정론에 속하는 방식의 다른 표현으로서 주목되는 것이 이른바 분해론分解論이다. 분해론이 널리 통용되고 있는 듯하므로 이를 잠시 주목해볼 필요가 있다.

분해론은 주로 백제본기의 첫머리인 온조기를 대상으로 삼아 그 기년이나 내용 등을 그대로 받아들이기 어려우며, 그 속에는 뒷날 일어난 사실이 적지 않게 마치 그때의 일처럼 소급 · 부회되어 있다는 주장이다. 기실 온조기 내용 전반을 훑어보면 그처럼 뒷날의 부회가 확실하다고 여겨지는 기사가 적지 않게 실려 있음도 부정할 수 없는 사실이다. 그런데 그것이 어떤 시점에 일어난 실제적 사실인가를 판별하고 확증하는 작업은 그렇게 녹녹하지가 않다. 상당한 기사에 대해 분해할 수 있다는 자체는 그것이 뒷날 어느 시점에서 특정한 목적을 이루기 위해 의도적인 편집이 이루어졌음을 뜻하는 것이다. 그렇다면 분해론의 입장에서 사료 활용이 정당화되려면 다른 무엇보다도 먼저 해결되어야 할 선결의 과제가 있다. 그것은 어느 누가, 어떤 시점에, 어떤 목적을 갖고 백제본기를 정리하였으며 소급 · 부회한 기준 어떻게 잡았을까 하는 점이 밝혀져야 한다. 그런 기초적 전제가 해결된 위에서만 온조기를 깡그리 분해해서 사료로 본격적으로 활용할 수가 있는 것이다. 그렇지 않는다면 기년이나 내용을 사실 복원을 위한 자료로 삼는 데에는 자칫 자의성恣意性이 깃들 위험성이 뒤따르므로 신중해야 한다.

둘째, 분해를 할 수 있으려면 그렇게 할 만한 뚜렷한 근거를 마련함이 선행되어야 할 긴요한 과제이다. 논자의 자의성을 최대한 배제하려면 분해의 기준에 대한 어떤 정형성이 찾아져야 한다. 『일본서기』는 그 자체가 보여주는 기년은 실제보다 2주갑周甲 소급되어 있다고 봄이 통설이지만 그것을 가능하게 한 것은 근초고왕 이후 백제왕의 즉위 및 퇴위라는 명확한 근거가 보이기 때문이다. 그에 견주어 백제본기를 분해하여 정당한 기년을 설정하려면 무엇보다도 먼저 그 기준으로 삼을 만한 확실한 근거를 찾아내는 데에 어떻든 심혈을 기울여야 마땅하다. 사실 과거 온조기 27년조(서기 9년)에 보이는 마한 멸망 기사를 『일본서기』 신공기神功紀 49년(조정 연대는 369년)조의 기사와 합치된다는 점에 착목하여 전자가 실제보다 6주갑(360년) 소급 적용된 결과라 풀이한 흥미로운 견해가 제시된 적이 있다. 이는 백제본기를 분해해볼 수 있는 주요한 실마리였거니와 이후 그와 같은 시도를 이어간 사례 연구를 들어본 적이 없다. 어쩌면 거꾸로 온조기의 기사 가운데 후대의 소급으로 여겨질 만한 기사를 일단 시계열時系列로 배열하여 일정한 정형성을 찾는 작업을 시도함으로써 어떤 실마리를 찾을 여지가 생겨날지도 모르겠다. 여하튼 기년 확정을 생명으로 삼는 역사학의 기본을 고려하면 분해의 기준을 위한 근거를 찾아내는 작업은 지속되어야 한다.

그런데 온조기의 문제와 관련하여 또 다른 주목해볼 사실은 초기 백제사에서 특이하게도 온조溫祚, 비류沸流, 구태仇台, 도모都慕, 동명東明 등 건국建國의 시조始祖가 유난스레 많이 등장한다는 점이다. 이들을 싣고 있는 사서는 한결같지 않고 다양하며 따라서 기록된 시점, 자료 계통, 위상 등에서는 차이가 남을 유추할 수 있다. 그러한 사정을 분석하면 어떤 상당한 정보가 함축되어 있으리라 여겨진다.

사실 뒷날 정리된 기록에 그처럼 왕조국가의 건국시조가 많다는 사실은 유독 백제사에서만 국한될 뿐 달리 사례를 찾기 어려울 듯하다. 고구려사나 신라사에서는 그런 양상은 확인할 수 없는 것이다. 신라에서는 삼성족단三姓族團의 시조가 각기 존재하지만 병존적, 선택적 존재가 아니라 뚜렷하게 선후先後의 시차를 지니면서 출몰하였으며 일정한 서열화를 이루고 있다. 백제와 약간 비슷한 양상을 보이는 사례를 굳이 든다면 가야의 경우일지도 모르겠다. 다만, 가야도 실제 건국시조는 두 명이 아니라 각각 금관국과 대가야라는 독립된 국가의 건국시조였다. 만약 가야가 뒷날 하나의 통합된 왕국으로 발전해 갔다면 그들 가운데 어느 한쪽이 저절로 건국시조로 내세워졌을 터이다. 이러한 사실은 백제의 건국시조가 여럿 존재하는 문제를 생각하는 데 참고해볼 만한 점이다. 다만, 그럴 때 각각의 건국시조가 내세워진 시점과 사료 계통이 달랐다는 점(물론 그들 전부는 아니지만)은 필히 함께 유념해보아야 할 대상이다.

건국시조가 많았다는 사실은 크게 두 가지 측면에서 접근해 봄직하다. 하나는 왜 사료 계통을 달리 하였을까라는 점에 대한 접근이다. 기록된 사료의 계통이 다르다는 것은 곧 그들 각각이 따로 전승되어 오다가 특정 시점에서 각자 채록된 것이란 사실을 뜻한다. 이는 달리 말하면 그를 전승해온 집단도 달랐다는 사실을 의미하는 것이겠다. 이미 백제가 왕조국가로서 출범하고 상당한 시일이 흘렀음에도 단순히 한 족단族團의 시조가 아니라 건국시조가 다수 전승되고 있었다는 사실은 곧 백제 건국에 참여한 집단의 갈래가 매우 다양하였음을 시사해 주는 대목이다. 백제가 핵심 족단, 즉 부여씨夫餘氏를 중심으로 해서 겉으로는 하나로 통합되기는 하였으나 완전하게 혼융일체가 되지 못한 상태를 유지하면서 계속 경쟁하고 주도권 장악을 내세워 끝까지 심복心腹하지 않은 집단이 존재하였음을 뜻한다. 이를테면 같은 북방계였던 진씨眞氏나 해씨解氏와 같은 경우를 사례로 손꼽을 수 있다. 이들의 존재 양상을 보면 마치 백제를 창출하는 데에 부여씨와 공동으로 지분을 갖고 있는 듯한 느낌이 들 정도이다. 그들은 정통의 부여씨夫餘氏와는 다르게 백제의 건국에 참여해 공헌한 독자적 조상세계를 간직하면서 중앙의 집권력이 해이해지거나 약화되었을 때마다 자신의 족단 시조를 백제의 건국시조로 내세웠을 가능성도 충분히 상상되는 것이다. 아니면 같은 부여씨로서 초기의 '백제국' 건국의 주도세력으로 함께 참여하였으나 점점 가계 분화가 진행되면서 건국시조를 따로 내세웠을 공산도 상정된다.

여하튼 건국시조가 많았다는 것은 읍락국가 '백제국'의 건국이던 백제의 건국이던 주도적 참여 세력이 그만큼 다양하였으며 그들은 이후에도 나름의 기반을 유지해 나간 결과였다고 여겨진다. 달리 말하면 부여씨의 일방에 의해서가 아니라 대등한 차원에서 연합세력을 구성한 데서 비롯한 것으로 보인다. 이후에도 완전하게 하나로 융합하거나 단독의 건국시조를 승인하지 않은 까닭에 자신들 족단의 시조를 각기 마치 백제(국)의 건국시조란 의식 아래 계속 간직해간 것으로 보인다. 백제에서 이른 시기부터 이상스럽게도 성씨가 발달한 점, 부여씨는 물론 진씨와 해씨와 같은 유력한 족단이 북방계였다고 강조하고 있는 점, 일부는 고구려계, 일부는 부여계, 일부는 남하 도중에 고구려를 거친 부여계를 표방한 점, 강력한 왕권을 구축해서 결속력을 강화시켜가지 못하고 멸망할 때까지 대체로 족단의 연합체적 성격을 강하게 유지해간 점 등등은 그런 사정과 밀접히 연관되어 있는 듯하다. 백제사가 갖는 뚜렷한 특성, 이를테면 중국의 선진문화에 일찍부터 두드러지게 경도된 점[5], 대외관계를 매우 중시한 점 등도 그 점과 관련해 참고로 해볼 만하다.

다른 하나는 근초고왕대에 이미 박사博士 고흥高興에 의해 『사기書記』가 편찬되었음에도 왜 하나의 건국시조가 통합 · 정리되어 굳건하게 뿌리내리지 못하였을까 하는 데 대한 의문이다. 특히 백제본기에서조차 온조 이외에 비류가 건국시조로 함께 제시되어 있을 뿐만 아니라 고구려 시조인 동명까지 내세워지고 있는 점이다. 백제사 관련 사료가 대단히 많이 실려 있는 『일본서기』에는 건국시조가 보이지 않는 한편 대상 시기가 근초고왕 이전으로 거슬러 올라가지 않는 점도 주목되는 사실이다. 『일본서기』에 편찬상에서 많이 참고한 이른바 백제삼서百濟三書에서도 백제의 건국시조가 등장하지 않는다. 어쩌면 이미 백제삼서에서부터 건국시조를 각기 달리하였을 가능성도 전혀 배제할 수는 없다. 여하튼 '백제국' 혹은 백제의 건국시조 문제는 매우 특이한 양상을 보이고 있다.

게다가 건국의 시조를 하늘과 직결시키지 않고 줄곧 적대적 관계를 이어온 고구려와 같다거나 그 건국시조와 부자관계라 강조하는 것도 독특한 점이다. 일반적으로 찾아볼 수 있는 사례가 아니기 때문이다. 이는 그것이 그

5) 그런 사정은 신라와 백제 지방통치 방식의 차이에서도 확인되어 무척 흥미롭다. 백제는 성장과정에서 남중국계의 磁器를 입수하여 지방 유력자에게 分與한 반면 신라는 힘들게 입수하였을 로만그라스라는 고급의 외래품을 분여하지 않고 특정한 소수의 최고 지배층만이 보유하였다. 여기에는 외래문화에 대한 인식과 함께 지방에 대한 지배방식의 주요한 차이점을 엿보게 하는 사실이 내재되어 있다. 백제는 고급품을 매개로 共同體意識을 각별하게 강조하는 경향을 보이기 때문이다. 그 밑바탕에 대외교역을 집중화하겠다는 강한 의식이 깔려 있음은 물론이다.

처럼 정리된 시점을 생각하는 데에 고려해 보아야 할 사항이다. 백제가 건재한 당대에 그처럼 시조를 온조 외에 비류의 사례도 제시하거나 혹은 동명을 내세울 수 있었을까. 이들은 백제 정부가 정리한 공식적 사서에서는 들어갈 수가 없는 내용이다. 온조를 특별히 부여씨의 시조로 내세운 것은 그들이 사실상 고구려와는 명백한 경쟁 관계였다는 의식을 반영한 결과이다. 따라서 그 실상은 백제 당대일 수가 있다. 그러나 온조를 주몽朱蒙의 아들이라거나 고구려계였다는 주장은 후대의 작위적作爲的 냄새를 듬뿍 풍긴다. 백제 당대의 설정으로서는 상상하기 어려운 대상이다. 따라서 온조를 시조로 하면서 비류나 동명이 거기에 들어가게 된 것은 뒷날의 일로서 바로 온조기 전반이 정리된 시점과 동일하리라 여겨진다. 아마도 내용상으로 미루어 신라가 통일된 뒤 삼국사를 정리할 기회에 의도적으로 여러 갈래의 존재를 주장하여 그렇게 정리해 공론화시킨 것이 아닐까? 그렇게 함으로써 통합의 주된 대상이었던 백제를 낮추려한 정치적 의도가 바탕에 깔렸을지도 모른다. 특히 통합 이후 '일통삼한一統三韓'을 내세우는 과정에서 그 근거를 역사 속에서 찾으려 한 신라인이거나 혹은 신라에 투항한 뒤 백제 계통 출신에 의해 그처럼 제시된 것이 아닐까.

요컨대 백제본기 가운데 특히 온조기는 백제 당대가 아니라 신라의 통일기 이후 어느 시점에 이르러 정치적 의도가 가미된 상태에서 정리된 것으로 보인다. 물론 일차적으로는 백제 당대의 정리된 사실을 토대로 하였을 터이나 부분적으로는 통일된 신라의 지배질서에 걸맞게 재정리하는 과정을 거쳤으며 고려시대에도 『구삼국사舊三國史』나 『삼국사기』의 편찬 과정에서 또 다시 정리됨으로써 후대적 요소가 많이 스며들게 되지 않았을까 싶다. 그러므로 온조기에 대해서는 보다 더 철저하고 심도 있게 분해分解되어야 마땅하다. 그럴 때만이 기왕에 제시된 분해론이 정설로서 자리 매김될 수 있을 터이다. 덧붙여 지적해 두고 싶은 것은 온조는 엄밀히 말해 백제의 건국시조라기보다는 부여씨 족단의 시조이면서 동시에 '백제국伯濟國'의 건국시조라고 함이 온당하다는 점이다. 그래야만 기왕처럼 전기론의 입장에서 선 백제사의 체계화가 비로소 가능해진다. 백제는 이미 만들어진 상태에서 출발한 것이 아니라 차츰 만들어져간 것이기 때문이다.

Ⅳ. 백제사 연구의 시작과 문제점

백제사 연구 경향을 일별하면 이미 지적한 것처럼 쟁점이 유난히 많다는 점, 대외관계사가 무척이나 큰 비중을 차지한다는 점, 문헌학이 고고학과 떼어내기 어려울 정도로 밀착되어 있다는 점 등을 특징적 요소로서 지적할 수 있다. 그 점은 아홉 차례에 걸쳐 진행된 쟁점토론회가 내건 제목에서 저절로 드러나는 사실이다. 그런 특징적 양상이 배태되기 시작한 시점이나 배경을 거슬러 올라가면 무령왕릉武寧王陵의 발굴까지 닿는다. 따라서 무령왕릉의 발굴이 갖는 의미를 점검하면 '한성백제사' 연구가 갖는 특징적 면모의 일각을 좀 더 확연히 드러낼 수 있을 것으로 여겨진다.

근대적 방법론에 입각한 백제사 연구의 출발 시점을 잡는다면 상당히 소급되겠지만 하나의 큰 전환점으로서 1971년에 벌어진 무령왕릉 발굴을 손꼽는 데 대해서는 대체로 주저함이 없이 동의할 터이다. 익히 아는 바처럼 무령왕릉의 발굴이 백제사 연구를 촉진시킨 주요한 계기가 되었다는 측면에서 하나의 획기劃期를 그었을 뿐만 아니라 그의 자매 분야라고도 할 백제고고학이 출범하는 실제적 시점始點이 된 측면에서도 각별히 주목해볼 대상이다.

무령왕릉 발굴은 백제사 연구로서는 일대 사건이었다고 평가할 만하다. 그렇게 진단할 수 있는 근본 요인은 그로부터 장지葬地와 관련한 이른바 매지권買地券과 함께 무령왕武寧王 및 그 왕비의 생몰生沒을 알려주는 지석誌石이 출토된 사실에서 찾아진다. 이 지석을 통해 한국고대사 관련 국왕들의 무덤을 전혀 짐작하지 못하던 상황에서 거의 예외적이다시피 한 사례로서 왕릉의 주인공을 처음으로 뚜렷이 확정할 수 있게 된 것이었다. 그와 아울러 그것이 곧 고고자료의 편년을 설정하는 절대적 기준으로 부각된 점도 주목된다. 이처럼 지석을 매개 고리로 삼아 백제사 관련 문헌사학과 고고학이 하나로 묶여져 출발하게 된 사실은 눈여겨볼 대상이다. 그것이 이후 백제사 연구에 지대한 영향을 끼친 요인이면서 동시에 현재 진행 중인 경향성의 발목을 잡는 하나의 유력한 요인으로도 작용하고 있기 때문이다.

무령왕릉의 발굴은 문헌사 입장에서 보면 백제사 연구의 지평이 새롭게 열린 계기였다고 진단할 수가 있다. 지석에 담겨진 내용은 비록 지극히 단편적이지만 『삼국사기』 백제본기에 실린 내용과 거의 일치한 까닭에 그에 대한 신뢰도를 전반적으로 크게 높여준 점 때문이다. 그 직전까지 백제사는 사료는 지극히 빈약한 분야였을 뿐만 아니라 그나마도 근본사료라 할 백제본기에 대한 불신의 뿌리가 깊어서 연구가 지지부진함을 면치 못하고 있었다. 그러다가 지석의 출현을 매개로 그런 난관이 어느 정도 극복되는 길이 열리게 된 것이었다.

한편 『일본서기』를 백제사(물론 가야사를 비롯한 한국고대사 전반까지도 당연히 포함) 복원을 위한 사료로서 적극 활용할 수 있는 길이 트였다는 사실도 지적할 대상이다. 당시 한국고대사학계에서는 『일본서기』를 거의 거들떠보지를 않으려는 분위기가 팽배한 상태였다. 거기에 실린 내용이 임나일본부설任那日本府說의 뿌리로서 기능하여 왔기 때문에 백제 관련 사료가 아무리 많이 담겨져 있더라도 크게 오염된 것으로 간주해 부정적으로 보려는 인식이 지배적이었다. 그렇지만 지석에 보이는 내용을 검토한 결과『일본서기』는 무조건 도외시하기가 곤란한 상황을 맞게 되었다. 사실성이 높은 부분이 적지 않았다고 판명된 셈이었기 때문이다. 그래서 가령 철저하고 적절한 사료비판만 가해진다면 가야사는 물론 백제사의 복원을 위한 자료로서 충분히 활용할 여지가 있다는 쪽으로 의견이 모아졌다. 이처럼『일본서기』가 백제사 복원을 위한 기본 사료의 하나로 취급됨으로써 백제사 연구는 새로운 전기를 맞게 되었다.

그러나 그런 과정을 통해 앞으로 백제사 연구에서 겪어야 할 적지 않은 문제점도 내재하기 시작하였다. 첫째, 백제본기의 초기기사 문제이다. 지석의 출토로 백제본기에 대한 신뢰도가 크게 높아진 것은 부정할 수 없는 사실이지만 과연 어디까지, 어느 정도를, 어떻게 믿을 수 있을 것인가가 문제였다. 앞서 언급하였듯이 이 점이 본격적으로 해명되지 않으면 백제 초기사의 해명은 더 이상 진전이 어려워 장벽에 부닥치고 말 터였다. 둘째,『일본서기』의 경우도 사료비판의 과정을 거치기도 하지만 엄밀하게 말하면 논자마다 자의적으로 끌어다 쓰는 경우도 적지가 않았다. 엄정한 사료비판의 방법론이 미처 본격적으로 탐색되기도 전에 벌써 백제사 복원을 위한 자료로서 약간은 성급하게 이용하기 시작한 것이었다. 셋째, 무엇보다도 가장 큰 문제는 백제사에서는 문헌사학과 고고학의 방법론이 준별峻別된 기반 위에서 양자의 결합 타당성 여하가 치밀하게 점검된 기반 위에 서서히 결합하지 않고 마구 뒤섞였다는 점이다. 사실 이 점은 무령왕릉의 발굴 당초로부터 예견되던 일이었다. 앞서 언급하였듯이 그 자체가 곧 백제사 연구의 커다란 전기이면서 사실상 백제고고학의 출발점이기도 하였다. 양자는 당초부터 분리되기 어려울 정도로 굳게 결합될 것임을 예고해 주고 있었던 것이라 하겠다. 이로 말미암아 백제사에는 문헌상의 결과와 고고학의 성과가 반드시 하나로 합치되어야 한다는 듯한 인식이 알게 모르게 깊이 뿌리내려져 갔다. 사실상 이런 경향은 고구려나 신라 가야 등 다른 분야에서는 찾아보거나 기대하기 어려운 측면이라 하겠다. 이것이 백제사 연구상의 주요한 특징의 하나이기도 하였다. 그런 양상은 '한성백제사'의 쟁점 기획과 진행 과정에서도 그대로 확인되는 사실이다. 사실 그 점은 논쟁점의 대상이 시원스럽게 해결의 실마리를 찾지 못하고 복잡하게 뒤얽히게 된 요인의 하나이기도 하였다.

문헌 연구의 결과와 고고 자료가 자연스럽게 결합하는 것은 일견 당연한 일이기도 하다. 그렇지만 그것은 결과론적 것일 따름이지 방법론까지 함께 뒤섞여도 된다는 의미는 아니겠다. 특히 고고자료를 갖고 지나치게 정치적 해석을 가하는 것은 경계해야 마땅한 일임에도 대부분 그와 같은 시도를 아무런 거리낌 없이 행해온 것이 실상이었다. 사실 두 자료는 반영하고 있는 주된 내용에서 기본적으로 뚜렷하게 차이가 나는 성격을 지니고 있다. 문헌사료가 대부분 정치사 사회사적 사실을 보여준다면 고고자료는 그보다는 문화사적인 내용의 비중이 한층 큰 부분을 차지한다. 따라서 무조건적으로 고고자료를 정치사적 해석의 수단으로 끌어들여서는 곤란하다. 그럼에도 대부분 문헌사료와 대비시키면서 정치사적 자료로서 활용함으로써 많은 문제점을 노정시키고 있는 것이다.

백제사의 쟁점에서 간극이 큰 부분은 대개 문헌과 고고자료의 접합하는 쪽이다. 그러므로 각각의 분야에서 상호 자료를 활용하기에 앞서 방법론부터 철저하고 충분하게 가다듬는 정지작업이 긴요하다. 그래서 두 자료가 정합적으로 접합할 수 있을지의 여부를 낱낱이 가름해 보아야 한다. 그런 양상은 백제사 쟁점의 주제 거의 전면에 걸쳐 나타나는 양상이지만 두 분야가 접합하는 부면이 크면 클수록 논자 간의 간극이 한층 더 크게 벌어지고 있음이 실상이다. 무령왕릉의 발굴로 백제사 분야에서는 문헌과 고고학 양자가 쉽게 결합하게 된 것이 특징이지만 동시에 문제점으로도 작용하고 있다 하겠다. 마치 독毒과 약藥이 공존하듯이 장차 이를 냉정한 입장에서 되돌아보고 바람직한 해결책을 마련해가지 않는다면 쟁점의 간극을 좁히기는커녕 영원히 평행선을 달릴 수밖에 없을지도 모른다.

V. 나머지 말

백제의 초기 건국사는 진화론적 접근으로서는 해명하기 어려운 요소를 갖고 있다. 한강 유역이 갖는 지리적 특성 때문으로 보인다. 그래서 선주한 토착계와 뒤이어진 유이민계, 고구려계와 부여계 혹은 중국계 등 당초부터 다양한 주민과 문화의 복합이 이루어져 복잡하게 뒤얽힌 양상으로 출발하였다. 문화 계통이 다양하였다는 것이 짧은 시간 내에 문화 수준을 드높일 수 있었다는 측면에서는 크게 장점이 될 수가 있었다. 다른 한편 그것이 곧 결속력을 강화시켜 가는 데에는 한계가 뒤따르는 등의 약점으로 작용할 수도 있었다. 백제 초기사에서는 그처럼 지리적 요인에 기인한 양면성을 동시에 갖고 있는 것으로 보인다.

백제 건국에 성공한 지배세력들은 어떻던 지리적 사정에서 비롯한 약점을 극복하고 장점을 최대한 살려나가는 방법으로서 선진문물의 입수에 적극 나섰다. 대외 관계에 매우 능동적, 적극적 면모를 보였던 것도 그 때문이다. 그 결과로서 선진의 중국 문물을 적극 수용하는 입장을 취하였다. 그런 요소는 관직제나 관등제를 비롯한 여러 제도에서 나타나거니와 자기磁器에 대한 각별한 애착에서 유추되듯이 여러 방면에 걸쳐 상당한 선진성先進性을 보였음이 뚜렷한 특징이다. 그것이 곧 북방에서 위협하는 고구려에 저항하는 방편이기도 하였다.

그런데 대외관계에 상대적으로 적극적이었다는 것은 동시에 그것이 대내외적 위기 상황을 초래할 수 있었다는 사실을 뜻하기도 한다. 이를테면 책계왕責稽王이 한인漢人과 맥인貊人에 의한 피살, 분서왕汾西王의 낙랑에 의한 살해, 뒷날 개로왕과 성왕이 고구려와 신라에 의한 죽음 등은 모두 그런 실상을 반영해 주기에 충분한 실례들이다. 국왕이 외세에 의해 피살되는 특이한 사례는 다른 나라에서는 찾아보기 어렵다. 이는 백제가 지리적 장점의 극복에 궁극적으로 성공하지 못하였음을 뜻하는 사실을 뜻한다.

이상과 같은 측면에서 백제는 유난스레 대외교섭이나 국제관계에 대해 각별한 신경을 기울여야 하는 조건을 갖고 있었다. 실제로 그런 점이 안팎으로 나타났던 것이다. 아홉 가지의 쟁점을 다루면서 대외 관계사(관련 문제)를 무려 3권이나 다루게 된 것도 그런 측면에서 충분히 이해가 가는 일이다. 다만, 그럴 때 조심스런 접근이 요망되는 부분이 보인다.

흔히 외교는 내정의 연장이라고 말한다. 그렇다면 내부적 필요성이 일단 충분히 점검된 토대 위에 대외 관계가 점검되어야 한다. 다른 한편 외교는 상대가 있는데 그것이 죽어 있는 것이 아니라 언제나 살아 움직이면서 반응하는 상대임을 늘 염두에 두어야 한다. 그들의 내부적 실태를 깊숙이 구체적으로 들여다보지 않고 백제 일방적인 입장만 강조하는 것은 근본적인 문제를 안고 있는 표피적 접근일 뿐이다.

백제사에 유독 쟁점이 많다는 것은 거꾸로 사실에 비해 해석이 분분하고 난무亂舞한다는 의미이기도 하다. 따라서 단편적인 사항에 대한 해석을 가하기 전에 사실을 치밀하게 논증하는 적업이 먼저 이루어져야 한다. 그렇지 않는다면 단순히 외침에 그칠 뿐이며 따라서 '한성백제사'의 체계화나 통설화는 영원한 숙제로 남겨질 따름이다. 사실 고고자료가 증가하고 있는 현황을 고려하면 그 장점을 살려 개별 지역사에 대한 사례 연구도 좀 더 많이 진행시켜 갈 필요가 있다. 신라나 가야사에서는 고고자료를 적극 활용한 사례 연구가 차츰 축적되어 가는 도정에 있으므로 그 점을 참고로 삼을 만하다.

주제발표 3

백제 한성기 도성과 묘역의 문제

박 순 발 충남대학교

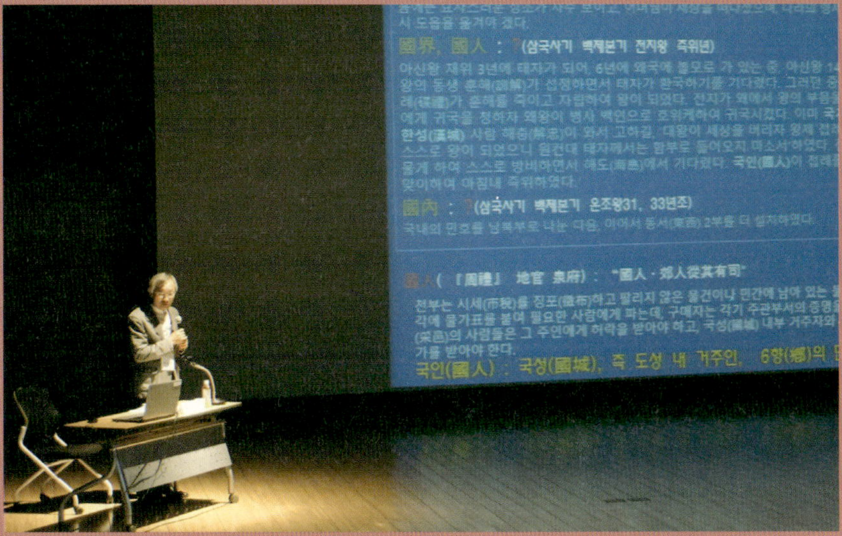

Ⅰ. 머리말

최근 몇 년 사이 한성기 백제 도성의 공간구조, 묘역 및 묘제 등에 대해 다시 한 번 생각하게 하는 조사 결과들이 속속 확인되고 있다. 몽촌토성 남문으로부터 직선거리로 약 2km에 불과한 감일동甘一洞 일대 구릉지에서 대규모 횡혈식석실묘군이 발견 조사된 것을 비롯하여, 몽촌토성 서북지구 발굴조사를 통해 새롭게 드러난 성내의 도로망 및 도로의 구조, 그리고 석촌동 1호분과 2호분 사이에서 드러나고 있는 적석묘의 평면 배치 양상 등이 대표적이다.

이들은 모두 한성기 백제 도성과 묘역 등에 대한 새로운 인식을 촉구하고 있는바 본고에서는 우선 천견淺見을 제시함으로써 향후 논의의 활성화 및 진전을 기대코자 한다.

Ⅱ. 도성 공간 범위 설정 문제

한성기 도성은 풍납토성과 몽촌토성이라는 2개의 단위성으로 구성되어 있다. 그러나 이들 각각의 출현시기와 기능 등에 대해서는 아직 일치된 견해에 이르지 못하였다. 문헌사료와 연관시켜 보면 풍납토성은 북성北城·대성大城에 몽촌토성은 남성南城·왕성王城으로 보는 것에는 문제가 없을 것이다. 그렇지만 한성기의 도성의 공간 범위가 이들 2개의 단위성 내부에 국한된다고 여기는 이는 없을 것이다. 어디까지가 도성의 범위인가의 문제는 그리 간단한 문제가 아니다. 두 성을 제외하고는 이미 도시화되어 당시 취락의 존재 여부조차 확인할 수 없는 현 상황에서는 더욱 그러하다.

이와 관련해 필자는 풍납토성이나 몽촌토성 주변의 고분군의 분포를 근거로 일정한 범위를 설정해본 바 있다(박순발, 2010: 77~82). 왕족을 포함한 도성주민들은 석촌동·가락동 고분군(이하 석촌동고분군으로 약칭)에 안장되었을 것이라는 전제하에 인근의 하남시 덕풍동고분군이나 광암동고분군 피장자가 소속된 취락은 도성주민과 구분할 수 있을 것이라는 생각이었다. 사실 취락과 묘역의 대응관계에서 청동기시대 전기 말 이래 보편화된 정형으로서 묘역을 달리하는 경우 피장자집단의 소속 취락이 다른 것으로 보아도 좋기 때문이다. 그러나 전술한 것처럼 몽촌토성과 매우 가까운 위치에서 석촌동고분군과 별도의 고분군이 발견되었기 때문에 기존의 생각에 대한 재검토의 필요성이 대두되었다.

감일동 고분군은 조사구역상으로는 4개 지점으로 나뉘나 실제로는 금암산(표고 200m 내외)의 낮은 서향西向 구릉丘陵 사면 및 정상에 해당된다. 몽촌토성을 휘돌아 한강으로 유입되는 지천인 성내천 중류에서 감이천이 합수되는 지점과 가깝다. 현재까지 확인되어 조사가 진행되고 있는 백제고분은 횡혈식석실묘 50기 및 석곽묘 2기 등으로 알려져 있으며, 축조 시기는 모두 한성기에 해당된다. 인접한 광암동 고분군과 마찬가지로 횡혈식석실묘 이전의 선행 묘제가 없이 대체로 4세기 후반경부터 조성된 묘역이다. 이러한 점은 양재천 유역에 위치한 우면동牛眠洞 고분, 성남 판교 고분군 등도 동일하다. 원삼국단계의 묘역이 없던 곳에 등장하는 백제묘역들은 백제 도성인 한성의 성립이 그 배경임을 짐작하기는 어렵지 않다. 문제는 감일동의 경우 거리상으로만 보면 도성의 범위에 포함되어도 좋을 정도로 가까워 나머지 고분군과는 분명 차이가 있다는 것이다.

도성의 범위 문제와 관련하여 눈여겨 볼 필요가 있는 것이 『삼국사기三國史記』 백제본기百濟本紀 전지왕腆支王 즉위년(405년)조의 기사이다.

아신왕 재위 3년에 태자가 되어, 6년에 왜국에 볼모로 가 있는 중, 아신왕 14년 왕이 돌아가자 왕의 동생 훈해訓解가 섭정하면서 태자가 환국하기를 기다렸다. 그러던 중 왕의 막내 동생 접례碟禮가 훈해를 죽이고 자립하여 왕이 되었다. 전지가 왜에서 왕의 부음을 듣고 울면서 왜왕에게 귀국을 청하자 왜왕이 병사 백인으로 호위케하여 귀국시켰다. 이미 국계國界에 이르자 한성漢

城 사람 해충解忠이 와서 고하길, '대왕이 세상을 버리자 왕제 접례가 형을 살해하고 스스로 왕이 되었으니 원컨대 태자께서는 함부로 들어오지 마소서'하였다. 전지가 왜인들을 머물게 하여 스스로 방비하면서 해도海島에서 기다렸다. 국인國人이 접례를 살해하고 전지를 맞이하여 마침내 즉위하였다.[1]

여기서 주목되는 것이 국계國界·국인國人·한성인漢城人 등의 표현이다. 국계는 별 생각 없이 나라의 경계라 여길 수 있으나, 국인과 함께 생각하면 그리 간단치 않을 것 같다. 『삼국사기』에서 도성을 의미하는 용어로 쓰인 것 가운데 '국國'이 있다(朴淳發, 1996). 백제본기 온조왕溫祚王 13년조의 천도 결심과 관련한 대목에서다.

> "동쪽에는 낙랑이 있고, 북쪽에는 말갈이 있다. 그들이 변경을 침공하여 편안한 날이 없다. 하물며 요즈음에는 요사스러운 징조가 자주 보이고, 어머님이 세상을 떠나셨으며, 나라의 형세가 불안하다. 반드시 도읍을 옮겨야 겠다."[2]

사실 국國은 주周에서는 왕이 주재하는 성城을 의미하고, 제후들이 다스리는 성인 '도성都城'과 구분되었지만 춘추전국시대를 거치면서 그 의미가 퇴색

1) 阿莘之元子, 阿莘在位第三年立爲太子, 六年出質於倭國. 十四年王薨, 王仲弟訓解攝政, 以待太子還国. 季弟碟禮殺訓解, 自立爲王. 腆支在倭聞訃, 哭泣請歸, 倭王以兵士百人衛送. 既至国界, 漢城人解忠來告曰, "大王弃世, 王弟碟禮, 殺兄自王, 願太子無輕入." 腆支留倭人自衛, 依海島以待之, 国人殺碟禮, 迎腆支即位.

2) "國家東有樂浪, 北有靺鞨, 侵軼疆境, 少有寧日. 况今妖祥屢見, 國母弃養, 勢不自安. 必將遷國.

하면서 나라의 중심성을 도성이라 통칭하였다(박순발, 2010: 12). 이러한 점을 염두에 두고 전지왕 즉위년조의 국계國界를 다시 보면, 당시의 백제의 영역을 감안할 때 한성인이 와서 위험을 알릴 정도로 도성에서 가까운 거리에 나라의 경계가 있었다고 보기는 어렵다. 그렇다면 여기의 국계는 도성을 의미하는 '국國'의 경계로 볼 여지가 있다.

국인國人은 『주례周禮』 지관地官 천부泉府에 나온다. '천부는 시세市稅를 징포徵布하고 팔리지 않은 물건이나 민간에 남아 있는 물건을 원가에 사들여 각각에 물가표를 붙여 필요한 사람에게 파는데, 구매자는 각기 주관부서의 증명을 제시하여야 한다. 채읍采邑의 사람들은 그 주인에게 허락을 받아야 하고, 국성國城 내부 거주자와 4교인들은 유사에게 허가를 받아야 한다'는 대목에 등장하는 "國人・郊人從其有司"가 그것이다.[3] 여기의 '국인國人은 국성國城, 즉 도성 내부에 거주하는 사람으로서, 즉 6향鄕의 민民을 일컫는다'는 견해(商務印書館, 1996: p.573)가 일반적이다.

주례에 입각한 왕기제王畿制에 의하면, 주왕이 주재하는 국성 성벽 내부를 국중國中이라 하고, 그로부터 100리里의 범위를 교郊, 다시 교 외곽 100리 지역을 전甸이라 하는데, 4교는 6향鄕으로 전은 6수遂로 각각 편제되어 국성 200리 지역을 통칭하여 향수지구라 한다. 6향 거주민은 대소 귀족, 양민良民으로 구성되는데 이들을 일컬어 국인國人이라 한다(賀業鉅, 1996: pp.188~189). 백제를 포함한 한반도 고대 삼국에서도 『주례』와 동일한 의미로 사용

---

3) 『周禮』地官司徒第二, 三十六泉府 : 泉府掌以市之徵布, 斂市之不售・貨之滯于民用者, 以其賈買之, 物楬而書之, 以待不時而買者. 買者各從其抵 : 都鄙從其主, 國人・郊人從其有司, 然後予之. (이상 楊天宇,2004,『周禮譯註』, 上海古籍出版社, 218쪽)

되었는지에 대해서는 분명하지 않으나, 고구려를 대상으로 한 연구에 따르면 '국인'이 등장하는 문헌사료의 맥락이 공간적으로는 좁게는 궁중 혹은 도성의 성내에서 도읍지 전체와 연관성이 있고 신분적으로는 평민 이상의 상층인들과 밀접한 것으로 드러나고 있다는 것이다(최의광, 2004).

이상의 점들로 미루어 보면, 백제를 포함한 고대 한반도 삼국 도성의 공간 구분 명칭 혹은 거주민의 구분은 『주례』로 대표되는 전통적인 중국 도성 왕기제王畿制와 기본적으로 다르지 않았던 것으로 보인다.

한편, 『삼국사기』 백제본기 온조 31 · 33년조의 편호 관련 기사에서. '국내의 민호를 남북부로 나눈 다음, 이어서 동서東西 2부를 더 설치하였다(分國內民戶爲南北部…. 加置東西二部)'는 대목에 등장하는 '국내國內'에 대해서는 그 의미를 다각도로 재검토할 필요가 있다(朴淳發, 2014). 전술한 바처럼 국國이 도성 성벽 내부인 '국중國中'만을 특칭하는 것인지 차치하더라도 적어도 맥락상으로 보면 '국내민호'는 '국인國人'과 크게 다르지 않은 것으로 보이기 때문이다. 고구려의 경우 『삼국사기』의 용례로 보면, 지금의 집안集安 일대를 일컫는 것으로서 '국내國內'라는 명칭이 쓰이고 있는데, 그것이 고유명사인지 여부는 검토가 필요할 듯하다.

유리왕 21년 조의 집안지역 천도 배경 설명에서는 '국내'가 고유지명임이 분명하지만, 만약 고구려가 천도하기 전부터 있던 지명이라면 고구려 천도 이전에 어떤 정치체의 도성 혹은 중심지였음을 말해주는 것이다. 한군현과 같은 존재를 상정할 수도 있으나 지금까지 집안일대에서 확인된 분묘자료로 보는 한 그러한 실체는 확인되지 않으므로 역시 '국내'라는 지명은 고구려가 집안 천도한 이후의 상황이 소급 반영된 것으로 보아야 할 것이다. 고구려의 도읍이 된 이후 집안의 중심지는 '국내'로 불렸고, 342년에는 '국내성國內城'으

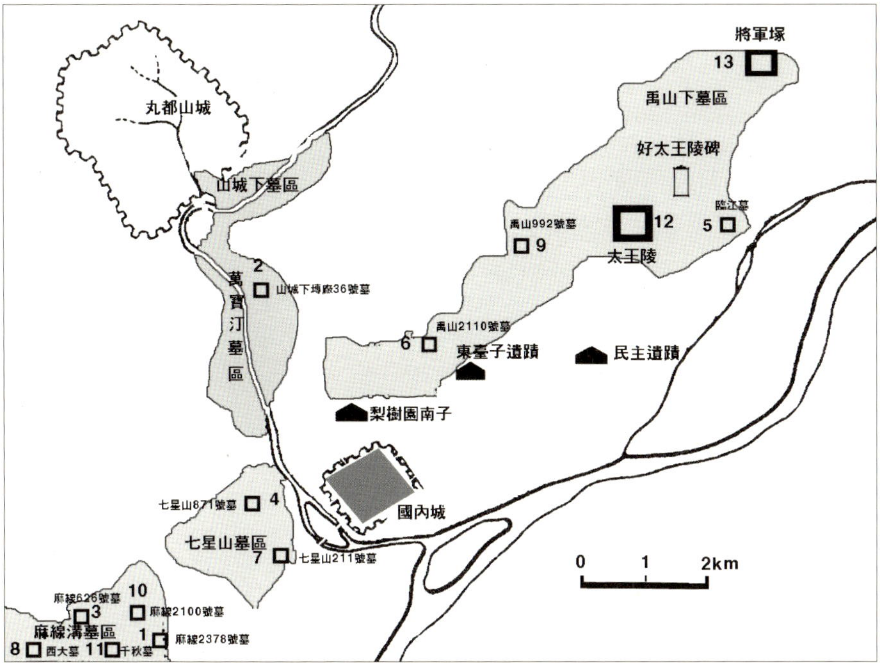

〈그림 1〉 고구려 '국내'의 도성과 묘역

로 비정되는 지금의 집안현성集安縣城이 축조되었던 것으로 이해하는 것이 좋을 것이다. '국내'의 범위는 유리왕 21년 천도 관련 기사에서 지금의 환도산성丸都山城 혹은 산성자산성山城子山城으로 비정되는 위나암성尉那巖城 일대를 "국내위나암國內尉那巖"이라 표현[4]하고 있어 '국내성' 중심 반경 8~10km 정도

4) 『三國史記』 高句麗本紀 瑠璃王21年 : 春三月郊豕逸, 王命掌牲. 薛支逐之, 至國內尉那巖得之, 拘於國內人家養之. 返見王曰, 臣逐豕至國內尉那巖, 見其山水深險, 地宜五穀...(略)

로 추정할 수 있다.[5]

고구려의 '국내'에 대한 이러한 이해가 가능하다면 온조왕대 기사에 보이는 전술한 백제의 '국내' 역시 그와 같은 맥락으로 보아야 할 가능성이 높다. 다시 말하면, 나라 전체의 민호가 아니라 도성 주변의 민호를 대상으로 먼저 동·서 2개의 부部로 편제하고 곧 이어서 남·북 2개의 부를 추가 편제한 것으로 볼 여지가 많다는 것이다. 이 경우 '국내민호'는 반드시 '국내' 지역의 원주민만으로 구성되었다는 의미는 아니다. 당시 백제의 영역에 편입된 지역에 거주민 가운데 유력자들이 '국내'로 옮겨와 방위명이 관칭된 '국내'의 부민으로 편제되었을 것으로 보는 것이 옳을 것이다. '국내'를 이처럼 이해할 수 있다면 사비기의 도성권역 편제와 관련해 문헌사료에 보이는 '도하都下'와 같은 것으로 보인다. 사비도성의 행정적 편제 및 민리의 구성과 관련한 문헌사료는 『주서周書』·『수서隋書』·『북사北史』·『한원翰苑』 소인所引 『괄지지括地志』 등에 보이는데, '도하都下 혹은 기내畿內에 만가萬家가 있는데, 5부部로 나뉘며, 각 부는 다시 5항巷으로 편제되어 있고, 달솔達率이 통령統領하는 각부는 500명의 병사를 거느린다'는 것은 잘 알려진 바와 같다. 『주서』와 『북사』에서는 "도하"라 하였으나 『수서』에는 "기내"로 되어 있어 그 의미 파악이 용이하지는 않지만, 동시기에 성서成書된 중국 정사에 보이는 "도하"의 용례를 종합해보면 도성의 외곽성外郭城 내부만을 지칭하지는 않는다는 것이 확인되었다(박순발, 2014). 대체로 지금의 수도권과 같은 의미로 이해될 수 있다.

그렇다면 백제 한성기 '국내國內'의 공간 범위는 구체적으로 어떻게 설정할

---

5) 최근 고구려의 王都·王畿의 범위를 설정한 연구(조영광, 2016)가 있는데, 본고의 '國內' 범위는 王都에 해당한다.

수 있을지에 대해 생각해보기로 하자. 이와 관련해 모두冒頭에 말한 바와 같이 도성 주변의 분묘군을 주목할 필요가 있다. 원삼국단계의 선행 묘제가 없이 횡혈식석실묘 등 4세기 후반 이후의 묘제들로만 구성된 묘역의 분포가 '국내' 혹은 '도하'의 범위와 밀접한 상관성을 가지고 있을 것으로 보이기 때문이다. 지금의 서울지역에서 확인된 백제 한성기의 분묘군 가운데 가장 긴 시간폭을 가지고 있는 것이 석촌동고분군인데, 이는 원삼국 단계부터 이어졌을 가능성이 크고 국가 성립 후 왕묘역을 포함한 중심묘역으로 위상이 승격되었을 것이다. 그러나 국가 성립 후 계층분화의 진전과 더불어 묘역의 분화 양상도 있었던 것으로 보인다.

이와 같은 양상은 한반도 고대국가보다 시간적으로 앞서 그러한 과정을 거쳤던 중국의 역대 분묘역의 변화를 통해 살펴볼 수 있다. 혈연적 유대관계 중심의 공동체성이 강한 족장族葬 형태의 묘역은 진秦·한漢 이후 점차 소멸되고 그에 이어 가족장家族葬 형태의 묘역이 등장한다. 위진남북조魏晉南北朝 시대에 성행하였던 가족장 묘역은 도성 주변 대묘역 내에 사회적 지위가 같은 이성異姓 집단들이 각각의 가족장 형태로 분포하고 있다. 동성同姓 가족장 내의 개별 분묘 배치는 졸년卒年의 선후나 장유長幼·적서嫡庶 등 배치 원리에 따랐다(徐苹芳, 1981).

이러한 관점에서 보면 석촌동고분군은 최초 백제 건국집단의 공동체적 족장의 형태로 출발하여 이후 왕족을 비롯한 지배계층 중심의 묘역으로 전환되었고, 인접한 곳에 위치한 횡혈식석실묘 중심의 묘역인 감일동고분군의 각 분묘군은 '국인' 가운데 중소귀족 혹은 사인층의 가족묘역으로 볼 수 있다. 이와 비교될 수 있는 가족묘로는 판교고분군, 광암동고분군, 우면동고분군 등이 있지만, 이들은 감일동고분군에 비해 도성 중심지로부터 상대적으로 더

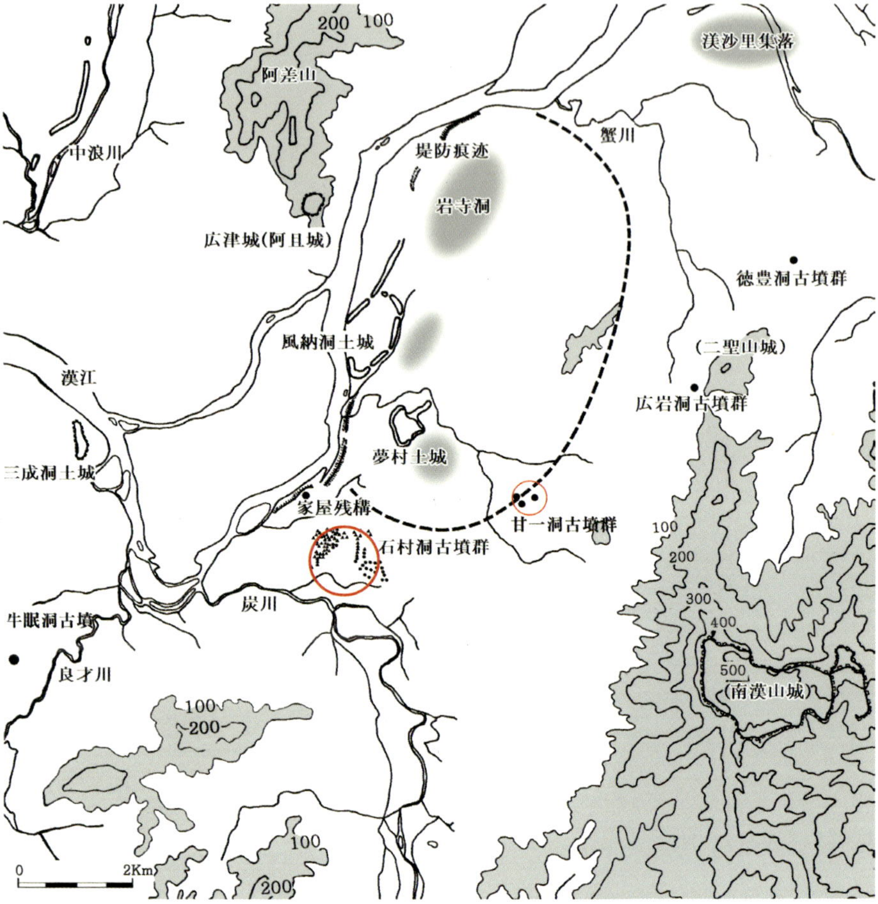

〈그림 2〉 한성기 백제 도성의 '국내' 범위 추정

멀리 떨어져 있어 이들 고분군 피장자들을 '국인'으로 상정하기는 어렵다.

이와 같은 추정이 가능하다면 한성기 도성의 '국내' 혹은 도성 주민 거주역의 범위는 대체로 〈그림 2〉와 같이 설정할 수 있다. 감일동고분군과 같은 국내 거주 '국인' 계층의 가족묘역은 가락동이나 방이동 등 구릉지에도 분포할 가능성을 배제할 수 없으나, 그러한 묘역 가운데는 백제가 한성을 상실한 이후에도 계속 무덤이 조성되고 있는 점으로 미루어 백제 남천 이후에도 일부 '국내민호'들은 그대로 잔류하고 있었던 사정을 반영하는지도 모른다.

Ⅲ. 석촌동 적석묘군의 문제[6]

1. 권찬(權攢)과 석곽(石槨)

『삼국사기』 백제본기 개로왕 21년조에는 왕의 장묘제와 관련있는 것으로서 매우 주목되는 기사[7]가 있다. 고구려 장수왕의 첩자인 도림道琳이 개로왕에게 '선왕의 해골이 특별한 시설이 없는 노지에 임시로 관을 놓아 둔 채 안장安葬하지 않고 있음(先王之骸骨權攢於露地)을 지적하자, 개로왕이 욱리하에서 큰 돌을 모아 곽을 만들어 부왕의 유골을 장葬하였다(取大石於郁里河, 作槨以葬父骨)'는 것이다.

6) 이 부분은 한성백제박물관 주관, 2017년 2월 9~10일에 걸쳐 개최된 「석촌동고분군 집중토론회」에서 "석촌동 적석묘의 축조 시기 및 유구 성격"이라는 제목으로 발표된 내용을 수정 보완한 것이다.

7) 『三國史記』 百濟本紀 蓋鹵王 21年 : 道琳曰, 大王之國, 四方皆山丘河海, 是天設之險, 非人爲之形也. 是以四隣之國莫敢有覦心. 但願奉事之不暇, 則王當以崇高之勢富有之業, 竦人之視聽, 以城郭不葺, 宮室不修, 先王之骸骨權攢於露地, 百姓之屋廬屢壞於河流, 臣竊爲大王不取也. 王曰諾吾將爲之. 於是盡發國人烝土築城, 卽於其內作宮樓閣臺榭, 無不壯麗. 又取大石於郁里河, 作槨以葬父骨, 緣河樹堰自蛇城之東至崇山之北.

우선 '권찬權攢'의 자의를 보면, 권權은 변통變通 혹은 잠단暫且의 의미이고, 찬攢은 '정식으로 안장하기 전 임시로 잠시 관을 두는 것(停放棺木, 暫時不葬)'의 뜻이다[8]. 이는 결국 빈殯과 같은 뜻으로 풀이된다. 실제로 최근 발견된 서안西安의 당唐 양귀楊貴 부부묘 출토 묘지墓誌에 '권빈權殯'이라는 표현이 확인된 바 있다(李明・袁明, 2016). 677년 서안에서 먼저 죽은 양귀의 무덤에 695년 낙양洛陽에서 죽은 부인을 천장하여 721년 합장하였다는 내용에 보인다. 묘지는 당연히 합장할 당시에 작성된 것인데, 비록 처음 무덤을 조성한 양귀의 경우도 부인을 합장하기 이전에는 '권빈'하였다고 표현하였고, 낙양에서 죽은 부인 역시 첫 번째 무덤에 안장된 것을 '권빈'한 것으로 표현하였다. 송대宋代에는 '찬빈攢殯'이라는 용어가 등장하였는데, 북에서 밀려온 남송南宋의 역대 황릉은 북의 고토 회복의 염원에서 최종 안장으로 여기지 않았으므로 모두 '찬궁攢宮'이라 하였다.[9]

개로왕 당시로 돌아가 생각해보면, '선왕의 유골을 노지에 권찬을 설하였다'는 기사는 두 가지 측면으로 이해될 수 있다.

첫째는, '권찬'을 말 그대로의 의미로서 선왕의 '찬빈' 혹은 '찬궁'이 특별한 시설이 없는 노지露地에 설치되어 있었다고 볼 수 있을 것이다. 그런데, 왕의 빈殯은 왕궁 정전正殿 뜰에 설치되는 것이 원칙이다. 중국의 경우 황제의 거상居喪 빈전은 태극전의 서계西階이고, 일본도 빈장이 아직 성행하던 아스카~나라奈良시대의 경우 궁정宮庭에 위치한 것이 확인된다. 황제 이외에도 동성同姓

8) 商務印書館編, 1998,『辭源』, 第2册, 商務印書館, 1648쪽; 1330쪽.

9)『宋史』243卷 哲宗孟皇后傳 : 遺命擇地攢殯, 俟軍事寧, 歸葬園陵(商務印書館編, 1998, 1330쪽).

의 왕王·공公·비妃·주主는 태극 동당에서, 이성異姓의 공公·후侯·도독都督이나 황제외족·대신은 조당朝堂에서 각각 행했다(郭湖生, 1999). 우리나라 삼국시대의 경우 빈전의 위치에 대한 직접적인 문헌기록은 없으나 중국과 일본의 예에 비추어 보면 역시 왕궁의 중정으로 보는 것이 옳을 것이다. 왕궁 정전의 뜰을 '노지'로 표현하는 것은 매우 어색하므로 여기의 '권찬'이 선왕의 빈이라는 전제를 유지하는 한 당시의 빈지殯地가 왕궁이 아니었을 가능성도 배제할 수 없다.

둘째는, 선왕의 무덤이 마치 '권찬'과 다름없이 노지에 특별한 시설이 없이 조성되어 있다는 의미로 해석될 수 있다. 도림이 고구려에서 언제 백제로 잠입하여 첩자노릇을 하였는지는 알 수 없으나 장수왕長壽王이 보냈으므로 장수왕과 개로왕의 재위가 겹치는 한성漢城 함락 이전 시기라는 점은 분명하므로 개로왕 즉위년인 455~475년 사이로 압축된다. 도림의 꼬임에 넘어가 선왕의 유골, 즉 부골父骨을 대석으로 만든 곽槨에 안장하는 개로왕의 조치로 보면 '권찬'의 대상은 개로왕의 부왕인 비유왕毗有王일 것이다. '권찬', 즉 '찬빈'이라면 도림의 제안과 개로왕의 조치는 455년을 기점으로 1~2년 사이에 있을 법하고, 도림 역시 455년 전후에 백제에 잠입한 것으로 추정할 수 있다. 아무튼, 이미 정식으로 안장된 선왕의 무덤이 '권찬'과 마찬가지로 허술하여 그에 대한 조치로서 욱리하에서 대석을 모아 석곽石槨을 만들어 부왕의 유골을 안장하였다고 본다면, 선행무덤의 유골을 수습하여 빈전殯殿에 모셔야 했을 것인데, 이때의 빈전 위치가 혹 초장初葬때와 달리 새로 쓴 무덤 주변일 가능성은 상정할 수 있겠다.

삼국사기 백제본기의 이 기사로써 적어도 개로왕 즉위 후 얼마 지나지 않은 시점에 부왕인 비유왕의 '찬빈'을 정식 왕릉에 안장하였거나 혹은 초라한 초장을 다시 개장하였던 정황을 상정할 수 있으며, 당시의 무덤이 대석을 써서 석곽을 만든 것으로 볼 수 있겠다. 백제묘제에서 대석으로 석곽을 만든 예는 수혈식竪穴式석곽묘를 들 수 있으나 이러한 묘제는 아직 석촌동고분군에서 온전한 원상으로서 확인된 바 없으므로 대석으로 만든 석곽 무덤은 곧 적석묘積石墓로 보아도 좋을 것이다. 이러한 추정이 가능하다면 적어도 개로왕의 직전 왕인 비유왕의 무덤은 매장주체부가 석곽石槨인 적석묘가 아닐까 한다.

그런데, 석곽적석묘가 개로왕의 조치 이전부터 이미 조영되었는지에 대해서는 이 기사만으로는 판단하기 어렵다. 다만, 현재까지 남아 있는 적석묘가 복수이고, 축조 기법 상으로도 1·2·4호분과 같은 점토충전식粘土充塡式과 3호분으로 대표되는 순수적석식純粹積石式으로 구분되는 점으로 보면 그 모두가 특정 시기에 조영된 것으로 보기는 어렵다. 그렇지만 개로왕대에 취해진 조치가 왕실의 묘역뿐 아니라 성벽, 궁실, 제언堤堰 등 대규모 토목 공역의 일환으로 진행된 것인 만큼 대부분의 왕실 묘역은 그 무렵 정비되었을 가능성이 농후하다.

2.석촌동 적석묘의 조성 시기 비정

석촌동 적석묘의 조성 시기 비정과 관련하여 부장품과 같은 폐기동시성이 명확한 고고자료는 아직 없으며, 장차 그러한 양호한 자료의 출현에 대한 기대 역시 사실상 무망하다. 따라서 그와 같은 직접적인 자료 이외 여러 간접적 관련성을 가진 자료를 통해 대략적인 상한과 하한 연대에 접근하는 수밖에 없다.

이를 위해 지금까지 여러 차례 발굴조사등을 통해 알려진 고고자료 혹은 출토 유구의 성격에 대한 이해가 먼저 필요하다. 사실 대부분의 자료는 2013~2015년 서울대학교박물관이 발간한 보고서를 통해 공표된 것인데, 불행하게도 정확한 출토맥락을 알기 어려운 한계를 가지고 있다. 이런 상황에 비추어 2016년도 한성백제박물관팀의 발굴조사를 통해 확보한 자료는 매우 중요한 학술적 가치를 가지고 있다.

우선, 지금까지 조사를 통해 드러난 적석묘의 축조 과정 및 형상을 대략적으로 추정해 보면 다음과 같다.

① 석촌동고분군 일대의 기반토는 탄천炭川과 한강본류의 잠실 남하도南河道 사이에 형성된 충적대지를 형성하는 실트질 및 점질토이다. 이 기반토에는 하력河礫의 혼입이 없어 석촌동 일대에서 출토되는 다양한 크기의 자갈돌은 모두 인위적으로 운반되어 온 것으로 보아도 좋을 것이다. 이들이 적석묘가 분포하는 고분군 일대에 운반되어 혼입된 것은 적석묘 축조를 위한 지반안정 공사 과정을 통해서다. 적석묘 축조를 위해 조성된 기반축토층 아래 구지표면에는 적석묘보다 선행되는 분묘들이 분포하고 있다. '점토부 5'의 '유물집중부' 하층 동서방향 유구는 적석묘 축조 구지표면에 있던 선행 분묘유구로 이해된다.

② 지반안정이 완료된 지면을 토대로 순수 적석을 반복하여 적석묘를 단축段築하는 방식으로 축조가 진행되는 경우, 기단석축 축조와 함께 점토를 충전하는 방식으로 진행되는 경우로 구분된다.

③ 적석묘의 범위 밖의 저지대나 요철이 있는 지점은 판석과 같은 보

충재를 부석敷石하면서 점토 다짐하는 방식으로 정지整地. 이 과정에서 꺽쇠로 연결한 널판을 깔고 인신과 유물을 매장한 것으로 보이는 유구가 조성되기도 하는데, '점토부 5'의 1호, 2호 토광묘가 그러한 예에 해당된다. 이러한 유구가 분묘인지 적석묘 축조를 위한 성토대지 조성 과정에 행해진 제의성祭儀性 매장인지는 면밀한 검토가 필요하다.

④ 적석묘의 매장주체부가 온전하게 잔존하고 있는 예는 아직까지 확인되지 않으나 대체로 제3단 이상에 위치하였을 것으로 추정되며, 그 구조는 앞서 본 삼국사기 백제본기의 내용으로 미루어 석곽이었을 것으로 볼 수 있다.

⑤ 적석묘 축조 시점 이후로 볼 수 있는 시설로는 주로 제1단과 일부

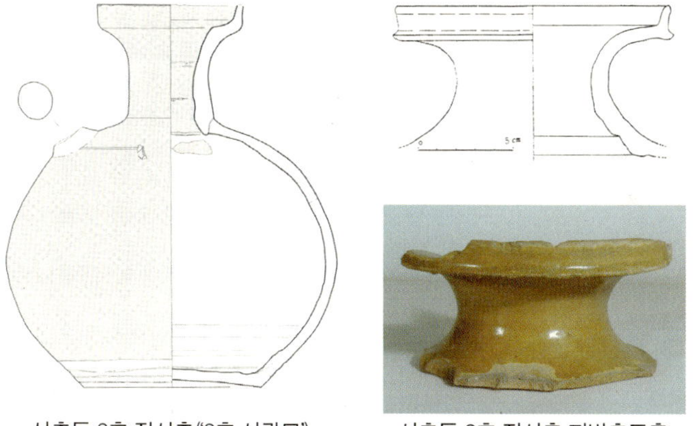

석촌동 2호 적석총('2호 석곽묘') 석촌동 3호 적석총 지반축토층

〈그림 3〉 석촌동 적석총 출토 중국 동진제 자기편

겹치거나 나란히 접해 있는 제의성 유구가 있다. '점토부 5'의 '유물집중부'가 전형적인 예인데, 이와 유사한 것으로는 1호분 북분 동변에 위치한 '1호 석곽묘'와 남분 남변의 '3호 석곽묘', 그리고 2호분 남동측의 '2호 석곽묘', 4호분 동변 중간부분 등이 있다. '점토부 5' '유물집중부', 4호분 동변 중간부분 등에서는 와당瓦當을 포함한 기와가 다수 출토되고 있다. 한편, 4호분에서는 적석묘와 약간 떨어진 동남쪽 지점의 '주거지'로 이름 붙여진 유구에서도 와당과 기와편이 다수의 토기와 함께 출토되었다. 이러한 유구의 성격과 관련하여 특히 4호분 동남쪽 '주거지'에 대해서는 1974년도 보고서에서 빈소殯所 가능성을 제기한 바 있으나 복원율이 높은 다수의 토기가 출토되는 점에 비추어 분묘 축조 혹은 유지 관리에 사용된 모종의 시설일 가능성이 많다. 한편, '점토부 5'는 상부의 기와 붕락층 아래에 땅을 파고 유물을 묻은 흔적이 있는 점으로 미루어 반복적으로 제의 행위가 있었던 장소로 추정된다. 제의가 이루어진 곳은 다량의 기와더미 아래에 해당되므로 와즙건물 내부에서 진행되었을 것으로 볼 수 있다.

이상의 내용을 염두에 두고 석촌동 적석묘의 상한을 추정해보기로 한다. 지금까지 알려진 자료 가운데 중국과의 교차연대가 가능한 것으로서 중요한 단서가 되는 것이 석촌동 3호분 기반축토층에 혼입된 것으로 보고된 청자구연부편이다. 구연부의 형태로 보면 동진 중기 무렵으로 비정 가능한데 역연대로는 4세기 중엽경으로 볼 수 있고, 기왕에 조사된 2호분 남동측의 '2호 석곽묘' 출토로 보고된 흑유계수호는 기년자료와 비교해보면 대략 360~370년

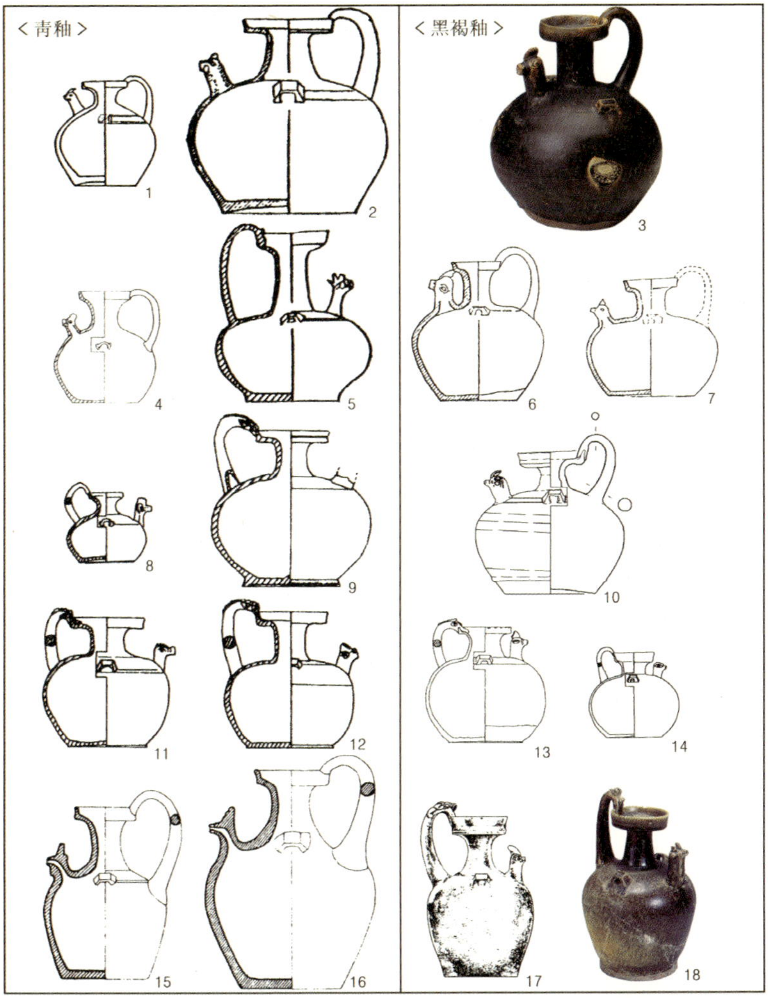

1. 南京 象山 5호묘(368년 : 袁俊卿 1972), 2. 南京 東晋 穆帝陵 (361년 : 朱蘭霞 1983), 3. 杭州 老和山墓 (364년 : 梅福根 1961 ; 浙江省博物館(編)2000), 4. 南京 象山 8호묘(368년 : 姜林海 張九文 2000), 5. 鎭江 東晋墓 (366년 : 林留根 1989), 6 7. 無錫 東晋墓 (370년 : 馮普仁 錢宗奎1985), 8 11 12. 南京 '謝' 묘(421년 : 華國榮1998), 9. 南京 '謝球' 묘(416년 : 阮國林 李毅2000), 10. 韓國 公州 水村里 4호묘, 13 14. 南京 '謝溫' 묘(406년 : 華國榮 張九文 1998), 15 16. 廣東 新興 南朝墓 (435년 : 古運泉 1990), 17. 杭州 黃岩秀嶺水庫 M49호 묘(447년 : 朱伯謙 1958), 18. 揚州 平山村 (徐良玉 (編)2001)

〈그림 4〉 중국 기년(紀年) 계수호와 한국 출토품 비교

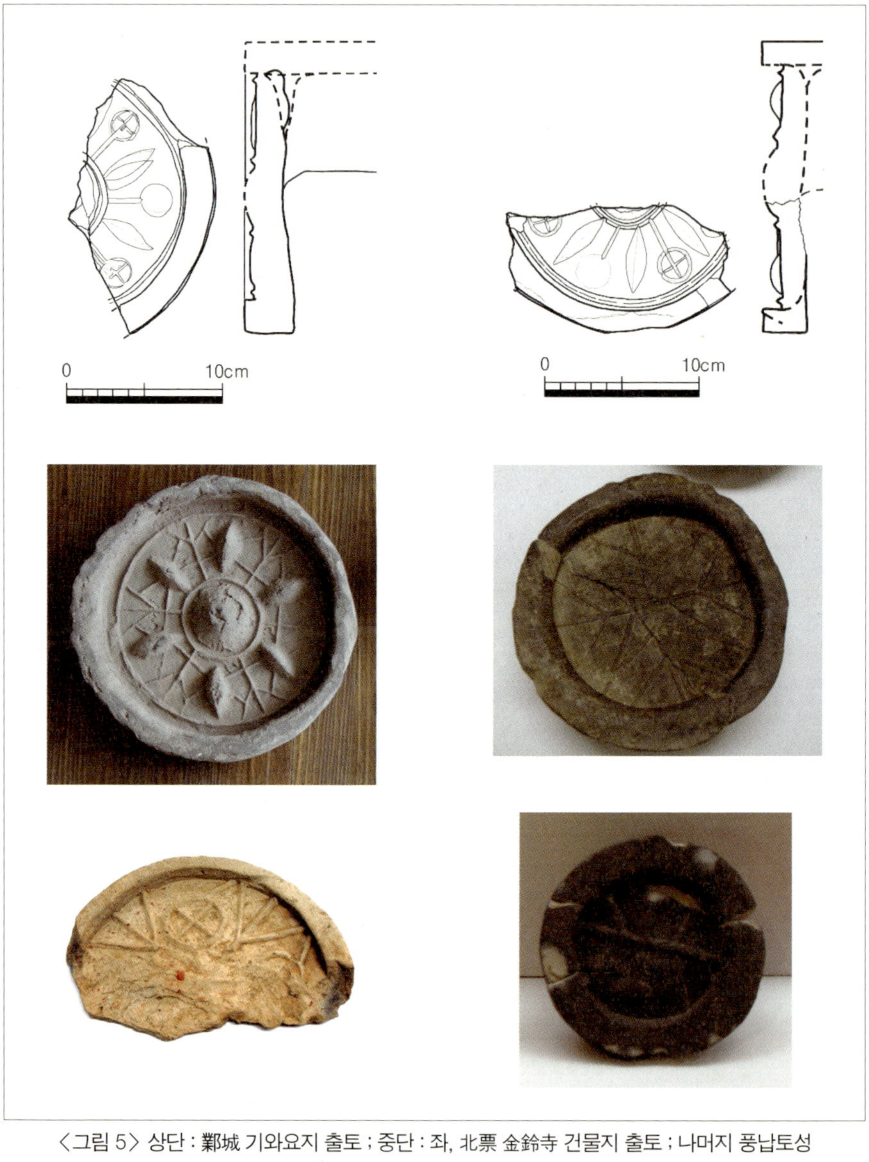

〈그림 5〉 상단 : 鄴城 기와요지 출토 ; 중단 : 좌, 北票 金鈴寺 건물지 출토 ; 나머지 풍납토성

대 무렵으로 비정 가능하다(〈그림 3 · 4〉 참조). 한편, 한성백제박물관 2016년도 조사 '점토부 5' 유물집중부(〈그림 6〉 참조) 출토 자료는 적석묘 조성 이후 제의 활동과 관련되는 것으로 볼 수 있는데, 여기서 나온 서부경남 지역산으로 비정되는 고식도질토기 고배편(〈그림 7〉 참조)이 주목된다. '工'자형에 원형 투공이 있는 이러한 고배는 연구자에 따라 역연대 비정에 약간의 차이는 있으나 4세기 4/4분기~5세기 초 무렵으로 비정 가능하다.

한편, 2016년도 조사 '점토부 5' '유물집중부' 및 석촌동 4호분 동측에서 다량으로 나온 기와 및 와당은 전술한 바와 같이 적석묘 조영 이후 행해진 제의행위와 관련된 건물지와 관련될 것으로 추정되는데, 중국의 유례를 근거로 억측해보면 능원陵園에 조성된 사당, 즉 원묘原廟 의 성격을 가진 것으로 이해할 수 있겠다.[10] 아무튼, 석촌동 고분군 출토 와당은 풍납토성 및 몽촌토성 출토 와당과 다르지 않은데, 그 기원과 계통에 대해서는 아직 미심한 점이 많다. 다만, 문양의 구성 내용으로 보면 업성鄴城 와요지 출토 와당 및 요녕遼

10) 고구려 능원제(陵園制) 연구(강진원,2013)에 의하면, 고구려의 경우 왕릉을 묘(廟)와 동일시한 것으로 볼 수 있다. 한편, 중국의 경우 전한(前漢) 초에는 도성인 장안성 내에 고조묘(高祖廟)가 있었으나 왕릉인 장릉(長陵) 곁으로 옮겨 세우면서 왕릉 옆의 묘(廟)를 '원묘(原廟)'라 부르기 시작하였다. 후한 명제(明帝) 때에 상릉례(上陵禮)가 중시되면서 원묘는 폐지되었다. 그러나 능침(陵寢)은 묘주의 일상을 위한 공봉(供奉) 기능 이외에 상릉례를 거행하는 장소로서 더욱 중시되면서 왕릉역에 더욱 가까이 배치되었다(楊寬,1982). 고구려 왕릉 출토 기와를 묘상건축(墓上建築)의 흔적으로 이해하고 그러한 건축물을 능침으로 보는 견해(강진원,2013)도 있으나, 능침은 전국시대 말 이미 능의 옆으로 내려왔으므로 고구려 왕릉 위에 묘상건축을 추정할 수 있더라도 그를 능침으로 보기는 순리적이지 않다. 석촌동 고분군의 경우 와당을 포함한 기와의 출토위치는 거의 대부분 적석묘의 옆이므로 묘상에 건축물이 있었다고 보기 어렵지만 무덤과 거의 연접된 상태로 있던 소형의 와즙건물로 추정된다. 이는 중국과 고구려 등지에도 유례를 찾기 용이하지 않지만, 서한대의 원묘나 동한대의 능침 등의 성격을 배제하기는 어렵다.

〈그림 6〉 석촌동고분군 2016년 발굴 항공사진(한성백제박물관)

〈그림 7〉 석촌동 유물집중부 출토 고식 도질 토기고배편(한성백제박물관)

寧 북표北票 금령사金嶺寺 유적 출토 와당의 융합적인 양상이 관찰된다(〈그림 5〉 참조).

Ⅳ. 여언(餘言)

한성기 백제의 왕궁 소재지로 주목되는 몽촌토성에 대해서 최근 발굴조사가 진행되고 있다. 그 중간 결과는 발굴보고서(한성백제박물관, 2016)와 더불어 주요 성과가 학계에 공표된 바(박중균 · 이혁희,2017) 있다. 필자는 현재 조사가 진행 중인 북문지 내측의 몽촌토성 서북지구를 그 입지적 탁월성이나 성내 왕궁의 입지와 관련한 동아시아 도성사적 변천 과정상으로 미루어 왕궁이 소재하고 있을 가능성이 높은 것으로 여기고 있다. 현재까지 아직 왕궁이 그 모습을 드러내고 있지는 않으나 북문지에서 성내부로 이어지는 일련의 도로망이 확인된 것을 단서로 왕궁과 같은 중요 건물지를 추적할 수 있을 것이라는 희망을 가지고 있다.

그와 관련해 특히 주목되는 점은 도로유구 가운데 노면이 3부분으로 구분할 수 있는 예가 있다는 것이다. 하나의 도로면을 3개로 구분한 것을 '일로삼도一路三道'하는데, 그러한 도로의 노체路體 자체가 고고학적으로 확인된 예는 없으나 『태평어람太平御覽』 소인所引 『낙양기洛陽記』에 의하면 북위 낙양성의 '궁문宮門과 성중의 대도大道는 모두 셋으로 나누고, 중앙中央의 어도御道 양측에는 높이 4척 가량의 토장土墻을 쌓아 구분하였다. 공公·경卿·상서尙書·장복章服만 중도를 사용할 수 있고, 일반인들은 모두 좌우의 길을 써야하는데, 좌측은 들어가는 길이고 우측은 나오는 길이다(宮門及城中大道皆分作三, 中央御道, 兩邊築土墻, 高四尺餘, 外分之. 唯公卿尙書章服從中道, 凡人皆從左右, 左入右出)'고 한다.

한편, 도로와 연결되는 성문이나 궁문의 경우 고고학적으로 확인된 예가 많은데, 일문삼도一門三道의 성문이 처음 등장하는 것은 춘추만기 초楚 도성인 기남성紀南城에서다. 그 이후 서한 장안성 성문은 모두 1문3도여서 서한이후 도성 성문의 형식으로 정착한 것으로 보고 있다. 중국의 경우 현재까지 조사된 630여개소의 군국성郡國城 및 일반 현성縣城 등에서 1문3도가 채용된 예는 없다고 한다. 궁문의 경우는 한漢까지는 아직 1문1도였으나 북위 낙양성 궁문인 창합문閶闔門 등에서 1문3도가 확립된 것으로 나타난다.

1문5도 성문은 수당隋唐이후에 등장하는데, 당 장안성 외곽 정남문인 명덕문明德門이 그에 해당된다. 궁문의 경우도 수당 이후에 1문5도식이 출현하는데, 당 장안성 궁성 정문과 대명궁 정문인 단봉문丹鳳門 등이 그에 해당된다(이상 徐龍國, 2015 참조).

백제의 경우 익산 왕궁 궁성문 가운데 잔존 상태가 비교적 양호한 서문의 경우 1문3도로 확인되나 그 밖의 경우는 아직 조사예가 없다. 장차 몽촌토성이나 풍납토성 등 한성기 성문이나 도로의 구조가 기대된다.

〈참고문헌〉

강진원, 2013,「고구려 陵園制의 정비와 그 배경」,『동북아역사논총』39.

朴淳發, 1996,「百濟 都城의 變遷과 特徵」,『重山 鄭德基博士 華甲 紀念 韓國史學論叢』, 景仁文化社.

朴淳發, 2010,『백제의 도성』, 충남대학교출판부.

朴淳發, 2014,「동아시아 고대 도성 民里의 형성과 전개」,『역사문화연구』52.

박중균 · 이혁희, 2017,「夢村土城 北門址 一圓 三國時代 遺構와 遺物의 樣相」,『백제사의 제문제』(제27회 백제학회 정기학술회의 발표문집)

서울대학교박물관, 2013,『석촌동고분군I』

조영광, 2016,「고구려 王都, 王畿의 형성 과정과 성격」,『韓國古代史研究』81.

최의광, 2004,「高句麗의 '國人' 研究」,『史叢』58.

한성백제박물관, 2016,『夢村土城 I-2013 · 2014년 몽촌토성 북문지 내측 발굴조사 보고서-』

[중문]

郭湖生, 1999,「臺城辯」,『文物』第5期.

商務印書館, 1996,『辭源』

徐龍國, 2015,「中國古代都城門道研究」,『考古學報』第4期.

徐苹芳, 1981,「中國秦漢魏晉南北朝時代的陵園和塋域」,『考古』第6期.

楊寬, 1982,「先秦墓上建築和陵寢制度」,『文物』第1期.

楊天宇, 2004,『周禮譯註』, 上海古籍出版社.

李明 · 袁明, 2016,「西安南郊唐代楊貴夫婦墓發掘簡報」,『文物』第11期.

賀業鉅, 1996,『中國古代城市規劃史』, 中國建築工業出版社.

컨퍼런스 1

백제, 누가 언제 세웠나

임 영 진 전남대학교

Ⅰ. 개요

Ⅱ. 주제발표

Ⅲ. 종합토론

Ⅳ. 종합 검토

Ⅰ. 개요

"백제, 누가 언제 세웠나" 쟁점토론회는 2012년 11월 23일 개최되었으며 주제제안(신형식)에 이어 '누가'에 대해 문헌사(양기석)와 고고학(박순발), '언제'에 대해 문헌사(김영심)와 고고학(임영진) 분야에서 발표하였다. 종합토론에서는 좌장(노중국)과 3인의 토론자(최병현, 주보돈, 권오영)가 동참하여 4시간에 걸쳐 다양한 세부 주제를 논의하였다.

주제제안(「백제의 건국 연구 현황과 과제-백제사 이해의 새로운 방향-」)에서는 기존 연구 성과와 문제점을 요약하는 한편 새로운 가능성과 과제를 제시하였다. 특히 비류는 부여 계통으로서 온조보다 일찍 해로로 남하하여 미추홀에 정착한 선주민으로 보았고, 온조는 고구려 계통으로서 비류보다 늦었지만 기원전 18년 이전에 남하하여 나라를 세웠던 것으로 봄으로써 백제의 건국 시기가『삼국사기』기록보다 소급될 가능성을 제시하였다. 또한 문헌사와 고고학 분야의 상호 이해와 함께 기존 연구 주제와 겹치지 않은 주제를 찾아 연구해 나갈 것을 촉구하였다.

주제발표와 종합토론 내용은 잘 정리되고 총론(노중국, 「백제학 연구의 현황과 과제」)이 부가되어 2013년 2월 28일 단행본으로 발간되었다(『백제학연구총서 쟁점백제사 1』). 한성백제박물관에서 백제학의 정립과 확산을 위해 기획한 '쟁점백제사' 시리즈의 첫 주제이자 백제 연구의 근간을 이루는 '누가'와 '언제'라는 두 주제에 대한 야심적인 집중토론의 결과물이다. 주제발표 내용과 종합토론 내용을 정리하면 다음과 같다.

Ⅱ. 주제발표

1. 백제, 언제 세웠나 - 문헌학적 측면(양기석)

백제의 건국 시기를 논하는데 있어서는 『삼국사기』와 『삼국지』 동이전 내용의 신뢰성 여부가 중요하며 그동안 부정론, 긍정론, 분해론이 제기되었지만 분해론이 합리적이다.

백제는 계루부 출신의 주몽 집단이 소노부 집단을 누르고 대두한 이후 유리왕의 집권에 따른 정치적 변동 속에서 기원전후 시기에 온조와 비류집단이 남하하여 한강하류지역에 정착함으로써 건국되었다.

처음 이들이 세운 정치체는 십제十濟였는데 십제는 마한 맹주국의 승인을 받아 사방 백리 정도의 거주 공간을 확보하였다. 이후 하남위례성을 도읍으로 발전하였는데 이는 읍락단계를 넘은 성읍국가에 해당한다. 발전 과정에서는 온조계에 의해 왕위가 이어졌으며 독자적 기반을 가진 다른 세력은 우보라는 관직을 통해 행정과 군사 업무를 수행하였다.

2. 백제, 언제 세웠나 - 고고학적 측면(박순발)

고대국가의 성립을 고고학적으로 인정함에 있어 근거가 되는 것은 토기양식의 통일성, 대형분묘의 출현과 특정지역 집중, 성원의 등장이며 백제는 3세기 4/4분기에 해당한다.

한성양식의 백제토기는 흑색마연토기 재질로 등장하는데 그 형성 시점은 3세기 중후엽이다. 가락동 2호분으로 대표되는 지상 봉분을 갖춘 대형분묘의 출현 역시 3세기 4/4분기 이전이다. 풍납토성은 구지표에서 출토된 흑색마연암문토기가 2세기대 낙랑고분 출토품과 동일하고, 초축성벽 골조토루에 혼입된 견부수장문토기가 3세기대의 낙랑 · 대방토기로 판단되므로 축조상한은 3세기 4/4분기 무렵으로 본다. 몽촌토성은 성내측 퇴적토에서 출토된 전문도기편으로 보아 3세기 4/4분기를 축조하한으로 본다.

백제가 한강유역에서 국가로 성장할 수 있었던 동력은 2세기 후반 이후 군현민의 유입과 대군현 교역망 장악에 있다. 특히 200~250년 예계집단이 장악하고 있던 내륙교역로를 확보하면서 마한 맹주로 부상하여 3세기 3/4분기 이후 중국 랴오양 소재 동이교위부와 장거리 대외교섭을 통해 국가 수준의 사회로 도약하였다.

3. 백제, 누가 세웠나 - 문헌학적 측면(김영심)

백제는 힘의 공백지대였던 한강유역에 이주민 집단이 남하하여 세운 백제국에서 시작되었다. 백제국의 성립과정에서는 토착 선주민의 역할은 제한되고 이주민 집단의 역할이 컸기 때문에 건국 주체세력은 이주민 계통으로 한정된다.

건국설화를 비롯한 문헌기록을 통해 건국주도세력의 계통성을 추적해 보면 부여계통임이 강조되었다고 할 수 있다. 온조 설화나 개로왕의 국서에 나오는 '與高句麗同[源]出扶餘'는 고구려와 계통을 같이 한다는 것에 비중을 둔 것이 아니라 고구려와 대등하게 부여에서 갈라져 나왔다는 것을 강조한 표현이다. 동명-구태설화, 동명묘 배알 등 국가적 차원에서 표방하였던 계승의식 또한 백제 건국 주체세력이 부여계임을 말해준다.

백제 건국 주체세력이 이주해 오기 전 한강유역에 살고 있던 주민집단은 『삼국지』 한전과 「광개토왕비문」에 보이는 한, 예이다. 한인은 절대 다수를 차지하고 예인이 섞여 있었다. 한, 예 거주지역은 구분되어 있었을 것이지만 상호접촉과 동화를 통해 문화적, 종족적 복합이 이루어졌을 것이다.

4. 백제, 누가 세웠나 - 고고학적 측면(임영진)

서울 강남지역에는 기원전부터 3세기 중엽경에 이르기까지 계통을 달리하는 여러 세력들이 시기를 달리하여 이주하였다. 가장 먼저 중도문화 세력이 들어왔고, 2세기 후반에 토광묘 세력이, 3세기 초에 분구묘 세력, 3세기 중엽경에 적석총 세력이 들어왔다.

중도문화는 북한강유역을 거쳐 동북지역으로 이어지며, 토광묘는 한군현의 통제력이 약화되면서 내려온 고조선계 주민이 그 주인공이다. 분구묘는 범마한권 묘제로서 한강 거슬러 올라왔으며, 적석총은 고구려에서 임진강유역을 거쳐 파급되었다.

서울지역은 한군현과 가까운 위치에 있어서 선진 제도와 문물의 도입이

용이하였겠지만 다양한 세력으로 구성되어 있었기 때문에 통합 체제를 갖추기는 어려웠고 마한 소국으로 알려진 백제국伯濟國을 이루고 있었던 것으로 보인다. 그 후 3세기 중엽에 이르러 적석총 세력이 남하하여 백제百濟를 출범시켰던 것으로 판단된다. 이들은 고구려의 국가 체제를 경험하였기 때문에 자력으로 백제를 건국하는 것이 불가능하지는 않았을 것이지만 석촌동 1호분 북분을 통해 유추해 볼 수 있는 바와 같이 선주민에게서 왕비를 취하는 등 선주민과 연합하여 백제를 출범시켰던 것으로 판단된다.

Ⅲ. 종합토론

종합토론에서는 1부(백제, 누가 세웠나?)와 2부(백제, 언제 세웠나?)에 대해 각각 여러 세부주제로 구분하여 논의하였는데 세부주제별 주요 발언 내용을 정리하면 다음과 같다.

제1부에서 〈건국자와 시조〉에 대해서는, 건국자는 『삼국사기』 백제본기에 나오는 온조이고 구태는 중시조라고 보는 견해(양기석), 건국자는 온조, 건국시조는 동명, 구태는 고이왕인데 고대국가 백제의 기틀을 마련한 점에서 중시조로 인식하였다는 견해(김영심), 백제본기는 고려초 구삼국사가 정리되면서 만들어진 것이므로 철저한 분석이 필요하며, 다양한 건국시조는 국가형성과정에서 다양한 지배집단이 참여하였음을 의미하지만 분명한 것은 고구려계가 건국하였다는 것이라는 견해(주보돈), 시조는 후대의 정치 상황에 따라 달리 기록될 수 있으므로 사회변화 검토가 필요하다는 견해(권오영), 온조는 시조묘로 올라간 적이 없으며, 고구려와 함께 부여로 연결되는 집단 속에서 특정 왕계가 장악하는 시기가 3세기 후반이고 그때 구태가 시조로 올라갔을 것이라는 견해(박순발) 등이 제기되었다.

〈『삼국사기』 세주에 나오는 '시조 비류왕'〉에 대해서는, 비류는 온조집단보다 먼저 내려왔지만 온조집단의 건국에 중요한 역할을 한 것일 뿐이므로 시조는 아니라는 견해(김영심), 나말여초 시기에 이루어진 역사 재정리 결과일 것이며 온조도 가공인물일 가능성이 있다는 견해(주보돈), 비류는 온조를 부각시키기 위해 만들어진 인물일 것이라는 견해(권오영), 온조와 마찬가지로 고구려 주도권 쟁탈에서 밀린 세력으로서 백제에서 상당한 역할을 하였을 것이라는 견해(양기석), 『주서』나 『수서』에 나오는 시조 구태묘는 『일본서기』에 나오는 '건방지신建方之神' 사당을 허물어버린 내용과 관련되었을 가능성이 있다는 견해(노중국) 등이 제기 되었다.

〈혈연과 출자〉에 대해서는, 출자는 지역과 혈연을 묶어서 보아야 할 것이라는 견해(양기석), 출자는 혈연에 국한되며, 백제는 고구려와 함께 부여계로 보아야 할 것이라는 견해(김영심)가 제기되었다.

〈고고학에서 본 건국세력〉에 대해서는, 기원전 1세기쯤 인천과 가평 지역을 중심으로 두 세력이 겨루고 있었을 것이라는 견해(박순발), 인천과 가평 세력을 기원전 1세기로 보기는 어려울 것이라는 견해(최병현), 인천과 가평 모두 소국 수준의 독자 세력이 존재하였을 가능성이 있지만 백제 건국 핵심 지역인 서울 송파구 일대에서는 분구묘 이전에 해당하는 규모있는 세력을 찾아보기 어렵기 때문에 분구묘 세력을 마한의 백제국 세력으로 볼 수 있을 것이라는 견해(임영진), 고고학적으로 고구려계는 확인되지만 부여계는 찾기 어렵다는 견해(권오영), 한강유역을 '힘의 공백지대'로 규정한 것은 기원전 1세기~기원 2세기 자료가 없었기 때문이지만 점차 그 시기의 자료들이 확인되고 있으며, 여呂자형주거지, 중도식무문토기, 적석분구묘를 중도유형으로 설정하고 예계로 보는 견해도 있지만 동의하기 어렵다는 견해(최병현),

중도유형문화를 예계로 본 것은 문헌에 나오는 위말갈僞靺鞨과 관련되었다고 보는 것이라는 견해(박순발) 등이 연이어 제기되었다.

제2부에서 〈건국 기준〉에 있어서는, 문화인류학에서 규정하는 국가의 기준은 대단히 다양하지만 고고학에서 일반적으로 규정하는 성곽, 고총고분, 토기양식 가운데 특히 성곽이 가장 중요하며, 마한 54국은 몇 개의 권역으로 구분되는데 각각 주도적인 소국들이 있어서 대외교섭의 주체가 되었을 것이지만 성곽을 가진 곳은 서울지역 뿐이라는 견해(임영진), 성의 출현은 대형고분의 출현과 구분되는 것으로서 신라, 가야, 왜는 대형고분 출현이 선행하고, 백제 고대국가 출현은 풍납토성 축조 시점이 중요한데 『삼국지』 한조의 축성 관련 기사는 풍납토성이거나 몽촌토성일 것으로 추정된다는 견해(권오영), 신라 성립 후 월성이 축조되었으므로 국가의 성립은 성의 출현으로 보는 것이 옳을 것이며 백제 성립은 풍납토성, 몽촌토성 축조 시기일 것이라는 견해(최병현), 고대사학계에서 정리된 초기국가는 성읍국가(읍락국가)이며 고고학적 조건과는 차이가 있으므로 개념 차이의 극복이 필요하다는 견해(주보돈), 국가의 규정은 관점의 차이로 달라지므로 당시 완성된 국가보다는 자신들이 느낄 수 있는 최초의 성립시기를 백제 건국 시기로 볼 수 있을 것이라는 견해(양기석) 등이 제기되었다.

〈건국 시기〉에 있어서는, 풍납토성 축조 시기에 대해서는 논란이 있지만 선행하는 3중 환호를 감안할 필요가 있을 것이고, 온조왕대 기록을 보면 책을 먼저 세우고 나중에 성을 쌓고 있으므로 관점에 따라 건국 시기를 달리 볼 수 있을 것이라는 견해(임영진), 『삼국지』 한조 백제국의 존재는 역사적 사실이므로 3세기 중반경 백제의 존재는 분명하며 풍납토성 축조 시기가 고대국가 성립 시기일 것인데 중국 기록에 나오는 국으로 표현된 종족들의 발전 수준은 천차만별이므로 사례별 검토가 필요하다는 견해(권오영), 성곽에 있어서도 궁전, 종교시설, 수공업시설 등이 구비되어야 국가라 할 수 있으며 풍납토성은 3세기 4/4분기에 해당한다는 견해(박순발), 원초적 태동기를 배제하기 어려우며 국명을 가지고 피아를 구분한다면 국가의 시작으로 볼 수 있을 것이므로 기원전 2~1세기도 가능하다는 견해(주보돈), 석촌동일대 즙석분구묘들은 백제국과 관련되었을 가능성이 높고 일정한 시설을 갖춘 거주공간을 가졌을 것으로 추정되는데 축성법으로 미루어 몽촌토성이 풍납토성보다 선행하는 것으로 판단되므로 즙석분구묘 세력의 거주지가 몽촌토성이었을 가능성이 높다는 견해(임영진), 몽촌토성은 출토된 유물들로 미루어 풍납토성보다 빠르다고 보기 어렵다는 견해(권오영), 몽촌토성에서도 중도식 무문토기 등 이른 시기의 유물들이 출토되고 있다는 견해(박순발), 서울 강남지역 고고학 자료 가운데 부여계로 볼 수 있는 것은 없고, 3세기 중반 전후에 연맹왕국단계, 즉 부체제단계의 국가가 성립되었다고 볼 수 있을 것이며, 즙석분구묘 세력이 3세기 중엽에 몽촌토성과 풍납토성을 축조하고 백제를 국가로 성립시켰는데 4세기 후반쯤 고구려쪽에서 적석총을 가진 사람들이 내려와서 정복왕조를 세웠을 가능성이 있다는 견해(최병현), 백제국이 몽촌토성과 관련되어 국가 단계로 인정된다면 백제국의 시작은 언제쯤인지가 중요할 것이라는 견해(노중국), 마한지역에서 분묘군이 형성되는 시기는 2세기대가 가장 빠르므로 2세기대로 볼 수 있을 것이라는 견해(박순발), 3세기초 분구묘 세력의 정착부터 큰 변화가 시작되므로 백제국의 출발로 볼 수 있을 것이라는 견해(임영진) 등이 연이어 제기되었다.

Ⅳ. 종합 검토

"백제, 누가 언제 세웠나" 쟁점토론회는 많은 기대 속에서 진행되었지만 기존의 연구 성과를 뛰어 넘는 새로운 연구 성과를 얻어 내기는 어려웠다. 하지만 연구자 사이의 다양한 견해 차이를 충분히 이해하는 한편 그 차이를 좁힐 수 있는 좋은 기회였다고 할 수 있을 것이다.

'백제, 누가 세웠나'에 있어서는 온조로 보는 의견이 많았다. '백제, 언제 세웠나'에 있어서는 과정을 중시하는 입장과 결과를 중시하는 입장이 달랐다. 전자는 백제국을 기원전 2~1세기까지 올려볼 수 있을 것이라 하였고, 후자는 3세기 중반경을 고대국가 백제의 성립 시기로 보았다.

백제 건국에 대한 논의는 응당 문헌기록이 존재하기 때문에 구체화 할 수 있는 것이지만 문헌기록 자체가 안고 있는 불확실성으로 인해 논의에 한계가 따를 수 밖에 없다. 백제伯濟와 백제百濟의 차이에 대해서도 마한과 백제, 선주민과 후래인, 부여계와 고구려계, 동일한 백제百濟라는 견해 등이 각각 일정한 설득력을 가지고 있는 것은 그 때문일 것이다.

1970년대 이후 고고학 자료를 통해 부족한 문헌자료를 보완해 나갈 수 있게 되었지만 여전히 '누가'와 '언제'라는 두 가지 핵심 주제에 대한 논란이 되풀이되고 있다. 이 두 가지 주제는 밀접한 관련을 가지고 있기 때문에 구분하여 논의하기 어렵지만 문헌사와 고고학은 연구자료가 다르고 연구방법이 다르기 때문에 연구성과의 접목에 있어 신중한 접근이 필요하다. 몽촌토성, 풍납토성, 석촌동고분군이 공존하는 서울 한강유역을 중심으로 고고학적으로 이어지는 문화를 추적해 나가면서 먼저 각 문화의 기원과 변화 시기를 파악하고 그 다음에 문헌자료나 문헌사 연구 성과를 접목시켜 변화 배경을 해석하는 것이 바람직한 순서일 것이다.

이와같은 견지에서 '누가'와 '언제' 문제를 종합하여 본다면 중도문화, 토광묘, 분구묘, 적석총으로 이어지는 변화 가운데 중도문화 주인공은 기원전부터 기층 세력을 형성하였던 것으로 볼 수 있을 것이고, 2세기 후반 고조선계 토광묘의 주인공은 세력 규모가 그다지 크다고 보기는 어렵지만 황해 연안 지역으로 이어지는 분구묘의 주인공은 무덤의 규모와 수로 미루어 3시기초에는 상당한 세력을 이루었다고 할 수 있고, 고구려계 적석총의 주인공은 3세기 중엽경에[1] 가장 강력한 세력을 형성하였다고 할 수 있을 것이다.

이 가운데 어느 세력이 문헌기록에 나오는 역사적 실체에 해당하는지 밝혀야 할 것이지만 다양한 세력이 등장하고 있기 때문에 하나하나 특정하기는 대단히 어려운 일이다. 다만 십제十濟가 백제百濟 이전 단계로 인정되고 있다는 점에서 백제국伯濟國과 병행하였을 가능성이 높다고 볼 수 있겠는데 마한 54국에 속하지 않는다는 점을 주목해 보고자 한다. 십제十濟는 백제국伯濟

1) 고구려계 적석총의 출현 시기는 석촌동 1호분 북분에 걸쳐 있는 '87-1호 위석분구묘의 연대가 관건이며 논란이 남아 있지만 여기서는 발굴조사 보고서에 따른다.

國과 병행하였지만 3세기 중엽경의 『삼국지』 집필 당시 중국에 알려지지 않았기 때문이거나 십제十濟에 해당하는 고구려 세력의 남하 이전에 『삼국지』가 집필되었기 때문일 가능성의 두 가지를 상정해 볼 수 있을 것이다. 양자 가운데 전자의 가능성보다는 후자의 가능성이 더 높을 것으로 생각된다. 왜냐하면 백제百濟 이전 단계로 인정되는 십제十濟가 백제국伯濟國과 병행하였다면 중국에서 몰랐다고 보기 어렵기 때문이다. 그렇다면 십제十濟로 표현된 고구려 세력의 남하는 『삼국지』가 집필되었던 3세기 중엽 이전으로 올라가기 어려울 것이고 이에 따라 백제百濟 건국 시기는 3세기 중엽 이전으로 올려보기 어려울 것이다.

결론적으로 본격적인 고대국가로서의 백제를 건국하였다고 판단되는 세력은 3세기 중엽 이전에 해당하는 고고학 자료와 결부되기 어렵기 때문에 적석총의 주인공이 될 수 밖에 없을 것이다. 따라서 그 이전에 해당하는 분구묘의 주인공은 백제국과 관련되었다고 볼 수 있을 것이고 더 이른 시기의 중도문화 세력은 백제국에 이어 백제의 기층세력을 이루었다고 보는 것이 합리적일 것이다. 향후 중도문화, 토광묘, 분구묘, 적석총의 기원과 성격에 대해 심층적인 연구가 이루어져야 할 것이고 백제국伯濟國, 십제十濟, 백제百濟 사이의 차이와 관계를 더욱 면밀히 검토하여야 할 것이다.

컨퍼런스 2

한성백제의 왕궁은 어디에 있었나
-한성의 도시 구조-

신 희 권 서울시립대학교

Ⅰ. 주제 제안 - 한성백제 왕도 연구의 현황과 과제(이형구)

Ⅱ. 주제 발표의 주장 및 논거

Ⅲ. 핵심 논쟁 토론 요지

Ⅳ. 결론 - 합의점과 향후 과제

Ⅰ. 주제 제안 -
한성백제 왕도 연구의 현황과 과제(이형구)

1997년 1월 아파트 공사장에서 발표자인 이형구 교수가 백제토기를 발견한 것을 계기로 시작된 풍납토성에 대한 잇따른 발굴조사에서 왕궁 건축과 기와 등이 다량 발굴됨으로써 풍납토성이 백제의 첫 왕성인 하남위례성일 가능성이 높아짐에 따라 『삼국사기』 등 문헌 기록에 나오는 위례성과 한성, 한산 등의 위치 비정과 성격 규명 연구가 활기를 띠게 되었다.

이형구 교수는 기존에 백제 초기의 왕성으로 인정되어 온 몽촌토성에 대해 그 입지와 축조 기법상 산성이라고 보아야 한다며 몽촌산성이라 부를 것을 제안하였고, 그 성격은 도성인 풍납토성을 방위하는 전략성으로 보았다. 또한 이 밖에도 한성시기 백제 도성과 관련하여 475년 멸망 시점의 북성과 남성의 관계, 개로왕대 제방과 사성의 문제, 이성산성과 남한산성 등 유적의 연대와 성격을 둘러싼 다양한 학설이 존재함을 거론하였다.

결론을 대신하여 한성백제 시기에서 웅진 · 사비 시기로 이어지는 평지 왕궁성과 배후 산성이 결합된 백제 도성제의 변천사적 의의를 강조하며 이것이 고구려, 신라와의 유사한 특징임을 지적하였다. 이에 삼국시대 도성의 비교 연구와 더불어 중국의 고대 도성 연구를 병행하여 백제의 도성 제도를 규명할 것을 향후 과제로 제안하였다.

Ⅱ. 주제 발표의 주장 및 논거

1. 백제 왕궁과 풍납동토성 - 사료를 통해 본 한성백제 왕성(이도학)

이도학 교수는 첫 번째로 왕도王都와 왕성王城의 소재지 문제에 있어서 당시 왕도는 한성이고, 왕성은 위례성으로 보아야 한다고 주장하였다. 한편 위례성은 최초 하북에 위치하였으나 하남으로 천도한 것으로 보았다.

두 번째로는 한산漢山으로의 '이도移都' 문제를 검증하였다. 그는 371년(근초고왕 26)에 한산으로 '이도'하였음을 주장하였다. 그 근거로는 『삼국유사』에서 이 사실을 "북한산으로 이도했다."로 기록한 것과 『세종실록지리지』에 등장하는 "남한산에서 남평양성(북한산)으로 이도하였다."는 기록을 제시하였다.

이와 관련하여 395년 아신왕이 몸소 군대를 이끌고 한수漢水를 건너 개성의 청목령까지 진군하였다가 회군한 곳이 한산성漢山城이었고, 한산성은 371년에 한수 이북으로 이도한 한산에 소재한 성이 분명하므로 한산성은 북한산성이라고 보았다. 구체적으로 북한산성 내에 위치한 중흥동고성重興洞古城이 바로 한산성이라고 주장하였다.

세 번째는 한수 이남의 왕성이 어디인지에 대한 문제로서 391년 무렵에 한산으로 이도하기 직전까지의 왕성으로 환도하였는데, 그 곳을 하남의 위례성인 현재의 서울시 송파구 및 강동구와 하남시 반경으로 추정하였다.

네 번째는 한성의 북성北城과 남성南城 문제인데, 북성은 하북에 소재한 위례성이고 남성은 하남 위례성이라고 주장함으로써 한강을 사이에 두고 북성과 남성이 나뉘어 있다고 주장하였다.

끝으로 풍납동토성에 대한 인식 문제이다. 일찍이 1916년도 조사에서 이마니시 류今西 龍가 개로왕대에 '증토축성烝土築城'한 궁지宮址로서 풍납동토성을 지목하였고, 1925년의 을축년 대홍수를 겪고 난 후 풍납동토성 지표상에 노출된 유물들의 비중을 놓고 볼 때 왕성일 가능성이 높다는 인식이 팽배하였음을 지적하였다. 한편 이병도 선생이 주장한 풍납동토성이 사성蛇城이라는 설을 비판하면서 사성은 현재의 삼성동토성이라고 주장하였다.

2. 한성백제 왕궁의 구조와 풍납토성(신희권)

『삼국사기』 등 문헌 기록에 따르면 백제의 시조인 온조가 기원전 18년 한강 유역에 정착하여 첫 도읍지로 삼은 곳이 '(하남)위례성'이며, 475년 고구려에 의해 함락될 당시의 왕도는 '한성'임을 알 수 있다. 지금까지의 문헌 연구와 발굴 조사 성과를 종합해 보면 '한성'은 외적의 침입에 대비하기 위해 '위례성'을 확대 정비한 도성으로서, '북성北城'과 '남성南城'의 두 개의 성을 갖추었던 것으로 판단된다. 이를 현재 송파구 일대에 남아 있는 유적에 대비해 보면 한성백제시대의 왕도는 '위례성'인 풍납토성이 단독으로 존재하다가 몽촌토성이 추가로 축조되면서 '한성'으로 변화되었고, 풍납토성과 몽촌토성이 바로 웅진으로 천도하기 직전의 '한성'을 이루었던 '북성'과 '남성'으로 추정된다.

신희권 교수는 이러한 인식하에 그동안 (하남)위례성과 관련하여 주장되어 온 갖가지 설을 비판적으로 검토하였다. 대표적으로 하북위례성설, 직산설, 광주고읍 · 춘궁리 일대설, 교산동토성설 등에 대하여 고고학적 실체의 부재를 근거로 (하남)위례성으로서의 가능성이 부족하다고 주장하였다.

이어서 왕궁으로서의 풍납토성에 대한 성격을 논증하였다. 우선 『삼국사기』의 (하남)위례성 관련 기록과 풍납토성의 입지, 주변 유적 등과의 관계를 종합적으로 분석하여 풍납토성이 (하남)위례성일 가능성이 높다는 주장을 하였다.

또한 풍납토성의 발굴조사를 통해 드러난 고고학적 성과를 토대로 왕궁의 구조를 추정하였다. 예를 들어 풍납토성 내 중앙에서 약간 북쪽에 위치한 경당지구 44호 건물지와 제사 유구, 우물 등을 근거로 그 일대를 궁전 또는 종묘 건축 구역으로 추정하였다. 한편 경당지구 서남편에 위치한 197번지 일대에서 발굴된 도로와 적심 건물지, 그리고 풍납토성의 동성벽과 인접하여 집중적으로 발굴된 대형의 6각형 주거지 등의 분포 상황을 근거로 풍납토성 내 도시 구획의 일면을 추정하였다. 덧붙여 현재 서울시 영어체험마을로 이용되고 있는 부지의 시굴조사에서 발굴된 추정 연못지를 근거로 궁원유적 내 궁남지의 존재를 상정하는 등 궁성으로서의 풍납토성의 구조를 밝혀 내었다.

3. 백제 한성의 실체와 몽촌토성(여호규)

여호규 교수는 위례성과 한성의 관계에 대하여 『삼국사기』 기록을 근거로 위례성과 한성은 별개의 성이며, 371년 한산으로 이도하기 전에는 위례성이 도성의 명칭으로 사용되다가, 그 이후 한성(한산성)이란 명칭이 사용된 것이라고 주장하였다. 이를 뒷받침하는 증거로 『일본서기』의 475년 도성 함락 기사를 제시하면서 백제 도성의 통칭은 한성이 아니라 위례이며, 한성은 후대에 개칭된 것일 가능성이 높다는 주장을 펼쳤다.

두 번째로 한성의 위치와 몽촌토성의 성격에 대하여 한성은 곧 남성인 몽촌토성을 지칭한 명칭이었는데, 475년 이후 고구려가 북성인 풍납토성을 폐기하고 남성만 재활용함에 따라 한성이 백제 고도를 대표하는 명칭으로 부상한 것이라고 주장하였다. 즉 위례성은 풍납토성으로 비정되며, 이것이 평상시 거성의 역할을 수행함은 물론 건국 이래 475년까지 도성을 대표하는 명칭으로 사용되었다고 보았다.

한편 371년 '이도한산'의 한산에서 한성이란 명칭이 유래한 것이며, 한성은 비상시 군사 방어성으로 축조되어 사찰을 창건하는 등 왕성으로서의 면모를 갖추었다가 396년 고구려 광개토대왕에 항복한 이후 위례성으로 환도한 후 별궁이나 군사 방어성 역할을 수행한 것이라 주장하였다. 즉, 몽촌토성의 입지와 발굴 결과로부터 몽촌토성을 군사 방어 성격의 한성으로 추정하고 있다.

4. 몽촌토성을 통해 본 백제 왕궁의 실체(권오영)

권오영 교수는 몽촌토성의 축조 시기에 대하여 종래 전문도기로부터 몽촌토성의 축조 시기를 3세기 후반 경으로 추정하였으나, 중국 내 전문도기의 연대와 몽촌토성 내 출토 맥락 등을 고려할 때 기존의 연대관을 적용하는 것은 불가하다는 주장을 내 놓았다. 한편 풍납토성과 몽촌토성의 축조 연대와 관련하여서는 출토 유물 등을 고려할 때, '풍납동 일대 원삼국기 이후 대형 취락의 형성 및 발전 - 풍납토성의 축조 - 몽촌토성의 축조 및 내부 점유'의 순서로 이루어진 것으로 보았다. 또한 이런 점에서 근초고왕대의 '이도한산'의 의미를 부각할 필요가 있다고 주장하였다.

두 번째 몽촌토성의 구조와 내부 시설에 대하여 몽촌토성에서 발굴된 목책과 외성, 서남지구 고지대의 지상건물지에 대한 성격을 재검토할 필요가 있다고 주장하였다. 또한 적석토광묘 등 기존에 무덤이라고 보고된 유구는 제의용 수혈과의 유사성에 주목하여야 한다고 하였다.

끝으로 몽촌토성의 기능과 위상에 대하여 풍납토성과의 관계를 풀기 위해서는 왕성과 국가 형성 시점을 동일시할 필요가 없고, 문헌에 나오는 왕궁의 위치 및 지명을 한군데에 고정시킬 필요가 없으며, 천도와 왕궁의 이동을 구분할 필요가 있다고 보았다. 한편 사성=몽촌토성설은 몽촌토성의 형태와 개로왕대 제방 축조 기사에 비추어 볼 때 성립하기 곤란하다고 주장하였다. 그리고 몽촌토성에서 발굴된 진식대구의 존재가 곧 왕성임을 입증하는 근거가 될 수는 없으며, 이러한 유물의 유입 경로에 대한 해명이 필요함을 역설하였다.

Ⅲ. 핵심 논쟁 토론 요지

1. 문헌 자료로 본 백제 초기 도성의 위치

첫 번째로 하북위례성과 하남위례성의 위치와 관련하여서는 최초 하북위례성이 존재했다는 주장과 처음부터 하남위례성에 도읍했다는 주장, 그리고 설령 하북위례성이 존재했다고 하더라도 13년간 존속한 성이었기 때문에 그 존재 자체가 별로 의미 없다는 주장이 팽팽히 맞섰다.

두 번째 위례성, 한성, 한산, 한산성, 북한성 등 백제 초기 도성의 명칭과 위치와 관련하여 한성이 특정 성의 명칭인지 도성 전체를 가리키는 명칭인지 논쟁이 있었고, 한산이 북한산인지 남한산인지, 아니면 몽촌토성인지에 대한 논쟁도 있었으나 명쾌히 합의가 이루어지지는 않았다.

2. 고고학 자료로 본 백제 한성시기 주요 성곽

그동안 발굴조사에서 드러난 백제 한성시기 주요 성곽과 관련한 고고학 자료에 대한 토론 결과 하남 이성산성은 발굴자에 따라 초축~3차 성벽이 전부 신라시대의 것으로 보는 견해와 2차 성벽은 고구려, 1차 성벽은 그 이전으로 보는 견해가 있어 축조 연대에 대한 논란이 있었다.

아단성의 경우 현재 아차산성의 석축 성벽은 신라시대의 것이고, 최근 북동쪽 능선부에서 고구려 토기편이 출토된 것으로 보아 정상부에 고구려의 보루가 존재했을 가능성이 있다는 문제가 제기되었다.

한편 광주고읍 춘궁리 일대와 하남 교산동 토성에 대한 발굴조사 결과 이 일대의 유적들은 백제시대로 소급될 가능성이 없음을 확인하였다.

3. 고고학 자료로 본 백제 한성시기의 도성

하북위례성에 대해서는 그것을 토성이나 석성 등 완벽한 모습을 갖춘 성으로 상정할 필요가 없으며, 사료에 대한 비판적 시각에서도 하북위례성이 실재하지 않았을 가능성도 배제할 수 없다는 주장이 제기되었다.

고대 도성의 구성 요소와 관련하여 성벽의 존재를 전제로 내부에 궁궐, 제의 구역, 수공업 구역 등이 갖추어져야 한다는 주장과 합의가 있었다.

풍납토성의 도시 구성에 대해서는 풍납토성의 발굴조사 결과와 지형 분석 자료를 종합해 볼 때, 궁전과 제의 시설은 44호가 건물지가 발굴된 중앙부 약간 북쪽 지역에 밀집된 것으로 보았다. 또한 고지형 분석 결과 서쪽의 저지대에 부두가 있었을 가능성이 있으며, 서문을 통해 토성 내부로 진입하는 도로가 필요할 텐데, 미래마을 발굴 결과 서쪽 성문에 연결되는 순환 도로 성격의 도로가 발굴된 바 있어 이러한 추론을 뒷받침하고 있다.

몽촌토성의 도성 구성에 대해서는 지상 건물지와 성토대지의 구조, 축조 주체에 대해서는 논란의 여지가 있다는 주장이 나왔다. 또한 서북벽 외곽에서 발견된 주공열이 방어용 목책 구멍인지 아니면 성벽을 축조하는 데 이용된 영정주 구멍인지에 대한 논란도 있었다. 동북쪽 구릉에서도 등간격의 기둥구멍이 발굴되긴 했지만, 이것이 외성인지 아니면 치성인지 그 성격에 대한 문제 제기가 있었다. 이 밖에 적석 시설의 재층으로 보아 이 유구가 토광묘라는 견해와 단순 공성용 투석이라는 논쟁이 벌어졌고, 2호 토광 역시 토기 파쇄가 행해진 무덤이라는 견해와 제사 유구라는 논쟁이 치열하게 전개되었으나 합의점을 찾을 수는 없었다.

한편 풍납토성과 몽촌토성의 축조 시기에 대해서는 풍납토성에서 경질무문토기가 출토되고 몽촌토성의 전문도기 연대가 떨어질 가능성이 있다고 해서 풍납토성이 몽촌토성보다 이른 시기에 축조되었다고는 말할 수 없다는 문제가 제기되었다. 이와 관련하여 풍납토성이 초축되고 난 후 두 세 차례 증축이 이루어진 것인지와 처음부터 완결된 구조로 축조되었는지에 대한 논쟁도 치열하게 전개되었다.

결론적으로 백제 한성시기 왕궁의 위치와 관련하여서는 기 논의된 내용들 이어서 따로 정리할 필요는 없으나 풍납토성이 하남위례성이자 정궁이라는 인식이 강하고, 몽촌토성이 별궁이라는 인식이 존재함을 확인하였다.

Ⅳ. 결론 - 합의점과 향후 과제

1. 문헌 자료로 본 백제 초기 도성의 위치

문헌 자료로 본 백제 초기 도성이 위치와 관련하여 하북위례성과 하남위례성의 위치에 대해서는『삼국사기』기록 등을 근거로 할 때, 위례성은 하북에서 하남으로 천도한 것으로 생각되나, 사료상의 진위 문제도 있고, 설령 하북위례성이 실재했다 하더라도 존속 기간이 짧기 때문에 도성이나 왕궁 등과 같은 고고학적 실체를 밝히기에 무리가 있다는 견해가 우세하였다.

결론적으로 백제 초기 도성의 명칭과 위치에 대해서 백제 초기부터 475년까지의 하남위례성이 풍납토성이라는 데에는 이견이 없으며, 한성 역시 4세기 경 도성제가 완비될 무렵 한화漢化하여 부른 도성의 명칭으로서 위례성과 병용한 것으로 보는 견해가 우세하였다. 그러나 한산이라는 지역에 별도의 한성이라는 궁성 또는 왕성이 존재할 가능성도 배제할 수 없다는 의견이 제시되었다. 또한『삼국사기』와『삼국유사』등의 기록을 볼 때, 한산의 위치 및 성격, 391년의 환도 여부 등에 대해서는 풀어야 할 숙제가 많다는 인식을 공유하였다.

2. 고고학 자료로 본 백제 한성시기 주요 성과

고고학 자료로 본 백제 한성시기 성과과 관련하여 하남 이성산성은 성벽의 축조 기법과 출토 유물로 보아 신라에 의해 축성된 것이 분명한 것으로 보이나, 그동안 이성산성이 하남위례성이나 한산으로 비정되어 왔고, 일부 학자들도 축조 연대에 의문을 제기하고 있는 바, 성벽의 단면조사 등을 통해 축조 연대를 분명히 밝힐 필요가 있다는 주장도 제기되었다.

아단성은 대체로 현재의 아차산성 일대로 보는 견해가 보편적이지만 문헌 기록상 개로왕의 죽음과도 연관된 중요한 유적이므로 혹시 아차산성이 아니면 어디에 있는 것인가라는 물음에도 답을 해주어야 문제가 해결될 것이라는 보충 견해가 있었다.

3. 고고학 자료로 본 백제 한성시기의 도성

마지막 토론 주제로서 고고학 자료로 본 백제 한성시기의 도성 문제에 있어서는 우선 하북위례성은 고고학적으로 획기적인 자료가 조사되지 않는 한 논의할 의미가 없다는 의견이 우세하였다.

고대 도성의 구성 요소로는 성벽으로 둘러싸인 내부에 궁궐, 제의 구역, 수공업 구역 등과 함께 종합적인 도시 구획의 요소들이 감안되어야 할 것이라는 의견도 있었다.

풍납토성의 도시 구성에 대해서는 풍납토성의 발굴조사 결과와 지형 분석 자료를 종합해 볼 때, 궁전과 제의 시설은 44호가 건물지가 발굴된 중앙부 약간 북쪽 지역에 밀집된 것으로 생각되며, 도로는 나루터, 문지 등과 연계하여 생각해 볼 필요가 있는데, 비록 완전하지는 않더라도 성내 중요 시설을 중심으로 한 도로망이 개설되었을 가능성이 높다는 합의가 있었다.

몽촌토성의 도성 구성과 관련하여서는 우선 목책의 존재 여부는 단정할 수 없으므로 향후 조사를 통해 밝힐 필요가 있다는 점과 동북쪽 구릉을 외성이라고 한 것은 잘못된 것이라는 합의점을 도출하였다. 그러나 적석 시설과 토광 유구가 무덤이라는 견해와 그렇지 않다는 견해는 끝까지 팽팽하게 각자의 의견을 주장하여 합의점을 찾지는 못하였다.

풍납토성과 몽촌토성의 축조 시기와 관련하여 두 성에서 출토된 유물의 선후 문제가 아닌 성벽의 축조 시점을 밝힐 단서가 중요한데, 전문도기의 편년도 추가 연구가 필요하고, 풍납토성 역시 축성 과정에 대한 구조 공학적 연구가 필요함을 확인하였다.

끝으로 백제 한성시기 왕궁의 위치에 대해서는 왕궁의 경우 풍납토성은 중심부 약간 북쪽의 44호 건물지를 중심으로 한 지역, 몽촌토성은 한성 별궁이란 기록이 있는 만큼 남쪽의 고지대에 왕궁이 있었을 가능성이 높다는 데 의견을 같이 하였다. 그러나 왕성의 위치는 구조에 따라 달라지기도 하고, 시기에 따라 옮겨지기도 하는 등 복잡한 문제이므로 고고학뿐 아니라 문헌사와 연계하여 긴 시간을 가지고 해결해야 할 문제라는 인식을 공유하였다.

컨퍼런스 3

근초고왕대 백제영토는 어디까지였나

강 종 원 한밭대학교

Ⅰ. 문제의 제기

Ⅱ. 동북방면 진출에 관한 논의

Ⅲ. 서남방면 진출에 관한 논의

Ⅳ. 종합적 검토

- 핵심논쟁 및 향후과제와 관련하여

Ⅰ. 문제의 제기

백제의 영역확장은 크게 2시기로 구분해서 이해되고 있다. 1단계는 마한 연맹체의 맹주국으로 비정되는 목지국目支國의 병합, 2단계는 목지국이 멸망한 이후에도 잔존했던 영산강유역을 포함한 남부지역 세력에 대한 병합이다. 시기적으로는 크게 보면, 근초고왕대 이전과 이후로 구분해 볼 수 있다. 그런데 근초고왕대의 영토 문제를 검토하는데 있어서의 전제로 영토의 개념, 지배방식의 문제, 문헌기록의 신빙성, 그리고 고고학 자료가 지닌 문화적 측면과 정치적 측면의 일치성 문제 등이 제기되고 있다. 또한 자료의 한계로 문헌적인 측면과 고고학적인 측면에서의 연구가 상당한 괴리를 보이고 있는 실정이다.

영역의 개념도 지배방식의 문제와 더불어 다양한 관점에서 이해되고 있다. 기존의 연구에서 영역의 개념을 크게 3가지로 분류하였는데, 1. 직접 지배영역인 '영토', 2. 간접지배영역까지 포함되는 '세력권', 3. 일정한 정치적 · 군사적 의무관계가 형성되지 않은 '영향권' 등으로 구분하고, 직접 지배영역과 세력권만을 영역으로 규정하였다.[1] 여기에 변경의 개념을 통해 영향권까지 포괄하기도 하며,[2] 영역화의 기준으로 국명의 존재여부와 축성이 주목되었다.[3]

지배방식은 직접지배와 간접지배, 그리고 공납관계 등으로 크게 구분해 볼 수 있다. 이 가운데 공납관계는 국가간의 관계로 영역화 문제와는 관계가 없다고 할 수 있다.[4] 따라서 영역에 대한 지배방식은 직접지배와 간접지배로 구분되며, 구체적으로 면지배, 선지배, 거점지배 등의 방식으로 이해된다.

다음은 문헌자료의 신빙성 문제이다. 『삼국사기』의 경우 초기기록에 대해서는 불신론, 신빙론, 절충론으로 구분되는데, 절충론은 분해론으로 표현되기도 한다. 근초고왕 이전의 영역확장과 관련해서는 절충론의 입장에서 파악하는 견해가 우세하다고 할 수 있다. 그런데 근초고왕의 남해안 일대 진출과 관련해서는 『일본서기日本書紀』 신공기 49년조에 전적으로 의존한다고 할 수 있다. 신공기 49년(249)은 수정연대로 369년(근초고왕 24년)으로 이해되기 때문이다. 다만 이 기사에 대해 6세기 초의 사실로 보는 견해[5] 등 사료의 신빙성 문제가 있다는 점은 한계로 작용한다.

고고학적인 측면에서의 영역은 중앙양식의 유적 · 유물의 확산과정을 통

1) 김영심, 2003, 「웅진 · 사비시기 백제의 영역」, 『고대 동아시아와 백제』, 91~95쪽.
2) 김수태, 2006, 「백제 성왕대의 변경」, 『백제연구』44, 127~129쪽.
3) 노중국, 2014, 「백제의 영토확장에 대한 몇 가지 검토」, 『근초고왕대 백제영토는 어디까지였나』, 12쪽.
4) 노중국, 2014, 앞의 논문, 13~14쪽.
5) 이영식, 1995, 「백제의 가야진출과정」, 『한국고대사논총』7, 194쪽 ; 이근우, 2005, 「『日本書紀』 「신공기」가라 7국 정벌기사에 대한 기초적 검토」, 『한국고대사연구』39, 140~142쪽 ; 연민수, 「일본서기 신공기의 사료비판」, 『일본학』15(동국대학교 일본학연구소).

해 파악된다. 이때 주목되는 요소로는 성곽, 무덤, 위세품, 토기, 주거지 등이 언급되고 있다. 다만 조사지역의 불균형성에 따른 자료의 한계, 편년의 문제, 그리고 문화적 요소가 정치적 변화를 그대로 반영하는가의 문제는 여전히 논란의 여지를 남겨두고 있다.

Ⅱ. 동북방면 진출에 관한 논의

1. 문헌적인 측면[6]

문헌적인 측면에서 백제가 주양과 패하를 넘어 영역을 확장한 시기와 확장과정, 그리고 영역은 어디까지였나를 밝히고자 하였다. 이와 관련하여 주목한 기록은『삼국사기三國史記』백제본기 온조왕 13년조의 강역획정 기사 및 온조왕 37년조 등이다.

A-1. 遣使馬韓 告遷都 遂劃定疆埸 北至浿河 南限熊川 西窮大海 東極走壤

(『三國史記』권23 백제본기 온조왕 13년)

6) 임기환, 2014,「백제의 동북방면 진출-문헌적 측면」,『근초고왕 때 백제 영토는 어디까지였나』.
백제의 영역변화 그 자체보다는 영역과 관련된 기사들의 성격이나 기년을 해명하는 데 주안점을 두고 논지를 전개하고 있다.

2. 王巡撫 東至走壤 北至浿河 王旬而返

(『三國史記』 권23 백제본기 온조왕 37년)

즉, 사료 A에 표기된 동東의 주양과 북北의 패하를 백제의 동계와 북계로 볼 수 있다는 것이다. 다만 이들 기사의 기년상에 문제가 있기 때문에 이를 재구성해야만 한다. 이를 통해 영역의 변화과정을 검토함에 있어서, 주변국가와의 전쟁기사, 축성기사 등을 주 검토대상으로 하였다.

특히 근초고왕 이후 북계의 변천과 관련해서 패수浿水, 패하浿河, 대수帶水에 대한 인식과 그 위치문제를 주목하였다. 그 근거로 근초고왕 24년 수곡성 서북지역 진출, 근초고왕 26년 패하전투와 10월 평양성전투, 그리고 황주지역 출토 백제 토기의 존재 등을 제시하고 있다. 그리고 패하(패수)의 위치에 대해서는 대동강설, 재령강설, 예성강설 등이 있는데, 일반적으로 예성강에 비정되어 왔다. 이에 대해 필자는 지명이 사용하는 주체와 밀접하게 관련된다는 점에서 패수와 대수라는 지명을 사용한 주민집단의 성격에 주목하였다. 그에 따라 『삼국사기』 백제본기의 패수와 대수를 『한서』 지리지 낙랑군조에 보이는 패수 · 대수와는 다르다고 보았으며, 백제본기 기사의 패수는 대동강, 대수는 예성강에 비정하였다. 이를 근거로 근초고왕 26년(371)에 전투가 벌어진 패하를 대동강으로 파악하고 있다. 그리고 당시 백제는 평양성 일대의 대동강, 혹은 대동강 하류 지역까지 영역으로 인식하였을 가능성이 높다고 보았다. 또한 온조왕대의 강역획정 기사는 근초고왕대의 인식이 투영된 것으로 이해하였다.

근초고왕대 이후의 북계는 일반적으로 청목령(청석동 일대 비정)에서 팔곤성(마식령 일대), 서해(청목령 서남방의 예성강 하구나 남쪽 해안지대 비정)일대로 파악하는 것과는 달리 370~380년대 고구려와 백제의 서북방 국경은 재령강, 예성강의 분수령인 멸악산맥을 따라 형성되었다고 보았다. 그리고 광개토왕 즉위 이후 패수의 위치가 변화하여 395년에 전투가 벌어진 패수는 예성강에 비정하고 있다. 다만 이 경우 「광개토왕릉비문」이 영락 6년조와 부합하지 않을 뿐만 아니라 394~395년에 수곡성과 패수 전투를 벌이고, 청목령을 전진기지로 삼고 있다는 점에 대해서는 의문을 제기하고 있다.

동계의 주양 위치는 춘천설, 평강설 등이 있는데, 춘천설이 일반적이다. 동계를 파악하기 위해 말갈·낙랑과의 충돌기사를 주목하였다. 그런데 충돌기사는 크게 4시기로 구분된다. 온조~다루왕대, 초고왕~고이왕대, 진사왕대, 동성왕~무령왕대이지만, 이는 초고왕~고이왕대를 중심으로 한 특정시기의 역사적 상황을 반영하는 것으로 이해하였다. 그리고 백제본기에 등장하는 낙랑과 말갈의 존재를 철원-춘천-홍천-원주로 이어지는 내륙교역로 상에 위치한 예계 세력집단 중에서 춘천지역을 중심으로 철원, 포천 등 임진강 상류지역에 분포하고 있던 정치세력으로 파악하였다. 백제가 말갈, 낙랑과 충돌하게 된 시기는 상한은 초고왕 이후 즉, 3세기 초 이후로, 하한은 책계왕과 분서왕대로 보았다. 백제 동계의 형성시점은 말갈과 낙랑이 병합된 이후로 보고, 그 경계는 임진강 수계에서 철원, 평강까지, 북한강 수계는 춘천, 화천일대, 남한강 수계는 원주, 충주 일대까지로 추정하였다. 그리고 말갈과 낙랑으로 칭해진 예계세력에 대한 완전한 병합은 근초고왕대에 완성되었다고 보았으며, 온조왕 38년의 순수기사는 근초고왕의 행위를 반영한 것으로 이해하였다. 즉, 백제의 동계를 잇는 선이 곧 3세기 중반에 복원된 내륙교통망과 일치되며, 중국 군현의 퇴축이후 백제의 세력확장을 통해 내륙교통망을 장악했음을 보여준다고 보았다.

따라서 온조왕 13년조의 강역 획정 기사는 근초고왕대의 백제인들의 영역 인식이라는 것이다. 그리고 그에 근거하여 남쪽 경계인 웅천을 금강으로 파악하였으며, 『일본서기日本書紀』 신공기의 근초고왕대 전라도 정복이 갖는 성격도 백제인의 영역 인식, 영역관의 관점에서 접근해야 할 필요성을 제시하였다.

2. 고고학적인 측면[7]

고고학적인 측면에서 동북방면 백제의 영역문제를 북한강 상류지역에서 보이는 4~5세기대의 취락과 화천 원천리유적을 중심으로 검토하였다. 특히 취락유적과 중앙양식 토기, 철기류 등을 주목하였다.

한성기 북쪽방면의 영역화를 보여주는 유적으로는 포천 고모리산성, 파주 월롱산성, 양주 대모산성, 포천 자작리유적, 포천 성동리유적, 의정부 민락동유적, 양주 옥정동유적, 양주 광석리유적 등이 있는 것으로 보고 있다. 그리고 동북쪽으로의 진출 또는 교류를 알 수 있는 유적으로는 홍천 하화계리유적, 홍천 성산리유적, 춘천 거두리유적, 춘천 삼천동유적, 춘천 중도동유적, 춘천 우두동유적 I II, 춘천 율문리유적 등으로 주로 춘천에 해당하는 유적이다. 그렇지만 북한강 상류지역의 취락에서 출토된 토기양상은 한성백제의 영역화를 뚜렷하게 보여주지는 못하며, 반드시 영역에 대한 실효적인 지배를 증명하는가에 대해서는 의문을 제기한다.

7) 심재연, 2014, 「백제의 동북방면 진출-고고학적인 측면」, 『근초고왕 때 백제 영토는 어디까지였나』.

그런데 화천 원천리유적의 경우 그 동안 북한강 상류지역에서 단속적으로 보이던 한성백제 중앙양식의 고급토기와 실생활토기가 상대적으로 다양하게 출토되었다. 기종으로는 흑색마연토기, 뚜껑, 심발형토기, (장)란형토기, 호, 옹, 고배, 합병 등이다. 원천리유적은 크게 3시기로 구분되는데, 중심이 되는 Ⅱ기의 중심연대는 4세기이며, Ⅱ기 하한은 5세기 전반경으로 추정된다. 1기부터 중앙양식의 토기가 출현하기 시작하였다고 한다. 원천리유적은 대고구려와의 전선에 있어서 전략적인 필요성에 의해 형성된 마을유적으로 판단되는데, 주거지에서 무기류가 다수 출토된 사실을 통해 파악된다. 이 유적은 백제의 동북쪽 영역을 획정하는데 중요한 자료를 제공하는 것으로 파악하였다.

다만 한성백제 토기의 편년이 안정되어 있지 않고, 한성 중앙양식 토기의 출현이 한성백제의 진출을 보여주는 증거인가에 대해서는 의문을 제기하고 있으며, 아울러 전통적인 여呂 · 철凸자형 주거지와 경질무문토기를 사용하는 재지문화가 5세기 경까지 지속되고 있어 진출 양상을 파악하는데 한계로 작용하고 있음을 지적하였다.

Ⅲ. 서남방면 진출에 관한 논의

1. 문헌적인 측면[8]

백제의 서남방면 진출에 대해 문헌적인 측면에서는 2단계로 구분하여 이해하였다. 『삼국사기三國史記』 온조왕 26 · 27년조에 기록된 마한의 병합을 비롯해 근초고왕대 이전 서남방면으로의 영역의 확대문제, 그리고 근초고왕대 전남지역으로의 진출문제를 『일본서기日本書紀』 신공기 49년조 및 기존 견해를 중심으로 검토하였다.

주요 시기별 영역의 확대과정을 보면 다음과 같다. 먼저, 『삼국사기三國史記』 온조왕 13년조의 4방강역 획정시 남쪽은 웅천熊川을 경계로 하였다는 점에서 목지국目支國이 병합되는 고이왕 이전에는 안성천까지를 경역境域으로 하였던 것으로 보았다. 그리고 고이왕대 천안 · 아산일대에 위치했던 목지국을 병합함으로써 차령산맥 이북지역을 영역領域으로 편제하였다. 이들 지역

8) 강종원, 2014, 「백제의 서남방면 진출-문헌적 측면」, 『근초고왕 때 백제 영토는 어디까지였나』.

은 4부部의 설치, 성城의 축조 등을 통해 직접지배를 실현하였던 것으로 파악하였다.

백제의 서남방면 진출은 고이왕 이후에도 지속적으로 추진되었는데, 비류왕대 벽골지의 축조 등으로 보아 근초고왕 전반기에는 전북지역까지 영역을 확대하였다. 특히 근초고왕 24년 전남일대에 대한 진출과정에서 김제와 고부 등에 비정되는 벽지산과 고사산에서 이루어진 맹약으로 볼 때 4세기 중반에는 이들 지역이 이미 백제의 직접지배를 받는 영역화가 이루어졌던 것으로 파악된다.

백제의 마한권역에 대한 영역화는 근초고왕 24년(369)에 마무리된 것으로 파악하였다. 『일본서기日本書紀』 신공기 49년조에 기록된 내용을 통해 백제가 전남의 남해안 일대까지 진출하였다는 것이다. 이에 대해서는 여러 견해가 있지만 근초고왕의 진출사실에 대해서는 이견이 없다. 다만 진출 이후 이들 지역과 어떤 관계가 설정되었는가에 대해서는 다양한 견해가 제기되고 있다. 그렇지만 이들 지역에서 어떤 국가체도 확인되지 않는다. 고이왕~근초고왕대의 사실로 이해되는 『통전』 변방 동이(상) 백제조의 내용, 「광개토왕릉비문」에 백제, 신라, 가야, 왜 등의 국명만 기술된 점, 전지가 왜로부터 귀국하여 백제의 국경에 이르러 해도에 머무른 사실,[9] 『송서』 왜국전의 438년 왜왕 진의 6국왕 자칭, 478년 무의 7국왕 자칭시 백제 · 신라 · 임나 · 가라 · 진한 · 모한 이외에 다른 국가명이 등장하지 않는 점 등이 주목되었다. 즉, 근초고왕 24년 이후 이들 지역의 재지세력들은 정치체로서의 성격은 유지하였

9) 『삼국사기』 권25 전지왕 즉위년조.

을지라도 독립된 국가로서의 정체성은 상실하였다는 것이다.

그리고 신공기 49년조에 등장하는 전남지역 정치체의 명칭을 보면 가야지역과는 달리 국명國名을 칭하고 있지 않다. 3세기말 이후 이들 지역에서 국명을 칭한 사례도 확인되지 않는다. 따라서 근초고왕 24년 이전에 이미 이들 지역 소국小國들이 독립적인 국가체로서의 정체성을 상실하였을 가능성을 제기하였다. 이를 백제적 관점에서의 서술이라는 측면도 고려할 수 있겠지만 가야지역 국가체와는 분명 다른 인식하에서 이들 지역을 바라보았을 가능성에 대해서도 언급하였다.

근초고왕대의 진출이 곧 영역화로 볼 수 있는가는 논란이 있을 수 있지만 앞에서 제시한 영역의 개념에 의해 구분한다면 이들 지역은 근초고왕 이전까지는 백제의 영향권에 포함되고, 근초고왕 이후에는 영역화가 이루어졌다고 보았다. 다만 이들 지역에 대한 지배방식은 별도의 검토가 필요하다. 물론 이 경우에도 문제가 전혀 없는 것은 아니다. 「양직공도梁職貢圖」 백제국사조百濟國使條에 보면 백제에 부용하는 9개의 소국명이 보이는데, 이들 소국 중 일부가 전남지역에 비정되고 있기 때문이다.

2. 고고학적인 측면[10]

고고학적인 측면에서 백제의 서남방면 진출은 경기 남부지역(화성 등), 충청 북부지역(천안, 연기, 공주), 충청 남부~전남지역(익산, 고창, 광주, 함평

---

10) 서현주, 2014, 「백제의 서남방면 진출-고고학적인 측면」, 『근초고왕 때 백제 영토는 어디까지였나』.

등)으로 구분해 검토하였다. 검토 방법은 한성 후반기의 고고학 자료를 통해 백제 영역과 지배방식의 문제를 파악하였다.

기존의 연구현황에 따르면, 백제의 영역은 4세기 전반까지는 경기지역, 4세기 중엽이나 후반~5세기 전엽경까지 충청지역, 5세기 중엽부터 한성기에는 익산 등 전북 북부지역까지로 파악되었다. 그리고 지배방식은 경기지역이 직접지배나 간접지배, 충청과 전북 북부지역이 상당부분 간접지배였다고 한다. 다만 영산강 유역에 대해서는 근초고왕 이후 느슨한 간접지배가 이루어졌을 가능성, 5세기 후반에는 광주를 포함한 영산강 상류지역이 백제의 직접적인 지배권에 포함될 가능성을 제시하는 견해, 토기나 분묘 등의 양식으로 보아 6세기 중엽경까지 백제의 영역에 포함되지 않은 것으로 보는 견해 등 다양하다.

이와 같은 연구현황을 토대로 필자는 영역의 범위와 지배방식에 대한 연구 지표로 성곽, 분묘, 거점취락 등을 비롯해 토기, 위세품의 양상이나 분포 등을 주목하였다. 이들 자료를 근거로 경기 남부지역, 충청 북부지역, 충청 남부지역~전남지역으로 구분하여 백제의 영역화 문제를 검토하였다.

그 결과 경기 남부지역은 4세기부터는 백제의 영역에 포함되었고, 지배방식은 토기변화가 뚜렷한 것으로 보아 직접지배에 가까웠을 것으로 추정하였다. 위세품이 출토된 원주 법천리유적을 통해 이들 지역은 4세기 후반부터 간접지배가 이루어졌을 것으로 추정하였는데, 위세품 출토지역을 간접지배의 영역으로 파악하고 있다는 점이 주목된다.

충청 북부지역은 천안 화성리, 연기 나성리, 공주 수촌리유적 등 위세품 출토 유적, 취락유적으로는 아산 갈매리유적, 홍성 신금성유적을 주목하였으며, 토기로는 고사리형 귀가 달린 직구호, 완을 배신으로 하는 삼족토기,

유공투창고배, 평저개배 등을 통해 백제의 진출이 4세기 후반부터 뚜렷해지는 것으로 파악하였다. 그리고 지배방식은 간접지배였을 것으로 추정하였다. 5세기 이후 석실묘가 나타나면서 간접지배에서 직접지배로 전환되었을 것으로 파악하고 있으며, 이 일대의 백제 영역화는 근초고왕의 남정 시기보다는 일찍 시작되었고, 5세기 이후에는 지배방식에도 변화가 나타났을 것으로 보았다. 다만 서산지역은 부장리분구묘의 존재로 보아 충청 북부의 내륙지역보다는 약간 늦게 간접지배의 범위에 포함되었을 것으로 보았다.

충청 남부지역~전남지역은 금강 이남지역인 익산, 고창지역의 경우 석실묘의 존재와 위세품 등으로 볼 때 백제와의 관계가 좀더 지배적이었던 것으로 파악하고 있다. 또한 광주 동림동유적의 경우 백제의 기술과 공인이 관여되었을 것으로 보이는 5세기 후반 유통과 관련된 대규모 취락으로 밝혀졌는데, 이는 백제 중앙과 깊은 관계가 있었을 것으로 파악되었다. 다만 이들 지역에서 출토된 토기의 경우 백제 중앙의 토기문화와 차이가 있어 백제와 다른 독자적인 정치체의 존재가 상정되고 있지만, 5세기를 전후하여 분묘군에서 묘제의 위치 변화가 나타나는 점, 위세품의 존재, 소수이지만 백제 토기의 요소가 보이는 점 등으로 보아 근초고왕의 남정이 영향을 미쳤을 것으로 파악하였다. 즉, 근초고왕의 남정 시점 이후 영산강유역에 거점지배, 즉 느슨한 간접지배가 이루어졌던 것으로 보았다. 특히 5세기 후엽부터는 개배를 비롯하여 백제 기종이 더욱 늘어나고 지역 형식도 등장하며, 대형옹관묘가 조영되지 않는 지역에서는 석관묘나 석실묘가 조영되기 시작하였다는 점을 주목하였다. 따라서 대형옹관묘 중심 지역은 웅진기까지 간접지배였을 가능성이 있지만 나머지 지역은 간접지배가 진전되어 5세기대 이후 거의 직접지배에 가까웠을 것으로 추정하였다.

결론적으로 백제 근초고왕대의 영역은 전북지역과 적어도 전남 북부지역까지는 포함되었으며, 그 내부에는 직접지배(또는 거의 직접지배), 진전된 간접지배, 느슨한 간접지배 등 다양한 방식이 존재하였을 것으로 파악하였다. 그리고 고흥 안동고분에서 출토된 위세품으로 보아 전남 남해안지역까지 영역에 포함되었을 것으로 추정하여 영산강유역은 대부분 백제의 영역에 포함되었을 것으로 보았다.

Ⅳ. 종합적 검토-핵심논쟁 및 향후과제와 관련하여

근초고왕대 백제 영토문제와 관련된 논의의 초점은 영역의 기준과 지배방식, 영역 확장과정 등에 모아졌다.

먼저, 영역의 기준과 지배방식 문제를 검토하였다. 영역은 영토, 강역 등과 같은 개념으로 직접지배와 간접지배 영역까지 포함하며, 영역의 기준은 국명의 여부(명찰론)를 중시하였다.

지배방식에 있어서는 그 유형을 살펴보면, 직접지배, 간접지배, 세력권, 영향권 등으로 구분되었다. 직접지배와 간접지배는 영역내 지배방식과 영역외 지배방식의 구분, 그리고 지배 유형이나 내용에 대한 검토의 필요성이 제기되었다. 특히 다른 유형의 지배방식, 이를 테면, 대외교섭권, 군사활동권, 교통로 통행권 등에 대한 부분도 지적되었다. 그리고 영향권 · 세력권 등의 용어사용에 있어서의 문제도 언급되었다.

영역과 지배방식의 고고학적 지표로는 5가지의 지표가 제시되었는데, 성곽, 무덤, 취락(주거지), 위세품, 토기 등이다. 먼저, 성곽 축조와 영역화는 동일하다는데 공감하였다. 무덤은 직접지배(석실묘, 규모가 정지된 지역), 간접지배(목곽묘, 석곽묘+위세품) 등에 의해 그 양상이 다르게 나타나는 것으로 이해하였으며, 규모나 부장품의 지역별 차이가 함께 고려될 필요성이 제기되었다. 취락은 육각형주거지, 주거구조나 저장방식 등이 주목되며, 위세품으로는 금동관과 중국도자기 등이 있는데, 지역별, 국가별로 의미가 다르고, 토기 등과 복합적인 검토의 필요성을 제기하였다. 토기의 경우에는 영역화된 시기와 차이가 있을 수 있으며, 중요 토기의 경우 영역화 문제와 관련 가능성이 있는 것으로 보았다.

백제의 영역 확장과 관련하여『삼국사기』백제본기 영역 확장 기사의 시기는 고이왕대와 근초고왕대로 이해하는 견해로 나뉘며, 패하는 예성강 또는 대동강, 주양은 춘천, 웅천은 안성천 또는 금강 등에 비정하고 있다.

각 주제별 검토내용과 관련된 문제점 등을 간략하게 정리하면 다음과 같다.

백제의 북부지역 진출 문제에 있어서 주목한 점은 패수, 열수, 대수의 위치인데, 패하・패수=예성강은『신증동국여지승람』(저탄을 이름), 패수=대동강은 중국자료에 근거하고 있다. 동부지역 진출과 관련해서는 말갈기사의 해석에 있어서 3세기초 이후 임진강 상류지역에서 춘천, 제천으로 이어지는 영서예로, 낙랑은 춘천지역에 있는 세력을 지칭하였을 것으로 이해하였다. 다만『삼국사기』백제본기 온조왕 13년조의 4방 강역획정 기사의 기년문제, 패하의 대동강설, 낙랑의 춘천 비정 등의 문제는 논란이 여지를 남겼다.

그리고 고고학적인 측면에서 화천 원천리유적은 교통로상에서 매우 중요한 전략적 거점마을로서 이들 지역에 4세기를 전후하여 백제의 진출 가능성을 언급하고 있지만 편년에 대한 이견(100년 정도 차이)이 있었다. 또한 이들 유적의 성격에 대해 5세기 후반 말갈과 고구려 연합군의 신라 북변 침입과의 연관성을 제시하는 견해(이성주)도 있었다. 따라서 문헌자료와 연계해서 활용하는데 있어서 제한의 필요성이 지적되었다.

백제의 남부지역 진출과 관련해서는 고사부리성 축조(온조왕 36년), 벽골제 축조(330년, 비류왕 27), 『일본서기』 신공기 49년조 등의 요소가 제시되었다. 그렇지만 벽골지 · 고사부리성 축조 시기의 문제, 신공기 49년조의 사료적 신빙성 문제, 「양직공도」에서 확인되는 소국의 존재, 「광개토왕릉비문」의 '백잔남거한百殘南居韓', 『송서』 왜국전의 왜왕 관작 요청시 포함된 모한慕韓을 비롯한 여러 국명의 존재 등에 대한 견해차가 있었다.

고고학적인 측면에서 완주 상운리유적의 경우 4~5세기 유적으로 광구호, 흑색마연토기 등으로 보아 백제의 영향 가능성이 언급되었다. 그리고 5세기 후반의 대규모 취락유적인 광주 동림동유적이 주목되었으며, 영산강 유역에서 5세기 후엽부터 나타나는 백제토기, 석곽묘, 석실분 등을 통해 백제의 영역화 가능성이 언급되었다. 다만 영산강유역의 경우 『일본서기』 신공기 49년조의 기사 문제, 22담로와 37군의 관계를 통한 영산강유역의 백제 편제 문제 등이 제기되었다.

이상과 같은 논의를 통해 결론적으로 근초고왕대의 강역은 동으로는 화천 · 춘천, 북으로는 예성강, 남으로는 전라남도 영산강유역까지 포함한다고 보는 견해, 이와 달리 예성강에서 고부 · 김제까지로 보는 견해, 대동강에서 금강유역까지로 보는 견해 등 다양한 관점이 있음을 확인하였다. 아울러 향후 연구에서는 영역의 확대 목적과 방식 등에 대해서도 관심을 기울일 필요가 있다는 지적이 있었다.

컨퍼런스 4

백제의 성장과 낙랑 · 대방

조 윤 재 고려대학교

Ⅰ. 기조발제

- 백제의 성장과 낙랑 · 대방의 성장(권오영)

Ⅱ. 개별주제 발표

Ⅲ. 토론과 비평

Ⅳ. 총평 및 향후 과제

Ⅰ. 기조발제
– 백제의 성장과 낙랑·대방의 성장(권오영)

백제의 국가 성장과정에서 낙랑·대방의 역할이 실재했는가에 대한 문제제기가 있었으며 그 역할의 순기능 및 역기능에 대한 진단이 진행되었다. 백제의 발전과정에서 낙랑대방의 이탈주민들이 참여함으로써 백제의 성장에 실제적 역할의 수행이 확인되었으며, 이는 문헌 및 고고자료를 통한 구체적인 이해와 파악이 가능한 것으로 판단하였다. 다음으로 백제와 낙랑대방의 군사적 충돌도 발생한 사실을 지적하며 246년 정시연간正始年間 낙랑·대방과 한漢의 격돌을 통해 백제가 마한사회의 주도권을 획득한 계기로 이해하였다. 물질문화 교류라는 측면에서 백제의 문화에 전이된 낙랑·대방의 물질문화를 구체적으로 적시하며 토기土器, 와전瓦塼, 화폐貨幣, 동경銅鏡, 장신구裝身具, 분묘墳墓, 축성築城 등 물질문화적 기술의 수용을 전제하였고, 이를 통한 교역의 루트와 그 다양성이 표출되었다는 사실을 강조하였다. 마지막으로 낙랑·대방계 유민이 백제의 구성원으로 편입된 후 이들의 정체성과 이후 행적을 추적하는 일의 가능 여부를 전망하며, 한 중앙의 변군지역 주민들에 대한 관리가 어떤 방식으로 진행되었는가에 대해서 비교사례의 검토와 이해의 필요성을 강조하였다.

Ⅱ. 개별주제 발표

1. 낙랑군 설치와 주민이동(권오중)

낙랑군의 변화과정과 주변세력과의 관계를 6단계로 구별하여 파악하였다. 시기에 따라 군현의 통제력은 백제의 성장과 소장관계消長關係를 보여주고 있어 시사하는 바가 크다.

1) 한무제漢武帝 전후시기

한무제漢武帝의 고조선 정복과 영역의 재구성이 진행되었으며, 변군설치로 인한 주변정세의 변화가 발생하는 시점이다. 이는 백제의 성장과도 밀접한 관련을 가지는데 낙랑변민의 이탈이 백제로 유입되는 현상이 관찰된다.

2) 소제昭帝~광무제光武帝 시기(민간역할 확대)

한漢 중앙 변군정책의 변화가 감지되는 낙랑군의 전성기 단계로 볼 수 있는데, 중원의 혼란기에도 낙랑군의 여전한 성장이 지속된 단계이다. 민간의 교류와 교역이 확대되면서 낙랑의 활력에 중요한 사회동력으로 작용하였으며, 중국 내지 중원인사들이 최적의 피난처로 낙랑을 선택하는 계기가 되기도 하였다. 한편 온조왕시기인 백제에서는 낙랑과의 교류를 확대하고, 말갈로 대표되는 친낙랑계親樂浪系 세력에 대한 견제도 함께 이루어진 시점이다.

3) 광무제光武帝~안제安帝 시기(낙랑군의 재정립)

후한정권後漢政權의 낙랑군에 대한 철저한 응징으로 낙랑을 이탈하는 인구가 급증하였으며 낙랑과 산동의 관계도 위축되었던 시기이다. 반면 요동과의 새로운 관계가 구축되면서, 요동의 영향력이 낙랑군을 견인하는 새로운 국면이 전개되었다. 기원 30년 이후 시점은 부도위 폐지 등의 체제변화로 유민의 수량이 더욱 증가하는 단계이며, 동시에 이 시기 백제의 대응능력이 개선되면서 말갈과의 세력균형을 주도적으로 견인했던 현상이 감지된다.

4) 안제安帝~헌제獻帝 시기(낙랑주민의 이탈)

후한의 쇠망징조가 격화되고 새외민족의 굴기 등으로 군현체제의 붕괴가 야기되는 시기이다. 남부 원주민사회의 성장으로 낙랑인구의 백제지역 역류현상이 초래되고, 변군 남부지역의 황폐화 현상도 가중되었다.

5) 헌제獻帝~조위曹魏 정시연간正始年間(요동세력의 지원)

후한의 쇠망과 삼국정립의 혼란기라는 국제 정세로 인하여 낙랑을 포함한 변군지역은 관심에서 배제되는 양상을 보이고 있다. 재지세력이었던 공손탁의 성장으로 요동에는 강력한 할거정권이 생성되었고, 요동세력의 정치적 고려에 의해 대방군이 설치되고, 이후 조위정권의 전략적 계산에 의해 대방군의 지속적 경영이 가능했다. 낙랑 · 대방 군현의 내속과 관리 미흡으로 주민들의 무력봉기가 발생하였는데 대표적인 사례는 대방군 기리영崎離營에 대한 공격이 있었으며, 이는 곧 군현의 통제력이 붕괴되는 단초를 제공하였다.

6) 서진西晉 시기(주거집단으로 잔존)

백제가 영역국가로 도약하는 시기로 평가할 수 있다. 낙랑대방의 압박에서 이탈하면서 말갈과의 관계 개선도 도모하는 등 정치군사적 확장성을 보여주는 시점이기도 하다. 대방군 설치 이후 백제의 분쟁 대상은 여전히 낙랑군이었으나, 반면 대방군과는 교린(舅甥之國)의 관계를 조성하기도 하였다. 313년과 314년, 낙랑과 대방이 차례로 붕괴되면서 군현의 체제라기보다는 "관성화慣性化된 주거집단"의 형태로 전락하였다.

2. 중국계 인물의 백제 유입과 활동 양상(김창석)

1) 중국계 성姓을 사용한 인물

왕인王仁 등 왕씨王氏 인물과 고高, 장張, 양楊, 진씨성陳氏姓 인물의 활동이 확인되고 있는데, 이들은 낙랑군현을 포함한 중국계 인물로 판단하였다. 중국계 인구의 유입은 낙랑·대방군 붕괴 이전부터 이루어졌으며 붕괴 이후 유입의 규모가 확대되었는데, 이러한 현상은 문헌기록과 남한지역 출토 관련 고고자료에서도 확인이 가능하다.

2) 인구이동의 특징 및 중국계 인물의 활동

낙랑대방군에서 마한, 백제로의 단방향 유입만 이루어진 것이 아니라 대방군 설치로 인환 쇄환 과정에서 마한, 백제지역 및 예濊지역 인구의 역유입도 포착되며, 백제, 신라, 가야를 경유한 도왜渡倭 인구도 확인되고 있다. 백제에서 왜로 파견된 중국계 직능인, 대중 외교교섭에 참여한 중국계 관료 등 백제의 교육, 공문행정, 외교 등 전방위적 활동을 지적하였다.

3) 백제 유입 외래계 인물의 활동양상

백제 주민의 구성에서 다양성(『수서隋書』 백제전百濟傳)이 노출되고, 백제 왕도에서는 외래계 인물들의 활동이 현저히 증가한 사실이 포착된다. 또한 백제의 지정학적 특징, 대외교통로의 상대적 편이성 등이 작용하면서 서해 및 남해에 입지하는 주요 거점지들의 형성도 추정된다. 고구려・신라・가야와는 상이한 기술분야 전문인의 백제유입이 현저하게 이루어졌고 백제 내부로 유입된 인구의 공민화公民化 작업 및 관리도 진행되었다. 이를 통하여 국가 생산력의 제고 및 지배체제 정비라는 효능을 의도하였다.

3. 백제 한성기 횡혈식고분 발생과 낙랑・대방의 묘제(조윤재)

1) 한성기 횡혈식석실묘의 생성과 낙랑・대방전실묘의 관계

백제 한성기 횡혈식고분의 기원을 낙랑・대방전실묘 혹은 횡혈식석실묘의 영향으로 파악하였으며, 아울러 낙랑대방지역 유민의 백제지역 이입을 주요 배경으로 이해하였다. 그러나 유민의 이입시기와 해당고분의 출현시점 간에 시간적 정합성이 확보되지 않고 있어서 진전된 고찰이 필요할 것으로 전망하였다.

2) 위진시기 중국묘제의 변화와 전실묘 체제

중국 묘제의 변용과정과 전실묘 체제의 정립을 통한 횡혈식고분의 출현시점을 파악하였으며, 동시에 중국 내지에서 확인되는 호상묘벽전실묘弧狀墓壁塼室墓가 낙랑지역보다 늦게 출현하는 현상이 낙랑지역 중국계 인사들의 본토 귀환과 관련되었을 가능성을 타진하였다. 이를 통해 낙랑고분 구조의 특이현상이 백제의 초기영역에서도 등장하는 배경에 대해 설명할 수 있는 요인의 하나로 보았다.

3) 기원전후 한강유역 묘제 및 외래계 문물

기원전후 시점 한강유역 묘제 양상에서 낙랑계통의 목관묘 및 목곽묘 존재가 노출되면서, 분형토기 · 단경호 · 주조철부 등 낙랑계 유물의 부장도 병행된 현상이 파악된다. 이 시기 한강유역에 등장한 외래계 유물은 한계문화漢系文化의 파급을 반영하는 것으로, 기원전 2세기 초 위만조선 및 전국 연의 관계 속에서 형성된 현상으로 이해할 수 있다. 이외에도 부여계 혹은 북방계 요소도 동시에 확인되는 양상을 보이고 있다.

4) 백제와 낙랑 · 대방의 교류

위만조선 몰락, 한사군의 설치, 고구려의 약진, 군현의 위축, 요동의 판도 변화 등 백제의 국가형성과정에서 중요한 현상이 발생하면서 물질문화의 유입, 수용, 변주 등이 진행되었다. 특히 묘제에서의 변화가 뚜렷하고 그밖에 다른 영역에까지 전면적 영향이 확인되고 있다. 국가형성 과정에서 발생하는 주류 묘제의 변용에 있어 내재적 발생 원인에 대한 규명과 동시에 외래적 영향도 함께 주시해야 할 필요성을 지적하였다. 아울러 횡혈식고분의 기원,

수용배경 및 발생과정에 대한 진일보한 계통적 고찰도 강조하였다.

4. 백제 토기土器 · 와전문화瓦塼文化의 발달과 낙랑 · 대방(정인성)

1) 한강유역권 토기문화와 낙랑토기

한강유역권 토기문화 형성에 변군설치 이전의 고조선 혹은 전국계 토기 전통이 수용되었을 가능성을 언급하면서, 제작계통이 특이한 한강 하류역 출토 회도와 백색토기의 존재가 기존의 경직된 교역체계의 담론을 극복할 수 있는 계기가 될 것으로 전망하였다. 즉 낙랑이 아닌 산동지역 한계토기문화의 직수입을 예시하며 그 개연성을 타진하였다.

2) 초기 백제의 와전문화

초기 백제 와전문화의 계통성에 대한 통설의 취신取信에 유보적 입장을 견지하면서, 낙랑계통 와전제작기법의 특징이 선명하지 못함을 지적하였다. 즉 백제 토기제작기법의 기술적 변주와 응용의 흔적이 더욱 강하게 표출됨을 그 근거로 제시하였다.

3) 한성기 백제 와전문화와 낙랑과의 상관관계

한성기 백제와당의 기술적 특징은 낙랑지역의 특정 전통의 수용이 아니라 "인류제일성"에 기인하는 보편적 기술발현의 현상으로 파악하였다.

4) 한반도 서북한 지역의 와전문화

낙랑와전문화 연구의 영성함과 편향성을 극복하기 위한 노력이 필요함을 언급하였고, 현재까지 이루어진 낙랑와당의 성형법, 평기와의 제작기법, 전돌의 성형과 제작 등에 대한 새로운 인식과 이해는 유용한 성과로 평가하였다.

5) 와전문화를 통해 본 양자兩者

풍납토성을 중심으로 확인되는 한성기 와당의 기술계보가 낙랑과는 상이한 체계를 갖춘 것으로 판단하였는데, 낙랑의 표지적 제작기법인 봉상형 내박자의 사용흔적이 확인되지 않고 있음을 근거로 제시하였다. 또한 백제의 중심지역 즉 왕경지역에서 보이는 평기와 제작기법에서 낙랑과의 기술적 유사성 혹은 동질성이 확인되지 않고 있음을 지적하였다. 비록 일부 왕경과 이격된 주변부에서 낙랑 혹은 이전의 고식 낙랑 기와제작기법이 확인되고 있지만, 이는 백제 중심지역 출토 기와 생산에서 낙랑계통 공장의 조직적 참여를 추정하기에는 여전히 불충분한 자료로 평가하였다.

Ⅲ. 토론과 비평

1. 백제 건국세력과 낙랑군 남부도위南部都尉

① 고조선의 붕괴로 대량의 유이민이 이탈하였으며, 이후 변군의 설치 등 정치사회적 변화가 발생하였고, 이는 삼국의 국조와 연관되면서 3개 국가의 형성과 직간접적 영향관계의 상정에 대한 가능성을 추정하였다.

② 백제의 전사前史시기, 진번군과의 공간적 연접성을 주목하고, 이후 남부도위(황해도 신천지역)로 개편되면서 백제 건국세력의 발적지와 일부 중첩 혹은 경계를 형성했을 가능성을 지적하였다.

③ "초원 4년 낙랑군 호구부初元四年樂浪郡戶口簿(기원전 45년)"의 기재에 의하면, 백제의 건국 시기나 그 이전 낙랑군의 남쪽 경계는 멸악산맥, 즉 예성강 이남지역까지는 편제되지 않았던 것으로 이해하였다.

④ 염사치의 낙랑귀부樂浪歸附 기사(기원20년), 투항지는 함자현含資縣으로

황해도 서흥지역에 상당하고, 이로 보아 남부도위 남경南境과 한강 및 임진강 유역 토착세력 사이에는 일정한 공백지역이 존재하였을 것으로 파악하였다.

⑤ 남부도위부의 설치시기에 대해서는 현도군의 철폐 시점인 기원전 75년경 이후 어느 무렵 동부도위의 설치와 상당한 시점으로 추정하였다. 이 시기 남부도위부의 경계지점에서 백제의 성장도 이루어진 것으로 판단하였다.

2. 백제의 건국과 대방군의 위치

① 백제의 건국세력에 관해 문헌기재의 신뢰를 포함하여 "온조집단" 혹은 북방에서 남하한 "건국세력"이라는 용어설정에 합의하였다.

② 건국세력 남하의 루트 혹은 경로에 대한 정황은 현재까지 구체적 파악이 이루어지지 못하고 있으나, 적어도 "대방고지帶方故地"라고 하는 지역에서 백제의 성장이 진행되었다고 하는 점에 있어서는 공식共識을 이루었다. 이러한 인식은 "대방고지帶方故地"의 구체적 지리공간에 대한 비정이 전제되어야 할 것이지만, 204년 공손씨公孫氏 정권의 대방군 설치라는 문헌기록 외 그 권역의 추정에는 제설諸說이 존재하는 것이 현실이다. 현재 "대방고지帶方故地"의 공간정 비정은 봉산을 중심으로 하는 재령강유역설이 학계의 통설이다.

④ 한강유역 "대방고지帶方故地"설에 대한 합리적 비판의 근거로 한강유역 군현묘제의 특성 및 관련 물질문화가 부재不在한다는 사실이 주요 배경으로 작용하고 있으며. "대방고지帶方故地"라는 용어를 뒷받침할만한 고고자료의

부족도 원인으로 지적되고 있다. 따라서 향후로는 "대방고지帶方故地"라는 용어에 대한 적절성이 재검토 되어야 할 것이다.

3. 백제토기의 발달과 군현계 문물

① 한강 상류역 즉 대성리, 달전리 등의 유적에서 확인되는 토기상土器相은 고조선 멸망과 낙랑군 성립의 혼란기에 발생한 군현계 물질자료로 이해하고 있다.

② "환령지말桓靈之末"의 동한말기 상황에 한강유역 외래계토기의 연대를 고정적으로 착장시키는 경향에 대한 재검토가 필요할 것이며, 기원전 1세기~1세기 군현계 물질자료의 변별을 신축적으로 진행해야 할 필요성을 제기하였다.

③ 한강유역 지역토기와 외래토기의 조합상 고찰을 통한 군현계토기의 유입유형에 대한 면밀한 이해가 이루어져야 할 것이며, 이는 백제 태동기 및 성장기의 토기문화 형성과 변용을 인식하는데 있어서 유효한 방법으로 작용할 것으로 판단하였다. 아울러 산동지역을 기반으로 상당한 물자의 유입이 낙랑 혹은 한강하류지역에서 확인되고 있는 상황도 주목하여야 할 것이다.

4. 낙랑 · 대방과 말갈

① 동한시기 낙랑군이 재정비되면서 군현 주변지역 말갈세력과의 관계

(『삼국사기三國史記』 권卷23 백제본기百濟本紀)가 확인됨으로써 "말갈靺鞨"의 고고학적 실체규명이 이루어져야 할 것이며, 비록 국가세력으로 발전하지 못했지만 낙랑과의 상당한 교류를 통해 표출되는 물질문화에 대한 객관적인 평가의 필요성을 지적하였다.

③ 영동 및 영서지역에서 확인되는 낙랑관계 고고자료에 대한 판단에 있어서, 이를 낙랑계통의 불특정한 세력으로 파악하기보다는 낙랑과의 관계를 유지해온 말갈의 한 갈래로 인식하는 것이 더욱 합리적 판단일 것으로 제언하였다.

5. 고흥高興의 기록 및 서기書記의 문제

① 고흥의 출자는 낙랑계 혹은 중국내지中國內地 동진東晉으로 볼 가능성을 타진하였다.

② 『서기書記』의 성격은 백제의 사서寫書 혹은 문서행정의 결과물인 공문서에 불과했을 것으로 판단하였다. 백제의 문서행정이 출현하는 시점에 관해서는 "未有以文字記事"라고 기술한 『삼국사기三國史記』의 기록과 274년 서진과 마한 혹은 백제계통의 정치체가 교섭한 기사를 담은 『진서晉書』의 관련기록이 해석상 배치됨을 지적하였다.

6. 환령지말과 조묘기술집단

① 낙랑주민 이탈시기인 2세기대 즉 환령지말 삼한 및 백제사회가 도약하였고, 이 시기 낙랑계 유민의 유입이 본격화되고, 심지어 일본까지 이동했던 양상이 확인되고 있다. 조묘기술인들을 포함한 전문 기술자집단의 유입과 종적에 대한 진전된 논의의 시급함도 지적하였다.

② 환령지말 고고학적 증거의 전통적 관점에 대한 반성과 검토가 필요한 시점이다. 낙랑의 한계 청동기물 유입, 목곽묘 체제의 출현, 중부지역의 취락증가 등이 확인되고 있으나 환령지말의 기계적 획기 방식에 대한 재검토와 극복이 모색되어야 할 필요성이 제기하였다.

③ 최근자료인 충청지역의 부여계 혹은 한계漢系유물의 출토양상도 주목할 필요가 있으며, 자료의 축적이 진행되고 있어 폭 넓은 고찰이 병행되어야 할 필요성이 제기되었다.

7. 낙랑고분의 호상묘벽弧狀墓壁 처리기법(동장기법)과 산초법

① 낙랑고분의 동장기법 즉 호상묘벽 처리기법의 출현시기가 중국내지의 호상묘벽고분의 출현시기보다 이른 시점을 보이고 있고, 낙랑과 연접지역인 요녕 및 산동지역의 동일기법 고분의 연대가 낙랑지역과 유사한 시점을 보여주고 있어 향후 이에 대한 본격적인 논의가 필요한 상황이다.

② 중국내지에서 낙랑으로 이주한 초기유민의 후세가 다시 반향返鄕하는 정황이 문헌기록에서 포착되고 있으며, 이러한 인구의 역이주逆移住로 인하여 낙랑지역의 특정 고분기술이 내지로 이식되었을 가능성을 배제할 수 없다.

③ 산초법, 부엽공법 등의 처리공법은 이미 전국시기 장강유역 토목공정에서 확인되고 있기에 낙랑인樂浪人 왕경의 안풍당 보수와 연계하여서 기술의 파급을 언급하기에는 무리한 개연성으로 판단되며, 풍납토성 축성과정에서 언급되는 부엽법의 사용여부에 대한 비판적 논의도 재차 진행되어야 할 것이다.

8. 낙랑계 인물의 백제유입 문제

① 전축을 하지 않은 백제가 석축고분에서 낙랑의 호상묘벽기법弧狀墓壁技法(동장기법)을 채용한 것은 낙랑의 조묘기술인 혹은 집단과의 연계를 상정하지 않을 수 없다.

② 낙랑전실묘의 출현연대(기원 1세기대)와 백제한성기 횡혈식고분 출현시기(기원 4세기 후반대)와의 간극, 백제중심지역 전실묘의 부재, 낙랑지역 석실묘체계의 유입으로 인한 백제 횡혈식고분 탄생 등 백제한성기 횡혈식고분과 호상묘벽 처리기법에 관해 시기적 정합성과 묘제기원의 개연성이 여전히 충분히 확보되지 못하고 있음을 지적하였다.

③ 벽돌생산의 한계, 당시 백제사회의 가족관념 혹은 피장단위의 상이相異

등의 원인으로 낙랑지역의 횡혈식전축분 보급이 지체되었을 가능성이 제기되었다.

9. 백제 한성기 기와와 낙랑

① 백제 한성기의 기와제작기법의 원류에는 두 가지 상이한 주장이 개진되었다. 첫째는 한대漢代의 전통적 제작기법을 채용하고 있으며 이는 낙랑지역의 경유를 통해 백제 한성기의 기와제작이 형성되었다는 주장이다. 둘째는 백제 한성기의 기와제작기법에는 낙랑지역 기와제작에서 보이는 기술적 계보가 부재함으로 백제의 기와제작은 중국 남방 즉 남조南朝의 기와제작 전통을 수용했을 가능성을 제기하였다.

② 백제 한성기 와당의 문양에 대한 토론에서는 낙랑 · 대방지역 계통의 문양 혹은 유사 모티브 부재不在, 문양의 채용과 그 경유과정 등에 대한 지속적인 검토 및 토론의 필요성이 제기되었다.

Ⅳ. 총평 및 향후 과제

1) 낙랑·대방의 영역권과 백제 태동기 및 성장기의 공간적 위치에 대한 지속적인 탐색이 필요할 것이며, 낙랑군 설치 이전의 인구이동 문제를 조명하고 당시 유입인구들에 대한 백제의 정치사회적 수용 입장과 태도를 심도있게 고찰하는 등 나아가 신라, 가야, 일본으로의 유입양상에 대한 논의도 진전되어야 할 것이다.

2) 중국계 토기인 백도의 유입과 유통과정은 그 배경과 의미에 대한 보다 확장된 논의가 필요하며, 동시에 낙랑·대방지역 출토 봉니자료에 대한 검토를 통하여 백제와의 공문행정 정황과 관련된 논의도 진행되어야 할 것이다. 아울러 백제문화에 이입된 중층적重層的 외래요소에 대한 종합적인 조명을 진행하는 연구방향 모색 및 낙랑의 고대사적 위치와 의미에 대한 재점검도 이루어져야 할 것이다.

컨퍼런스 5

백제의 성장과 중국

윤 용 구 인천도시공사

Ⅰ. 개요

Ⅱ. 주제발표

Ⅲ. 종합토론

Ⅳ. 성과와 과제

Ⅰ. 개요

한성백제박물관 백제학연구소는 2014년 10월 2일 “백제의 성장과 중국”이라는 주제 아래 제5회 쟁점토론회를 개최하였다. 이는 건국 무렵에서 동진東晉대(317~420)에 이르는 백제의 성장을 대중국 교섭을 통하여 살펴보고자 기획되었다.

문헌과 고고학 부분에서 3세기를 기준으로 각기 2주제를 선정하여 총 4개의 주제발표가 진행되었다. 이어 한성백제박물관 김기섭 전시기획과장의 주재 하에 오후 1시 30분부터 6시까지 종합토론이 이루어졌다. 발표와 토론 참석자는 다음과 같다.

▶ 주제발표

1. 「3세기 이전 마한백제의 성장과 중국」 윤용구(인천도시공사)
2. 「고고자료로 본 낙랑 · 대방군과 마한제국」 정인성(영남대)
3. 「4세기~5세기 초엽 백제의 대중교섭 양상」 여호규(한국외대)
4. 「고고자료로 본 한성백제와 양진, 십육국의 대외교섭」 조윤재(인제대)

▶ 종합토론

좌장 : 김기섭(한성백제박물관)

토론 : 김병준(서울대) 김무중(전 중부고고학연구소)
강종훈(대구가톨릭대) 성정용(충북대)

주제 배분과 토론자 선정 등 외형상 앞선 네 차례의 토론회와 큰 차이가 없었다. 하지만 기조발제가 없는 점, 그리고 발표자 네 분 모두 마한백제사와 해당 시기 고고학 전공자가 아니었다. 외부의 시각에서 백제사를 보려는 기획 의도가 엿 보이는 대목이다. 문헌사 분야의 토론자 또한 중국고대사(진한사秦漢史)와 신라사 전공자인 것도 같은 맥락에서 이해된다.

기획 의도에 부합하였는지는 몰라도 발표와 토론 내용은 종래의 통설적 이해와는 사뭇 다른 모습을 보여주었다. 나아가 열띤 토론에도 불구하고 미처 다루지 못한 부분이 많았다. 제7회 집중토론회('백제와 요서지역' 2015. 10), 제9회 집중토론회('백제의 성장과 낙랑 · 대방' 2016. 10)는 5회 토론회 결과 새로이 설정된 주제였다.

백제사 밖의 시각에서 바라 본 제5회 집중토론회의 주제발표와 종합토론 내용은 백제학연구소에서 정리하여 2015년 1월 31일 단행본으로 출간되었다. (「백제학연구총서 : 쟁점백제사 5」, 발표문 214쪽 + 종합토론 157쪽)

Ⅱ. 주제발표

중국사서에 보이는 백제의 대중국 교섭은 372년 정월 동진東晋 사행과 그 해 6월 동진에서 사신을 보내와 백제왕百濟王 여구餘句를 「진동장군령낙랑태수鎭東將軍領樂浪太守」에 봉작한 것이 처음이다. 물론 『삼국지』 동이전에 마한馬韓이 중국 군현과 교섭한 것을 통해 그 일원이던 백제국伯濟의 그것을 추적해 볼 수 있지만 그 한계 또한 명확하다. 이에 따라 4세기 후반까지 백제의 대중 교섭에 대한 연구는 백제 지역 내 중국계 유물의 출토 양상을 토대로 한 고고학계가 주도하였다.

대체로 3세기 중 · 후반 백제국伯濟國이 마한제국 가운데 두각을 나타내고 서진西晋과의 원거리 교역을 주도하면서, 4세기 들어서면 동진 등 남중국 여러 나라와 직접 교섭하였다는 논지의 연구가 제출되었다. 몽촌토성과 풍납토성에서 출토된 흑색마연토기를 비롯하여 전문도기와 시유도기 등 중국도자, '진식대금구'와 초두가 서진과의 교섭을 백제가 주도하고 동진에 이르는 직접 교섭의 근거로 제시되었다.

『삼국지』 한전에 대방군 기리영崎離營에서 전쟁을 벌인 한韓의 주체, 『진서』

본기와 마한전에 보이는 마한왕馬韓王의 원거리 교섭은 모두 백제가 주도한 것으로 이해되었다. 이에 따라 〔문헌사〕 부분의 발표는 기리영 전투를 통해 백제국의 마한 내 위상을 살펴보고, 『진서』의 조공기사에서 백제 주도로 유주자사부나 동이교위부에 이르는 장거리교섭을 확인할 수 있는지(윤용구), 이어 4세기 들어 동진 대 외국과의 교섭 양상을 통하여 백제와의 교류 및 책봉이 가능하였는지 나아가 낙랑, 대방계 주민 유입이 백제의 대중교섭에 준 의미 등을 다각도로 분석 하였다.(여호규)

검토 결과 246년 마한과 낙랑, 대방군 사이에 격렬하게 치러진 기리영 전투와 서진대 마한의 빈번한 조공 사행을 백제가 맹주 혹은 주도하여 시행한 흔적을 보기 어렵다는 사실(윤용구)을 들어 4세기 초반 백제는 동진과의 직접 교섭할 만한 여건을 갖추지 못하였으며, 동진 또한 370년 이전 외국 수장에게 책봉호 수여 사실이 없다는 점에서 372년 이전 백제에 대한 동진의 봉작 가능성은 희박하다고 보았다.(여호규) 그 보다는 전연에 내투한 낙랑・대방계 주민을 매개로 하여 모용 선비계 마구馬具 등 중국산 물품을 입수한 것으로 이해되었다. 또한 350년대 중반 고구려의 본격적인 남진에 따라 낙랑・대방계 유력세력이 대거 백제로 들어오면서 동진과의 직접 교섭에 필요한 항해술 등의 역량을 갖추어 나간 것으로 보았다(여호규)

문헌사와 마찬가지로 백제의 대중교섭 연구를 주도해 온 고고학 분야의 발표도 교섭의 양상을 심화하기 보다는 기왕의 연구를 돌아보는 내용으로 진행되었다. 곧 군현 설치 전 중국계 유물의 출토와 설치 초기의 부재 현상, 그리고 중국 본토에서 생산된 백색토기의 중서부 해안 출토의 의미 등이 강조되었고(정인성), 이어 서진 이후 동진대에 이르는 중국계 유물의 생산과 매납 현상, 그리고 관련 중국과 일본에서의 연구 내용을 종합적으로 소개,

검토되었다. (조윤재)

이 또한 마한백제의 대중 교섭이 군현설치 이후 시작되고 군현과의 관계에 시각이 고정된 문제점을 지적하고자 한 것이며(정인성), 중국계 유물의 생산지와 출토지역의 용도와 이용방식의 차이 등에서 다양한 시각에서 접근해야 한다는(조윤재) 고민이 담겨져 있다.

검토 결과 마한지역은 군현설치 이전부터 중국계 유물과 주민 이주의 흔적이 나타나지만, 오히려 군현설치 이후에는 영남지역과 달리 중국계 유물이 희박한 반면, 중국 산동지역 생산의 백색토기 등이 인천 영종도와 김포 운양동 유적에서 출토되는 등 군현세력과 무관한 교역 형태도 존재하며, 한편으로는 마한 제국 내와 진변한 지역과의 교역의 중요성을 강조하였다. (정인성)

서진 이후 교섭의 흔적으로 지적되어 온 흑색마연토기, 청동초두, 와당, 중국도자, 대금구, 증토축성蒸土築城 등에 대한 부분은 생산지 중국에서의 용도와 기능, 출토 사정 및 편년 등의 연구로 볼 때 그 동안의 이해와 차이나는 측면이 적지 않아 좀 더 신중한 접근이 요구된다는 점이 잘 적시되었다. 곧 중국계 유물의 제작시점, 백제 지역으로의 유입 및 폐기시점에 대한 연구자 간의 이해차이로 인한 해석의 어려움과 고민을 드러내 주었다. (조윤재) 2012년 전문도기와 시유도기에 대한 왕지고王志高의 연구는 기왕의 연구를 좀 더 차분히 살펴보는 계기가 되었다고 하겠다.

Ⅲ. 종합토론

종합토론은 발표 순서에 따라 토론자 4명의 논평과 발표자의 답변을 시작으로 진행되었다, 중간 휴식을 기준으로〔1부〕백제의 성장과 중국과의 관계, 〔2부〕백제의 중국 사행로와 교역품을 대상으로 배정된 시간을 넘겨 5시간 가까이 열띤 토론이 이어졌다. 주요 토론을 내용별로 정리하면 다음과 같다.

〔1부〕백제의 성장과 중국과의 관계	〔2부〕백제의 중국 사행로와 교역품
① 논평과 답변 ② 중국 사료에 나타난 백제의 성장과정 ③ 중국계 외래유물의 출토 양상과 해석 ④ 고대중국의 교역과 주변민족 통제방식	① 대중국 사행로 ② 백제마구의 변천과 중국 ③ 백제출토 중국자기의 의미 ④ 백제 지역 마구의 기원과 변화

먼저 윤용구의 발표에 대하여 김병준은 대체적인 공감을 표하였지만, 『진서』에 보이는 동이제국의 집단적 조공기사에 대해서는 돈황 현천치懸泉置출토 한간漢簡을 통해 사행의 실제적 상황은 재검토 되어야 함을 분명히 하였

다. 특히 마한왕, 진한왕이 거느린(?) 듯이 이해한 집단적 조공, 혹은 거명된 국가를 조공사절의 맹주盟主로 보기는 어렵다고 하였다. 돈황 한간에 보이는 서역 사절의 조공과 교역 사례를 보면 사행로를 따라 들어온 서로 관계없는 사행단의 집합일 뿐이라는 것이다.

이에 대해 발표자는 중국에 군사적 위협이 되지 않는 서역 쪽 사정과, 중원 쟁패에 필요한 배후지 안정 및 인적, 물적 자원의 공급처였던 동이지역에 대한 분리 조종을 목적으로 교섭하던 양상은 달리 보아야 한다는 점을 지적하였지만(윤용구), 돈황 출토 한간을 통한 조공의 실제적 양태를 이해하여야 한다는 것은 이론 없이 동의하였다.

정인성의 발표에 대하여 김무중은 발표자의 최근 연구는 매우 파격적이고 토론자로서 충격(?)을 받을 정도지만 그대로 따르기에는 의문도 적지 않다고 하였다. 예컨대 인천과 김포출토의 백색토기의 용도를 일종의 컨테이너이며, 그 원산지는 산동반도 용구시龍駒市(한대 황현黃縣) 일원이며 낙랑군과 별개의 교역 방식에 의해 이루어 졌다는 이해가 그것이라는 것이다. 또한 발표자의 파격적인 논의 과정에서 전후 연계 없이 이어진 부분 - 예를 들어 가평 대성리 출토 백색토기, 화성 기안리 출토 철기와 유입양상 등 - 에 대한 지적이었다. 요컨대 발표자의 새로운 문제 제기에 대한 세밀하고 전후 맥락을 고려한 보충 설명을 부탁한 것이다.

이에 대하여 정인성은 먼저 3세기 이전 백제 지역의 외래계 유물은 설명할 자료가 없다는 어려움을 토로하였다. 그럼에도 출토된 모든 유물은 낙랑군 설치 이후 가능하고 그와의 관계 속에서 이해해 온 기왕의 시각은 재고할 필요가 있다는 점을 강조하였다. 같은 맥락에서 개별 물품의 유통경로에 대하여도 정형적인 것도 있지만, 산동반도 생산의 백색토기 처럼 비공식적이고

일시적인 형태의 제3의 교역로도 고려할 필요가 있다고 설명하였다.(정인성)

강종훈은 문헌사 만이 아니라 전반적인 논평을 하였다. 곧 3세기 이전을 다룬 발표(윤용구, 정인성)에서 백제의 주도적 모습이 보이지 않는 다는 점, 4세기 초엽이후 백제의 대중교섭을 다룬 연구(여호규)의 경우 『자치통감』과 『진서』 모용황재기에 보이는 '봉유封裕의 상서' 는 1차 사료에 가까워 그에 처음 보이는 '백제'의 활동을 부여나 고구려의 오기로 보는 발표자의 견해는 따르기 어렵다고 하였다.

발표 주제와 달리 백제를 중심에 놓고 논지를 전개하지 못한 사실에 대하여 윤용구와 김병준의 보충 설명이 이어졌다. 『자치통감』과 『진서』에 보이는 '백제' 에 대한 질의에 여호규는 부족한 사료를 가능한 적극적으로 해석해야 한다는 지적은 동의하나, 역사적 사실과 배치되는 내용을 무리하게 해석하기 보다는 오기로 보는 것이 합리적이며, 더하여 『진서』의 봉유 상서도 윤색의 흔적이 많다고 하였다.

성정용은 조윤재의 발표에 대한 전반적인 동감을 표하면서 평소 궁금증에 대한 보충 설명을 요구하였다. 곧 유물의 편년에 대한 이견이 연구자 사이의 이해를 저해하고 있으며, 대금구의 사례처럼 중국과의 교섭을 분명히 보여주는 유물에 있어 문헌 부족으로 생기는 괴리를 어떻게 이해할지, 다른 한편으로는 중부지역(청주와 충주) 출토의 마구는 그 제작기법상 북방(선비계?)과 연결되는 것이 분명한데, 북한(낙랑)지역 고고학적 사정을 알기 어려워 유입 경로 등을 파악하기 어려움을 토로하였다.

이에 대하여 발표자(조윤재)는 왜래계 유물이 어떻게 백제의 '성장'에 대해 설명할 수 있는가 하는 물음에는 현재 명료하게 답하기 어렵다고 하였다. 단편적인 출토 양상을 가지고 보편적 이해로 전환하기에는 고민이 있을 수밖에 없다는 점을 말하였다. 에를 들어 흑색마연토기, 그 편년 등을 언급하면 진전된 이해가 아니라 미궁으로 빠지는 느낌이 든다고 하였다. 기와와 시유도기의 문제도 중국 내 출토와 연구 상황을 염두에 둔 국내 연구가 미진한 것이 문제인데, 중국 내 유물을 우리 시각에서 정리할 수 없는 어려움을 설명하였다. (조윤재)

Ⅳ. 성과와 과제

"백제의 성장과 중국" 이라는 주제 아래 제5회 쟁점토론회의 발표자는 모두 마한 또는 백제사 전공자가 아니다. 이는 문헌 분야 토론자도 마찬가지였다. 자연 발표자와 일부 토론자(김병준)의 주된 논지는 그간 마한백제사 분야에서 이루어진 중국과의 교섭에 대한 성과를 재검토해야 한다는 입장이다. 3세기 마한백제를 다룬『삼국지』한전에 대한 이해나,『자치통감』,『진서』에 처음 보이는 요서지역 '백제'에 대한 상반된 이해에서 표출되었다. 고고학 분야 군현 설치 이후 그리고 시종 낙랑・대방군 과의 교섭에 주안점을 둔 연구 태도에 대한 반성이 뒤따랐다.

중국과의 교섭기사는 거의 대부분 '조공朝貢' 의 형태를 보인다. 때문에 조공의 실제 상황을 재현하는 것이 무엇보다 중요하다. 토론 중에 김병준 선생님이 소개한 돈황 출토 한대 간독簡牘을 통한 사행使行과 조공품의 거래실태를 통하여 비교연구가 절실하다는 것을 토론 참석자 모두 공감하였다.[1] 또한 낙랑군 일변도에 의한 연구시각의 전환 필요성은 향후 이해방향을 제시한 것으로 평가되었다. 이를 주도하고 있는 정인성 선생님의 최근 연구를 주목해야 할 것이다. 아울러 유물을 통하여 보편적 이해 체계의 어려움과 중부지역 출토 백제 마구의 계통 문제에서 보는 대로 생산지와 경유지에 대한 연구의 필요성 또한 참석자 모두 공감하였다.

이런 점에서 제5회 쟁점토론회는 백제 밖의 시각에서 중국과의 교섭 문제를 다루어 본 첫 번째 학술회의가 아니었나 생각된다. 그 결과 토론자 강종훈의 지적대로 백제의 모습은 희미해 졌지만, 오히려 마한의 백제국伯濟國에서 4세기 이후 백제국百濟國으로의 변모 양상을 이해하는데 반드시 검토되어야 할 문헌과 고고학 분야의 여러 문제들이 노출되었다고 생각된다. 이때의 격렬했던 논쟁과 문제제기는 제7회(2015. 10)와 제9회(2016. 10) 두 차례의 집중토론회를 통해 계속되었다고 하겠다.

1) 김병준, 2011, 「敦煌 懸泉置漢簡에 보이는 漢代 변경무역」(한국문화재조사기관협회 편), 『한국 출토 외래유물 : 초기철기~삼국시대』, 1391~1410쪽.

컨퍼런스 6

한국사 속의 백제와 왜

정 재 윤 공주대학교

Ⅰ. 개요 - 문제의 제기

Ⅱ. 주제 발표 요약 - 주장 및 논거

Ⅲ. 종합 검토 - 합의점과 향후 과제

Ⅰ. 개요 – 문제의 제기

『일본서기』에 의하면 4세기 후반 근초고왕 때부터 백제와 왜의 교류 기사가 보인다. 이후 두 나라는 광개토왕의 남정 때 군사적 협력관계로 발전한다. 전지왕의 왜 파견은 이를 위한 인적 교류로 볼 수 있다. 5세기 후반에 이르러 좌현왕 곤지가 왜에 파견되며, 그 아들인 동성왕과 무령왕이 백제에 귀국하여 왕에 즉위한 것은 두 나라가 얼마나 밀접한 관계였는지를 알려주는 표지라 할 수 있다. 이에 이 시기 백제와 백제 교류 내용과 전개 양상 등 사실을 규명하고자 하였다.

다음으로 인적 교류는 의당 물적 자료를 동반한다. 백제와 왜 지역에서 그 흔적인 유적과 유물이 남아 있는 것도 이의 다름이 아닐 것이다. 전통적으로는 백제가 문물과 제도를 전파하였다는 입장이 강했지만 최근에는 한반도에서도 왜계 유적과 유물이 제법 출토되고 있다. 이에 두 나라 지역에서 보이는 유적과 유물의 문양과 형태, 제작 기법, 내부 장법 등을 고려하여 백제계 왜계임을 확인하여 그 경향성을 파악하며, 백제와 왜의 교류 실상을 구체적으로 확인하였다.

Ⅱ. 주제 발표 요약-주장 및 논거

1. 4세기 말~5세기 초 백제와 왜의 관계(홍성화)

1) 『일본서기』 신공기神功紀에 보이는 백제와 왜

● **주 장** : 신공기神功紀 기사는 일률적으로 기년을 120년 조정하는 것이 아닌 선별적으로 할 필요가 있다. 특히 신라와 관련된 것은 분리해야 하며, 5세기 초 광개토왕비문에 보이는 왜의 강렬한 기억이 윤색되어 과장된 것이다.

● **근 거** : 신공神功 5년조 신라 정벌의 미사흔 인질 기사는 400년 전후의 사건이며, 신공神功 섭정 전기 12월 우류조부리지간은 석우로 전승을 말한 것으로 253년에 해당한다. 동일하게 120년을 인하할 수 없는 분명한 근거가 된다. 목라근자의 신라 정벌을 광개토왕의 신라 구원과 연결하면 400년을 전후로 한 시기로 볼 수 있다.

2) 칠지도의 제작 연대와 제작 배경

● **주 장** : 칠지도의 제작 연대는 369년이 아닌 408년이며, 구이신왕이 태어난 것을 왜국에 알리기 위한 목적으로 제작되었다.

● **근 거** : 1981년 NHK 오사카 지국 칠지도 명문 X레이판독 '十'자와 '一'자가 검출되었다. 칠지도 제작일의 길상구설은 잘못된 것이며, 11월 16일 병오간지와 일치하는 것은 전지왕 4년(408)에 해당한다. 『고사기古事記』에 화이길사의 도일 때 횡도橫刀가 건너간 기사가 있으며, 이는 응신기應神紀에 해당되어 전지왕 때와 일치한다.

3) 광개토왕비문의 백제와 왜

● **주 장** : 신묘년조는 허구이다. 백제가 고구려에 대항하는 중심이었으며, 왜는 백제의 지원군에 불과하다.

● **근 거** : 영락 8년 백신토곡帛愼土谷은 예(숙신)로 보기보다는 백제로부터 얻은 새로운 변경이다. 이는 58성 700촌 기사와 연결되고 대치점은 소백산맥일원이며, 『일본서기』에 보이는 '동한지지東韓之地'를 말한다. 영락 17년조 정벌 기사를 후연으로 보는 견해도 있지만 『삼국사기』 광개토왕 11 · 13 · 14 · 15년조 후연과의 전투를 광개토왕비문의 17년조에 벌어진 정복전의 성과로 기록할 수 없다. 64성은 영락 6년 58성과 17년 6성을 더하면 숫자에서도 일치한다.

4) 5세기 초 백제와 왜의 관계

● **주 장** : 비유왕 2년(428) 이후 백제와 왜의 갈등이 백제와 신라의 화해로 이어졌다.

● **근 거** : 420년 구이신왕이 즉위할 때 목만치가 전횡했으며, 이는 구이신왕이 재위하고 있던 시기의 사실을 함축한 것이다. 427년 구이신왕의 서거는 모종의 정변으로 비유왕 즉위 후 왜의 송에 대한 한반도 남부에 대한 제

군사권을 자칭 혹은 제수 요청은 백제와 왜 사이의 갈등에서 비롯되었다.

2. 5세기 백제계 도왜인- 곤지계를 중심으로(정재윤)

1) 5세기 동북아정세와 백제 · 왜

● **주 장** : 5세기 왜5왕의 자칭호는 한반도 남부 관할권의 주장보다는 백제와 신라의 협력 관계에 대한 주도권 싸움이다.

● **근 거** : 438년 왜는 유송劉宋에 백제를 포함한 6국제군사六國諸軍事 봉작을 요청했으나 안동장군만 인정되었다. 왜왕 무武가 다시 7국제군사七國諸軍事를 요청했고, 백제를 제외한 육군제군사만 승인하였다. 이때는 유송 말기로 책봉국으로서의 통제력을 거의 상실한 특수한 상황이다. 더욱이 백제의 진동대장군 칭호는 왜왕보다 더 높아 백제에 대한 관할권을 주장한 것은 모순이다. 이는 왜왕이 지방의 수장층에 대한 초월적인 권위를 행사하기 위한 국내용으로 신하들과 격차를 벌이며, 자신만이 한반도 제국과 교섭할 권한이 있다는 것을 보여주려는 의도이다.

2) 곤지의 도왜와 활동

● **주 장** : 곤지는 도왜인들의 밀집 지역인 치카츠아스카 지역에 정착하였으며, 백제의 이익을 위해 복합적인 활동을 하였다.

● **근 거** : 치카츠아스카 지역은 오사카만에서 야마토를 연결하는 교통의 요지로 선진문물을 받아들이는 통로이며, 백제와 왜의 교류에 일정한 역할을 할 수 있는 위치이다. 백제계 도왜인들은 이 지역을 개발하여 상습범람 지역에 둑을 쌓고, 새로운 농업기술을 도입하면서 옥토로 바꾸었다. 곤지는

도왜인들의 구심점 역할을 하면서 유사시에 왜의 군사 지원을 요청하며, 백제 중심의 국제 관계 유지 등 복합적인 역할을 하였다.

3) 동성왕의 즉위 기반과 왜

● **주 장** : 동성왕이 즉위할 수 있었던 것은 아버지인 곤지가 왜에서 조성한 기반과 국내에서의 기반 등이 결합된 곤지계의 적장자였기 때문으로 보인다. 하지만 동성왕은 즉위 후 왜와의 관계가 원활하지 못하였다.

● **근 거** : 왜왕 책봉설, 백제와 왜측의 상호필요설 등은『일본서기』에 의존한 왜의 역할을 강조하는 모순에 빠진다. 진씨 옹립설, 목씨 도움설 등은 국내 세력의 동향에 주목하였으나 곤지의 역할을 축소하였다. 다만 동성왕대 친왜 정책이 보이지 않고, 친신라 혹은 남조 중심의 외교 노선으로의 전환은 백제와 왜의 교류가 원만하지 않았다는 것을 보여준다.

4) 무령왕의 출자와 귀국 시기

● **주 장** : 무령왕은 곤지의 아들로 현재 가당도加唐島에서 태어난 것으로 정리되고 있으나 신중할 필요가 있다. 곤지와 헤어진 후 규슈 지역에서 성장했으며, 한성 함락 후 귀국하였다.

● **근 거** : 무령왕이 개로왕이 아들이라면 산달이 임박한 부인을 보내고, 혈육을 동생에게 양보하는 것도 이상하다. 곤지 아들설은『일본서기』가 참조한 사료 중 가장 신뢰할 만한『백제신찬』에 근거한 것이다.『일본서기』에 보이는 개로왕 아들설은 후에 정리된 것이며, 찬자의 모호한 논평이 이를 보여준다. 이는 무령왕의 가계를 한성시대 왕통과 연결시킴으로써 그의 정통성을 확보하기 위한 목적으로 정리한 것이다. 탄생지를 가당도加唐島로 비정하는

것은 이 섬의 동굴에서 태어난 아이가 왕이 되었다는 불확실한 전설에 근거한 것이다. 그 근거로 백제와 왜와의 항로상 길목에 해당한다는 점을 들고 있으나 설화의 변형을 무시했고, 당시 항로는 이끼섬 동쪽에서 후쿠오카로 가는 방향이어서 일치하지 않는다. 귀국 시기 또한 바로 백제로 보내졌다고 하나 도군嶋君과 주도主嶋 등의 전설이 남아 있는 것은 무령왕이 이곳에서 유년시절을 보냈기 때문에 가능하다. 오히려 귀국하여 궁궐에 살았다면 몰살당하였을 것이다.

3. 왜에 남겨진 백제문물(서현주)

● **주 장** : 대표적인 유구로는 횡혈식석실분, 벽주건물지, 토기요지, 말 유적을 들 수 있다. 유물은 위세품인 금동관모, 금동식리, 용봉문환두대도, 원두대도, 금 · 은상감장식대도, 수대경, 동제다리미와 양이부호, 개배, 삼족배, 단경호, 시루, 장동옹, 토제연통, 아궁이틀 등 다양하다. 지역적으로 규슈와 긴키 지역에 집중되지만 쥬고쿠, 시고쿠, 간토 지역까지 널리 분포한다. 초기에는 마한 계통의 유적과 유물이 규슈를 중심으로 확산되지만 5세기대 이후 점차 중심지가 기나이 지역으로 옮겨지고, 지방 대 지방의 교류에서 왕과 왕의 교류로 급격히 발전하였다.

● **근 거** : 3~4세기대 마형대구, 이중구연호, 양이부호, 토제연통 등 마한계 유물이 일본열도에 등장한다. 마한 단계에서는 일본과의 교류가 상당히 넓다. 이 중 시고쿠, 쥬고쿠 지역이 중심인 토제연통은 취사와 난방시설이어서 이주와 관련 있다. 마한계 토기가 출토되는 대표적인 취락은 4세기대 후쿠오카현 니시진마치유적(부뚜막, 이중구연호)을 들 수 있다. 3세기부터 간헐

적이지만 이주를 포함한 교류가 이루어졌다. 연질토기는 점차 하지키화되어 현지에서 생산되며, 도질토기는 삼족배와 고배 등 중앙과 관련이 있는 것도 있지만 완, 광구장경호, 삼족배, 단경호, 개배 등 호서와 호남 지역의 토기가 주류를 이룬다. 물론 일본에서 제작된 것들도 상당수 있다.

변환점은 5세기대이다. 이때 백제계 벽주건물지와 횡혈식석실묘 등이 조성되어 기나이 지역 묘제에 영향을 주었다. 벽주건물지는 구들시설과 토제연통이 함께 보이므로 백제계 이주민으로 볼 수 있다. 이는 5세기대 위계가 있는 사람의 이동과 관련이 있고, 중심 지역은 기나이이다. 토기와 철기 생산유적, 도수시설, 말사육장 등 기술과 관련되며, 5세기 중엽부터 신라 · 가야 자료에 비해 뚜렷하다. 특히 5세기 후엽~6세기대에는 최고의 위계를 갖춘 고분부장품이 추가된다.

장신구, 장식대도, 마구, 동제품은 백제와 매우 유사하나 점차 변형되어 일본에서 현지화하였다. 백제의 기술이 전수되어 만들어진 것이다. 이는 백제와 관련을 맺었던 일본 내 지역세력으로 보인다. 토기는 영산강유역의 자료가 많은 편이다. 조족문이 타날된 것은 한식계 토기이며, 6세기대의 단경호는 거의 영산강유역의 것이다. 오사카 북부 지역의 토제아궁이틀의 성행도 영산강 유역 출신 주민들의 이주와 정착을 보여주는 것으로 5세기 후엽 백제계 이주민의 정착화가 어느 정도 진전되면서 나타난 현상이다. 5세기경부터 뚜렷한 변화가 인지되며, 경기와 호서, 호남 지역 사람들의 이주로 이어진다. 규모가 크고 기나이 지역이 중심이다. 이주민들은 토기나 철기생산, 말 사육 등에 참여하면서 기술을 전수하였다. 이는 기나이 정권과 백제 중앙이 개입한 것이며, 왕족 외교와 관련된다. 이때 생산과 사육 등의 기술자 집단의 이주가 이루어진 것으로 보인다. 다만 여러 지역의 대형 고분(반즈카,

에나후나야마 고분)에서 출토되는 백제계 장신구 등 금속유물은 기나이 정권을 통해서라기보다는 일본 각 지역 세력이 직접 입수했을 가능성이 크다.

4. 백제에 남겨진 왜의 문물(김낙중)

1) 고분

● **주 장** : 왜계 고분은 연안항로의 교역로에 위치하고, 점차 지역적으로 확산되며 현지화하였다. 교역체계의 붕괴로 토착세력이 주도하였다. 전방후원형 고분의 피장자는 현지인으로, 왜 지역 세력과의 정치적 유대의 상징으로 조영하였다. 고분에 둘려 세워진 토제품은 왜 묘제의 일부 요소를 받아들여 현지 세력이 창조한 것이다. 횡혈묘 피장자는 왜인이며, 북부 규슈와 관련된다.

● **근 거** : 왜계 고분은 연안항로의 이용과 직접 관련된 곳에 위치하였다. 왜적인 요소를 많이 보이는 고분(고흥 야막, 해남 외도, 신안 배널리 고분)이 먼저 단독으로 축조되며, 최상급의 위세품과 무기류가 부장되었다. 토기가 없는 것을 볼 때 왜인일 가능성이 높다. 교역체계의 붕괴로 아리아케 연안 세력이 한・왜 교섭의 중심적인 역할을 하였으며, 항해자들은 현지 세력들과 우호관계가 필요하였다. 이처럼 왜계 고분은 교역로 확보의 보장 등을 상징적으로 표현하기 위해 주요 관측 지점에 축조한 것이다. 왜와의 교역에는 남해안 지역이 먼저 참여하고, 중서부 및 남부 내륙지역 사회도 참여하였다. 규슈계 횡혈식석실묘는 북부규슈형의 영향을 받았으나 현저한 개별성과 변용이 가해졌다. 단발적으로 축조되어 계통적인 발전 과정을 찾아보기 힘들며, 북부규슈의 공인 혹은 축조 집단이 반드시 직접적인 관계를 가졌다고 보기 어렵다. 도입형-발전형-창출형으로 발전된 것으로 보인다.

전방후원형 고분은 단축과 장송과 관련된 돌출부는 전혀 확인되지 않는다. 석실구조에서 다양하고, 부장유물도 현지계, 백제계, 왜계 등 복합적이고 다원적인 양상을 띤다. 이처럼 계통이 다원적일수록 피장자는 현지인일 가능성이 높다. 전방후원형분은 영산강유역 세력이 백제 왕권과의 거리 유지의 표상으로 조성된 것이며, 이와이 정권과 관련된 북부규슈계로 보인다. 고분에 둘러 세워진 토제품은 제사라는 본질보다 분구 수립이라는 형식만이 일부 받아들여져 하나의 상징으로 작용한 것이다.

횡혈묘는 5세기 후반~6세기 전반 공주·부여에 분포하며, 현지의 취락 단위까지 깊숙이 정착한 모습을 보인다. 백제토기, 스에키 흔적, 철기류 무기류 부재, 방추자 등을 볼 때 피장자는 왜인일 가능성이 높다. 백제 왕권의 통제 아래 왜 왕권과 일정한 관계를 맺고 있던 규슈계 사람들이 정착하며 조성된 것으로 보인다.

2) 유물

● **주 장** : 스에키 토기는 왜인의 활동을 반영하는 자료로 현지에서 생산하였다. 무덤에서 출토되는 갑주는 교역 확보를 위해 증여를 하였기 때문이며, 왜경은 규슈 북부의 유력자가 관여한 것으로 보인다. 부안 죽막동 유적은 국가적 제장에서 중국과의 교섭을 목적으로 한 외교 교섭의 장으로 활용되었다.

● **근 거** : 스에키 토기는 고분뿐만 아니라 주거지, 도랑, 제사유적에서 확인되었다. 이 중 개배가 가장 많고, 유공광구소호, 고배, 유공장군 등 5세기 중 · 후엽부터 6세기 중엽에 걸친 TK208~10형식이 주로 출토되었다. 반입품보다는 기술을 도입한 현지 생산일 가능성이 높다.

대금식갑주는 대부분 일본열도산으로, 교류로 도입되었거나 자체적으로 제작한 것으로 보인다. 대금식판갑은 실제 활용하기보다는 매장의례에 사용된 것으로 보아야 한다.

왜경은 5세기 후반에서 6세기 초로 비정된다. 이와 동반되는 유물은 백제, 가야, 신라 등 복수의 왕권으로부터 유래한 것이며, 대형 거울은 출토되지 않았다.

부안 죽막동 유적은 4세기 말~5세기 초에는 제사에 백제토기가 사용되었다. 그런데 5세기말~6세기 전반에 이르러 토제마土製馬, 중국청자도 사용되며, 가야계토기와 스에키 토기가 출토되어 국제적 제사지로 활용되었음을 알 수 있다.

Ⅲ. 종합 검토– 합의점과 향후 과제

1. 4세기 말~5세기 초 백제와 왜의 관계

『일본서기』 신공기神功紀 기사를 통해 근초고왕대 마한 복속과 가야 진출에는 동의하였다. 다만 가야 연구자인 이근우는 신공기神功紀 기사가 임나일본부설의 입론을 위한 허구이며 믿을 수 없다하여 다른 입장을 표명하였다. 이는 백제사와 가야사의 접근 시각이 다른 점을 분명하게 보여주는 것으로 추후 진지한 논의가 필요하다.

구체적으로 살펴보면 발표자는 목라근자의 활동 시기를 신라 기사와 연결시켜 5세기 초반으로 보고 있으나 이는 근초고왕의 업적과 관련시켜야 성립하며, 분해론은 자의적인 면이 강하여 논지에 맞게 취사선택되었다는 비판이 있었다. 신공기神功紀는 백제가 중심이 된 기사이지, 신라나 가야를 동일선상에 놓을 수 없다는 것이다. 이를 고려하면 백제 기사와 신라 기사의 계통이 다를 수 있으며, 신라 기사에 천착하면 전체 기사의 성격에 큰 영향을 준다는 사실을 고려해야 할 것이다.

칠지도의 경우 새로운 판독은 동의하기 힘들다는 반론도 있다. '오五'자를

'十一'자로 보았으나 새로운 글자가 들어갈 정도가 아니라는 것이다. 5세기 초는 근초고왕대와 달리 백제의 위기상황이다. 이때 왜왕을 후왕이라 칭하면서 칠지도를 하사하는 상황은 성립할 수 없다. 곡나 철산도 5세기 초에는 고구려 수중에 들어간 것도 고려해야 한다. 이처럼 칠지도 제작 시기는 기존 통설을 부정할 만한 결정적 단서가 보이지 않는 한 현재와 같이 근초고왕대로 보는 것이 옳다고 판단된다.

광개토왕비문의 토론에서는 이미 초토화된 백제를 5만의 보기步騎로 다시 공격하는 등 너무 백제로 한정되어 광개토왕의 업적이 평가 절하된다는 주장도 있었다. 그럼에도 불구하고 영락 8년조와 17년조는 공격 대상을 백제로 볼 가능성이 있다는 점은 인정하는 분위기였다. 다만 '동한지지東韓之地'의 위치 비정이 일반적이지 않으면서 이의 획득으로 연결시키는 것은 기존 견해와 너무 큰 차이로 신중해야 하며, 후연과의 전쟁 기사가 없는 점도 고려해야 할 것이다.

5세기 초 백제와 왜의 관계에 대한 토론에서는 20살의 목만치가 전횡을 한 응신應神 25년조의 연대를 믿기 어렵고 번국관에 의한 기사로 사료 신뢰도 낮다는 반론이 있었다. 또한 목라근자의 신라 정벌을 400년으로 보면 영산강 유역 정벌 시기도 이때로 보아야 하며, 서로 연동되기 때문에 자의적인 해석은 불가하다는 노중국 선생의 질의도 있었다. 굳이 목만치와 목협만치를 동일 인물로 볼 필요는 없다는 것이다. 더불어 왜가 백제의 도움없이 중국과 독자적 교류가 가능할까 의문을 표하기도 했다. 결국 목만치의 활동을 믿는다면 발표자의 의도와 달리 왜의 영향력을 과소평가할 수 없다는 점으로 연결되며, 당시 서해횡단항로 내지는 사단항로가 개통되지 않았다는 점에서 백제의 도움 내지는 묵인 없이는 불가능하다는 결론에 도달한다. 이에 대해서는 신중한 검토가 요망된다 하겠다.

2. 5세기 백제계 도왜인 - 곤지계를 중심으로

왜왕의 자칭호에 대해서는 완전한 허구에서 출발한 것이 아니며, 장군의 높낮이가 도독제군사의 권한을 제약하는 것은 아니라는 반론도 있었다. 하지만 유송劉宋이 군사지배권까지 인정할 권한은 없고, 국제사회에서 왜보다 백제의 위상이 높다는 것에는 대체로 동의하여 반론에 대한 의의제기가 있었다. 주보돈은 왜가 백제와의 관계를 주도하였다는 논의는 주객이 전도되었다고 보는 것이다.

곤지가 치카츠아스카 지역에 정착하였고, 백제계 도왜인들의 구심점 역할을 하였다는 것에는 대체로 동의하였다. 다만 곤지가 왜 정착했는지에 대한 보완 설명이 필요하다는 의견도 있었다. 무령왕의 곤지 아들설에 대해서는 공처제도 등에 의해 『일본서기』에 보이는 개로왕의 아들설이 맞는다는 반론과 『백제신찬』의 곤지 아들설이 더 신뢰할 수 있다는 재반론도 있었다. 이런 상반한 견해는 어느 사료를 신뢰할 수 있는 것에 대한 검증과 사료의 내용이 갖는 정황과 모순점을 대비하는 면밀한 검토가 다시 이루어져야 할 것이다. 곤지의 항해는 쿠로시오 해류가 쓰시마 섬을 북단으로 감싸 돌고 있기 때문에 쓰시마 남단으로 갈 수 없고, 북단을 통해 이키로 연결되는 항해로가 보다 합당하다. 따라서 현재 남단에서 가카라시마加唐島로 항로는 수정 필요하겠다.

곤지의 정착지를 아스카베신사 주변으로 보는 것도 신중한 검토가 요망된다. 아스카베신사는 아스카센즈카의 대규모 백제계 도왜인들의 무덤군이 있는 제의 시설일 뿐 활동지로 확정할 수 있는 것은 아니다. 이러할 경우 당시 교통로인 다지히미치丹比道가 지나는 모리모토杜本신사 부근이 아닌가 추정된다. 더욱이 이곳 주변에 아스카천이 흐르고 있기 때문에 아스카와의 관련성이 더욱 커진다. 따라서 현재의 아스카베 신사를 곤지의 정착지로 보는 것은 신중해야 하며, 이를 규명해야지 활동상을 제대로 밝힐 수 있다고 생각한다.

끝으로 백제-신라, 백제-왜의 동맹을 역동적으로 접근한 것은 참신한 시각이다. 다만 지나친 이분법적인 접근보다는 상호보완적 외교로 볼 필요도 있겠다.

3. 왜에 남겨진 백제문물

토론을 통하여 백제 고고학 자료가 5세기를 전후한 시기에 본격적으로 등장하며, 여러 지방 · 지역의 토기 등이 보이는 것에는 동의하였다. 이는 마한 · 백제 지역이 영남지역보다 더 발전된 생활문화 기술을 가지고 있었기 때문으로 보인다. 다만 받아들이는 왜의 선호도 차이도 고려해야 한다는 신중론도 있었다.

과제로는 지역 자료가 중앙을 통한 교류인지, 지역끼리의 교류인지 등에서는 논란이 될 수 있다. 한반도 지역 세력들의 독자적인 교류 가능성도 제기되었다. 또한 이주와 교류를 구별할 필요가 있다는 문제제기도 있었다. 교류는 대상물이 있어야 하며, 예를 들면 왜계 토기는 그 자체가 아니라 내용물도 주목해야 하는 것이다. 이를 통해 현상이 아닌 교류 물품에 주목할 필요가 있다는 것에 동의하였다. 아울러 이주와 교류 혹은 토착화에 대한 표준화 작업도 필요하다는 의견도 있었다.

4. 백제에 남겨진 왜의 문물

논의에 앞서 먼저, 영산강유역 석실, 규슈형 석실 등 용어의 정확한 사용이 필요하다는 지적이 있었다. 이에 규슈형 석실에 동의하였고, 전방후원분과 장고분의 용어 사용도 제기되었으며, 대체로 전방후원형분에 동의하였다.

부안 죽막동 제사유적은 국제적 제장으로 알려졌으나 가야계라고 볼 수 있는 자료가 없다는 반론이 제기되었다. 대가야계 철모 · 무기류는 왜계일 가능성도 있다는 홍보식의 주장에 대하여 추후 별도의 연구를 통해 이를 반영해야 하다는 요청도 있었다.

다음으로 영산강 유역은 정치체로는 백제나 고고학적으로는 6세기 전엽까지는 백제로 볼 수 없다는 견해에 대하여 명확한 기준을 제시한 후 타당성 검토가 필요하다는 반론도 있었다. 문헌사학에서는 영산강 유역을 백제가 근초고왕 때부터 지배한 것은 큰 문제가 없으며, 고고자료가 바로 나오는 것은 아니며 점진적으로 변화된다는 점을 고려해야 한다는 지적도 있었다.

유적과 유물의 양상에 대한 구체적인 토론도 있었다. 한국의 전방후원형분은 계단형이 아니며, 일본의 전방후원분을 모방한 것에 불과하다. 그 표지인 원통형토기도 일본 것은 거의 없으며, 변형된 타입으로 서로 모방하는 현상이 나타난 것으로 보는 우재병의 주장도 있었다.

컨퍼런스 7

백제의 왕권은 어떻게 강화되었나

박 현 숙 고려대학교

Ⅰ. 개요

Ⅱ. 주제 발표의 내용 및 논거

Ⅲ. 핵심 논쟁 토론 요지

Ⅳ. 결론 - 합의점과 향후 과제

Ⅰ. 개요

4권은 백제의 왕권이 어떻게 강화되었는가를 통해 한성백제의 중앙과 지방의 문제를 풀어내고자 한 결과물이다. 중앙이란 핵심 권력집단과 그들이 자리 잡고 있는 지리적 공간과 그들이 보유한 조직과 체계 등을 포함한다. 이 중앙의 한 가운데 왕이 있었으며, 왕은 통치를 위한 권력을 행사하였다.

왕권과 중앙의 형성 및 지방에 대한 통치는 고대국가의 성립 과정과 궤를 같이 한다고 할 수 있다. 따라서 4권에서는 백제 한성시기 왕권의 문제를 통해 중앙집권화의 시기에 대한 논의를 진행하였고, 중앙과 지방과의 관계를 문헌 사학과 고고학 분야의 연구 성과를 통해 밝히고자 하였다.

Ⅱ. 주제 발표의 내용 및 논거

1. 백제 국가의 형성과 발달 과정을 둘러싼 중요 쟁점 (이현혜 발표)

한국 고대의 국가형성 과정에 대한 연구는 1970~80년대에 활발한 논쟁을 거치면서 용어도 다양해지고 각 단계별 변화과정에 대한 개념도 점차 구체화되었다. 그러나 연구자마다 용어와 성격에 대한 이해에 있어 다른 양상을 보이고 있다.

성읍국가설에서는 성읍국가-연맹국가-집권적 귀족국가 단계로 나누고, 부체제설에서는 소국-소국연맹-부체제-집권적 고대국가 단계로 구분하고 있다. 성읍국가설에서는 연맹왕국 단계를, 부체제설에서는 부체제의 성립시기를 백제의 국가성립기로 보고 있다. 이현혜교수는 현재 한국 고대사학계에서 백제 국가는 3세기 후반 고이왕대(234~286)에 연맹왕국 또는 부체제 단계에 이르고, 4세기 중엽 근초고왕대(346~375)가 되면 중앙집권적 귀족국가 단계에 진입하였다는 설이 받아들여지고 있는 것에 대해 의문을 제기하였다. 소국연맹체의 맹주국인 백제국을 '연맹왕국 백제'로 부풀려 해석한 것은 아닌지, 고이왕대 백제국 단계에서 과연 부部를 상정할 수 있는지에 대해 의

문을 제기한 것이다.

또한 근초고왕(346년 즉위)대는 귀족국가 단계로, 내물마립간(356년 즉위)대는 연맹왕국 단계로 백제와 신라의 국가발전 단계를 차별하여 주장하는 것이 합리적인가에 대해서도 지적하였다. 그리고 근초고왕대 백제 영역 중에서 직접통치 지역이 어느 정도 비중을 차지하는지가 중요하다고 보았다. 근본적으로 국가형성 단계에 있어서 백제사 연구자들이 신라사보다 많이 앞서 중앙집권적 고대국가를 설정하는 것에 대해 문제점을 제기하였다.

2. 한성 백제의 중앙집권화 정도에 대한 연구의 평가 (박현숙 발표)

'한성 백제의 중앙 집권화'에 대한 기존의 연구사를 정리하였다. 먼저『삼국사기』초기기록의 해석 문제와 국가 발전단계론의 적용 문제, 그리고 다양한 중앙집권화의 지표들에 대해 논의하였다. 중앙집권화의 지표로 1. 왕위계승의 문제 2. 중앙관료체제의 정비 문제 3. 지방 통치체제의 구축과 대민지배의 문제 4. 불교의 수용 문제 5. 율령 반포의 문제 6. 왕도의 정비 문제 7. 역사 편찬의 문제를 검토하였다. 중앙집권의 지표를 어떻게 설정하는가에 따라 중앙집권화의 시기와 강도는 달라질 수 있기 때문이다. 모든 요소를 만족하는 단계를 중앙집권이라고 할 것인지, 아니면 왕권강화 또는 고대국가의 지표와 나누어 지방에 대한 직접 통치가 실현되는 시점을 중앙집권화의 단계로 볼 것인지에 대한 정확한 개념 정의의 중요성을 지적하였다.

이러한 지표의 양상을 통해 한성 백제의 중앙집권화 기점을 1. 고이왕대 설 2. 근초고왕대 설 3. 개로왕대 설로 나누어 검토하였다. 영역 팽창과 통치제제를 정비한 근초고왕대가 한성백제에서 중앙집권화 된 시기라는 것에 대해 많은 학자들이 동의하고 있다. 그러나 이를 한성백제의 중앙집권화 시점으로 볼 것인지, 중앙집권화의 성숙단계라고 볼 것인지에 대해서는 아직 다양한 해석의 여지가 있다고 하였다.

3. 고고자료에 투영된 한성백제의 중앙과 지방 (이한상 발표)

고고자료를 통해 중앙과 지방사이의 공통점과 차이점을 확인하고자 하였다. 공통점을 볼 수 있는 자료로 토기양식(금강 이북), 금속 용기, 진식대금구, 금제 이식, 수입품, 유리와 옥석제 장신구 등이 있다며 이를 중심으로 고찰하였다. 백제의 금속제 장신구문화의 출발점은 진식대금구로 대표되는 외래문물이었지만, 곧 백제적인 장신구 문화를 만들어냈다.

백제 유적에 대한 분포조사 및 발굴조사가 상당히 진척된 상황임에도 백제 양식의 금공품(관, 비녀, 이식, 팔찌, 대금구, 식리)이 출토된 유적은 백제 영역 내에 고르게 분포하지 않고 금강 수계에 밀집되고 있다. 그 외에 남한강과 섬강이 합류하는 지점에 법천리 고분군이, 해안에 인접한 서산 부장리 고분군, 고창 봉덕리 고분군, 고흥 안동고분에도 출토 유적이 분포한다. 수입품(진식대금구, 금속용기, 도자 등)의 경우, 왕성이었던 풍납토성을 비롯해 한성이 압도적인 우위를 보이고 있다.

위세품으로 보면 묘제는 다양하다. 이는 집권력의 한계나 지배방식의 특징 때문에 묘제나 토기의 다양성이 존재한 것으로 본 것이다. 지방에서 대형고분을 축조하고 중앙에서 제작한 고급 물품을 보유한 것은 기왕의 자치력을 보유한 것으로 보았다. 이와 같이 4~5세기 백제 중앙에서 지방의 자율성을 용인한 것은 지방지배의 효율성 때문이라고 하였다.

4. 백제 한성도읍기 중앙과 지방의 성립과 지방통치 (노중국 발표)

한국고대 사회에서의 국가발전단계를 읍락단계-국단계-국연맹단계-부체제-중앙집권단계로 보고, 이를 백제사에 적용하여 분석하였다. 국國 및 국연맹단계에서는 중앙과 지방이 성립되지 않았다고 보았고, 부체제는 3세기 후반인 고이왕대에 성립된 것으로 보았다. 부체제가 성립되면서 맹주국의 중심지였던 국읍은 수도로서 기능하게 되었고, 편입된 국國은 지방으로 편제되어 갔다. 이리하여 중앙과 지방이 생겨나게 되었다고 보았다. 부체제 단계에서 백제의 영역 지배와 관련하여 국왕의 직할지는 직접지배가 행해졌고, 부의 장들이 주관하는 곳에서는 간접지배가 행해졌다고 보았다.

백제가 부체제 단계에서 중앙집권적 국가체제 단계로 넘어가는 토대가 마련된 시기로 비류왕대를 주목하였다. 지방통치조직의 설치와 직접지배로의 변화와 관련해서는 근초고왕대(353년) 담로제의 실시에 주목하였으며, 영토의 확장과 함께 담로제도도 확대 시행하였음을 밝혔다. 이와 관련하여 한성시기에 그치지 않고, 남방 경략과 영산강 유역 병합과 북방으로의 진출 문제 등을 다루었다. 한편, 왕·후호의 검토를 통해 이를 담로의 장長이 아니라 봉호로 파악하였다. 그리고 위신품과 관련하여 금동관을 부장한 무덤의 피장자는 지방세력이나 토착세력이 아니라, 그 지역의 출신자로서 왕·후호를 받아 중앙에서 활동하다가 죽은 피장자의 귀장의 결과로 파악하였다.

5. 백제 한성기의 지방도시 (박순발 발표)

한성백제의 왕권이 어떠했는가를 알기 위해서는 중앙 권력뿐 아니라 지방에 대한 통제력을 통해 알 수 있다. 본 발표에서는 지방이라는 중앙에 대응되는 개념을 도시사적 관점에서 지방도시로 보고 살펴보았다. 지방도시란 중앙집권체제의 성립을 전제로 한다. 3~5세기 무렵의 각지 묘제 변화와 토기 등의 유물상의 변화를 통해 이 문제에 접근하였다. 4세기~5세기 후반에 백제 영역을 설정하는 데 근거가 될 수 있는 고고학 자료로 한성 양식 백제 토기의 분포, 중국제 청자 등의 위신재, 금동제 관모·식리·장식대도의 분포, 산성과 같은 군사적 거점 등을 들었다.

한성기에 백제 지방도시가 출현하고 있다며, 취락의 구성요소에 의해 5개 등급으로 구분하였다. 백제의 지방도시는 상위 취락유형(주거지+저장시설+생산시설+분묘+방어시설)에 해당된다. 특히 연기 나성리 취락은 원삼국 단계의 취락 기반이 없는 새로운 곳에 취락이 형성되었다. 아직까지 마한 속국 단계의 도시적 면모를 보이는 취락이 분명하지는 않지만, 나성리 유적을 통해 보면 늦어도 4세기말·5세기 초 무렵 이후에는 도시적 주민으로 구성된 백제의 지방도시가 등장하고 있었음을 밝히고 있다.

Ⅲ. 핵심 논쟁 토론 요지

1. 문헌자료 연구 성과 정리

1) 연맹왕국과 귀족국가의 개념

이현혜교수는 연맹체는 수평적이고 횡적인 관계이고, 연맹왕국은 상하수직적인 지배 복속의 관계를 형성한 것으로 구분하였다. 부체제는 결국 연맹왕국 단계의 국가 운영체제의 한 형태로서 그 시작 시기는 백제 고이왕, 신라 내물왕, 고구려 태조대왕이라고 보았다. 그리고 연맹왕국 단계에서는 지배 복속을 유지시키기 위해 간접통치를 한다고 설명하였다.

반면 노중국교수는 연맹왕국이라는 정의가 모호하므로 사용하지 않고, 기록에 보이는 부체제를 사용하였다. 지방통치 조직이 만들어져야 중앙집권체제가 갖추어지는 것이므로, 부체제는 연맹단계에서 중앙집권체제로 넘어가는 과도기적 모습을 보여준다고 하였다.

전덕재교수는 3세기 후반단계 신라사에서 사로국과 진한 소국과의 관계는 지배복속 관계로 이해할 수 있으므로 연맹왕국으로 이해할 수 있다고 보았다. 이에 대해 이희준교수는 진한연맹체라고 하면 대등한 관계에 있는 소국들의 연맹으로 보아야 한다고 지적하였다.

전덕재교수는 신라사에서 4세기 후반 나물마립간대가 아니라 3세기 후반에도 연맹왕국이라는 개념을 쓸 수 있으며, 그럴 경우 3세기 후반 백제 고이왕 단계와 연결시킬 수 있고, 근초고왕대는 신라 마립간시기와 대비된다고 보았다. 이에 대해 노중국교수는 영역이나 지배구조 등 구체적인 접근이 필요함을 이야기 하였다.

2) 한성백제의 중앙과 지방에서의 부

● 부部와 부체제

임기환교수는 고구려, 백제, 신라의 '부'는 똑 같이 표현되었지만, 그 실제 내용이나 관계에 있어서 상당한 차이가 있다고 보았다. 박현숙교수는 연구자에 따라 부체제를 정치운영의 단위로 쓰거나 국가 발전의 단계로 달리 쓴다고 지적하였다. 전반적으로 국가발전단계로 이해하는 연구자들은 연맹왕국의 또 다른 표현으로 사용하고 있었다. '삼국의 '부'를 삼국 모두 동일한 성격이나 양상으로 이해하는 것은 어렵지 않은가.'라는 의견이 많았다.

● 고고자료를 통해 본 부部

백제 부의 범위 역시 다양한 의견이 제기되었다. 강현숙선생은 고구려의 경우 고분군들을 구분해보면, 대략 장백, 임강, 집안, 환인, 압록강 이남에 독로강 유역의 고분군들로 나눌 수 있다고 보았다. 기원전 2세기나 1세기경은 균질한 모습을 보이고 있는데, 이를 5부, 5나, 나부와 대응시켜 볼 수 있다고 하였다. 5부에서 점차 변화가 보이는데 집안지역의 무덤들이 큰 무덤으로 모이는 시기가 있고, 또 그것에서 다시 구역이 분화되는 단계들이 있다고 보았다. 이는 5부가 중앙의 부로 변하고, 그 다음에 중앙집권국가로 변화하는 단계를 적석총을 통해 볼 수 있다고 하였다.

● 3~4세기 정치발전단계와 부체제

권오영교수는 삼국의 부部 문제를 부체제 속에 묶을 수 있을지 회의적으로 보았다. 그리고 『삼국지』를 중심으로 한 단선론적 진화에 대해서도 부정적으로 보았다. 3세기 후반 사로국이 주변국에 대해 상대적 우위를 점하였느냐에 대해서 고고학적으로 밝히기 어려우며, 백제도 신라에 비해 빠를 것이 없다는 이현혜교수의 글에 공감하였다. 위세품을 통한 지방관계나 성의 축조 등을 보았을 때, 백제가 조금 빠를 수 있다는 발전과정에 설명에 대해 큰 차이는 없지만 약간의 시차가 있음을 인정해야 한다는 지적을 하였다. 이에 대해 이현혜교수도 직접통치를 하는 영역의 확보는 백제가 신라보다 넓었다고 보았다. 그러나 풍납토성의 3세기 후반대 축조설에 대해서는 의문을 제기하였다. 그리고 낙랑, 대방군의 제재가 있었을 것이므로 2군이 멸망하는 313년과 314년을 경계로 백제는 그 이전과 이후로 구분해야 한다고 보았다. 노중국교수는 중국사서의 동이전을 통해 부체제단계는 직접지배와 간접지배가 있지만, 근초고왕대는 중앙집권체제가 갖추어졌다고 보았다. 그리고 고이왕대의 체제정비를 주목해 볼 수 있으며, 풍납토성의 축조시기가 3세기 중후반이든 4세기 초반이든 풍납토성은 부체제가 갖추어져 가는 과정에서의 결과물이며, 고이왕대가 부체제에 해당되는 중요한 기점이라고 정리하였다.

2. 문헌과 고고자료의 조화 모색

1) 위세품 사여를 통한 중앙과 지방과의 관계

이한상교수는 백제에서 만든 가장 빠른 금속제 장신구는 4세기말~5세기초로 비정되는 공주 수촌리 1호정도로 보았다. 위세품 사여 문제도 백제와 신라의 차이가 있다고 보았고, 이희준교수는 그리 큰 시차는 아니라고 보았다. 이한상교수는 백제는 위세품을 보았을 때, 지역들이 점으로 연결되고 장기적이기 보다는 단발적이므로 오히려 지방에 관철되는 중앙의 지배력이 선진적이거나 조숙한 것으로 파악하였다.

권오영교수는 가랑비녀는 중국계 백제인으로 볼 수 있으며, 이는 중국계 이주민들을 왕성 근처에 집단 이식시켰던 흔적이 아닐까 생각되므로 이를 위세품으로 보기 어렵다고 지적하였다. 그리고 봉덕이나 길두리를 지방으로 볼 수 있는지에 대해서도 의문을 제기하였다. 위세품 사여의 시점이 백제 중앙과 지방관계인지? 중앙과 지방 관계를 맺기 위한 것인지는 미세한 차이가 있다고 하였다. 백제의 위세품이 나타나는 지역에 따라 그것이 어떻게 쓰여졌는지 변별할 수 있는 방법을 개발해야 한다고도 하였다. 백제계 귀금속 장신구가 출토된다고 해서 모두 다 백제의 지방은 아닐 것이라는 점을 강조하였다. 이에 대해 이한상교수는 백제의 경우 금동관을 가진 중앙에서 파견된 사람들일 수 있으며, 이 점이 신라와 다른 점이라고 보았다.

2) 한성백제의 중앙과 지방관계를 보여주는 고고자료

● **한성백제의 지방도시 양상**

권오영교수는 박순발교수의 발표와 관련해서 나성리 유적이 백제 지방도시로서 특별한 것이지 일반적인 것인지를 질문하였다. 박순발교수는 이에 대해 나성리 유적의 경우는 내부적으로 뭔가 재편되고 있었고, 그 동력은 백제 중앙과 분리해서 보기 어렵다고 하였다. 권오영교수는 나성리 유적을 세종시와 같은 백제의 신도시로 추측했다. 박순발교수는 주변의 송원리 유적이나 송담리 유적은 원삼국시대부터 지속되는 곳으로 보았다.

● 지방지배의 고고학적 증거

전덕재교수는 한성백제의 영역지배과 관련하여, 간접지배는 영역범위가 아니라고 지적하였다. 그러나 노중국 · 박현숙교수는 간접지배도 통치방식의 일환으로 보아야 한다고 말하였다. 한편, 박순발교수는 나성리 유적의 경우, 고구려 토기가 나오는 것으로 보아 한성기 말기까지만 이어진 것으로 이해하였다.

이희준교수는 지방도시가 어떻게 형성되었고 어떻게 지속되느냐가 그 성격을 아는 데 중요하다고 보았다. 신라의 경우는 신라 토기나 위세품들이 공통점을 보이며 고총이라는 현상이 나타나서 간접지배를 말하기 쉬운데, 백제사는 그대로 적용하기 어렵다고 보았다. 백제사도 고고학 자료를 지방지배와 관련시킬 수 있는 논리를 개발해야 할 것임을 지적하였다.

● 지방도시 묘역의 피장자 성격

박순발교수는 고고자료를 통해 지방도시의 장송의례가 국가적 레벨이라고 말할 수는 있지만, 백제 중앙산 금동제 신발 등이 나온다고 해서 피장자 모두를 지방의 수장이라고 단정하는 것은 문제가 있다고 보았다.

● 4~5세기 지방도시의 고고학적 양상과 구조

박순발교수는 지방도시의 특징은 도시적 주민과 집주集住라고 하였다. 도시적 주민이란 1차 생산으로부터 자유로운 주민 즉 농업에 종사하지 않는 별도 직역의 사람들을 말하며, 이들의 집주지가 도시라고 정의하였다. 나성리는 군사, 경제 2개와 관련된 도시로서 사방을 따져보면, 600m, 300m정도 된다고 하였다. 임기환교수도 나성리는 중앙권력이 지방에 미칠 때, 새로운 형태의 지방에 관철되는 좋은 사례로 보았다.

Ⅳ. 결론 - 합의점과 향후 과제

합의점보다는 서로 다른 해석이 가능함을 확인하는 자리였다. 그러나 백제의 중앙과 지방, 왕권, 그리고 국가 형성과정에 대해 앞으로 해결해야 할 과제들을 다시금 짚어보았다는 점에서 의미 있는 시간이었다.

문헌이나 고고학 자료를 통해 한성시기 왕권이 강화되고 백제의 중앙과 지방이 생겼으며, 나성리와 같은 백제 중앙에 의한 지방도시의 발전 사례를 확인할 수 있었다. 그러나, 『삼국지』와 『삼국사기』 초기기록의 해석 등 아직 많은 이견이 있다. 부部의 범위에 대해서도, 부체제의 성격에 대해서도 서로 이해가 다름을 확인할 수 있었다.

문헌기록상 중앙집권화의 지표인 율령 문제도 고이왕대, 근초고왕대, 개로왕대 등 다양한 의견이 공존하고 있다. 또한 중앙에서 지방으로의 위신재 사여 등의 양상과 지방도시의 형성, 왕권의 위상, 국가 성격을 어떻게 볼 것인가에 대해서도 백제사 내에서, 그리고 백제사와 신라사 간에 관점의 차이가 있음을 확인하였다.

고고자료의 분포범위와 정치제의 영역과 관련해서도 토기 분포만으로는 이야기하기 어렵고, 토기와 고분 등이 종합적으로 논의되어야 할 것이다. 그리고 중앙집권화의 지표에 대해서도 고민해 보아야 한다. 모든 요소를 만족하는 단계를 중앙집권이라고 할 것인지, 아니면 왕권강화 또는 고대국가의 지표와 나누어 지방에 대한 직접 통치가 실현되는 시점을 중앙집권화의 단계로 볼 것인지에 대한 동의가 먼저 이루어져야 할 것이다.

백제, 고구려, 신라 국가의 발전과정은 비슷한 단계를 보이는 듯하지만, 그 양상이나 시기 설정에 있어서는 상이점이나 특수성이 드러나기도 한다. 이러한 부분들을 어떻게 해석할지에 대한 논쟁은 당연히 겪어야 할 과정이라고 생각된다. 그러나 이 논의를 발전적으로 진행시키기 위해서는 역시 한국고대사에서의 중앙과 지방, 지배와 복속, 간접지배와 직접지배, 부체제와 연맹왕국 등 역사 용어에 대한 공통된 개념이나 인식이 필요함을 다시 한 번 느끼게 된다.

컨퍼런스 8

백제와 요서지역

임 기 환 서울교육대학교

Ⅰ. 주제 발표 요약 - 주장 및 논거

Ⅱ. 주요 논점과 전망

백제의 요서 진출[경략]에 대한 논의는 백제사 연구에서 오랜 쟁점적 주제이면서도 이에 대해 한자리에 모여 본격적인 토론을 벌인 경우는 거의 없었다. 2015년 10월에 한성백제박물관 주관 학술토론회가 그 첫 자리라는 점은 백제 요서 진출에 대한 논의가 학술외적인 요인에 의해 다루기 다소 껄끄러운 주제였다는 면을 보여주기도 한다.

물론 백제 요서진출설에 대한 연구논문은 제법 많은 성과가 있으며,[1] 또한 지금까지 제출된 연구 성과만으로도 관련 사료에 대한 검토를 포함하여 제기될 수 있는 거의 모든 논점이 다 나왔다고 볼 수 있다. 따라서 앞으로는 좀 더 확대된 연구방법으로 접근하는 방안을 모색할 필요가 있다. 『송서宋書』 동이전 등 관련 사료도 보다 엄밀한 사료 비판 과정을 통하여 사료의 형성과정이나 각 사료 간의 연관성 등이 해명될 필요가 있으며, 정황론의 입장에서도

1) 본서의 윤용구 논문 참조

당시 요서지역의 상황은 물론 동북아 전체의 정세에 대해 보다 정밀한 검토가 뒷받침되어야 하겠다. 또한 요서지역의 물질 자료를 통해 백제와의 이 지역의 연관성을 추적하는 고고학적 연구도 시도되어야 하겠다. 당시 학술회의에서도 이런 여러 접근 방안들을 시도하여 그 성과들을 발표하였다. 이 학술회의의 발표문과 지정토론, 종합토론에서 다루어진 주요 내용과 쟁점들을 정리하도록 하겠다.

Ⅰ. 주제 발표 요약 – 주장 및 논거

1. 고고학적으로 본 요서지역 (박순발)

박순발은 전국시대에서 삼연三燕에 이르는 시기의 요서 지역의 고고학문화의 전개 양상을 통해 '요서백제'의 가능성을 탐색하였다. 본 발표문에서는 '극동아시아농렵구'라는 발표자 득의의 개념과 용어를 사용하여 눈길을 끌었는데, 여기서는 발표문 중 백제의 요서경략과 관련된 부분만 정리하도록 하겠다.

먼저 전국戰國시대 요서지역의 고고자료를 검토하면서 능하凌河유형 청동기문화를 요동지역 비파형동검, 점토대토기 문화의 전파의 결과이며, 이는 청동기문화를 영유하는 주민 즉 맥족貊族이 이주한 결과로 파악하는 견해에 박순발은 동의하고 있다. 그 뒤 전국 중기에 연燕 문화가 요서지역으로 확산되고, 전국 후기에는 요동지역까지 연燕 문화가 확산되는 것으로 파악하고 있다.

다음 한위漢魏시기의 요서지역은 중원의 한족漢族 정권과 조환烏桓, 조비鮮卑의 각축장이라고 볼 수 있다. 2세기초에 한漢왕조는 오환, 선비 등을 변군邊郡

에 사민 안치시키고, 요동속국遼東屬國을 통해 통제하였다. 207년에는 요서지역의 오환烏桓, 한족 20만호를 내지內地로 사민시키게 되는데, 그 결과 요서지역에서 한족漢族 관련 고고자료가 희소하게 되었다.

그 뒤에 130만 인구에 달하는 선비족이 요서지역으로 진입하게 되며, 이후 요서지역은 모용 선비계 고고학 문화자료 일색으로 바뀌게 되었다. 오히려 요동지역의 경우는 공손씨公孫氏 정권이 성립하여 한족漢族문화를 수용하였고, 그뒤 조위曹魏의 정벌로 인해 인구가 1/3로 감소되었지만, 다시 서진西晉 말에 유이민의 이주 등으로 인구가 증가하게 되는데, 전체적으로 요동지역의 고고학문화는 중국 내지內地의 한족漢族 문화가 지속되는 양상을 보인다.

한편 요서지역에 근거를 마련한 모용부慕容部 선비鮮卑족은 3세기말 4세기초에 유이민을 대거 받아들이고, 한족漢族 출신 사족士族들을 영입하면서 성장하였다. 그리하여 이후 요서지역에는 모용 선비의 고고학문화 자료가 주류를 이루는데, 대표적인 고고문화 자료로는 사다리꼴 평면의 수혈식 토광, 석곽묘로서 한족문화와 차별되며. 토기 문화에서도 고유성을 드러내고 있다. 물론 일부 석실묘, 벽화묘는 한족 문화의 영향이다.

이상과 같이 요서지역의 고고자료의 변화 양상을 찾아보면 현재까지는 '요서백제'의 실체와 관련되는 그 어떤 고고문화 자료도 찾을 수 없는 상황임을 확인할 수 있다. 다만 백제의 직구단경호, 직구광견호 등의 기종은 요서지역의 견부문양대를 가진 직구호등과 관련되기 때문에, 백제국가 성립기에 요서 지역과의 인적 왕래의 가능성을 상정해 볼 수 있다는 박순발의 견해는 유의된다.

2. 16국시대 요서의 인구 증감과 전연前燕, 후연後燕, 북연北燕의 대응 (최진열)

문헌자료상에서 요서지역에 백제가 진출할 가능성이 있는지에 대해 요서지역을 지배하였던 여러 왕조와 관련된 문헌자료를 종합적으로 검토하는 것이 최진열의 발표에 주문한 기획 의도였다. 이에 최진열은 주로 전연과 후연의 흥망 과정 및 이 과정에서 요서 일대의 인구 문제를 중심으로 접근하고 있다. 그 내용 중에서 요서 일대의 주민 이주 문제에 초점을 맞추어 정리하도록 하겠다.

먼저 모용부 전연前燕 치하의 요서의 상황을 요약한다. 모용부는 요서를 기반으로 세력과 영토를 확장해갔다. 그 과정에서 단부段部, 우문부宇文部, 부여, 고구려 등을 정복하거나 혹은 주민을 이주시켜 요서 일대에서 다수 인구가 유입되고, 특히 수도 극성棘城 일대로 사민이 이루어졌다. 문헌자료에서 최소 133,000호 이상으로 확인된다. 그리고 수도 주변에 교군僑郡을 설치하여 중국계 유민, 항민 집단을 안치하는데, 문헌자료에서 최소 25,000가 이상을 확인할 수 있다. 이러한 인구의 대규모 유입으로 인해 봉유封裕는 요서의 후진적인 농경 수준으로는 농경지 및 식량 부족의 가능성을 예상한 정책을 제안하기도 하였다.

그 뒤 전연前燕은 화북지역으로 영토를 확장하면서, 수도를 용성龍城에서 계薊로, 다시 업鄴으로 천도하였다. 이러한 천도에 따라 40여만 구로 추정되는 선비인 및 한인 관료 등이 중원으로 이주하였으며, 자료상으로 고구려, 부여인도 함께 이주하였음을 알 수 있다. 천도 이후 용성龍城에 유대留臺를 설치하여 정치적 상징성에 맞게 조처하였으나, 이후 요서지역으로 더 이상의 인구 유입은 없었다.

이후 전진前秦 시기에 요서지역은 중요성이 떨어지면서, 요서 일대 인구가 감소하였을 가능성이 있다. 비수 전투 이후 전진前秦이 몰락하고 모용수가 후연後燕을 건국하여 화북지역과 요서, 요동을 차지하게 된다. 이후의 요서, 요동지역을 둘러싼 정세를 보면, 모용농이 여암餘巖 형제를 패배시키고, 고구려에게 빼앗긴 요동과 현도 2군을 회복하여 용성에 주둔하는데, 이 시기에도 요서로의 인구 유입 흔적은 찾기 어렵다.

그 뒤 모용보가 북위北魏에 패배하여 다시 용성龍城으로 천도하게되는데, 이때 중산中山을 탈출하면서 보기步騎 15만명의 상당수 인원 및 모용씨 집단과 관리 등 지배층 일부가 용성龍城과 요서로 이주하였다. 후연은 용성을 기반으로 고막해, 거란, 고구려를 공격하여 경제적 기반을 확보하려고 하였지만, 이런 대외전쟁은 대부분 실패하였으며, 오히려 모용희의 학정으로 인구가 감소하였을 가능성이 있다. 이후 북연北燕 때에도 세력 축소하였는데, 확인 가능한 북연의 인구는 최소 48,700 ~ 최대 58,700가家 수준에 머물렀다.

이와같이 최진열의 발표 내용을 통해서 파악할 수 있는 전연前燕, 후연後燕, 북연北燕 시기의 요서지역의 상황을 보면 문헌자료상으로도 백제가 요서지역을 경략하는 흔적을 찾아보기 어렵다고 판단된다.

3. 백제 '요서진출설'의 문헌적 검토 (윤용구)

윤용구는 백제 요서진출설에 대한 관련 사료를 이해하는 측면에서 접근하여 관련 사료의 긍정론과 부정론, 그리고 절충론으로 나누어 연구 동향을 정리하였는데, 이에 대한 요약은 생략한다.

그리고 윤용구는 몇가지 논점을 제기하였는데, 먼저 사료 상으로는「양직공도梁職貢圖」에 요서를 점령한 주체로 백제百濟가 아닌 낙랑樂浪으로 기록한 점을 어떻게 이해할 것인가를 중요 논점의 하나로 들고 있다. 그리고 1990년대 이후 요서의 부여계夫餘系 유민 활동과 연관하여 이해하는 견해가 등장하였는데, 이 경우에도 부정론(여호규)과 긍정론(강종훈, 정재윤)으로 나뉘어지고 있다. 그런데 윤용구는『진서晋書』와『자치통감資治通鑑』에 보이는 부여계 유민 여암餘巖의 "영지웅거令支雄據" 기록은『십육국춘추十六國春秋』후연록後燕錄의 기록으로 추정되어『송서宋書』보다 원사료의 모습을 전해주는 것으로 이해되는데, 다만 여암餘巖 관련 기록을 백제의 것으로 착오하였다는 논거는 불충분하다고 지적하고 있다.

윤용구는 백제 요서진출 관련 사료를 검토하면서 관련 사료를 크게 4개의 단락으로 구분하고 있다. ①『송서』백제전의 "百濟略有遼西",『남제서』백제전의 ② "魏虜攻百濟", ③ "自晋代授蕃爵", 최치원의 상태사시중상上太師侍中狀에 보이는 ④ "百濟南侵北撓" 기사로 나누어본 것이다. 이 중 ④ "百濟南侵北撓" 기사는 사실로 보기 어렵고, ①과 ②, ③ 기사도 서술 시점의 차이가 크고, 두 사건이 연속된 것으로 이해할 단서도 없기 때문에 별개로 검토해야할 자료임을 지적하였다. 또『남제서』의 ②, ③ 기사는 해당 사건과 동시기의 기록이라는 점에서 무시하기 어려운 자료로 보고 있다. 윤용구의 검토와 같이 백제 요서진출과 관련된 사료에 대한 철저한 사료비판적 검토가 선행되어야 함을 강조하고 싶다.

4. 4세기 전반 백제군百濟軍의 요하遼河 일대에서의 활동에 관한 기사의 검토 (강종훈)

강종훈은 백제의 요서 진출에 대해 긍정적인 입장을 취하고 있는 연구자이지만, 하북진출설이나 대륙진출설에 동의하지는 않으며, 요서진출의 양상도 최소한의 수준으로 파악하고 있는 소극적인 긍정론의 입장이라고 할 수 있다. 이번 발표에서 강종훈은 『송서』 등 백제요서진출과 직접 관련된 사료를 검토하지 않고, 그 이전 시기의 역사상을 보여주는 자료라고 할 수 있는 『진서』 모용황재기 및 『자치통감』의 백제 기사에 대한 검토에 초점을 맞추었다.

그에 앞서 『남제서』 백제전의 "魏虜又發騎數十萬 攻百濟…. 襲擊虜軍 大破之"의 '위로魏虜'는, 같은 백제전의 모대牟大의 상표문의 내용 중 고구려를 가르키는 '험윤獫狁' '흉리匈梨'에 대한 『남제서』 찬자의 오인의 결과임을 주장하였다. 즉 사료상 오기誤記의 사례로서 제시한 것이다. 마찬가지로 『진서晉書』 모용황재기慕容皝載記 소재 봉유封裕 상서문上書文의 사료적 가치를 파악하기 위해 『자치통감資治通鑑』 소재 봉유封裕 상서문과 비교 검토하였다. 그 결과 『진서晉書』 모용황재기 소재 봉유 상서문은 대체로 원본에 충실함을 확인할 수 있으며, 따라서 봉유封裕 상서문에 보이는 백제가 부여夫餘의 오기일 가능성은 없다고 본다. 즉 현행 연구에서 '부여' 대신 왜 '백제'라는 명칭이 들어갔는지를 논증하지 못하고 있다고 비판한다.

결론적으로 1차 사료의 성격상 봉유封裕 상서문의 '백제'와 『자치통감資治通鑑』의 부여 멸망 기사에서 보이는 '백제' 기사는 그 자체 '백제'라는 존재로 받아들이는 것이 합당하다는 입장으로서, 그러한 정황으로 보아 백제가 어느 시기에 요서에 진출하는 것이 사료상으로 부정할 수 없다는 입장이다.

5. 백제 요서진출설의 연구와 역사교육
- 국사 교과서 서술을 중심으로 (임기환)

임기환은 백제의 요서진출이나 대륙진출설이 한국사 교과서에서 어떻게 다루어지고 있는지에 대해 검토하였다. 요서진출설이 한국사 교과서에 실린 것은 3차교육과정 국사 교과서부터이며. 이후 교육과정별 교과서마다 백제 요서진출설에 대한 서술 비중이나 기술 내용에서 다소 차이를 보이고 있으나, 전체적으로는 3차교육과정 국사 교과서의 서술 내용과 방향에서 벗어나지 않는다. 교육과정별 교과서 서술 내용에서 보이는 차이도 역사학계 관련 연구 성과와는 무관하며, 오히려 민족사의 긍지와 자부심을 교육하는 역사교육 소재의 하나가 되었던 점과 관련되어 있다.

3차교육과정 교과서에서는 '점령'이라는 표현을 사용하면서 백제 고대 상업세력, 무역국가의 거점으로서 성격을 시사하며, 4차교육과정부터는 '진출'로 표현의 수위는 낮추었지만, 내용적으로는 오히려 1세기 이상 진출하였다고 하여 군사적, 정치적 경략이란 성격으로 바뀌고 있다. 5차교육과정에서는 "백제의 세력권"이란 표현이 등장하며, 동시에 대외무역과 관련된 해상활동이라는 성격도 함께 기술되고 있다. 5차교육과정 이후에는 내용 준거안이 만들어져 일종의 지침 역할을 하였는데, 준거안이 요서진출설을 고착화하는 역할을 하였다.

6차교육과정 교과서에서는 백제의 '해상세력권' 및 요서진출의 배경으로서 백제 수군의 역할이 등장하며, 중국 사서인 『송서』와 『양서』 백제전에 근거하고 있음을 기술하여 역사적 사실로 확정하고 있다. 학술적 근거도 없이 백제 수군의 활동이라는 서술이 등장하는 것은 곧 백제의 요서진출설이 국사 교과서 서술 내에서 점차 자체 논리를 만들어가는 과정에서 나타난 결과로 보인다. 이처럼 6차교육과정 교과서가 요서진출에 대한 가장 확정적인 태도를 보이고 있다.

이와 같이 역대 국사 교과서에 기술된 백제 요서진출 역사상 자체가 매우 혼란스럽게 기술되고 있는데, '점령', '진출', '장악' 등 여러 층위를 갖는 용어가 나타나며, 진출의 내용과 성격에 대해서도 군사적 지배인지, 고대 상업무역기지인지 혼란스럽게 역대 교과서에 기술되어 있는 상황이다.

그러나 이후 한국고대사학계에서 백제 요서진출설에 대한 비판적 연구가 지속되면서, 교과서 서술에서도 영향을 주어, 2009 교육과정 집필기준에서는 백제 요서진출설에 대해 학계에서 논란이 있음을 제시하는 방식으로 서술 방향이 변화하였다.

이상에서 살펴본 바와 같이 백제 요서진출설은 학계 연구 성과의 충분한 뒷받침이나 통설로서의 합의 없이, 학문외적인 분위기에서 한국사 교과서에 역사적 사실로 수록되고, 이후에도 이에 대한 깊은 성찰이 제기되지 않은 채 교과서에 관련 기술이 지속된 대표적인 사례라고 할 수 있다.

Ⅱ. 주요 논점과 전망

위의 다섯 발표문과 각 발표의 지정토론 및 종합토론을 통해서 백제 요서진출설에 대한 선행 연구 동향의 논거들을 포함하여 종합적인 검토가 이루어졌다. 먼저 박순발의 발표에서와 같이 요서지역의 고고자료에 근거해서는 백제의 진출 여부를 판단할 수 있는 자료는 현재까지는 없다. 그렇다면 적어도 일부 남조계南朝系 사서史書에 보이는 백제군百濟郡이나 진평군晉平郡 등의 군현 지배의 가능성은 배제해도 좋지 않을까 판단된다. 따라서 현단계에서 요서진출설에 대한 논점은 다시 문헌자료에 대한 이해로 돌아오게 된다.

그런데 최진열의 발표에서 잘 드러나는 바와 같이 문헌자료에 의거하여 이른바 모용부慕容部 삼연三燕 시대의 요서 지역의 정치적 상황 및 주민의 이주나 인구 문제 등과 관련된 변화상에서도 특별히 '백제'의 요서 진출과 관련된 양상을 찾아보기 어렵다는 결론에 잠정적으로 이르게 된다.

따라서 요서진출설에 대한 논의는 다시 백제의 요서진출에 대해 직접적으로 언급한 사료, 그 자체로 모아지게 되었다. 이는 지금까지 선행 연구의 초점이나 연구 맥락과 그리 다르지 않은 상황이다. 다시 말해서 그동안 문헌자료에 의한 백제 요서진출설에 대해 긍정적 입장과 부정적 입장(불신론)에서 논의들이 있어 왔는데, 이러한 연구동향 및 관련 사료에 대한 재검토가 현 시점에서 다시 필요하다고 판단된다.

요서진출설에 대한 연구사에 대한 정리는 여러 연구가 있으므로, 여기서는 토론의 방향을 정리하기 위한 주요 논점만 간략히 살펴보자.

먼저 요서진출설에 대해 부정적인 입장에서도 여러 논거들을 제시하고 있지만, 주된 논거는 정황론과 전거론이라고 생각한다. 정황론은 백제가 요서로 진출하게 되는 배경, 백제의 해상능력이나 군사력의 문제, 당시 요서지역의 정황과 동북아 국제정세 등 여러 정황을 고려할 때 백제의 요서진출이 성립하기 어렵다고 본다. 따지고 보면 전거론도 정황론을 전제로 하고 있다. 즉 전거론은 백제 요서진출을 언급하는 관련 기사가 『송서宋書』 등 사서史書 편찬을 담당한 사가史家들의 오해와 착오의 결과라는 주장인데, 이러한 전거론도 당시 정황상 백제 요서진출이 어렵다고 보고, 그렇다면 관련 기사가 어떻게 등장하게 되었는지를 추정하는 연구 방법이기 때문이다.

이러한 백제 요서진출을 부정하는 입장에 대한 비판도 바로 이러한 정황론의 관점에 맞추어져 있다. 즉 정황론은 역사적 상황에 대한 선입관으로 오히려 사료 해석에 지나침이 있거나 자의적으로 사료를 구성하고 있다고 비판하는 것이다.

백제 요서진출의 가능성을 긍정하고 있는 입장을 보인 연구자들도 관련 기사 중에 적지 않은 문제점이 있음을 인정하고, 다만 『송서』 등 사서史書에 대한 사료적 신뢰도가 그리 낮지 않지 않기 때문에 신중한 재검토가 필요하다는 점에서는 동의하고 있다. 그러나 관련 사료 각각에 대한 사료 비판적 입장에서는 서로 상당한 차이가 있기 때문에 일괄적으로 말하기 어렵다. 관련 사료 전체를 인정하고 백제의 요서진출을 장기간으로 상정하거나 화북진출까지 확장하는 견해가 있는 반면에 최소한의 단기간의 진출로 한정하는 견해까지 다양한 층위를 보이고 있다.

그렇다면 긍정론이든 부정론이든 간에 향후에는 백제 요서진출과 관련된 사료 자체에 대한 검토가 핵심적인 논점으로 집약될 수 있겠다. 그리고 관련 사료는 윤용구의 발표대로 3그룹의 자료로 나누어볼 수 있으며, 사료가 보여주는 상황을 연결해서 파악할 것이 아니라, 개별 자료로 구분해서 검토해야 할 것이다.

먼저 『남제서』 백제전의 "魏虜攻百濟" 기사는 강종훈의 발표에 의해 『남제서』 찬자의 오해일 가능성이 제기되었다. 이 견해가 앞으로 하나의 논점이 될 수 있다.

둘째, 『송서』 백제전의 "其後高驪略有遼東, 百濟略有遼西" 기사를 『진서』와 『자치통감』에 보이는 부여계 유민 여암餘巖의 "영지웅거令支雄據" 기록 및 고구려의 요동군·현도군 점령 기사에 대응시켜, 이 기사에 대한 『송서』 찬자의 오해에서 비롯되었다는 점이 주요 논점의 하나가 될 수 있다. 현재로서는 절충론에서 가장 합리적인 설명 방식이라고 필자는 판단하는데, 이에 기초하여 요서진출에 대한 부정론(여호규)과 긍정론(강종훈, 정재윤)이 모두 제기되고 있다.

다만 이러한 설명을 인정한다면, 이어지는 기사인 "百濟所治, 謂之晉平郡晉平縣"라는 기사가 어떻게 나타나게 되었는지를 설명하기 어렵다. 또한 『양서梁書』의 관련 기사 "晉世句驪旣略有遼東, 百濟亦據有遼西·晉平二郡地矣, 自置百濟郡"과 같은 기사의 출현 맥락도 함께 설명될 필요가 있다. 그리고 이 해석은 『송서宋書』 백제전 기사의 시점을 385년으로 고정시키게 된다.

셋째, 「양직공도」 기사인 "百濟舊(東)夷馬韓之屬, 晋末句麗略有遼東, 樂浪亦有遼西晋平縣"의 해석에서 "句麗略有遼東樂浪, 亦有遼西晋平縣"로 해석하는 견해도 제기되었다. 「양직공도」 기사와 『송서』 기사의 원전적 성격에 대한 검토와 더불어 주요 논점의 하나가 될 수 있다.

넷째, 강종훈의 발표문에서 제기한 『진서晉書』 모용황재기 소재 봉유 상서문의 백제, 『자치통감資治通鑑』의 부여夫餘 멸망기사의 '백제百濟'의 존재에 대해서도 사료의 신뢰성 여부 및 이들 기사에 백제의 존재가 나타나게 되는 배경에 대한 검토가 필요하겠다.

마지막으로 요서진출설이 한국사 교과서에 수록되어 왔고, 앞으로도 수록될 가능성이 높기 때문에 이 문제도 짚어져야 하겠다. 현행 교육과정이나 집필기준처럼 한국사 교과서에서 백제에 요서진출설에 대해 학계에서 논란이 있다고 서술하는 것으로만 그쳐서는 곤란하다. 논란이 되는 역사상이 교과서에 실리기 위해서는 그만한 역사교육적 가치를 지녀야하는 것이며, 또 학생들이 이러한 논란을 이해해야하는 역사교육의 목적과 의미를 갖추어야 한다. 이점에서 백제 요서진출설을 한국사 교과서에 기술하는 문제는 처음부터 재검토되어야 할 것이다.

컨퍼런스 9

개로왕의 꿈, 대국백제

양기석 충북대학교

Ⅰ. 개요 - 문제 제기(양기석)

개로왕대는 백제 한성시기를 마무리하고 웅진시기로 이어지는 하나의 획기라는 점에서 백제사상 중요한 의미를 가진다. 이 주제는 백제 한성시기의 마지막인 개로왕蓋鹵王(재위 455~475)대를 대상으로 그 치세의 역사와 정치 상황을 종합적으로 검토하여 전반적으로 개로왕이 과연 어떤 왕이었는지에 대한 평가를 내리자는 것이다. 종래 개로왕이 475년 고구려에게 왕도 한성을 빼앗기고 자신의 목숨마저 잃어 일시적으로 국가 패망의 위기를 초래한 장본인이란 점에서 부정적인 평가가 지배적이었다. 그렇지만 최근 개로왕대에 율령 반포와 수취제도의 개편 가능성을 제기하면서 이 시기에 백제가 일원적인 지배체제를 성립한 것으로 보는 견해가 대두되고 있다. 이런 측면에서 개로왕이 일련의 정치 개혁을 통해 왕권을 강화하고 다변화된 외교활동 등으로 고구려를 견제한 개혁적인 군주로 재평가하려는 움직임이 있다.

이처럼 개로왕의 업적에 대한 평가는 상반되게 나타나고 있어서 백제 중앙집권국가의 발전을 체계적으로 이해하는데 큰 걸림돌이 되고 있다. 따라서 각 시기마다 추진된 여러 시책에 대한 개로왕의 성과와 숨은 의도를 객관적으로 검토하는 작업이 필요하다.

따라서 본 8권에서는 먼저 개로왕대의 지배세력, 체제 정비 및 정치 운영 방향, 그리고 대외관계에 대한 연구 성과를 점검하여 쟁점사항을 추출해 보고 각 쟁점 사항에 대한 세부적인 토론의 필요성이 제기되었고, 이를 통해 개로왕대 지배체제의 성격과 한계를 규명하고 나아가 백제사의 전개과정에서 개로왕대의 위치를 어떻게 설정할지에 대해서 보다 세밀한 검토가 필요하게 되었다. 아울러 관련 5세기 후반 서울지역의 지배층의 주된 묘제와 도성 경관 요소 및 토목공사 관련 유적의 조사 성과를 토대로 하여 5세기 후반 개로왕대의 정치·사회의 변천양상을 밝히고자 하였다.

Ⅱ. 주제 발표의 주장 및 논거

1. 백제 개로왕대의 대외관계(김수태)

1) 백제와 고구려의 관계

- 472년 개로왕이 북위에 보낸 국서에서 언급된 경진년庚辰年(440) 기사와 478년 왜왕 무武의 상표문 등에 근거하여 개로왕 즉위 이전이나 이후 북위와의 교섭이나 고구려와 백제의 군사적 충돌이 몇 차례 있었다는 견해는 당시 관련 사료의 면밀한 검토와 동아시아 국제관계에 비추어 볼 때 성립될 수 없는 것으로 보았다. 개로왕대 백제와 고구려의 공방에 관한 신뢰할 만한 것은 『삼국사기』의 기록처럼 455년, 469년, 475년 세차례였다고 하였다.

2) 신라 및 왜와의 관계

- 고구려의 남진정책에 대한 백제의 대응은 제라동맹의 형성으로 나타났다. 이후 고구려는 제라동맹의 당사국인 신라와 백제 양국 모두를 공격하게 되는데 이는 제라동맹을 와해시키기 위한 의도에서였다. 455년 개로왕 즉위시에 고구려가 백제를 공격한 것은 제라동맹의 공동전선을 구축하고 있던

백제에 대한 고구려의 경고로 이해하였다. 464년 신라 왕경에 주둔하던 고구려군을 몰살하였다는 『일본서기』 웅략기 8년 기사는 제라동맹 이후 고구려에 대항할 수 있다는 신라의 자신감을 드러내준 것으로 이해하였다.

- 469년 백제가 고구려의 남변을 침범한 일 : 백제가 고구려에 대해서 직접적이고도 선제적인 공격을 단행하는 새로운 형태를 보여준 것이며 아울러 신라를 간접적으로 후원하는 효과를 얻으려고 한 것, 백제의 대고구려 정책이 크게 수정되어 종래 수세적에서 적극적인 공세로 전환하게 된 것을 의미한다.

3) 대왜관계

- 개로왕대 왜는 고구려의 동향을 견제할 수 있는 중요한 수단이었기 때문에 신라 못지않게 중요한 국가였다. 왜는 5세기대에 들어와 『송서』 왜국전에서 보듯이 왜 5왕 중 진珍이 백제를 포함시킨 자칭호를 송나라에게 제수해 줄 것을 요청함으로써 백제와 왜국 간의 관계에 변화가 일어났다. 왜는 백제보다 우위에 있음을 내세우려 한 것이다. 그러나 왜의 이러한 시도는 백제가 동아시아 세계에서 차지한 위상이 왜보다 한 단계 높았기 때문에 비유왕대 송나라에 의해서 받아들여지지 않았다.

- 왜의 이러한 노력이 개로왕대에도 다시 추구되었다. 『일본서기』 웅략기 2년(458) 백제 왕녀 지진원의 화형 사건이 발생하자 개로왕은 왜와의 관계를 확고히 하려는 새로운 노력을 기울이게 된다. 기존의 왕녀를 파견하는 방식을 고쳐 왕제인 곤지昆支를 파악하여 우호관계를 다지도록 한 것이다. 곤지의 파견 목적은 왜와의 우호관계를 공고히 하는 한편, 왜로 하여금 친백제 노선을 계속적으로 취하도록 하는데 목적을 두었다. 이를 통해 백제와 왜와의 관

계는 왜가 백제에 대한 군사지배권을 주장하기 이전의 단계로까지 두나라 관계가 복원될 정도로 성공적인 것이었으나 다소 불안정한 모습을 보여줄 정도로 한계가 있었다.

4) 송 및 북위와의 관계

[대송 관계] 개로왕대 백제의 대송외교는 모두 5차례 추진되었다. 특히 460년대는 동아시아 국제정세가 크게 변화하는 시점이다. 460년 북위와 송나라 간에 교섭이 재개됨에 따라 462년 고구려가 북위와의 관계를 재개하였다. 467년 5월 이후 북위가 송나라를 공격하여 산둥반도와 회수 이북지역을 장악함에 따라 고구려의 대북위외교가 더욱 강화되었다. 이에 백제는 3차례 사신을 파견할 정도로 대송관계를 강화해 나갔다. 개로왕은 대송외교를 통해서 송나라가 고구려에 기울어지지 않도록 하였고 나아가 송나라가 고구려와의 외교관계를 단절시키고 백제와의 관계를 더욱 강화시키려는 목표를 가진 것으로 이해하였다. 469년 백제의 고구려 공격을 이러한 동아시아 국제관계의 변화속에서 이해하였다.

[대북위관계]

- 472년 백제의 대북위외교는 동아시아의 국제관계 속에서 고구려를 외교적으로 완전히 고립시키려는 의도에서 야기된 일대 사건이었다. 이것은 475년 고구려가 백제를 침공하게 만든 결정적인 요인으로 작용하였다.

- 비유왕대는 대송외교만을 전개하였을 뿐 북위와의 교섭을 가지지 않은 것으로 보았다. 이와는 달리 472년 개로왕 국서 내용을 분석하여 비유왕대 백제와 북위와의 교섭 가능성을 적극적으로 상정한 견해가 있어서 앞으로의 큰 논쟁이 될 것이다. 472년 국서에 나오는 경진년 즉 440년의 상황이 대내

외적으로 보아 백제가 대송외교를 넘어서 대북위외교로까지 외교 범위를 확대시킬 수 있는 형편이 아니었다는 점을 반론의 근거로 제시하였다.

2. 개로왕대 정국의 동향과 체제 정비(김영심)

1) 개로왕의 즉위와 정국의 동향

- 개로왕의 즉위사정 : 비유왕의 사망과 개로왕의 즉위과정에서 정변이 있었다. 그 배경에는 '국왕을 정점으로 한 중앙집권적 지배체제의 수립'이라는 국가의 방향성을 비유왕대와 개로왕대의 연장선상에서 이해할 것을 주장하였다.

- 이후의 왕계 문제 : 사료마다 혼란이 있지만 문주와 곤지 모두 개로왕의 동생으로 보아야 하고, 무령왕[嶋君]을 곤지의 아들로 보는 것이 합리적이다.

2) 정치 운영의 방향

- 458년 송나라에 보낸 국서 분석 : 개로왕이 왕권강화를 위해 왕족 또는 근친왕족 중심의 정국 운영을 추진하고자 한 것으로 보는 견해가 일반적이다. 그러나 왕족의 중용이 왕권의 강화로 직결되는 것이 아니기 때문에 좌우현왕 제도의 본래 취지에도 함께 고려해야 한다.

- 461년 곤지의 왜에 파견 목적 : 왜와의 공조 강화를 도모한 측면도 어느 정도 있을 수 있으나 보다 중요한 목적은 정략적인 추방에 있는 것으로 이해하였다. 이 이후부터 개로왕은 권력을 왕권에 집중하기 시작한 것으로 보았다. 이러한 맥락에서 문주의 상좌평 취임 시기도 461년에서 멀지 않는 시점에서 이루어졌을 것으로 보았다.

- 469년 고구려에 대한 공격 감행, 472년 북위에 국서 보낸 일은 자신감을 표출시켰던 것으로 이해된다. 475년 기사에 보이는 대규모의 토목공사는 개로왕의 초월적인 권력을 갖게 되었음을 보여주는 것이다.

- 대왕이란 칭호 사용은 대왕제의 실시까지 직결시킬 수는 없으나, 적어도 개로왕대에 '국왕을 중심으로 한 권력강화'는 충분히 상정할 수 있는 것으로 보았다. 즉 왕족 및 유력귀족의 현실적인 지위를 인정해주면서도 국왕은 왕王이나 후侯 그들보다 훨씬 상위에 있는 대왕임을 표방함으로써 국왕의 권한을 확대하고자 했던 것이다. 따라서 개로왕대의 정치 운영은 왕족의 적절한 배제와 활용을 통한 국왕권의 강화로 규정할 수 있다.

- 장군호의 수여 : 위진남조에서 '관인의 장군화'와 관련이 있으며 458년의 장군호는 백제사회에서 실질적인 의미를 갖는 것보다는 송이 구축한 외교질서 속에 편입되기 위한 목적이 강한 작호라고 주장하였다. 따라서 백제가 송에 작호를 요청한 것은 장군호에 한정된 것이며, 좌우현왕은 송과의 외교관계가 아니라 백제 사회 내부 필요에 의한 것으로 이해하였다.

3) 개로왕대의 체제정비

[중앙의 정치체제 정비]

- 16관등제의 정비 : 백제 관등제의 성립과정을 3단계로 구분해 보았을 때 개로왕대는 제3단계로 무독武督 이하의 하위 관등이 정립된 시기로 보았다. 진무振武 관등의 성립을 백제에서 장군호와 태수직이 동시에 제수되는 개로왕대까지 소급될 수 있다고 하여 16관등의 완비 시기를 개로왕대로 소급해 보는 견해에 주목하였다. 따라서 개로왕대에서 동성왕대에 16관등제가 완비되었다고 보는 것이 타당한 것으로 보았다.

- 군호제君號制 문제 : 왕후호와 함께 군君이라는 칭호가 등장한 것에 주목하여 왕족이나 고위 관료 등 더 넓은 범위의 왕족에게 수여된 왕후호보다는 왕자나 왕제 등 아주 제한된 왕족에게 주어진 것으로 이해하였다.

- 좌우현왕제左右賢王制 문제 : 흉노뿐 아니라 선비에서도 확인되기 때문에 이 제도가 백제에서 어떤 목적으로 활용하려 했는가에 대해 보다 세밀한 검토가 필요하다.

- 왕후호제王侯號制 문제 : 실시 시기는 개로왕대부터 동성왕대에 걸쳐 중국 왕조와의 빈번한 접촉을 통해 백제의 제도로 자리잡았으며, 그 연원은 지방 행정 단위가 되는 봉지를 가진 북위의 왕후제와 관련시켜 보았다. 왕후호는 복잡한 양상으로 전개된 것으로 보아 단순히 의례적이거나 대중국 관계상의 필요로만 의미를 한정지울 수는 없다고 보고 현실적인 세력의 크기가 반영된 실질적인 의미를 가진 것으로 보아야 한다는 것이다.

[지방지배 체제의 정비]

- 왕후제를 지방지배와 관련시켜 담로제에 관계가 있는 것으로 보고 담로제 시행과 관련하여『일본서기』인덕기 41년조 기사는 후대의 사실이 부회되거나 윤색되었을 가능성이 있지만 순차성順次性에 입각해 볼 때 개로왕대에 해당할 가능성을 제시하였다.

- 백제의 편호제는 국가의 세원 확보 노력에서 나온 조치로 보았다. 그리고 왕후제에 의한 지방지배가 시행되고 있는 개로왕대를 율령의 시행을 통한 일률적인 체제 정비의 시기로 상정하였다.

[방어선의 구축]

- 개로왕 당시 백제와 고구려의 경계선이 어떻게 설정되었는가에 대해 검토하였다.

- 475년 이래 한강유역과 한반도 중부지방에 대한 지배 방식 문제 : 475년 한성 함락 직후 고구려군이 한성에서 바로 철수했는지, 한강 이남에 계속 주둔하였는지에 대해 논란이 있다. 또한 이 지역에 대한 지배방식에 대해서는 영역지배를 실시하지 못했거나 군사적 거점지배만 가능했다는 견해와 실질적으로 군현을 설치하고 본격적인 영역지배를 실시했다는 견해 등 다양한 의견이 있어 앞으로의 검토할 과제이다.

- 결론적으로 개로왕대는 호적이 작성되고 민에 대한 수취가 직접 이루어졌으며, 관등제가 정비되고 신분제가 갖춰진 단계로 보았다. 영역도 큰 틀에서 보면 변동이 없었다. 또한 군호제와 왕후호제를 통해서 왕족을 적절히 통제하고 활용하면서 왕권강화를 도모하였다. 따라서 개로왕대는 백제사에서 중앙집권화를 추구하고 실현한 시기로 자리매김할 수 있는 것으로 보았다.

3. 한성도읍 후기 백제 묘제의 전개 양상(이남석)

1) 5세기대 백제의 묘제환경

- 5세기 도읍지 한성지역의 경우 적석총이 중심묘제로 알려져 있지만 새로운 검토가 필요하며, 오히려 부분적으로 봉토·봉석묘의 흔적이 남아 있으면서 석실묘가 중점적으로 사용된 것으로 보았다. 반면 지방사회는 토광묘 계통의 주구토광묘, 분구토광묘, 관·곽토광묘, 석축묘 계통의 석곽묘, 석실묘 그리고 옹관묘 등의 묘제가 지역에 따라 나름의 고유 특성을 갖추어 존재한 것이라 하였다. 이러한 다양한 백제 묘제는 4세기경에 정립된 것이다.

- 4세기경의 백제 묘제는 미한지역 고유의 전통묘 바탕위에 서북한지방의 새로운 묘제 남하에 따른 변화가 시작되는 것이라 하였다.

- 4세기 중후반경에 새롭게 등장하는 횡혈식 석실묘는 한성에 유입되어 지배층 묘제로 정착하였다. 5세기 후반까지는 지방사회의 횡혈식 석실묘는 중앙에서 사용되는 것을 모방하여 사용되었으며, 그 속에 고유한 토착적 전통묘제의 속성이 많이 포함되게 되었다.

- 지금까지 한성지역 백제분묘자료는 축조주체의 논란이 있는 가락동·방이동의 석실묘를 제외하고는 석촌동고분군만이 왕릉으로 기단식 적석총을 조성한다는 견해가 지배적이었다. 최근에 백제 석실묘에 신라토기가 매장된 사례가 증가하면서 가락동 · 방이동의 석실묘를 재인식하게 되었고, 최근에 발굴조사된 우면동유적, 광암동유적, 그리고 판교유적 등의 석실묘 자료가 증가하면서 한성도읍기 묘제 환경을 재검토하게 되었음을 밝혔다.

- 한성 도읍지역 분묘자료를 종합할 경우 석촌동 이외의 분묘 유형이 모두 석실묘라는 사실에 주목하여 한성 도읍지역에서 석실묘가 주묘제로 사용되었음을 밝혔다. 여러 기가 군집되어 있다는 점, 구조형식면에서 공통점이 있다는 점이 그 논거로 제시되었다. 즉 5세기대 백제의 도읍지역 묘제환경은 봉토·봉석묘와 같은 묘제가 사용되다가 석실묘의 유입이 이루어진 이후 횡혈식 석실묘가 사용되기 시작하여 매장시설로 석실묘가 유일하게 남게 되었다고 한다.

2) 석촌동 고분군 기단식 적석총의 재인식

- 백제 적석총은 백제 전기의 도읍지역 대표적 분묘로 주목을 받아왔으나 하나의 고분군내 개별무덤의 묘제가 너무 다양하다는 점, 적석유구의 경우 매장부의 결여, 동시대 비교사례의 부재, 역사적 연원문제의 불명 등에서 재검토의 여지가 있다. 그리고 분묘의 기본조건인 매장부, 부장유물, 비교사례

의 선명성 등의 조건을 만족시킬 수 있는 논거 제시가 필요하다는 점을 들었다. 따라서 이들 석촌동 고분군의 적석유구는 공주 송산리 고분군과 수촌리 고분군의 적석유구와 유사성이 많다는 점에 주목하여 상장례와 관련한 의례시설로 보아야 한다고 새로운 주장을 하였다.

3) 5세기대 횡혈식 석실묘의 전개

- 종래 가락동·방이동의 소수 석실묘를 제외하고 석촌동 고분군만이 유일한 지배층 묘제로 간주되어온 반면 다양한 지방사회의 묘제환경과는 사뭇 상충되는 부분이 있어서 한성 도읍지역의 횡혈식 석실묘에 대한 이견이 많았다. 최근의 새로운 백제 분묘자료의 상당한 축적으로 인해 한성과 지방사회의 묘제환경에 대한 새로운 해석이 가능하게 되었다. 그런데 우면동유적, 광암동유적, 그리고 판교유적 등 최근에 집적된 석실묘 자료에 의거하여 도읍지역의 중심묘제는 적석총이 아닌 석실묘라는 이해가 가능하게 되었다. 따라서 4세기 중후반경에 신식묘제인 횡혈식 석실묘가 서북한지역에서 한성 도읍지역에 먼저 유입되어 5세기에는 보편적인 묘제로 정착되면서 지방사회에 널리 확산된 것으로 보았다.

4. 개로왕대 한성의 도성 경관과 토목공사(신희권)

1) 개로왕대 도성의 경관과 토목공사가 의미하는 것

[개로왕대 도성의 경관 요소와 토목공사]

『삼국사기』 개로왕 21년조 기사 : 개로왕과 고구려 첩자 승려 도림과의 문답에서 당시 백제 도성의 경관을 추론할 수 있는 단서가 나타난다. 도성의 자연환경으로는 하천과 산으로 둘러싸인 자연환경, 성곽과 궁실, 사대 등을 축조, 덧널로 이루어진 왕릉 개축, 사성에서 숭산까지 제방 축조로 요약된다.

2) 개로왕대 도성의 경관 요소 분석

[도성을 둘러싼 자연환경]

- 위치 : 송파구를 중심으로 한 강동구와 강남구 일대로 비정

- 도성의 배후에 위치한 높은 산의 존재 확인 : 한산은 2002~2003년에 남한산성 내 백제시대 주거지와 저장용 구덩이 발굴 조사를 통해 지금의 남한산으로 추정함. 『삼국사기』의 '이도한산移都漢山' 기사처럼 실제 남한산으로의 천도는 아니지만 남한산성이 백제시대의 방어 관련 시설로 보았다.

[성곽] 『삼국사기』 책계왕 원년(286) 위례성과 함께 아단성阿旦城과 사성蛇城이 축조됨. 아차산성은 백제가 초축한 아단성에 비정되며, 사성은 풍납토성설이 있지만 서울 삼성동토성으로 보는 것이 합리적임. 한성 양안을 방어했던 도성 방어의 핵심 기지 역할을 수행.

[궁실]

- 풍납토성 : 궁전과 관청 등 궁성 내에서도 가장 핵심적인 건축물로서 궁성 또는 도성의 여부를 가늠해 볼 수 있는 결정적인 지표이다. 경당지구 44호 건물지와 9호 및 101호 등의 구덩이는 제의와 관련된 제사 유구로 간주되며, 44호 건물지 남쪽의 우물, 미래마을 재건축부지 일대 초석과 적심을 갖춘 건물지 4동, 남-북과 동-서 방향의 교차 도로유구 등을 통해 그 일대가 궁전 또는 종묘 구역으로 추정됨.

- 몽촌토성 : 궁실과 관련된 유구가 확인되지 않았지만 적심석을 갖춘 지상 건물지, 판축성토대지, 연못지, 도로 유구 등이 확인되었다. 이러한 증거

들을 토대로 하여 몽촌토성이 북성과 남성으로 이루어진 백제 한성의 남성일 가능성이 높은 것으로 추정하였다. 그리고 왕과 왕족들을 위한 별도의 독자적 생활 거처인 별궁이 몽촌토성 안에 존재하였을 것으로 보았다. 최근 도로유구 발굴조사를 통해 백제시대 문화층 위에 바로 통일신라시대 문화층만이 발굴됨에 따라 475년 이래 고구려가 일시 몽촌토성에 중요 기지로 활용하였을 가능성은 재고의 여지가 있는 것으로 주장하였다.

[왕릉] 석촌동 고분군, 방이동 고분군 등이 궁성과 가까운 위치에 왕족의 무덤이 함께 조성되어 있었을 것으로 추정된다.

- 개로왕대 경관 요소 중 가장 중요한 궁성과 왕릉은 도성안에 조성되었고, 왕릉은 궁성 남쪽에 위치하여 석촌동 일대에서 조성되기 시작하여 방이동에 이르러서 마감되는 것으로 이해하였다.

[강변 제방]

-『삼국사기』 개로왕 21년조의 사성에서 숭산까지 제방 축조 : 숭산은 고덕동 일대로 보는 견해가 있지만 경기도 하남에 위치한 검단산으로 비정해 볼 때 제방은 삼성동토성에서 검단산에 이르기까지 축조된 것으로 보았다. 이는 도성의 홍수 피해를 방지하는 한편, 한강을 타고 침략해 오는 적군으로부터 도성을 방어하기 위해 축조하였다. 당시 한성의 범위는 북쪽의 한강과 서쪽의 탄천, 동쪽과 남쪽의 남한산으로 둘러싸인 안쪽 일대로 보았다.

- 흙을 쪄서 성을 쌓았다(蒸土築城) : '증토'가 실제 불다짐을 한 것인지 아니면 석회를 사용한 증거인지 불확실하지만 고대로부터 이용된 판축기술의 하나로서 판축층을 강화하기 위한 방편으로 채용된 것이다.

- 그밖에 하남시 춘궁리 일대에 백제시대 사찰들이 존재할 가능성이 있는 것으로 보았다.

Ⅲ. 핵심 논쟁 토론 요지

1. 백제 개로왕대의 대외관계

1) 백제와 고구려, 신라의 관계

- [469년 당시 백제와 고구려의 경계선 문제] 개로왕 15년(469) 백제가 청목령에 목책을 설치하고 쌍현성을 수리하였다는 기사의 사실 여부에 대해서 입장의 차이가 있다. 광개토왕의 남정때 상실한 임진강 이북 일대의 영토 일부를 회복한 상태로 보는 견해(문안식)가 있는 반면 이를 부정하고 마식령산맥 남단의 청목령까지 진출한 것을 사실로 보기 어렵다는 견해(여호규)로 나뉘어져 있다. 따라서 469년 기사에 대한 엄밀한 사료 비판이 필요한 것으로 보고 469년 기사는 웅진기에 한강, 예성강 유역 영유 기사와 관련해서 소급 설정된 기사로 해석하는 견해가 있다(여호규).

- 475년 이전에 백제가 임진강 유역을 회복하고 북진하던 유리한 상황으로 보고 있으면서도 472년 북위에 청병을 요청한 사실과 부합되지 않는 것으로 보았다(여호규). 백제는 472년의 시점에서 고구려의 침공 위협을 크게 느끼고 있었는데 백제가 실제로 무엇을 계기로 어떠한 형태로 그런 침공 위

협을 느꼈는지를 당시 삼국간의 공방전이나 국경선 변화와 관련해서 검토할 필요성이 제기되었다.

- [나제동맹 문제] 백제와 고구려의 관계 기사인 455년, 469년 기사를 부인하고, 또한 464년 신라 왕경에 고구려군 주둔 기사를 고려해 볼 때 백제와 신라 두나라가 서로 원병을 파견하여 나제군사동맹이 실질적으로 가동하는 시기를 455년부터로 보느냐 475년부터로 보아야 하느냐에 논란이 제기되었다(여호규).

2) 백제와 왜, 송, 북위의 관계

- [개로왕대 백제와 왜 관계를 보는 시각] 458년 백제 왕녀 지진원의 화형 사건, 461년 왕제 곤지의 파견 등을 통해 볼 때 백제와 왜의 관계는 왜가 백제에 대한 군사지배권을 주장하기 이전의 단계로까지 두나라 관계가 복원될 정도로 성공적인 것으로 이해하였다(김수태). 반면 475년 백제의 한성 함락 때에 신라와는 달리 왜의 군사적 지원이 없었다는 점, 그리고 478년 왜왕 무武가 다시 백제의 군사호를 송나라에 요청하고 있는 점에서 개로왕이 왜와의 외교를 백제의 의도대로 성공적으로 이끌어갔다고 평가하기는 어렵다는 주장(여호규)이 있어 이에 대한 면밀한 검토가 필요하다.

- [백제의 대송외교의 목적] 백제가 대송외교를 하는 것을 백제의 우위에 서려는 왜에 대한 견제이고, 또하나는 고구려에 대한 포위망을 구축하기 위해 송, 고구려의 관계를 단절시키는 목표를 추진한 것으로 보는 견해(김수태)는 너무 백제 중심적인 해석에 불과하다(여호규)는 주장이다. 송은 북위를 견제하는 것이 대외정책의 가장 주안점이었고 따라서 백제보다 북위에 접경하고 있던 고구려가 더 중요한 외교 대상이었기 때문이라는 것이다.

- [472년 백제의 대북위 외교] 백제가 정치적 안정과 또 대외적으로는 외교적 성장을 바탕으로 고구려를 고립화시키기 위해 추진한 정책으로 보는 견해(김수태)가 있지만 반면에 백제가 북위의 팽창적인 대외정책을 활용해서 고구려를 견제하려고 한 것으로 보는 견해(여호규)로 나뉘어져 있다. 460~462년에 북위와 송이 화친관계로 돌아서고 또 467년 5월부터 북위가 황하를 넘어서 산둥반도와 회수지역으로 진출한 일이 472년 백제의 대북위 외교에 영향을 준 것으로 보이기 때문에 이에 대한 면밀한 검토가 필요하다는 점이 지적되었다.

- [472년 개로왕이 북위에 보낸 국서] 개로왕의 472년 대북위외교는 역동적인 대외관계를 전개해 나가는 과정에서 대고구려 포위망을 구축하려는 시도하에 이루어진 것으로 보는 견해는 잘못이라는 지적이 있었다. 오히려 다가오는 위기 상황을 돌파하기 위한 절박한 심정을 담은 내용으로 이해하는 것이 설득력이 있다고 주장하였다(여호규).

- [백제의 대북위교섭] 백제가 북위와 472년에 처음으로 교섭을 하였다는 것을 비판하고 472년 개로왕 국서에 보이는 '경진년庚辰年'(440), '왕년往年', '시始'란 용어를 어떻게 해석하느냐에 따라 두나라 간에 교섭 개시 시기를 이해하는데 큰 관건이 되고 있어 논란이 많다. 이에 따라 두나라 간의 교섭은 472년만이 아니라 그 이전에 교섭을 가졌을 것으로 보는 견해가 있는가 하면(노중국) 이에 대해 472년 개로왕 국서 내용을 면밀히 분석하여 그 가능성을 부정하는 견해(김수태)가 있어 논쟁이 치열하다.

2. 백제 개로왕대의 지방통치 방식

- [무령왕의 혈통 문제] 관련 사료에 따라 무령왕의 아버지가 개로왕인가 곤지인가에 대해서는 논란이 많다. 무령왕의 아버지를 곤지로 보는 견해(김영심)가 있는가 하면 무령왕을 혈통상 개로왕의 아들로 보고 동성왕하고는 어머니가 다른 이모형제로 보는 견해(노중국)가 제시되어 논란이 생겼다.

- [지방통치 체제의 구축] 담로제 성립을 『일본서기』 인덕기 41년조 기사에 의거하여 개로왕대에 성립된 것으로 볼 수 있겠는가에 대한 논쟁이 치열하다(양기석,김영심,노중국 등). 인덕기 기사는 기년 문제가 있고 또 사회 발전 과정으로 보아 담로제 실시 시기를 너무 늦은 것으로 보게 된다는 점이 문제이다. 그리고 인덕기 기사의 '시분始分'를 어떻게 해석하느냐의 문제도 논쟁이 된다.

또한 『일본서기』 신공기 49년조에 나오는 침미다례, 「양직공도」 백제전의 지미止迷와 마련麻連, 옹관고분의 존재, 『삼국사기』 동성왕 20년조에 보이는 무진주 정벌기사 등에 의거해 볼 때 영산강유역에는 거의 독자성을 가지고 있던 것으로 볼 수 있다. 따라서 개로왕대를 전후로 백제가 전국에 걸쳐 일원적인 지방체제를 구축하지 못하고 지역별로 차이가 있었을 것으로 볼 수 있다고 반론(문안식)을 제기하였다.

3. 한성도읍 후기 백제 묘제의 전개양상

- [석촌동 일대의 적석총 문제] 석촌동 고분은 단일 고분군 내에 너무 다양한 묘제가 많은 것이 특징이다. 쌍분인 1호분 남분과 북분 사이에 매장주체부

여부를 두고 논쟁이 있고, 2호분은 원형의 성토된 부분만 남아 있고, 3호분은 적석으로만 차있으며, 석촌동 4호분의 2단 상부 시설을 횡혈식 석실묘일 가능성을 제기하였다. 이 묘제는 일단 마한의 전통을 가지고 있는 봉토·봉석묘가 석실묘로 전환된 것이라 주장하였다. 그리고 매장 주체부가 확인되지 않는다는 점, 송산리와 수촌리 고분군의 방형 기단 및 적석 유구 등을 고려해 볼 때 분묘보다는 제단의 성격일 가능성을 제기하였다. 4호분은 매장시설이 확인되지 않았지만 그 내부의 수평 판축층을 기단 시설로 보고 공주 송산리 고분군의 방단 적석 유구와 같은 것으로 보고 있다. 이처럼 석촌동 고분군의 제단적 성격(이남석)에 대해서는 치열한 논쟁이 대두되고 있다. 제단설을 비판하는 입장에서는 송산리나 수촌리 고분군의 경우 방단 기단이나 적석유구가 1기에 불과하지만 석촌동이나 가락동 일대의 고분은 현재 300기에 가까울 정도로 숫자가 많고 또한 여러 곳에 분산되어 있는 점에서 설득력이 없다는 지적(김무중)이 제기되었다.

- [한성지역의 석실묘 문제] 종래 횡혈식 석실묘가 한성과는 관련이 없이 웅진기에 가서 처음 만들어 사용되었다는 것이 정설이었는데 최근에 서울 우암동이나 광암동 등지에서 이른 시기의 횡혈식 석실묘가 출현이 돼서 한성지역에도 횡혈식 석실묘가 일찍부터 존재한 것으로 이해되고 있다. 5세기 한성 도읍지역 분묘자료를 종합할 경우 석촌동 이외의 분묘 유형이 모두 석실묘라는 사실에 주목하여 한성 도읍지역에서 석실묘가 주묘제로 사용되었음을 주장하였다(이남석). 5세기대 백제의 도읍지역 묘제환경은 봉토·봉석묘와 같은 묘제가 사용되다가 석실묘의 유입이 이루어진 이후 횡혈식 석실묘가 사용되기 시작하여 매장시설로 석실묘가 유일하게 남게 된 것이라 하여 논란이 많다.

4. 한성의 도시 경관과 토목공사

- [풍납토성과 몽촌토성을 궁궐로 볼 수 있는 근거는 무엇인가?] 풍납토성의 경우 중앙을 기준으로 해서 북쪽 약간 높은 지대에서 궁궐 내지는 관청, 종교시설 등이 집중 배치되어 있을 것으로 추정된다. 반면 몽촌토성의 경우 풍납토성과는 다르게 구릉지가 많은 대신 평지가 매우 적은 편이다. 이곳에는 임시 피난용의 별궁이 설치되었을 가능성이 있다(신희권).

- [왕릉] 왕릉의 경우 도성 내에 조성된 것으로 보았으며, 도성의 중심인 궁성에서 너무 먼 곳에 조성되기 시작해서 점차 궁성에 가까워지는 현상으로 보았다(신희권). 그러나 시간의 흐름에 따라서 도성이 외곽으로 확대 발전하는 추세에 비추어 볼 때 그것과는 반대되는 현상이 나타났을 것으로 추정하는 견해(양정석)가 제기되었다.

5. 개로왕에 대한 평가

- [개로왕대를 바라보는 근본적인 시각] 기존에 개로왕을 부정적으로 보는 시각을 지양하고 조금 더 객관적으로 개로왕대를 바라봤을 때 어떻게 이해할 것이냐 하는 문제점을 던지면서 개로왕을 대국 백제를 꿈꾸는 개혁적인 군주로 바라봐야 한다는 견해를 제시하였다(양기석). 이에 대한 부정적 시각이 제기되었다(노중국). 백제를 거의 패망으로 몰고 간 책임은 그 당시 최고 책임자인 개로왕 자신한테 돌려야 한다는 귀책론을 들고 있다. 단기간에 대규모 토목공사를 일으켜서 국고를 탕진하고 민력을 피폐시킨 것은 과연 원대한 꿈을 이루기 위한 의도와는 다르기 때문이라는 것이다.

- 개로왕대를 역사적으로 평가할 때 주로 정치, 외교적 측면에서만 검토하였으나 사회적인 동향이나 민의 동향, 그리고 지방 세력과 중앙세력과의 유기적인 관련하에서 종합적으로 평가를 해야 한다. 아울러 개로왕이 처한 시대적 인식이나 당대에 대한 인식에도 관심의 범위를 넓혀 폭넓게 평가해야 할 것을 지적하였다(김수태).

- 개로왕은 그 시대적 상황을 나름대로 대처하려고 열심히 노력했던 군주였다는 쪽으로 이해하는 것이 좋겠다는 견해가 있었다(노태돈).

6. 왕후제에 대한 이해

- [왕후제와 장군호 문제] 백제사에서 왕후호와 장군호제의 실시 시기나 성격, 그리고 의미 등에 대해서는 논란이 많다. 왕후제의 성격에 대해서는 의례적이거나 대중국관계상의 필요에 의한 작호로 보거나(양기석,박현숙) 또는 지방통치체제와 관련하여 담로제나 금동관 사여 등과 관련시키는 견해(노중국)가 있다. 반면 중국식 장군호의 성격과 의미에 대해서도 많은 견해의 차이가 있다.

- 장군호는 중국의 외교 질서 속에 편입된다는 의미를 가졌고 아울러 백제 내부에서 위계 서열을 표시하는 기능을 가진 것으로 보는 견해가 있다(김영심). 반면 왕후호는 앞에 지역 명칭에 붙어 있어서 담로제와 관련시켜 보기도 하지만 한편으로는 해당 지역에 대한 수조권이나 식읍을 수여한다는 의미로 보는 견해(양기석)도 제기되었다.

Ⅳ. 결론 - 합의점과 향후 과제

1. 백제 개로왕대의 대외관계

- [개로왕대 이전 백제와 고구려의 경계선 문제] 469년 백제가 청목령에 목책을 설치하고 쌍현성을 수리하였다는 기사에 근거할 때, 469년 백제의 대고구려 전투가 이례적으로 선제공격이 이루어진 점에서 북쪽 경계상에서의 어떤 영토상의 변화가 감지된다. 전투 직후에 전략적 요충에 방어 시설을 용의주도하게 설치한 것으로 보아 이곳 임진강 이북 일대의 영토를 회복한 것으로 볼 수 있다. 한강 이북지역에 설치된 고구려 보루유적의 편년을 5세기 중반으로 설정한 것은 당시 정세에 비추어 잘못된 것이다. 그리고 469년 기사를 웅진기에 한강, 예성강 유역의 영유 기사와 관련해 소급 적용된 것으로 보는 견해는 그 적용 시기 범위와 조작 의도나 배경에 대한 면밀한 근거 제시가 없는 한 설득력이 없다. 여하튼 469년 기사가 백제의 영토 회복이 수반되는 것이었는지는 여부에 대해서는 보다 진전된 논의가 필요하다.

- 472년 개로왕의 국서는 백제의 역동적인 측면에서 나온 외교적 성과보다는 오히려 다가오는 위기 상황을 돌파하기 위한 절박한 심정을 담은 내용

으로 이해하는 것이 보다 설득력이 있을 것이다.

- [나제동맹 문제] 나제동맹은 433년에 처음 맺어졌지만 두나라 관계가 실질적으로 공수동맹의 군사동맹체제를 가동한 시기는 455년부터로 보는 것이 일반적이다. 다만 이후 475년까지는 신라가 백제, 고구려에 대한 이중외교를 전개하는 과정으로 이해되기 때문에 475년 이후로 보는 견해는 무리가 있다.

- [백제 개로왕대의 대북위교섭 개시 시기] 백제가 북위와 472년에 처음으로 교섭을 하였다는 것을 비판하고 472년 개로왕 국서에 보이는 '경진년庚辰年'(440), '왕년往年', '시始'란 용어를 어떻게 해석하느냐에 따라 두나라 간에 교섭 개시 시기를 이해하는데 큰 관건이 되고 있어 논란이 많다. 472년 개로왕이 북위에 보낸 국서 내용 자체에 대한 면밀한 검토가 필요하고 아울러 당시 백제와 고구려의 북위에 대한 대외관계를 동태적으로 파악하는 것이 이해의 관건이 될 것이다.

2. 백제 개로왕대의 지방통치 방식

- [지방통치 체제의 구축] 담로제 성립을『일본서기』인덕기 41년조 기사에 의거하여 개로왕대에 성립된 것으로 볼 수 있겠는가에 대한 논쟁이 치열하다. 그런데 인덕기 기사 자체에 논란이 많아 근거자료로 활용할 수는 없다는 지적도 있다. 그리고 담로제와 같은 지방통치체제를 개로왕대에 실시했다면 삼국 중 백제가 너무 늦은 시기에 실시된 것이 되어 받아들이기 어렵다는 지적도 있다. 또한 인덕기 기사의 '시분始分'은 '처음으로'가 아니라 '비로소'의 의미를 가진 것으로 이해한다면 개로왕대 지방통치체제의 개편이 있었던 것

으로 이해될 수 있는 부분이다. 최근에 개로왕대에 율령제 실시와 관련하여 수취체제의 개편과 지방통치체제의 개편 시기로 보는 견해가 대두하고 있는 점을 고려하여 보다 진전된 논의가 필요하다.

3. 한성도읍 후기 백제 묘제의 전개양상

- [석촌동 일대의 적석총 문제] 석촌동 고분을 종래 지배층의 묘제로 이해한 것이 아니라 매장 주체부가 확인되지 않는다는 점, 송산리와 수촌리 고분군의 방형 기단 및 적석 유구 등에 비추어 분묘보다는 제단의 가능성을 제기한 견해가 독특하다. 이처럼 석촌동 고분군의 제단적 성격에 대해서는 치열한 논쟁이 대두되고 있다. 서울의 적석총 무덤은 온조 집단의 출자 문제와 연결되고, 백제의 건국과 그 기원의 문제에 직결되는 문제이기 때문에 그 무덤의 기원 문제, 축조 시기, 성격 등에 관해 보다 진전된 논의가 절대 필요하다.
- [한성지역의 석실묘 문제] 종래 횡혈식 석실묘가 한성과는 관련이 없이 웅진기에 가서 처음 만들어 사용되었다는 것이 정설이었는데 최근에 서울 우암동이나 광암동 등지에서 이른 시기의 횡혈식 석실묘가 출현이 돼서 한성지역에도 횡혈식 석실묘가 일찍부터 존재한 것으로 알려졌다. 5세기 한성도읍지역 분묘자료를 종합할 경우 석촌동 이외의 분묘 유형이 모두 석실묘라는 사실에 주목하여 한성 도읍지역에서 석실묘가 주묘제로 사용되었음을 주장하면서 논란이 제기되었다. 적석총의 제단 가능성과 함께 서울지역의 횡혈식 석실묘에 대한 심도있는 논의를 통해 그 진위 여부에 한단계 진전된 성과가 도출되어야 한다.

4. 개로왕에 대한 평가

- [개로왕대를 바라보는 근본적인 시각] 기존에 개로왕을 부정적으로 인식하였으나 최근에는 각 시책의 성과의 의도를 검토하여 보다 긍정적으로 인식하려는 경향이 대두되고 있다. 다만 개로왕에 대한 평가는 종전의 유교적 도덕사관에 입각하여 나라를 패망시킨 혼군, 무능한 군주로 부정적으로 평가하는 경향이 지배적이었다. 개로왕대를 조금 더 객관적으로 바라봤을 때 어떻게 이해할 것이냐 하는 문제점을 던지면서 개로왕을 대국 백제를 꿈꾸는 개혁적인 군주로 바라봐야 한다는 지적은 참고할 만하다. 또한 개로왕대를 정치, 외교적 측면에서만 평가할 것이 아니라 사회적인 동향이나 민의 동향, 그리고 지방 세력과 중앙세력과의 유기적인 관련하에서 종합적으로 평가를 해야 한다는 점은 경청해야 할 견해라 생각한다.

5. 왕후제에 대한 이해

- [왕후제와 장군호 문제] 백제사에서 왕후호와 장군호제의 실시 시기나 성격, 그리고 의미 등에 대해서는 논란이 많다. 왕후제의 성격에 대해서는 의례적이거나 대중국관계상의 필요에 의한 작호로 보거나 또는 지방통치체제와 관련하여 담로제나 금동관 사여 등과 관련시키는 견해가 있다. 반면 중국식 장군호의 성격과 의미에 대해서도 많은 견해의 차이가 있다. 관련 자료의 한계로 인해 논의를 더 진전시키는데에는 한계가 있지만 앞으로 더 다양한 각도에서 논의할 필요가 있다.

종합토론

한성백제사 다시 보기

좌장 노중국(계명대학교)

토론

임영진(전남대학교)
신희권(서울시립대학교)
강종원(한밭대학교)
조윤재(고려대학교)
윤용구(인천도시공사)
정재윤(공주대학교)
박현숙(고려대학교)
임기환(서울교육대학교)
양기석(충북대학교)

컨퍼런스 1부

컨퍼런스 2부

컨퍼런스 3부

Ⅰ. 논평과 전망

사회자 : 오후 프로그램을 시작하도록 하겠습니다.

앞서 시작에 진행방식을 말씀드렸듯이 오후는 아홉 차례 개최되었던 '쟁점백제사' 아홉 개의 주제를 3부로 나누어 발표자께서 논의되었던 쟁점들과 공감을 했던 내용, 그리고 남은 문제들을 정리해 주시겠습니다.

참 많은 얘기가 있고 자료에도 정리가 되어 있지만 시간상 발표자분께서는 10분씩 발표를 해 주시기를 부탁드리고 한성시기의 백제사를 백제건국과 성장, 대외관계, 고대국가로의 성장 등 그동안 '쟁점백제사' 집중 토론회를 거치면서 거둔 연구 성과와 미해결 과제들을 이 자리에서 재정리할 수 있는 좋은 기회가 될 것 같습니다.

오후 컨퍼런스는 노중국 교수님께서 좌장을 맡아서 진행해 주시겠습니다.

그러면 시작해도 되겠습니까?

좌장 노중국 : 1, 2, 3부 컨퍼런스를 진행할 책임을 맡은 좌장 노중국입니다. 다시 한 번 인사드리겠습니다.

(장내 박수)

다음에 제1부 주제를 발표할 분들을 소개하겠습니다.
저의 오른쪽에 있는 분이 전남대학교의 임영진 교수입니다.

(장내 박수)

왼쪽에 있는 분이 한밭대학교의 강종원 교수입니다.

(장내 박수)

그 다음 서울시립대학교의 신희권 교수입니다.

(장내 박수)

1부 컨퍼런스의 주제를 보면 백제 누가 언제 세웠나, 그 다음에 백제 왕궁 문제, 그 다음에 백제의 영토 확장 문제 등이 주된 주제입니다. 지금 발표할 세 분은 이 주제에 대해서 이전의 학술대회에서 발표도 하시고 토론도 하였습니다. 오전에 잠깐 말씀드린 대로 이번의 발표는 자기의 주장이나, 새로운 견해를 내는 것이 아니라 각 주제별로 논의되어 왔던 것을 다시 한 번 종합적으로 정리를 하면서 그 속에서 핵심적인 주제가 어느 정도로 의견이 수렴되거나 또는 공감대가 형성되어졌는가를 기본적으로 발표하고 그러면서 약간 아쉬운 점들을 얘기하는 형식으로 진행됩니다.

기왕에 발표되고 토론된 내용을 요점 정리하는 과정에서 100% 완벽하게 정리한다는 것은 기대하기는 어렵겠죠. 발표자들이 최선의 노력을 다 해서 정리를 하셨지만 그래도 미진한 부분이 있다면 다른 분들, 예를 들면 임영진 선생님이 발표한 이후에 임 선생님이 정리한 것에 약간 미진한 부분이 있다거나 보완할 부분이 있다고 하면 강종원 교수나 신희권 교수가 얘기를 해 주는 것으로 하겠습니다. 이런 형식으로 해서 1, 2, 3 주제에 대해 전체적인 흐름, 방향, 가닥을 잡아가는 것으로 하겠습니다.

그리고 경우에 따라서는 사회자인 제가 방청석에 계시는 선생님들한테도 발언할 기회를 주어 얘기할 수 있는 시간도 갖도록 하겠습니다. 이번 컨퍼런스는 어떤 주제에 대해 질의하고 토론하는 형식보다는 기왕에 논의된 사항들에 대해 가능한 한 공감대를 형성하고 정리하는 시간으로 하겠다는 걸 다시 한 번 말씀드리겠습니다.

3개 주제 즉 백제 누가 언제 세웠나, 한성백제의 왕궁은 어디 있었나, 근초고왕 때 백제의 영토는 어디까지였나에 대해서 각 선생님들은 자신이 맡은 주제에 대해 15분 이내로 정리를 해 주시고 나머지 45분 정도는 그 주제와 관련한 공통 사항을 다시 한 번 같이 종합해보는 시간을 갖도록 하겠습니다.

지금 1시 8분이니까 임영진 선생님은 15분 더하면 23분 이내에 발표를 마쳐주시기 바랍니다.

1. 백제 누가, 언제 세웠나?

임영진 : 저는 "백제, 누가 언제 세웠나"를 정리했는데 잘 아시다시피 이 주제는 한성백제박물관 제1차 쟁점토론 주제였습니다. 2012년 11월 23일에 개최되었고 네 분의 발표와 세 분의 토론 자료가 모아져서 한 권의 책으로 발행되어 있습니다. 오늘 제가 발표할 내용은 이분들의 주요 발언 내용, 핵심적인 내용을 골고루 정리를 해서 발표를 하는 것인데 나름대로 가능한 빠뜨리지 않고 정리를 했다고 한 게 6페이지쯤 됩니다. 그리고 맨 마지막에 제가 종합하면서 개인적인 소견을 언급했는데 이것을 다시 15분 정도로 요약을 해야 되기 때문에 이 가운데서 조금 발췌를 해나가면서 발표를 하도록 하겠습니다.

145쪽 제2장 주제발표를 봐 주시기 바랍니다. 주제발표에서 먼저 백제, 언제 세웠나, 문헌학적 측면에서 양기석 선생님께서 발표하신 내용인데요. 이 가운데 핵심적인 내용은 두 번째 문단입니다. 백제는 계루부 출신의 주몽 집단이 소노부 집단을 누르고 대두한 이후 유리왕의 집권에 따른 정치적 변동 속에서 기원전후 시기에 온조와 비류집단이 남하하여 한강하류지역에 정착함으로써 건국되었다. 이렇게 그 가운데서도 핵심적인 내용은 정리가 되겠는데요. 언제 세웠나에 대해서는 확실한 언급은 하지 않으신 것 같습니다.

두 번째 백제, 언제 세웠나에 있어서 고고학적 측면에서 박순발 교수께서 발표하셨는데 핵심내용은 첫 번째 문단입니다. 고대국가의 성립을 고고학적으로 인정함에 있어 근거가 되는 것은 토기양식의 통일성, 대형분묘의 출현과 특정지역 집중, 그리고 성원의 등장이며 이런 자료들을 고고학적으로 봤을 때 백제가 건국한 시기는 3세기 4/4분기 정도로 봐야할 것이다. 물질자료로 입증되는 고대국가 건국의 시점을 이렇게 보신 거죠.

세 번째 백제, 누가 세웠나 : 문헌학적 측면에서 김영심 선생님께서는 두 번째 문단입니다. 건국설화를 비롯한 문헌기록을 통해 건국 주도세력의 계통성을 추적해보면 부여계통임이 강조되었다고 할 수 있다. 두세 줄 밑으로 가서 동명-구태설화, 동명묘 배알 등 국가적 차원에서 표방하였던 계승의식 또한 백제 건국 주체세력이 부여계임을 말해준다. 문헌적으로는 부여계의 역할이 중요했다는 것을 강조하고 있습니다.

네 번째 백제, 누가 세웠나 : 고고학적 측면에서는 제가 발표를 했습니다마는 저는 백제가 건국됐던 한강유역을 중심으로 관찰되는 약간 성격이 다른 문화들을 정리해 보았는데, 기원전 1세기경부터 기원후 3세기 중엽경에 이르기까지 계통을 달리하는 여러 세력들이 시기를 달리하여 이주하였던 것으로 보이는데 가장 먼저 들어온 게 중도문화세력, 두 번째가 2세기 후반의 토광묘 세력(〈그림 2〉 참조), 세 번째가 3세기 초의 분구묘 세력(〈그림 1〉 참조), 네 번째가 3세기 중엽경의 적석총 세력인 것 같습니다. 그래서 적석총 세력(〈그림 5〉 참조)이 들어오기 전까지는 상당히 다양한 세력이 큰 우

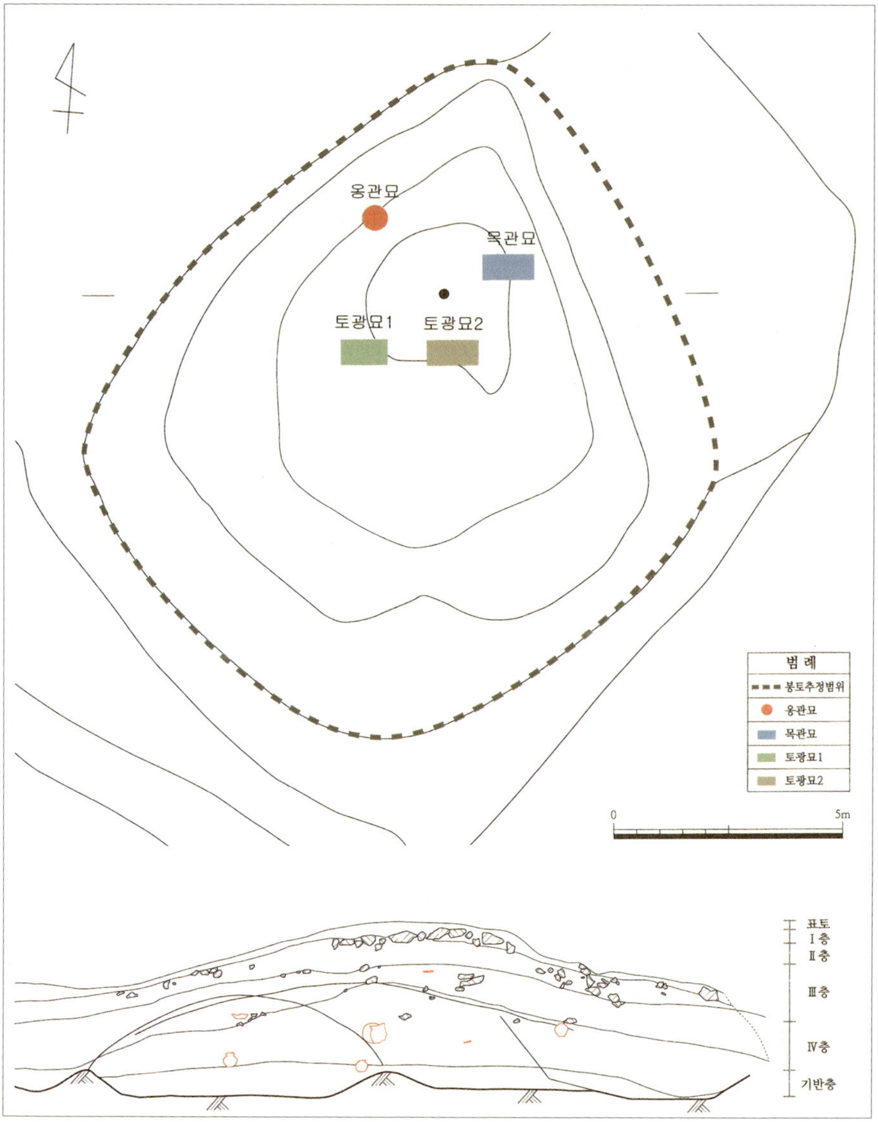

〈그림 1〉 석촌동고분군 지역의 대표적인 즙석분구묘인 가락동 2호분

〈그림 2〉 석촌동 3호분 동쪽 고분군
최하층의 집단 대형 토광묘

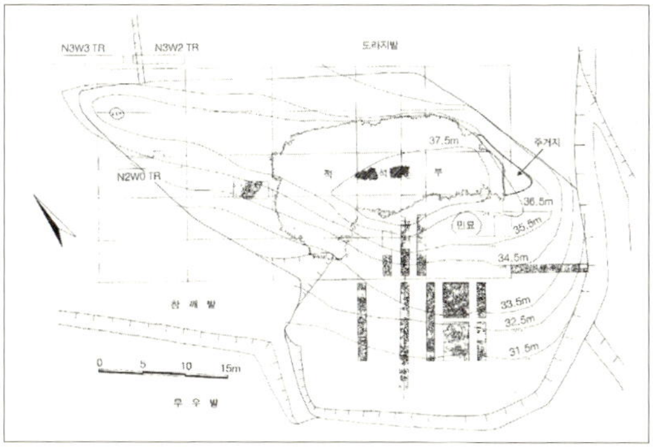

〈그림 3〉 연천 삼곶리 적석묘 주변 유구 및 트렌치 배치도

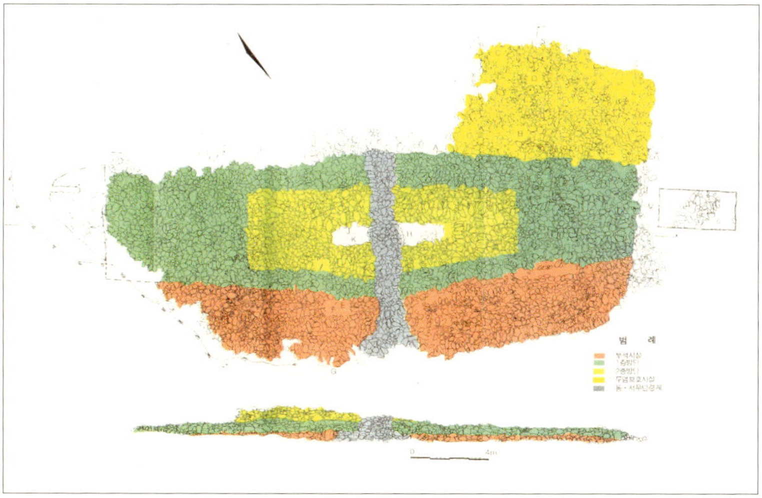

〈그림 4〉 연천 삼곶리 적석묘

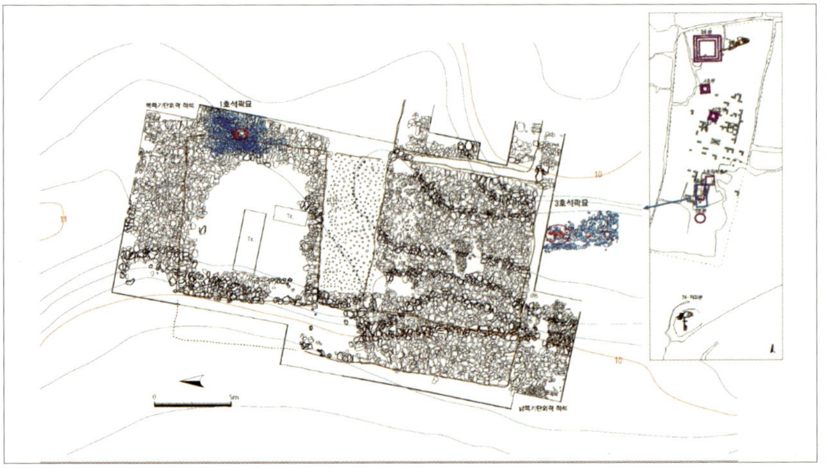

〈그림 5〉 석촌동 1호분

열의 차이, 즉 심화된 계층 차이를 보여주지 않기 때문에 통합 체제를 갖추기가 어려웠던 것으로 보입니다. 아마 마한 소국으로 알려진 백제국伯濟國을 비정한다면 이러한 단계가 아니겠는가 추정되고, 결국 백제라고 하는 고대국가의 건국은 적석총 세력의 이주에 촉발되어서 이루어진 것이 아닌가 하는 그런 견해를 낸 바가 있습니다.

네 분의 주제 발표는 그때 각각 25분 남짓 이루어졌고 종합토론이 오후 내내 네 시간 남짓 이루어졌는데 종합토론에서는 노중국 선생님께서 그때도 좌장을 맡으셔서 두 개의 주제를 각각 세부주제로 나눠서 논의를 해봤습니다. 이 종합토론 내용을 어떻게 정리할까 고민을 했었는데 결국 핵심은 개개 연구자들의 발언에 있어서 가장 중요한 논점, 이게 전달되는 게 필요하겠다 싶어서 저는 이렇게 한 번 정리를 해봤는데요. 먼저 '건국자와 시조'에 대한 논의에 있어서는 양기석 선생님께서는 온조, 그리고 김영심 선생님께서는 건국시조를 동명 이렇게 보셨는데 주보돈 선생님께서는 약간 복잡한 상황을 소개하면서 분명한 것은 고구려계가 건국에 있어서 주도적인 역할을 했다고 볼 수 있을 것이다, 이렇게 말씀하셨고요. 박순발 선생님께서는 3세기 후반 경에 부여계로 연결되는 집단이 왕계를 장악하면서 구태가 시조로 올라갈 가능성이 있을 것이다, 이런 의견을 내셨습니다. 그래서 건국자에서는 대개 온조라는 점에서 의견들이 조율이 됐다고 할 수 있을 것 같습니다.

두 번째 온조와 함께 늘 나오는 비류에 대해서는 김영심 선생님께서는 같은 집단이었지만 비류가 먼저 내려왔고 나중에 내려온 온조 집단의 건국에 중요한 역할을 했을 것이다, 이렇게 보셨고. 주보돈 선생님은, 저는 그때 발표를 듣고서 상당히 충격을 받았는데 아마도 나말여초 시기에 이루어진 역사 재정비 과정에서 일부 인물이 새롭게 만들어져서 들어갔을 가능성이 있고 비류는 아마 그런 인물일 수도 있지 않겠는가. 『삼국사기』 내용의 형성 과정 이런 것에 대한 깊은 연구가 필요하다는 말씀을 주셨습니다. 그리고 권오영 교수께서도 비류는 온조를 부각시키기 위해서 만들어진 가공의 인물일 가능성이 높다라는 말씀을 하셨습니다. 그리고 양기석 선생님은 고구려 내에서 주도권 쟁탈에서 밀린 세력으로 보셨고 노중국 선생님도 『주서』나 『수서』에 나오는 시조 구태묘는 『일본서기』에 나오는 '건방지신建方之神' 사당[1]을 허물어버린 내용과 관련되었을 가능성이 있기 때문에 『삼국사기』 내용 그대로 취하기는 어렵다는 그런 견해를 내신 것 같습니다.

혈연과 출자는 넘어가겠는데요, 고고학에서 본 건국세력 문제는 여러 선생님들이 이런저런 말씀을 하셨지만 기본적으로 한강유역이 인천에서부터 최소한 가평에 이르기까지 기원전 1세기경부터 상당한 수준의 문화들이 기존의 청동기시대와 초기철기시대하고 달리 퍼져나가고 있는데 그런 새로운 세력의 확산과정에서 백제의 건국세력을 추측할 수 있지 않겠느냐 하는 그런 내용이었습니다. 그러나 구체적으로 지목하기는 어려웠는데 저는 개인적으로 이제 분구묘 단계는 아직은 백제라고 보기 어렵기 때문에 마한 백제국에 해당할 가능성이 있다고 보았고 적석총도 백제 건국의 핵심세력으로 봤는데 권오영 선생님 등 부여계에 대해서 강조를 하는 분들이 계시지만 고고학적으로 봤을 때 부여계로 인정할 만한 자료는 확인하기 어렵다는 점을 지적하고 계십니다. 1부 요약은 그 정도로 넘어가도록 하겠습니다.

제2부 "백제, 언제 세웠나?"에 있어서는 역시 중요한 것이 백제라고 하는 것을 어떻게 볼 것이냐 하는 인식의 차이가 중요한 것 같습니다. 즉, 건국의 시점을 무엇을 기준으로 삼을 것인가 하는 것인데 크게 봤을 때 고고학적으로는 가시적인 물질 자료가 뒷받침되지 않

1) 건방지신(建方之神)에 대한 최근 논의는 이장웅, 2017, 「백제 웅진기 '建邦之神' 제사와 聖王代 유교식 天 관념」『한국고대사탐구』 26 참조.

으면 인정하기 어렵다는 것이고 문헌 쪽에서는 국가발전과정의 일반적인 단계론을 염두에 두고 봤을 때 인정할 만한 시점은 분명히 그 전 단계하고는 구분이 되지 않느냐. 고고학적으로는 결과를 가지고 입증을 하려고 하는데 문헌 쪽에서는 과정을 중시하는 그런 입장 차이를 보여주고 있습니다. 그래서 이것은 어느 입장이 맞고 어느 입장이 그르다, 이건 아닌 것 같습니다. 두 입장은 차이가 있지만 그 차이에 대해서는 옳고 그름을 따질 수가 없는 게 아닌가. 이런 생각이 드는 것입니다.

그다음에 건국시기 문제에 있어서 대개 문헌사 하시는 분들은 상당히 올려보는, 백제라고 하는 고대국가의 완성 과정에 해당하는 시기 전체를 잡고자 하는 경향인데 고고학적으로는 결과를 보는 점에서 조금 다릅니다. 그래서 고고학적에서는 주로 풍납토성이 축조되는 시점이 역시 아까 말씀드린 고대국가의 기준 가운데 가장 중요한 것이 성곽이기 때문에 풍납토성의 축조 시점을 기준으로 한다면 그 시기 3세기 4/4분기 정도 이렇게 되어야 하지 않겠느냐 하는 것이고, 약간 다른 각도에서 문헌기록을 보면 성곽 이전에 책을 쌓았다는 기록이 분명히 나타나고 있기 때문에 풍납토성 내의 3중 환호시기를 책과 연계시킨다면 분명히 올려볼 여지가 있다는 점도 고고학 쪽에서도 언급이 됐습니다.

그리고 성 다음으로 살펴볼 수 있는 것이 이제 분묘군이겠는데요. 152쪽입니다. 박순발 선생님께서는 마한지역에 분묘군이 형성된 시기가 2세기대 정도니까 2세기대 정도로는 올려볼 수 있지 않겠는가. 성곽보다는 앞설 수 있다는 거죠. 그리고 저는 한강유역에 한

해서 본다면 가락동 즙석분구묘(〈그림 1〉 참조) 같은 것들이 지금 우리가 확인할 수 있는 것들은 대개 3세기 초 정도부터 본격적으로 대형화가 시작된다면 아무리 늦어도 그 단계부터는 건국시점으로 볼 수 있지 않겠느냐 하는 말씀을 드린 바가 있습니다. 그런데 최병현 선생님께서 토론에 참여하셨는데 이 즙석분구묘 세력이 3세기 중엽 경에 고대국가 백제를 출범을 시키고 그 이후 적석총을 쓰는 새로운 세력이 내려와서 소위 정복왕조를 이룬 결과 석촌동 일대에 고구려 적석총이 남겨지지 않았나 하는 이런 말씀을 하셨습니다. 정복왕조설에 대해서는 문헌사에서도 오래 전부터 간헐적으로 나오는 것이지만 고고학자에 의해서 조금 구체적으로 정복왕조설이 제시된 것은 이것이 대표적인 사례가 아닌가 싶습니다.

자, 이상이 네 분의 주제발표와 토론 내용을 요약한 것이고, 153쪽 네 번째 종합검토는 제가 압축하면서 제 견해를 약간 실었습니다. 지금 시간이 3분 정도 남아있는데 압축한 내용이니 그대로 읽어보겠습니다. "백제, 누가 언제 세웠나" 쟁점토론회는 많은 기대 속에서 진행되었지만 기존의 연구 성과를 뛰어 넘는 새로운 연구 성과를 얻어 내기는 어려웠습니다. 하지만 연구자 사이의 다양한 견해 차이를 충분히 이해하는 한편 그 차이를 좁힐 수 있는 좋은 기회였다고 할 수 있을 것입니다. '백제, 누가 세웠나'에 있어서는 온조로 보는 의견이 많았습니다. '백제, 언제 세웠나'에 있어서는 과정을 중시하는 입장과 결과를 중시하는 입장이 달랐습니다. 과정을 중시하는 입장에서는 백제국을 기원전 2세기까지 올려볼 수 있을 것이라고 하였고, 결과를 중시하는 입장에서는 3세기 중반경을 고대국가 성립 시기로 보았습니다. 백제 건국에 대한 논의는 응당 문헌기록이 존재하기 때문에 구체화할 수 있는 것이지만 문헌기록 자체가 안고 있는 불확실성으로 인해 논의에 한계가 따를 수 밖에 없습니다. 백제伯濟와 백제百濟의 차이에 대해서도 마한과 백제, 선주민과 후래인, 부여계와 고구려계. 혹은 동일한 백제百濟의 표현 차이일뿐이라는 견해 등이 각각 일정한 설득력을 가지고 있는 것도 그 때문일 것입니다. 1970년대 이후 고고학 자료를 통해 부족한 문헌자료를 보완해 나갈 수 있게 되었지만 여전히 '누가'와 '언제'라는 두 가지 핵심 주제에 대한 논란이 되풀이되고 있습니다. 이 두 가지 주제는 밀접한 관련을 가지고 있기 때문에 구분하여 논의하기 어렵지만 문헌사와 고고학은 연구자료가 다르고 연구방법이 다르기 때문에 연구성과의 접목에 있어 신중한 접근이 필요하다고 봅니다. 몽촌토성, 풍납토성, 석촌동고분군이 공존하는 서울 한강유역을 중심으로 고고학적으로 이어지는 문화를 추적해 나가면서 먼저 각 문화의 기원과 변화 시기를 파악하고 그다음에 문헌자료나 문헌사 연구 성과를 접목시켜 변화 배경을 해석하는 것이 바람직한 순서가 아닌가 싶습니다. 이와 같은 견지에서 '누가'와 '언제' 문제를 종합하여 본다면 중도문화, 토광묘문화, 분구묘, 적석총으로 이어지는 변화 가운데 중도문화 주인공은 기원전부터 기층 세력을 형성하였던 것으로 볼 수 있을 것이고, 2세기 후반 고조선계 토광묘의 주인공은 세력 규모가 그다지 크다고 보기는 어렵지만 그 뒤로 분구묘 세력은 황해 연안지역으로 이어지면서 무덤의 규모와 수로 미루어 늦어도 3세기 초에는 상당한 세력을 이루었다고 할 수 있을 것 같습니다.

그리고 마지막으로 고구려계 적석총의 주인공은 3세기 중엽경에[2] 가장 강력한 세력을 형성하였다고 할 수 있을 것 같습니다.

이 고구려 적석총에 대해서는 여전히 언제 출현하느냐에 대해서 논란이 많습니다. 아까 말씀드린 바와 같이 최병현 선생님은 4세기 중엽경까지도 내려 보고 계시는데 앞으로 이제 한성백제박물관이 현재 진행하고 있는 발굴 성과에 따라서 이것은 조금 더 깊은 토론이 이루어질 수 있을 것이라고 봅니다마는 저는 발굴보고서의 연대관을 그대로 여기서는 수용하는 바입니다.

그래서 이 가운데 어느 세력이 문헌기록에 나오는 역사적 실체에 해당하는지 밝혀야 할 것이지만, 고고학적으로는 다양한 세력이 등장하고 있기 때문에 하나하나 특정하기는 대단히 어려운 일인 것 같습니다. 다만 십제十濟가 백제百濟 이전 단계임은 모든 분들이 인정하고 계시죠. 그런 점에서 십제十濟는 백제국伯濟國과 병행하였을 가능성이 높다고 볼 수 있는데, 이 십제十濟는 마한 54개 소국의 명단에서 빠져있습니다. 즉 마한 54국에 속하지 않는 것이죠. 그래서 저는 이 십제十濟가 백제국伯濟國과 병행하였지만 3세기 중엽경의 『삼국지』 집필 당시 중국에 알려지지 않았기 때문에 빠졌거나 이 십제十濟에 해당하는 고구려 세력이 남하하기 이전에 『삼국지』가 집필되었기 때문에 빠졌을 가능성, 이 두 가지 가능성 가운데 하나에 해당하지 않을까 싶고요. 자신은 없지만 후자의 가능성이 더 높지

2) 고구려계 적석총의 출현 시기를 석촌동 1호분 북분에 걸쳐 있는 '87-1호 위석분구묘(석곽묘)의 연대가 관건이며 논란이 남아 있지만 여기서는 발굴조사 보고서에 따른다.

않을까 생각합니다. 왜냐하면 백제百濟 이전 단계로 인정되는 십제十濟가 백제국伯濟國과 병행하였다면 중국에서 몰랐다고 보기 어렵기 때문인 것입니다. 그렇다면 십제十濟로 표현된 고구려 세력의 남하는『삼국지』가 집필되었던 3세기 중엽 이전으로 올라가기 어려웠을 것이고 이에 따라 백제百濟 건국 시기는 3세기 중엽 이전으로 올려 보기는 어렵지 않겠나 하는 것입니다.

결론적으로 본격적인 고대국가로서의 백제를 건국하였다고 판단되는 세력은 3세기 중엽 이전에 해당하는 고고학 자료와 결부되기 어렵기 때문에 적석총의 주인공이 될 수 밖에 없지 않을까 싶습니다. 그래서 그 이전에 해당하는 분구묘의 주인공은 백제국과 관련되었다고 볼 수 있을 것이고 더 이른 시기의 중도문화 세력은 백제국에 이어 백제의 기층세력을 이루었다고 보는 것이 합리적일 것입니다. 아마도 앞으로 이런 점을 좀 감안해서 중도문화, 토광묘, 분구묘, 적석총의 기원과 성격에 대한 보다 심층적인 연구가 이루어져야 할 필요가 있을 것 같고, 백제국伯濟國, 십제十濟, 백제百濟 사이의 차이와 관계 이런 데에 있어서도 학계의 의견 조율이 필요하지 않을까 생각이 됩니다.

죄송합니다. 빨리 한다고 했는데 시간을 좀 넘겼습니다.

좌장 노중국 : 고생했습니다. 발표를 열심히 하셨는데 시간을 조금 오버했네요. 이전의 학술대회에서 네 분 발표한 것과 이어서 행해진 종합토론 내용을 다시 정리를 하면서 '누가' 백제의 건국시조이냐에 대해 온조왕을 시조로 봐야 된다고 하는 것이 큰 흐름을 형성했다는 얘기

를 하였고, '언제' 백제가 건국되었느냐 대해 발표자는 고고학적인 자료를 중심으로 할 때 3세기 중엽 또는 후엽 정도로 보고 있지만, 문헌 쪽에서는 그보다 앞선 시기의 단계도 설정해야 된다고 하는 견해도 소개해 주었습니다.

건국시조의 출자出自에 대해서도 여러 가지 얘기를 할 수 있을 것 같은데… 이제 임영진 선생님이 이전의 학술대회에서 이루어진 네 분의 발표와 토론에 대해 이렇게 종합정리를 하셨습니다. 나머지 두 분도 혹시 이 얘기에서 빠진 부분, 보완해야 될 부분, 또는 수정을 해야 될 부분이 있으면 얘기를 해 주길 바랍니다. 둘 중 누가 먼저 하실래요? 잠깐만 미안합니다. 저가 점심을 너무 많이 먹었더니 좀 착각을 했습니다. 방금 제가 얘기했던 보완 의견 개진은 뒤에 하도록 하겠습니다. 컨퍼런스 진행을 어떻게 할 것이냐에 대해 논의하는 과정에서 세 분이 발표를 먼저 하고 보완하는 얘기를 나눌 거냐 아니면 발표를 하나 끝내고 바로 보완 얘기를 나눌거냐로 설왕설래하다가 발표를 다 끝내고 보완 얘기를 하자는 쪽으로 정리가 됐는데도 제 머리에 잘못 입력이 돼서 제가 약간의 실수를 한 것 같네요.

지금 31분인데 신희권 선생님은 46분 이내로 발표를 하여 임영진 선생님이 까먹은 시간까지 보충해 주시기 바랍니다.

2. 한성백제의 왕궁은 어디에 있었나

신희권 : 신희권입니다. 제 부분은 "한성백제의 왕궁은 어디에 있었나?"라는 세 번째 대회로 기억하고 있습니다. '13년 하반기 9월 27일 날 열렸

던 대회이고요. 그 대회가 열리게 된 배경은 잘 아시는 것처럼 '97년 이래 풍납토성이 발굴되면서 하남위례성 논쟁도 다시 촉발이 되었고 그러면서 실제로『삼국사기』기록에 나오는 위례성이나 한성, 한산 등과 관련된 위치 비정, 성격 규명 등이 필요하다는 그런 학계의 문제제기들이 있었습니다. 특히 현재 우리가 고고학적으로 파악할 수 있는 풍납토성과 몽촌토성 두 성을 대상으로 양자 간의 관계를 밝힘으로써 한성백제의 도성의 특징 내지는 양상, 위치, 구조, 성격 등을 논의할 필요가 있다라는 논지로 기조발제를 이형구 교수

〈그림 6〉 서울 지역의 성곽 분포도

님께서 해 주셨고요.
그러한 차원에서 풍납토성과 몽촌토성을 대상으로 각각 문헌사학계에서 한 분, 고고학계에서 한 분씩 네 명의 발표가 진행이 되었습니다. 첫 번째로 문헌사 입장에서 바라본 '백제 왕궁과 풍납동토성'이라는 주제로 이도학 선생님께서 발표를 해 주셨는데요. 간단하게 주장들을 정리해보면, 일단 위례성은『삼국사기』기록에 있는 것처럼 하북에서 하남으로의 천도가 있었다고 주장을 하셨고, 그리고 371년 근초고왕 26년에 이도한산과 관련해서 한산의 위치를 북한산이라고 보고 있고 한산성이 지금 북한산성 내의 중흥동고성重興洞古城이라는 주장이 있었습니다(〈그림 6〉 참조). 그리고 개로왕조에 나오는 남성南城과 북성北城 문제, 두 개 가운데 위례성이라는 발표가 있으셨고요. 결론적으로 풍납동토성에 대해서는 일제강점기부터 위례성이라는 주장이 타당하다는 발표가 있으셨고, 관련지어서 풍납동토성을 사성으로 보았던 이병도 선생님 설에 대해서 비판하면서 사성은 현재의 삼성동토성일 가능성이 있다는 주장이 있었습니다.
풍납토성에 대한 고고학적 발표는 제가 맡았는데요. 풍납토성에 대한 발표에 앞서서 그동안 논의되었던 하북위례성설, 하남위례성설과 관련한 직산설, 광주고읍 · 춘궁리 일대설, 교산동토성설 등의 여러 설들을 고고학적 입장에서 살펴보면서 풍납토성이 하남위례성일 가능성이 가장 높다라는 주장을 했고, 그것과 관련된 근거로는 계속 발굴되어 왔던 풍납토성의 궁성으로서의 흔적들, 경당지구 주변의 제사 시설이나 도로 그리고 적심 건물지 이런 것들이 아마

〈그림 7〉 풍납토성(북성)과 몽촌토성(남성) 일대 유적 분포도

도 풍납동토성을 왕성으로 보는 데 무리가 없는 시설이다라는 발표가 있었습니다.

그리고 몽촌토성을 대상으로 문헌사 입장에서의 발표는 여호규 선생님께서 해 주셨는데요. 여호규 선생님께서는 위례성하고 한성의 관계를 두 개는 별개의 성이다라고 보면서 근초고왕의 이도한산 이전의 도성이 바로 위례성이고 그 이후에 한성(한산성)이라는 명칭이 사용되었는데 그러한 한성이라는 명칭은 백제 당대의 인식이 아니라 백제 당대에는 여전히 위례라고 인식을 했고, 한성이라는 이름은 후대에 그것을 한화漢化하면서 고쳐 불렀던 이름일 것이라고 주장을 했습니다. 그리고 구체적으로 한성의 위치가 어디냐? 라고 했을 때는 바로 지금의 몽촌토성이 개로왕대 남성이라고 볼 수 있다라는 주장을 펼쳤고, 위례성은 풍납토성이다라고 발표를 해 주셨습니다.

그리고 이에 대한 고고학적 부분의 발표는 권오영 선생님께서 해 주셨는데요. 권오영 선생님께서는 구체적인 어떤 성격 내지는 축조 시기에 대한 부분들을 언급을 해 주셨습니다. 그러면서 몽촌토성과 풍납토성의 관계를 시기적으로 볼 때는 '풍납동 일대 원삼국기 이후 대형 취락의 형성 및 발전 그리고 풍납토성의 축조, 그다음 몽촌토성의 축조 및 내부 점유'의 순으로 보았고 이런 측면에서 몽촌토성은 아마도 근초고왕대의 '이도한산'과 의미가 조금 닿아 있을 것 같다라는 그런 조심스러운 주장도 해 주셨고요. 몽촌토성에 대한 기능이나 위상들을 얘기하면서는 굳이 풍납토성과의 관계를 풀기 위한 형성시점을 논의하기보다는 구체적으로 어느 곳이 어디다라는 고정된 시각보다는 천도나 왕궁의 이동 내지는 왕의 이동 이런 것들을 구분해서 볼 필요가 있겠다라는 발표가 있었습니다.

이상에 대한 발표를 가지고 문헌사적 입장에서의 관점과 고고학적 입장에서의 관점으로 나눠서 토론을 진행했는데 우선 하북위례성과 하남위례성 문제에서는 기록상으로는 하북에서 하남으로 천도한 것으로 보는 것이 타당하겠지만 사료의 진위 문제도 있고 그리고 실제 하북위례성이 존재하였다 하더라도 그 시기가 13년이라는 아주 짧은 시간에 국한되기 때문에 이런 것들은 고고학적으로 뭔가 새로운 발견이 있기 전까지는 논의하는 것 자체가 힘들겠다라고 하면서 고고학적 성과를 기대하는 쪽으로 논의를 미뤘습니다. 그리고 백제 초기 도성의 명칭 이런 것들에 대해서는 지금 정리된 바로는 백제 초기부터 475년까지의 하남위례성이 풍납토성이라는 데에는 특별한 이견은 없는 상황이고, 한성은 아마도 4세기경에 도성제가 완성될 무렵에 한화하여 부른 그런 명칭으로 위례성과 병용하여 사용되었다라는 견해가 우세합니다마는 특별히 한산이 어디고 그 한산과 한성의 관계가 어떠한 건지 이런 것들에 대해서는 앞으로도 풀어야 할 과제다라는 결론을 남겼습니다.
고고학적으로는 풍납토성, 몽촌토성 외에도 주변에 있는 이성산성이라든가 아단성에 대한 언급들도 있는데요. 이성산성 같은 경우는 지금까지 발굴 결과로 봤을 때는 신라시대의 것으로 보는 것이 무리가 없다고 판단됩니다마는 그 이전 것으로 볼 수 있다라는 주장도 있기 때문에 이에 대해서 정확하게 규명하기 위해서는 단면조사와 같은 그런 추가조사가 필요하다는 쪽의 결론이 나왔고요. 아단성도 마찬가지 상황입니다. 지금 볼 수 있는 석축 성벽은 신라시대에 축성된 성으로 보는 데 무리가 없지만 고구려의 보루들도 봉우리를 따라 존재하고 있고 명백하게 『삼국사기』 기록에 개로왕의 죽음과도 연관된 성으로, 아단성을 아차성으로 규정하고 있기 때문에 이에 대한 고고학적 해명이 필요하다라는 결론이 있었습니다.
광주고읍의 춘궁리나 하남 교산동은 발굴 결과 백제시대와는 무관한 유적이기 때문에 백제시대의 도성 유적으로 볼 수 없다는 결론이 있었습니다.

고고학적으로 봤을 때 그러면 그 왕궁의 특징들을 어떻게 볼 것이냐에 대한 부분에서는 궁궐, 제의시설, 수공업 구역 이런 것들이 고고학적인 도성의 증거다라고 보는 데는 이견이 없었고, 그러한 측면에서 풍납토성에서 발굴되고 있는, 풍납토성 중앙에서 약간 북쪽에 위치한 경당지구 일대가 제의시설이나 우물 그리고 그 주변으로 적심 건물지와 도로 등이 발굴되는 것으로 보아 그 일대가 왕궁이 존재했을 가능성이 높다라는 쪽으로 의견이 모아졌습니다. 그리고 최근에 실시한 지형 분석 결과를 볼 때도 북쪽 부분이 궁전터일 가능성이 높고 아마도 서쪽 지역에 한강의 연안 부분에서는 부두라든지 문지시설 내지는 성내로 연결되는 도로 이런 것들이 존재했을 가능성이 높다라는 얘기가 있었습니다. 몽촌토성의 도성 구조와 관련해서는 약간의 논란들이 계속되고 있습니다. 예를 들어 지상 건물지와 성토대지의 구조나 축조 주체가 백제인지 고구려인지 이에 대한 논란의 여지가 아직도 남아있고요. 그리고 서북벽 외벽에 지금 복원되어 있는 목책이 과연 방어형의 목책인지 아니면 토성을 축조하는 과정에서 생겼던 영정주의 흔적인지 이에 대해서도 조금 더 추가조사가 필요하다는 얘기가 있었고요. 몽촌토성의 동북쪽 구릉에 돌출된 치성 내지 외성으로 보았던 것은 외성이라는 명칭을 붙이기에는 부적합하다라는 얘기가 있었습니다. 이런 측면에서 봤을 때 몽촌토성의 왕궁터는 아마도 남쪽에 고지대일 가능성이 높겠다 할 수 있습니다. 오전에 박순발 선생님 발표에서도 소개가 있었지만 최근에 몽촌토성에서 북문지 주변에 도로가 발견되는 것으로

〈그림 8〉 몽촌토성 88-2호 적석시설 노출 상태

〈그림 9〉 몽촌토성 출토 전문도기

보아 몽촌토성을 왕성으로 보는 데에 대한 이견은 없지만 자세한 구조라든지 정확한 왕궁터의 위치 이런 부분들은 아직까지 논쟁이 있고 특별히 80년대 발굴 과정에서 발굴되었던 적석시설(〈그림 8〉 참조)이나 토광묘에 대한 부분들은 여전히 논쟁거리로 남아있는 그런 상황입니다.

시기적인 문제에 있어서는 풍납토성에서 기원전후부터의 유물이 나온다고 해서 그것을 곧 풍납토성의 축조시점으로 연결시킬 수가 없기 때문에 풍납토성에 대한 구조공학적인 측면을 통해서 과연 이것이 한 번에 이루어진 것인지 아니면 초축되고 증축되고 개축되는 그런 과정을 거친 것인지에 대한 구조공학적 연구가 더 필요하다는 얘기가 있었고, 몽촌토성 역시 토성의 축조연대를 뒷받침한다라고 제기되었던 전문도기(〈그림 9〉 참조) 연대가 조금 더 탄력적으로 연대를 볼 수 있기 때문에 전문도기 자체에 대한 연구도 더 필요하다라는 논의가 있었습니다. 이상을 놓고 고고학적으로 봤을 때는 대체로 풍납토성이 하남위례성으로 보는 데는 이견이 없었고 몽촌토성은 그에 대한 별궁 성격의 또 다른 궁성으로 보는 견해가 일반적이었습니다.

지금까지가 대충 논지에 따른 토론 그리고 그 토론에서 얻어진 약간의 결론들이었습니다. 마무리를 하자면 지금까지 제가 논쟁과정에서 결론까지 다 어느 정도의 합의점과 그다음에 논쟁으로 아직 남아있는 부분들을 말씀드렸기 때문에 발표문의 마지막 문단 한 문단만 읽고 마치도록 하겠습니다. 한성백제의 왕성의 위치는 구조에 따라 달라지기도 하고 시기에 따라 옮겨지기도 하는 등 복잡한 문제이므로 고고학뿐 아니라 문헌사와 연계해서 긴 시간을 가지고 해결해야 할 문제이다라는 쪽으로 결론을 맺으면서 그날의 학술대회는 끝난 것으로 기억합니다.

이상입니다.

좌장 노중국 : 한성백제 왕궁의 위치는 고고학과 문헌사학이 긴 시간을 가지고 해결해야 할 문제라고 마지막으로 정리를 해버리네요. 신희권 선생님, 시간도 맞춰주시고 정리해 주셔서 고맙습니다.

다음에 세 번째로 '근초고왕대 백제영토는 어디까지였나'에 대해서 강종원 선생님이 발표해 주시기 바랍니다. 지금 44분이니까 59분 안에….

3. 근초고왕대 백제영토는 어디까지였나

강종원 : 예. 알겠습니다. 강종원입니다.

제가 발표할 '근초고왕대 백제영토는 어디까지였나'는 제2차 '쟁점 백제사'에서 논의된 그런 내용입니다. 그래서 문제제기로 175쪽에 제가 요약정리를 해놨는데 이 부분은 사실 노중국 교수님께서 기조 발표를 한 부분의 핵심이라고 할 수 있습니다. 특히 근초고왕대 영토문제를 검토하는 데 있어서는 전제할 것이 있는데 영토의 개념이나 지배방식의 문제, 문헌기록의 신빙성, 그리고 고고학 자료가 지닌 문화적 측면과 정치적 측면의 일치성 문제 등이 제기되었습니다. 특히 영역의 개념도 많은 문제가 되고, 영역화의 기준으로 국명의 존재여부나 축성이 주목되기도 하였습니다.[3] 그리고 고고학적인 측면에서의 영역은 중앙양식의 유적 · 유물의 확산과정을 통해서 파악되는데 이때 주목되는 요소로 성곽, 무덤, 위세품, 토기, 주거지 등이 언급되었습니다.

이러한 문제점들을 전제로 해서 크게 네 가지 주제에 대한 발표가 있었습니다. 우선 동북방면 진출에 대한 논의 부분인데요. 저는 뒤에 쟁점토론에서 대개 발표한 주제들에 대한 보충설명이 많이 이루어졌습니다. 그래서 저는 발표논문을 조금 더 세밀하게 정리하는데 좀 비중을 할애했다는 말씀을 드리고요. 178쪽에 동북방면 진출

3) 노중국, 2014, 「백제의 영토확장에 대한 몇 가지 검토」, 『근초고왕대 백제영토는 어디까지였나』, 12쪽.

에 관한 논의에서 문헌적인 측면에서는 임기환 교수님께서 발표를 해 주셨는데 읽어보도록 하겠습니다. 문헌적인 측면에서 백제가 주양과 패하를 넘어 영역을 확장한 시기와 확장과정, 그리고 영역은 어디까지였나를 밝히고자 하였습니다. 이와 관련해서 주목한 기록은 『삼국사기三國史記』 백제본기 온조왕 13년조와 온조왕 37조 년인데요, 제시된 사료 A와 같습니다.[4] 즉, A-1의 4방 획정 기사 그리고 주양走壤과 패하浿河에 이르렀다는 이런 순무巡撫 기사입니다. 이 사료 A에 표기된 동의 주양과 북의 패하를 백제의 동계와 북계로 보고 있습니다. 다만 이들 기사의 기년紀年상에 문제가 있기 때문에 이를 재구성해야만 된다라는 그런 점을 지적을 했고요. 특히 근초고왕 이후 북계의 변천과 관련해서 패수浿水, 패하浿河, 대수帶水에 대한 인식과 그 위치 문제를 주목하였습니다. 그 근거로 근초고왕 24년 수곡성 서북지역 진출, 근초고왕 26년 패하전투와 10월 평양성전투, 그리고 황주지역에서 출토된 백제 토기 등의 존재를 제시하였습니다. 그리고 패하의 위치에 대해서는 대개 대동강설이나 재령강설, 예성강설 등이 있는데 일반적으로는 예성강설을 따르고 있습니다. 이에 대해서 필자는 패수와 대수라는 지명을 사용한 집단의 성격에 주목을 하고 그에 따라서 『삼국사기』 백제본기의 패수와 대수를 『한서』 지리지 낙랑군조에 보이는 패수, 대수와는 다르

4) A-1. 遣使馬韓 告遷都 遂定疆 北至浿河 南限熊川 西窮大海 東極走壤(『三國史記』 권23 백제본기 온조왕 13년)
2. 王巡撫 東至走壤 北至浿河 五旬而返(『三國史記』 권23 백제본기 온조왕 37년)

다고 보았으며, 백제본기 기사의 패수는 대동강, 대수는 예성강에 비정을 하였습니다. 또한 온조왕대의 강역획정 기사는 근초고왕대의 인식이 투영된 것으로 이해를 하였습니다. 동계의 주양 위치는 춘천, 평강설 등이 있는데 일반적으로 춘천설을 따르고 있습니다. 동계를 파악하기 위해서 말갈, 낙랑의 충돌기사를 발표자께서는 주목을 하였고요. 그런데 이 충돌기사는 크게 4시기로 구분을 했습니다. 제시된 내용과 같은데 이 가운데 필자는 초고왕~고이왕대를 중심으로 한 특정 시기의 역사적 상황을 반영한 것으로 그 기사들을 이해를 했습니다. 그리고 백제본기에 등장하는 낙랑과 말갈의 존재를 철원-춘천-홍천-원주로 이어지는 내륙교역로 상에 위치한 예계 세력집단 중에서 춘천지역을 중심으로 철원, 포천 등 임진강 상류지역에 분포하고 있는 정치세력으로 이렇게 파악을 하였습니다. 그리고 말갈과 낙랑으로 칭해진 예계세력에 대한 완전한 병합은 근초고왕대에 완성된 것으로 보았고, 온조왕 38년의 순수기사는 근초고왕의 행위를 반영한 것으로 이해를 하였습니다. 따라서 온조왕 13년조의 강역획정 기사는 근초고왕대의 백제인들의 영역인식이라는 것으로 파악을 했고요. 따라서 실제 백제의 영역 자체보다는 백제인들이 영역을 어떻게 인식하고 있는가 하는 부분에 초점을 두어서 논지를 전개하였습니다.

다음에 고고학적인 측면에서는 동북방면의 백제 영역문제를 북한강 상류지역에서 보이는 4~5세기대의 취락과 화천, 원천리유적(〈그림 10〉 참조)을 중심으로 검토를 하였고 특히 취락유적과 중앙양식 토기, 철기류 등을 주목하였습니다. 그래서 한성기 북쪽방면

〈그림 10〉 화천 원천리 유적

〈그림 11〉 화천 원천리 Ⅱ-철58호 주거지 출토 흑색마연 직구단경호

의 영역화를 보여주는 유적으로는 포천 고모리산성이라든지 파주 월롱산성 등 주로 산성유적이 있고요. 대신 동쪽 진출을 보여주는 것으로는 그동안 춘천지역에서 조사된 발굴유적 등을 제시했습니다마는 여기서는 뚜렷한 백제적인 요소가 확인은 잘 되고 있지 않았습니다. 그런데 화천 원천리유적에서 흑색마연토기(〈그림 11〉 참조)라든지 뚜껑, 심발형토기 등 백제적 요소, 백제중앙양식 요소를 보여주는 그런 유물들이 다수 출토가 되었습니다. 그래서 이 유적의 중심 연대를 대개 4세기 전후로 보고 있기 때문에 그 시기를 전후해서는 백제의 진출 가능성을 제시를 했습니다. 그래서 백제의

동북쪽 영역을 획정하는 데 있어서 중요한 자료로 원천리의 유적을 주목을 하였습니다.

다음 서남방면 진출에 관한 논의는 문헌적인 측면에서 제가 정리를 했었습니다. 대개 서남방면 진출은 두 단계로 구분을 해왔는데 근초고왕대가 그 중심이 됩니다. 일단 근초고왕대를 중심으로 해서 말씀을 드리겠습니다. 백제의 마한권역에 대한 영역화는 최종적으로 근초고왕 24년(369)에 마무리된 것으로 파악을 하였습니다. 이때 가장 주목하는 사료가 『일본서기日本書紀』 신공기 49년조의 기록입니다. 그래서 이 기록들을 보면, 그 외의 다양한 자료들을 보면, 이들 지역에서 어떤 국가체가 확인되지 않습니다. 특히 고이왕~근초고왕대 사실로 이해되는 『통전』 변방 동이(상) 백제조라든지 「광개토왕릉비문」, 또 전지가 왜로부터 귀국할 당시의 문제[5], 『송서』 왜국전 등등에 보면 대개 마한 지역에서 다른 국가체

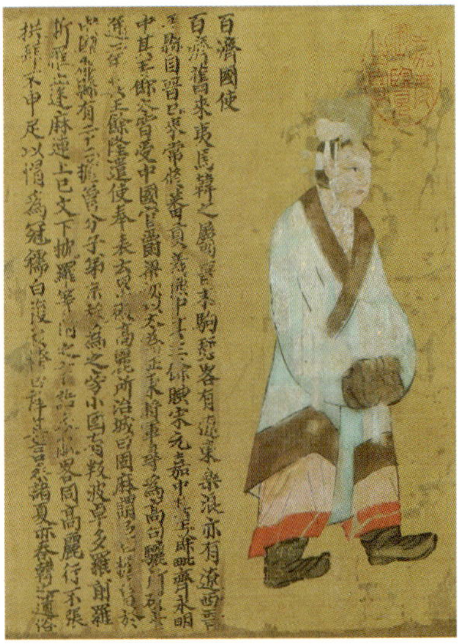

〈그림 12〉 양직공도 백제국사 부분

5) 『삼국사기』 권25 전지왕 즉위년조.

의 명칭들이 보이지 않는다는 점에 주목을 하였습니다. 다만「양직공도梁職貢圖」(〈그림 12〉 참조)에 보면 백제국사조百濟國使條에 백제에 부용하는 9개의 소국명이 보이는데 이들 중에 일부 국가가 전남지역에 비정되고 있기 때문에 이러한 점은 여전히 해결되어야 할 그런 문제로 제시하였습니다.

다음은 고고학적 측면에서 보면, 고고학적인 측면에서 백제의 서남방면 진출은 경기 남부지역(화성 등), 충청 북부지역(천안, 연기, 공주), 충청 남부~전남지역(익산, 고창, 광주, 함평 등)으로 구분해서 검토를 하였습니다. 검토방법은 한성 후반기의 고고학 자료를 통해서 백제 영역과 지배방식의 문제를 파악하였습니다. 이런 기존의 연구성과에 대한 검토를 계속 하였고요, 이와 같은 연구성과를 토대로 해서 필자는 영역의 범위와 지배방식에 대한 연구 지표로 성곽, 분묘, 거점취락 등을 비롯한 토기, 위세품의 양상이나 분포 등을 주목을 하였습니다. 이들 자료를 근거로 해서 경기 남부지역, 충청 북부, 충청 남부에서 전남지역으로 구분해서 백제의 영역화 문제를 검토를 하였는데, 그 결과 경기 남부지역은 4세기부터 백제의 영역에 포함되었고, 지배방식은 토기변화가 뚜렷한 것으로 보아 직접지배에 가까웠을 것으로 보았습니다. 그리고 충청 북부지역은 천안 화성리나 연기 나성리, 공수 수촌리유적 등을 중심으로 해서, 또 취락유적으로는 아산 갈매리유적, 홍성 신금성유적 등에 주목을 했습니다. 이런 것들을 통해서 백제의 진출이 이들 지역에는 4세기 후반에 명확하게 나타나는 것으로 파악을 하였고, 지배방식은 간접지배였을 것으로 추정을 합니다. 그리고 5세기 이후 석실묘가 나타나면서 간접지배에서 직접지배로 전환되었을 것으로 파악합니다. 그리고 충청 남부지역~전남지역의 경우에는 대개 익산, 고창지역에 석실묘의 존재와 위세품 등으로 볼 때 백제와의 관계가 좀 더 지배적이었던 것으로 파악을 하고, 또 광주 동림동유적의 경우에도 백제의 기술과 공인이 관여되었을 것으로 보고 있습니다. 그래서 백제 중앙과 깊은 관계가 있을 것으로 파악을 했습니다. 다만 근초고왕의 남정 부분에 대해서는 좀 고고학 입장이지만 긍정적으로도 파악을 하고 있습니다. 그래서 근초고왕의 남정 이후 영산강유역에 거점지배, 즉 느슨한 간접지배가 이루어졌을 것으로 파악하고 있습니다. 특히 5세기 후엽부터는 개배를 비롯해서 백제 기종이 더욱 늘어나고 지역 형식도 등장하며, 대형옹관묘가 조영되지 않는 지역에서는 석관묘나 석실묘가 조영되기 시작하였다는 점을 주목을 하였습니다. 따라서 대형옹관묘 중심 지역은 웅진기까지 간접지배였을 가능성이 있지만 나머지 지역은 간접지배가 진전되어 5세기 이후 거의 직접지배에 가까워졌을 것으로 추정을 하고 있습니다. 다만 고흥 안동고분에서 출토된 위세품에 대해서도 백제적인 영향으로 파악을 해서 영산강유역도 대부분 백제의 영역에는 포함되지 않았을까 이렇게 추정을 했습니다.

그다음에 종합적인 검토에서 보면 근초고왕대 백제 영토문제와 관련해서 논의된 초점은 영역의 기준과 지배방식, 영역 확장과정 등에 모아졌습니다. 영역의 기준과 지배방식에 있어서는 영역은 영토, 강역 등과 같은 개념으로 직접지배와 간접지배 영역까지 포함하며, 영역의 기준은 국명의 여부(명찰론)를 중시를 하였습니다. 지배방식은 직접지배, 간접지배, 세력권, 영향권으로 구분을 했는데 대개 영토와 관련해서는 직접지배와 간접지배 지역까지 영토에 포함시킬 수 있겠다라는 내용이 있었고, 다만 지배의 그런 내용도 중요하기 때문에 그런 부분에 대한 검토도 함께 이루어져야 된다라는 의견이 있었습니다. 그리고 영역과 지배방식의 고고학적 지표로는 앞에서 설명했던 성곽, 무덤, 취락 또는 주거지, 위세품, 토기 등이 있고, 성곽 축조와 영역화는 동일하다는데 공감대가 형성이 됐고요, 무덤의 경우에는 직접지배는 석실묘라든지 또는 규모가 정지된 지역의 경우는 직접지배, 목곽묘나 석곽묘+위세품 등이 확인되는 지역은 간접지배로 이해를 하였습니다. 다만 토기의 경우에는 영역화된 시기와 차이가 있을 수 있다, 이런 의견이 제시되었습니다. 또, 영역 확장 관련『삼국사기』백제본기 기사 문제는 대개 고이왕대 또는 근초고왕대로 이해하는 견해로 나뉘는데, 패하는 예성강 또는 대동강, 주양은 춘천, 웅천은 안성천 또는 금강 등에 비정하는 등 의견의 일치를 보지는 못했습니다.

다음은 각 주제별 내용과 관련된 문제점 등을 간단하게 정리하면 다음 내용과 같습니다. 여기에서 이제 이견이 있는 내용들만 간단히 설명을 드리겠습니다. 우선『삼국사기』백제본기 온조왕 13년조의 4방 강역획정 기사의 기년문제라든지 패하의 대동강설, 낙랑의 춘천 비정 등의 문제는 논란의 여지를 남겼습니다. 그리고 또 고고학적인 측면에서 화천 원천리유적이 상당히 중요시 되고 있는데 이 견해에 대해서는 같은 고고학 전공자라 하더라도 100년의 그런 편년 차이가 났습니다. 특히 이성주 선생님 같은 경우는 발표자인 심재연 선생님과 한 100년 차이의 시기 편차를 보이고 있기 때문에 이 역시 논의가 필요한 그런 부분이고, 따라서 문헌자료와 고고학 자료를 연계해서 활용하는 데 있어서는 상당히 조심스러울 필요가 있다라는 지적이 있었습니다. 백제의 남부지역 진출 문제에 있어서도 벽골제나 고사부리성의 축조 시기 문제, 그리고 또 신공기 49년조의 사료적 신빙성 문제, 「양직공도」에서 확인되는 소국의 존재, 그리고 또 「광개토왕릉비문」에 보면 '백잔남거한(百殘南居韓)'이라는 명칭, 또 『송서』 왜국전에 나오는 모한慕韓이라든지 역시 국명으로 등장을 하고 있기 때문에 이런 부분에 대해서는 견해 차이가 있었습니다. 그리고 또 영산강 유역의 백제 영역화 부분과 관련해서도 『일본서기』 49년조의 기사 문제가 역시 문제가 됐고요. 또 22담로와 37군의 관계를 통한 영산강 유역의 백제 편제 문제 이런 것 등이 제기되었습니다.

이상으로 논의된 내용과 문제점으로 제기된 내용들에 관한 설명을 드렸습니다.

이상 발표를 마치겠습니다.

좌장 노중국 : 강종원 선생님, 수고했습니다. 제1부 컨퍼런스는 세 가지 주제입니다. 백제는 누가 건국했고, 그 다음에 정치적 중심지는 어디였고, 그리고 이 건국세력들이 근초고왕 대까지 영토를 어떠한 과정을 거쳐서 어디까지 확장해 나갔느냐는 것입니다. 이 세 가지 주제에 대해 이전의 학술대회에서 논의된 것들을 세 분이 정리를 해 주었습니다.

세 분이 정리한 것을 제가 다시 되풀이할 필요는 없을 것 같습니다. 다만 아까 모두에 말씀드린 대로 주제를 정리하면서 완벽하게 정리되기가 어렵다는 대전제 하에서 각 발표에 대해 나머지 두 분 선생님들이 이런 것들은 조금 더 보완해야 하고 또는 수정을 해야 하지 않겠느냐 하는 것에 대해 의견을 말씀해 주세요. 이렇게 하면 각 주제에 대한 정리가 좀 더 잘 정리되어 더 나은 공감대가 형성되지 않을까 하는 생각에서 입니다.

임 선생님의 발표입니다. 발표의 핵심 사항은 백제의 건국 시기, 건국 시조, 건국 시조의 출자 문제, 건국 이후 성장해가는 과정 등이었습니다. 이런 것들에 대한 발표에 대해 혹시 보완할 게 있으면 말씀해 주시기 바랍니다. 이것에 대해 강종원 선생님과 신희권 선생님은 의무적으로 해야 합니다.

강종원 : 사실 임영진 선생님께서 발표해 주신 부분은 실제 발표하신 선생님들께서 이 앞에 계시는데 그 부분에 대해서 저희가 보완할 내용이라든지 이런 것들을 말씀드린다는 게 사실은 좀 어려운 점이 있습니다.

좌장 노중국 : 그래도 이런 정도는 공감대가 될 수 있지 않느냐. 한 개인의 견해보다는 논의 과정 속에서 이런 정도는 공감대가 형성되어지는 것 같더라는 정도는 말씀해 해줘야 이번 컨퍼런스의 의미가 있는 것 같습니다.

강종원 : 앞의 글들을 검토를 못하고 와서 어려운 점이 있을 것 같고요. 다만 한두 가지 궁금한 사항에 대해서 의문점을 제시하겠습니다.

154쪽에 보면 십제十濟와 백제국伯濟國을 소국으로서 같이 병행한 국가로 이해하고 계셨는데 기록에 보면 열 명의 신하의 도움을 받아 십제十濟로 하였다가 다시 비류가 세웠던 미추홀 백성들의 통합과정에서 즐겨 따랐다고 해서 백제로 변화했다고 하는데, 그렇다면 그 백제百濟와 이 백제伯濟, 십제十濟 및 백제伯濟와 백제百濟 그 관계는 어떻게 설정할 수 있을지 하는 의문이 하나 듭니다.

좌장 노중국 : 정리를 해달라고 하니까 질문을 하셨네요. 그러나 정리를 하는데 조금 도움이 되기 때문에 발표한 임 선생님께서 십제十濟와 백제伯濟의 관계에 대해서만 한 번 더 얘기를 해주시지요. 지금 아마 발표문에서는 십제와 백제가 공존하지 않았느냐 즉 동시에 같이 있었지 않았겠느냐는 식으로 언급되어 있는 것 같은데… 간단하게 얘기해 주시죠.

임영진 : 저는 고고학 전공자니까 고고학적인 질문을 해 주시면 좋을 텐데 하필 당혹스럽게 문헌사 쪽에서도 의견이 엇갈리는 그 문제를 저에게 질문을 하십니까. (웃음) 아무튼 아까 말씀드린 바와 같이 백제百濟 이전에 십제十濟가 있었다는 것은 모두가 인정을 하시는 것 같고, 그리고 백제국伯濟國은 중국 기록에 54개의 소국 가운데 하나로 나오지만 십제十濟와 백제百濟에는 나오지 않는다는 점. 그렇게 보면 이 삼자 간에 뭔가 다른 점이 있었을 것이다 하는 것이 상식적인 견

해이고, 약간 논리적으로 말씀드린다면 백제百濟가 누가 보더라도 하자가 없는 본격적인 고대 국가임이 분명하다면 십제十濟는 그보다는 더 낮은 단계의 사회 체제, 그리고 백제伯濟도 그러할 텐데 3세기 중엽 경에 쓰여 졌던 것으로 추정되고 있는, 인정되고 있는 『삼국지』 동이전東夷傳에 십제十濟가 나오지 않는다는 점에서 백제百濟의 성립을 3세기 중엽 이전으로 올리는 것은 문헌적으로도 어렵지 않겠는가. 그래서 고고학적으로 본다면 그 시점이 분구묘가 본격적으로 발전하는 과정에서 들어온 적석총 단계, 이 정도로 고고학적으로 연결을 할 수 있지 않겠는가 하는 게 제 생각입니다.

죄송하지만 방금 질문하신 문헌사적인 내용은 제가 구체적으로 자세하게 답변 올리긴 조금은 어려울 것 같습니다. 이상입니다.

좌장 노중국 : 네, 십제와 백제 문제는 뒤에 다시 한 번 언급할 것이고요.

신희권 선생님, 임 선생님이 정리한 것에 대해 보완하실 것이 있으면 해 주시기 바랍니다.

신희권 : 정리라는 차원은 아닌데요. 임영진 선생님께서 정리해 주신 핵심, 결국 '백제왕궁이 어디에 있었나?'하는 부분은 백제 건국시기하고 맞물리는 문제입니다. 그런데 공교롭게도 임 선생님께서 정리해 주셨던 그런 부분에서는 아마 고고학적인 결과들을 봤을 때 3세기 중엽 이전으로 올려보기 어렵다, 그리고 그러한 근거로 풍납토성이나 몽촌토성의 연대가 대체로 3세기 4/4분기로 이렇게 말씀을 해 주셨는데요. 제가 정리한 부분에서는 왕궁의 문제를 정리할 때 문

헌사 입장에서도 그렇고 명확하게 도성 내지는 왕성의 관점에서 볼 때 위례성에서 한성으로 변화가 되었다, 그렇게 변화가 되었다는 얘기는 다분히 시간적 차이를 인정하지 않을 수 없다라는 측면에서 얘기가 된 것 같거든요. 그렇게 된다면 위례성에서 한성의 관계로 변화가 되었을 때 고고학적으로 위례성이나 한성이 거의 동일한 시기로 봐야 하는 건지? 그리고 그 시점이 3세기 4/4분기에 풍납토성하고 몽촌토성이라는 두 개의 성이 거의 동시에 출연하는 것처럼 해석할 수밖에 없는데 이러한 두 간극을 어떻게 좁힐 수가 있을지? 그 부분들이 앞으로 문헌사 쪽하고 저희가 함께 풀어야 할 숙제가 아닌가 싶습니다.

좌장 노중국 : 예. 문헌사적으로 풀어야 한다는 얘기만… 오늘은 아까 말씀드린 대로 질문보다는 서로의 의견을 교환하고 보완해서 하나의 공감대를 형성해 가는 식으로 묶어보려고 하는 것입니다. 백제 건국 시조와 관련하여 시조와 관련한 설이 여러 가지 있지만 그래도 시조를 온조로 봐야 하겠다는 쪽으로 정리되는 것 같습니다. 이에 대해 혹시 두 분은 다른 얘기가 있습니까?

강종원 : 다른 의견 없습니다.

좌장 노중국 : 없습니까? 그 다음에 남성과 북성과 관련한 사항입니다. 확실하게 3세기 4/4분기 시기에 백제의 중심지는 최소한 남성과 북성으로 구성되어 있고 남성이 몽촌토성이고 북성이 풍납토성이다 하는

것에 대해서도 다른 이의는 없는 거죠?

그리고 풍납토성이 먼저 만들어졌느냐 몽촌토성이 먼저 만들어졌냐에 대해서 의견의 차이는 있지만 이 두 토성이 백제의 왕성 또는 궁성을 구성하고 있다는 데 대해서는 대체적으로 의견의 통일이 이루어진 것 같습니다.

그 다음에 시조의 출자와 관련한 문제입니다. 이 문제와 관련해서 고구려계이냐 아니면 부여계이냐, 어느 쪽으로 의견이 더 많이 몰렸어요? 문헌사 연구에서는 부여계 쪽으로 보는 것이 대세가 아니겠느냐로 정리해 볼 수 있을 것 같습니다. 시조를 부여계 출자라고 하였을 때 고고학 쪽에서 나오는 얘기는 부여계 쪽으로 봤을 때 이걸 입증해줄 수 있는 부여계 문물이 서울지역에 있느냐는 것입니다. 없지 않느냐는 것입니다. 시조의 출자를 고구려와 연계시킨다면 어쨌든 고구려계 적석총이 있으니까 고고학 자료로 보면 시조의 출자는 고구려로 봐야 되지 않느냐, 이렇게 논의가 되어 진 셈이 되는 거죠. 크게 정리를 해보자면.

신희권 : 그 부분에서는 사실 풍납토성도 그렇고 몽촌토성에서 최근에 말 머리와 관련된 제사나 희생, 이런 것들이 많이 보이는데요. 혹시 그런 것들이 부여 쪽의 습속이 아닌가…. 그렇게 본다면 반드시 부여계로 볼 만한 증거가 없다라는 부분은 조금 다시 볼 필요도 있다고 생각하고요. 또 풍납토성 안에서 출토된 유물 가운데 이식 장식이 유수 노하심이라는 부여계 귀족 무덤에서 나온 금제 장식하고 똑같은 형태로서, 풍납토성에서는 은제로 나왔거든요(〈그림 13〉 참조). 그

〈그림 13〉 유수 노하심 출토 금귀걸이와 풍납토성 197번지 나-5호 수혈 출토 은귀걸이 장식

것은 금이냐 은이냐의 재질 차이만 있을 뿐 형태적으로 똑같습니다. 그래서 '부여계의 유물이 없다.'라고 단정하기에는 조금 문제가 있지 않나…. 라는 생각도 듭니다.

좌장 노중국 : 제가 수정을 좀 해야겠네요.

예. 그 다음에 또?

강종원 : 다른 의견보다도 혹시 앞에서 박순발 선생님께서 개로왕대의 내용 도림사화 말씀하시면서 적석총이 혹시 그와 관련된 부분으로 이해를 하고 계신지 그 부분도 궁금해서 제가 말씀을 드립니다.

좌장 노중국 : 적석총이 뭐하고?

강종원 : 혹시 개로왕대에 그게 증개축이 이루어졌을 가능성 이런 부분을 혹

시 언급하신 것인지? 그렇다면 이 적석총도 꼭 고구려적인 영향으로 출자와 관련해서 연계시켜 설명될 수 있는 것인지 이 부분이 조금 궁금해서 말씀을 드립니다.

좌장 노중국 : 그러면 지목받으신 분은 어떻게 보는지요? 적석총이 개로왕대에 전반적으로 왕실 능묘를 정비하는 과정에서 만들어진 것으로 볼 수 있는지 지금 물어본 것이죠? 간단하게 대답해 주세요.

박순발 : 예.

좌장 노중국 : "예"입니까?

박순발 : 예.

좌장 노중국 : 개로왕대에 전반적으로 정비되었다고 하면 본래의 모습은 알 수 없는 거죠? 아니면 본래의 모습에다가 손을 본 건지.

박순발 : 그보다 더 중요하게 우리가 생각해야 할 것은 적석무덤이라고 하는 것이 과연 언제부터 나오느냐 하는 문제가 대단히 중요합니다. 그러니까 다시 말하면 백제가 국가 성립한 시점하고 적석총이라고 부른 것이 동일시점인가 하는 그런 문제가 지금 고고학 자료로써… 사실은 이게 시차가 좀 있기 때문에 1회하고 지금 하고는 논의자체가 달라져야 하는 부분이 상당히 있습니다. 그런 부분을 지적해 준 거라

고 생각하는데 결국 3세기대까지 올라가느냐 하는 문제가 가장 지금 근본적으로 최근 조사를 통해서 흔들리고 있고 그리고 제가 "예"라고 간단하게 말씀드렸던 것은 분명히 어느 시점에서는 집중적으로 어느 시점에 그쪽 묘역을 손을 봤던 흔적들이 있다 하는 것입니다.

임영진 : 제가 간단하게. 그 문제 굉장히 중요한 문제죠. 아까 제가 발표할 때 일단은 보고서 편년관인 3세기 중엽 경으로 보고자 한다고 말씀을 드렸는데 앞으로 얼마든지 논의를 통해서 조정이 가능하다고는 생각이 됩니다. 그러나 이것은 해석의 문제가 아니고 사실의 확인, fact 확인 문제인데, 1호분 북분北墳의 성격은 해석의 문제고 1호분 북분에 걸쳐서 출토됐던, 확인됐던 유구(〈그림 14〉 참조)가 외곽에 큰 돌이 돌려지고 내부에 잔돌이 깔리고 거기에서 집중적으로 출토된 소위 일괄유물 그 연대가 관건이라고 봅니다. 그래서 보고서에서는 그 연대를 4세기 초경으로 보고 그보다 선행하는 무덤을 3세기 중엽경까지 올라갈 수 있겠다라고 봤는데 만약에 4세기 중, 후엽 근초고왕으로 본다면 박순발 교수가 얘기하는 새로 고구려와 경쟁에 있던 상황 속에서 상징적으로 고구려 묘제를 채용하겠느냐. 최병현 선생님이 지난번 토론회 때 말씀하신 분구묘 세력이 고대국가 백제를 건국해서 발전하는 과정에서 적석총을 쓰는 고구려계 이주민들이 다시 들어와서 백제를 지배했느냐 이 문제가 또 남아있는데, 중요한 것은 바로 이제 그런 어떤 해석이 가능한가와 관련이 있지만 결국 가장 중요한 관건은 1호분 북분에 걸쳐있는 유구의 연대라고 봅니다. 그 유구연대를 4세기 말 이후로 내려 볼 수 없다면 근

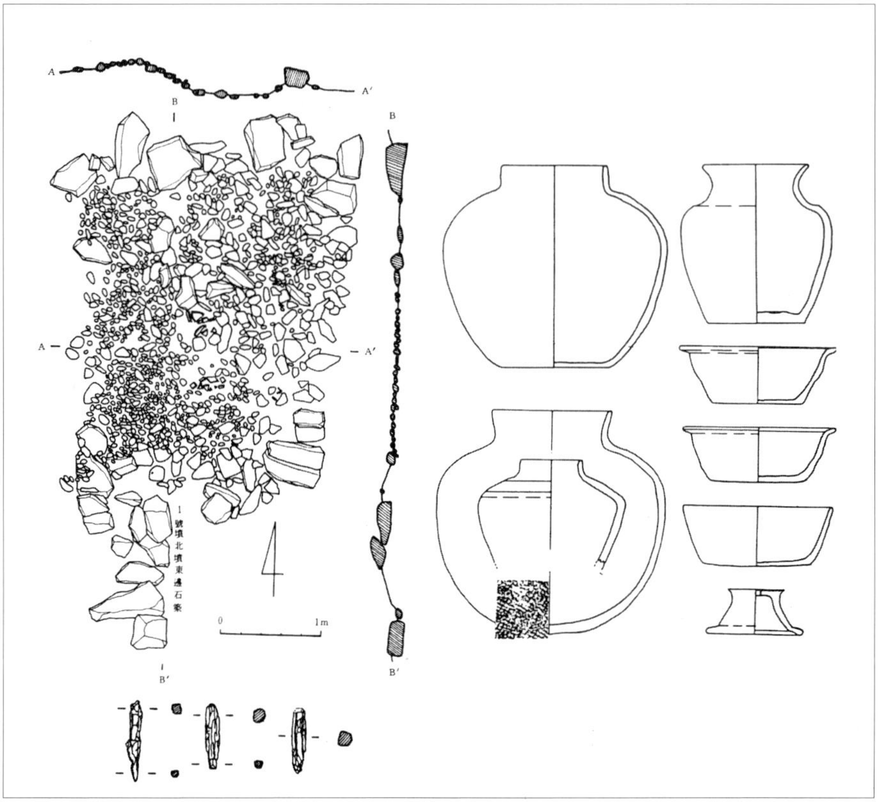

〈그림 14〉석촌동 87-1호 위석분구묘(석곽묘) 평면도와 출토유물

초고왕대 적석총 축조설 이것은 성립하기 어렵게 되고 개로왕대 일괄해서 기존 무덤을 적석을 부가해서 수즙을 했다 하면 더더욱 시차는 커지는 것이거든요.

이상입니다.

좌장 노중국 : 고맙습니다. 논쟁은 안 하려 했는데 그래도 얘기는 해야겠네요. 첫 번째 주제와 관련해서 이렇게 정리를 해보겠습니다. 제가 관련 글을 읽고 발표도 듣고 하면서 정리한 것을 말씀드리겠습니다. 오전에 말씀드렸습니다마는 백제라고 하는 나라의 첫 국호는 문헌을 그대로 따른다면 십제十濟입니다. 그 다음에 백제伯濟, 백제百濟로 바뀌어져 갑니다. 국호의 변화는 건국집단이 처음에 건국을 해가지고 성장해가는 과정과 연계하여 살펴보아야 한다는 인식을 기본적으로 같이 했으면 좋겠습니다. 지금 대다수의 연구자들은 백제伯濟에서 백제百濟로 바뀔 때 '뭔가 변화가 있었을 것이다'라고 하는 것에 대해 공통적으로 인정을 하는 것 같아요. 그 다음에 백제국伯濟國을 칭하기에 앞서 십제국十濟國이 있었느냐 없었느냐에 대해서는 없다고 보는 분들도 있고 있다고 보는 분들도 있어서 견해의 차이가 납니다. 그러나 특별한 증거가 없는 한 문헌기록 자체를 굳이 부정할 필요는 있겠느냐 하는 입장에 선다면 백제국伯濟國이라는 국호를 칭하기 이전에 십제국十濟國을 칭한 시기가 있었을 것으로 보는 것도 충분히 설정할 수 있겠다는 생각이 듭니다.

그 다음에 두 번째로 전제로 두어야 할 것은 하나의 나라가 세워져서 발전해가는 과정에 국호의 변화가 있을 수 있다는 것입니다. 실제 신라도 그랬고 고구려도 그랬습니다. 고구려의 경우 고구려에서 고려로 바뀌는 현상이 보입니다. 그렇기 때문에 국호의 변화가 갖는 의미는 그 나라의 성장과정을 보여주는 것이 아니겠느냐 하는 것입니다. 이렇게 보았을 때 백제국伯濟國이라는 국호를 썼을 때의 시기는 『삼국지』 동이전 시기인데 여기에서 함께 고민해야 될 것은

『삼국지』 동이전의 기록이 백제국伯濟國이 처음 생겨나서 동이전에 기록될 때까지의 과정을 모두 기록해 둔 것이 아니라는 것입니다. 동이전이 기록될 당시에 백제국伯濟國은 분명히 있었던 것이지요. 그러면 그 앞 시기에는 십제국을 칭한 것으로 볼 수 있습니다. 그리고 백제국伯濟國을 칭한 이후 어느 시기에, 그 시기가 서기전 1세기인지 아니면 AD 1세기인지 2세기인지는 알 수 없습니다마는, 3세기 중반 이전 어느 시기에 백제국伯濟國으로 바뀌어 진 것으로 볼 수 있다는 것입니다. 그렇게 보면 동이전이 보여주는 것은 십제국十濟國에서 백제국伯濟國으로 바뀐 이후의 상황만 보여주는 것이다, 이렇게 이해할 필요가 있다는 것입니다.

이 백제국伯濟國이 다음 단계로 넘어갔을 때 백제百濟로 바뀌게 됩니다. 백제百濟라는 국명이 나오는 시기를 문헌에서 찾아보았을 때 342년에 전연前燕의 봉유封由가 올린 상표문에 나오는 게 제일 빠릅니다. 그 다음에 백제百濟의 존재 시기를 추정해 볼 수 있는 것은 서진(265-316)이 망하고 동진(317-419)이 생겼을 때입니다. 서진 시기에는 『진서』 동이전에서 보듯이 한반도의 여러 나라들은 마한이니 진한이니 하는 이름으로 서진과 교섭을 했습니다. 그러나 동진이 성립한 이후부터 마한의 이름으로 동진과 교섭하는 기사는 보이지 않고 백제라는 이름으로 교섭을 했다는 기록이 나옵니다. 동진의 성립 시기는 317년인가 이래요. 4세기 아주 초반입니다. 이를 봉유의 상표문과 연계해 보면 3세기 말, 4세기 초 어느 시기에 백제국伯濟國에서 백제국百濟國으로 국호가 바뀌었다고 볼 수 있는 것입니다. 이런 변화상을 보여주는 고고학 자료들이 뭐가 있느냐 했을 때 임 선생님이 정리한 걸 보면 적어도 백제국伯濟國이라는 국호를 사용한 시기의 분묘는 분구묘 형태로 정리가 될 것 같습니다. 그 앞 시기는 '중도문화'라고 하였는데 이 중도문화는 어쩌면 십제국과 관련시켜 볼 수 있을 것 같습니다. 그 다음에 풍납토성과 몽촌토성들이 만들어진 4세기 3/4분기, 4/4분기 이 시점에는 분구묘 또는 적석총들이 나오고 있습니다. 이는 백제국百濟國으로 국호가 개칭된 것과 연계시켜 볼 수 있을 것입니다. 이처럼 백제가 건국되어 성장 · 발전해가는 과정을 시대별로 배열을 하고, 현재로서는 국호의 변화를 중심으로 시대별로 배열을 할 수밖에 없습니다만, 그 다음에 서울 지역에서 나오는 고고학 자료들 역시 시대별로 배열해서 상호 대입시켜 보면 백제국의 발전과정과 고고학 자료가 일정하게 맞아들어간다는 점에 대해 일정 정도의 공감대를 형성할 수 있지 않을까 하는 생각을 했습니다. 이럴 때 정리해야 할 핵심적인 논점의 하나는 고고학 쪽에서 풍납토성과 몽촌토성의 축조를 국가형성의 대표적인 지표로 보고 그 성들이 만들어진 3세기 4/4분기 때에야 백제국百濟國이 형성되었다고 하는 주장입니다. 이때의 백제국百濟國은 국가발전단계에 비추어 보았을 때 문헌사학 쪽에서 얘기하는 부체제 단계일 수도 있고 또는 연맹왕국 단계에 해당한다고 할 수 있습니다. 이렇게 국가발전단계와 국호의 변화와 고고학 자료의 시대별 변화를 연동시키면 백제가 건국된 이후 성장, 발전해 가는 과정을 계기적으로 정리를 해볼 수 있지 않겠느냐는 말씀을 드릴 수 있을 것 같습니다.

마지막으로 건국 시조의 출자 문제는 출자를 보는 시각 또는 설명의 틀과 관련하여 살펴보아야 할 것 같은데요. 출자를 이야기할 때 고고학 쪽에서는 특히 고분하고 연계시켜 '어디에서 이동해온 집단이 새로운 지역에 정착을 해서 나라를 세운 이후 쓰는 무덤은 이동해오기 이전의 지역 즉 원지역의 무덤을 쓴다. 그래서 원지역의 무덤과 이동해온 지역의 무덤이 일치되어야만 출자를 입증해 준다.' 이렇게 정리하고 있는 것 같습니다. 저는 이렇게 이해를 했습니다. 그러나 이러한 설명의 틀은 재검토할 필요가 있습니다. 왜냐하면 시조의 출자 문제는 어느 면에서는 인식의 문제가 강하게 작용할 수가 있기 때문이고 또 다른 지역으로 이동을 해서 나라를 세웠을 때 원지역의 무덤을 쓰지 않을 수도 있다는 점 때문입니다. 따라서 어느 지역에서 이동해온 집단이 새로운 정착지에서 나라를 세우고 난 다음 원지역의 무덤을 반드시 써야 한다는 전제는 재검토되어야 하는 것입니다. 그 예로는 고구려를 들 수 있을 것 같아요. 고구려가 부여에서 나왔다고 하는 '부여출자설'에 대해 문헌사학을 하시는 분들은 거의 부정하지 않을 것입니다. 고고학 쪽에서도 부정하는 분들은 적지 않을까 싶습니다. 그런데 아시다시피 고구려 초기의 무덤은 부여식 무덤이 아니라는 게 고고학 쪽의 일반적인 견해입니다. 고구려 초기의 무덤은 이른바 무기단식적석총인데 이런 적석총은 부여에서는 보이지 않습니다. 그럼에도 고구려가 부여에서 출자하였다는 문헌 기록을 부정하지 않고 받아들이고 있습니다. 그러므로 출자 문제를 이야기할 때 이동해온 지역의 무덤이 원지역의 무덤과 반드시 같아야만 출자를 증명할 수 있다 라고 하는 전제 자체는 재검토되어야 한다는 말씀을 드리고요.

마지막으로 온조계 집단이 고구려계냐 부여계냐고 했을 때 양자택

일적 접근 보다는 백제 왕실 자체가 어느 시기에 왕실의 출자를 재정리하지 않았을까 하는 것도 검토해 볼 필요가 있다는 것입니다. 물론 왕실의 출자를 재정리한 시기가 언제인지는 분명히 하기 어렵습니다만 왕실의 출자에 대한 재정리가 이루어졌기 때문에 그 결과 부여계 설도 나오고 고구려계 설도 나오게 되지 않았을까 하는 것이다. 이를 방증해 주는 사례로는 고구려를 들 수 있습니다. 아시다시피 「광개토대왕비」에는 고구려 시조의 출자는 분명히 북부여라고 나와 있습니다. 그런데 우리가 보는 현재의 『삼국사기』나 이규보의 『동명왕편』에는 시조의 출자는 동부여로 나옵니다. 문헌기록에는 동부여로 나오지 북부여로 안 나오고 있습니다. 이는 고구려에서도 광개토대왕 이후 어느 시기에 시조의 출자가 북부여에서 동부여로 재정리되었음을 보여줍니다. 고구려 내에서도 이렇게 출자의 어떤 변화가 있다는 걸 생각하면 백제 왕실 내에서도 왕실 계보와 시조의 출자를 재정리하는 변화 즉 부여계 출자에서 고구려계 출자로의 재정리한 변화도 있지 않았을까 하는 관점에서 정리해볼 필요가 있다는 말씀을 드리겠습니다.

임 선생님이 발표한 주제에 대한 저의 코멘트는 이 정도로 하겠습니다.

다음에 신희권 선생님이나 강 선생님, 임 선생님의 발표에 보완할 것이 있으면 말씀해 주시기 바랍니다.

임영진 : 신희권 선생님 발표는 정리가 잘 됐지만 한두 가지 말씀드리겠습니다.
168쪽에서 여전히 문제가 되어 왔는데 몽촌토성 축조 시기 문제에

있어서 대부분 3세기 중후반 경으로 추정했지만 근자에 그와 같은 추정의 근거가 됐던 회유전문도기 파편이 시기적으로 훨씬 늦다고 보고 새로운 문제제기가 이루어지고 있습니다. 중국 회유전문도기는 연대 폭이 커서 육조대까지 이어진다는 것은 분명한 사실입니다. 그런데 2012년 왕지고王志高 교수가 와가지고 백제 전문도기 편 모두를 육조시대로 보는 바람에 이런 불필요한 논의가 지금 계속해서 확대되고 있지 않은가 싶은데, 분명히 중국에서도 전문도기들은 시대별로 그 특징이 있습니다. 예를 들어서 3세기 후반대 서진 전문도기들은 기벽이 굉장히 얇고 동전의 문양이 굉장히 뚜렷해요. 그런데 몽촌토성에서 출토된 것은 가장 이른 시기에 나온 거거든요. 그리고 그 출토 정황, 콘텍스트를 보면 몽촌토성은 전문도기보다 늦어질 수가 없는 것입니다. 그래서 여전히 저는 3세기 중후반설이 유효하다는 말씀을 드리고 싶고요.

지난번에 영정주냐 목책이냐 하는 문제 잠깐 제가 한 번 백제학회 모임에서 언급한 적 있는데 몽촌토성 북벽에 지금 목책으로 복원되어 있는 그 부분의 재조사를 통해서 목책보다는 영정주일 가능성이 높다, 영정주를 뽑아 올리면서 성벽을 축조할 때 남은 흔적이 관찰된다. 이런 중요한 지적이 있었습니다(〈그림 15 · 16 · 17〉 참조). 저는 그 지적이 부분적으로 옳은 걸로 봅니다. 그러나 목책의 경우도 이게 부식이라든가 파괴 이런 걸로 해서 계속해서 보완이 이루어질 것이란 말이죠. 그렇다면 분명히 목책을 뽑아 올리는 일도 있었기 때문에 그런 동일한 현상이 나타날 수 있고, 또 하나 보다 더 큰 문제는 그 경사면 하단에 영정주를 세워서 성벽을 흙으로 축조해 올라간다면 그 양이 정말 어마어마할 겁니다. 풍납토성 못지않아요. 그래서 그렇게 거대한 토축성벽을 만들기 위해서 시설한 영정주라면 그렇게 해서 만들어진 토축성벽들이 다 어디로 갔느냐. 지금 남아있는 것은 생토경사면 밖에 없거든요. 이건 도저히 상식적으로도 이해하기가 어렵기 때문에 새로운 문제제기는 필요하지만 여전히 영정주보다는 목책일 가능성이 높다고 봐야 되지 않는가 하는 게 제 생각입니다.

좌장 노중국 : 몽촌토성에 대한 초기의 발굴에서 목책 시설이 확인되어 토성을 복원할 때 목책 시설도 같이 하였습니다. 그런데 몽촌토성에 설

〈그림 15〉몽촌토성 북서벽 구 목책 설치구간 발굴조사 잔존 성토층 및 주혈(한성백제박물관, 2016)

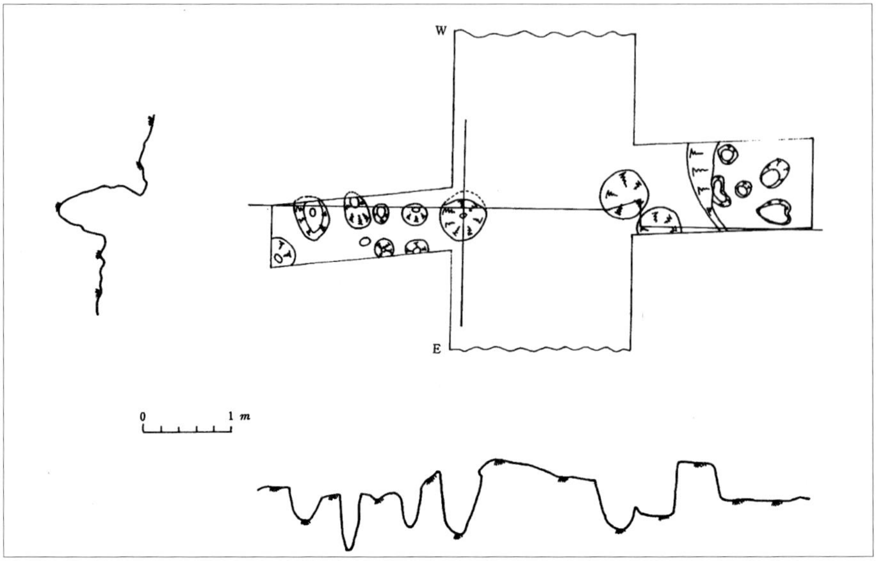

〈그림 16〉몽촌토성 1983년 조사 목주혈 평 · 단면도

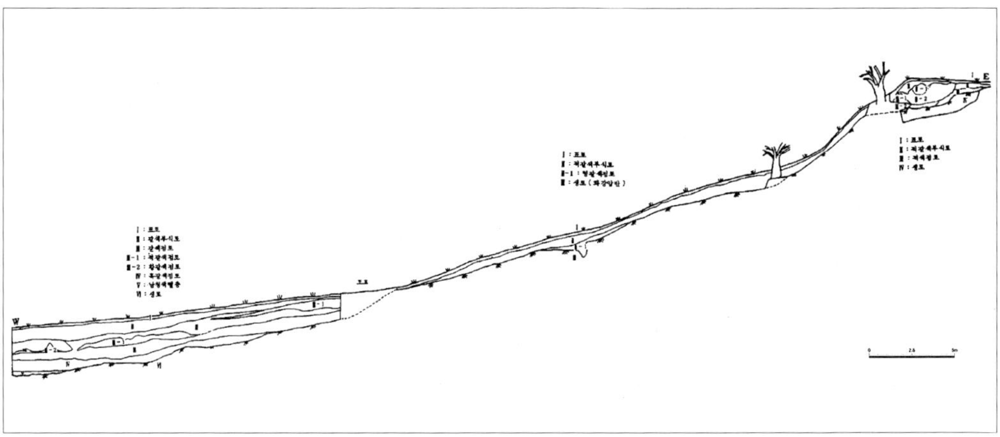

〈그림 17〉몽촌토성 1983년 조사 Ⅰ지점 시굴트렌치

치해둔 목책 시설이 최근에 무너져서 이를 복구하는 과정에서 다시 조사를 하게 되었습니다. 조사한 결과를 검토를 해 보니 목책으로 알려졌던 것이 목책이 아니라 성벽을 축조할 때 사용한 영정주 흔적이 아니겠느냐는 의견이 나왔습니다. 이런 의견에 대해 초창기에 몽촌토성 발굴에 참여하였던 임 선생님이 이것은 목책으로 보아야 한다고 하는 자기 생각을 한 번 더 확인한 것입니다. 그것은 뭐….

신희권 : 답변은 아니고 권오영 선생님께서 축조시기와 관련된 전문도기 얘기하면서 전문도기의 폭이 상당히 넓기 때문에 그것만 가지고 몽촌토성의 연대를 비정하기는 어렵다는 측면의 얘기가 있었던 것이고요. 그러한 배경에는 제3회 대회 때 공교롭게도 여호규 선생님이나 권오영 선생님은 이도한산 내지는 한성하고 관련되는 유적을 몽촌토성으로 생각을 하시는 것 같았습니다. 그래서 그러다보니까 만약에 이도한산 기록과 연관되면 371년 기사가 되기 때문에 기존에 봤던 몽촌토성의 연대보다는 좀 늦게 봐야만 한산에 연계시킬 수 있다는 그런 맥락에서 아마 전문도기도 그러한 해석이 이루어졌던 것 같고 그다음에 목책이냐 영정주냐는 그날 학술대회에서 다른 지점도 사진들을 보여주셨잖아요. 그래서 이 지점 보면 영정주 같기도 하고 또 저 지점 보면 또 반드시 영정주라고만 볼 수 없는 목책인 것 같기도 하다, 이렇기 때문에 몽촌토성에서도 이제 지점에 따라서 목책이냐 영정주냐를 확정하는 게 달라질 수도 있겠다는 쪽으로만 얘기가 됐었습니다. 그래서 그 부분은 아직까지 논란이 진행 중이라는 이런 정의였습니다.

좌장 노중국 : 예. 감사합니다.

신희권 선생님은 발표에서 남성과 북성은 몽촌토성과 풍납토성이고, 축조시기에 대해 선후가 있는데 어느 것이 먼저 만들어졌느냐에 대해 몽촌토성이 빠르다 또는 풍납토성이 빠르다고 보는 견해 차이는 있다고 했습니다. 그러면 신 선생님, 한성도성을 얘기할 때는 풍납토성과 몽촌토성을 합쳐서 남북 이성二城이라 하고 이것을 궁성으로 봐도 되는 거죠? 뒤에 또 애기가 나올지는 모르겠습니다마는 이것을 궁성으로 보면 오전에 박순발 선생님이 보여준 지도에 보이는 점선을 연결시키면 만들어지는 공간 즉 무덤 안쪽의 공간은 도성의 성내로 보아도 괜찮은지요?

신희권 : 예. 그래서 그 발표내용 중에 왕도와 왕성의 문제가 조금 언급이 있었습니다. 그래서 왕성으로 볼 때는 아직까지 완벽한 외곽경계가 갖추어진 그러한 도성의 개념이 적용되기 전 단계, 그래서 그날 발표에서는 이도학 선생님도 그렇고 초기의 도성은 왕성 개념의 위례성이고 그다음에 475년에 한성 함락 기사에 나오는 "왕도 한성을 에워쌌다"라고 할 때는 명백하게 왕도라는 기록이 있기 때문에 한성을 왕도의 도성 개념으로 봐야 된다라는 입장이 하나 있었고요. 그렇지 않고 한성조차도 위례성과 동일한 범주의 궁성으로만 봐서 위례성, 한성 두 개의 궁성이 있는 그런 걸로 본 분도 있습니다. 이 같은 경우는 한성도 그냥 왕도 한성이 아니라 아예 몽촌토성이다, 그리고 그게 또 이도한산의 한산성이다, 이렇게 봤기 때문에 그런 관점으로 본다면 두 개의 궁성은 다 존재하지만, 하나의 관점은 위

례성이라는 궁성에서 그 다음에 보다 확대된 왕도의 개념으로 확장됐을 때가 한성이라고 본 입장이 있었고, 위례성과 한성을 동등한 입장의 두 개의 별개 성으로 본 입장도 있었습니다.

좌장 노중국 : 왕도하고 관련해서 정리해야 할 것은 풍납토성 안에서 나온 삼중환호의 성격입니다. 이것에 대한 논의가 어떻게 되어가고 있나요? 이것을 위례성으로 보는 거예요, 아니면 그냥 삼중환호로 보는 거예요? 어떻게 보고 있는 것이죠?

신희권 : 그때는 삼중환호(〈그림 18 · 19〉 참조)에 대한 구체적인 얘기는 많이 안 나왔었는데 만약에 그걸 오늘 임영진 선생님이 정리하신 내용하고 맞춰본다면 그 단계가 예를 들어 고대국가 백제, 백제百濟로

〈그림 18〉 풍납토성 3중 환호

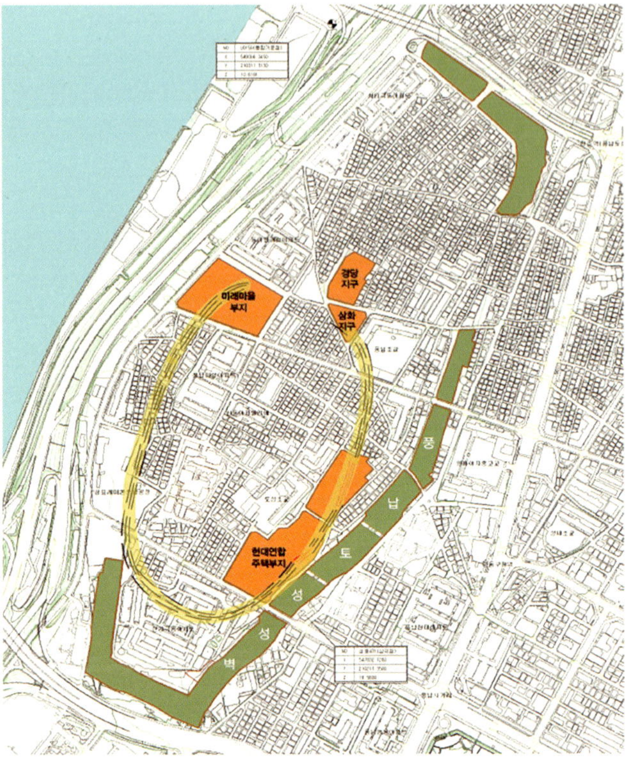

〈그림 19〉 풍납토성 3중 환호 추정 범위(한성백제박물관, 2015)

넘어가기 전에 환호집락, 환호취락을 이루는 백제국伯濟國으로 볼 수 있고, 몽촌토성이랑 풍납토성이 축조된 그 단계가 고대국가로서의 백제百濟, 이렇게 볼 수 있지 않을까라는 생각입니다.

좌장 노중국 : 삼중환호를 백제의 성장과정과 연속선상에서 보면 이렇게 정리해 볼 수 있겠네요. 사실 우리들은 삼중환호의 성격에 대해 좀더

깊이 있게 다루지 못했는데요, 삼중환호 위에 어떤 시설이 있는지는 모르겠습니다. 목책시설이 있었는지 또는 없었는지요? 현재는 환호만 나와 있었습니다만 어느 면에서 목책시설 같은 것이 있었다는 걸 전제로 두고 『삼국사기』에 '목책을 쌓았다'고 하는 기사와 연계시키면 이 삼중환호가 위례성일 수도 있겠다는 것입니다. '위례'라는 말은 나무울타리를 둘러친 것 즉 목책을 의미합니다. 그렇다면 삼중환호는 위례성이 되는 것이고 그 후 어느 시기에 성을 크게 거대하게 쌓아 규모를 키웠을 때 한성이라 하였을 가능성도 있는 것입니다. 한성은 말 그대로 큰 성이라는 의미이기 때문입니다. 즉 한성은 풍납토성과 몽촌토성의 규모를 크게 키웠을 때의 성 이름인 것이지요. 이렇게 보면 위례성에서 한성으로 이름을 바꿨을 가능성도 염두에 두어야 할 것입니다. 즉 삼중환호와 풍납토성은 시기를 달리하지만 연속선상에서 보았을 때 '위례성에서 한성으로의 변화'로 파악해 볼 수도 있지 않겠느냐 하는 말씀을 하나 더 드릴 수 있을 것 같습니다.

임영진 : 풍납토성 내에서 조사된 삼중환호는 풍납토성과 공간적인 범위를 공유하고 있잖습니까? 그래서 상당히 관련이 있겠다고 보는데 지금 현재 발굴된 것은 삼중환호일 뿐이지만 아마도 원래의 모습은 아까 말씀하신 대로 환호에서 파놓은 흙을 토루 형태로 돌리고 그 토루 중간에 목책을 세웠을 것입니다. 그러니까 목책의 구멍은 토루 중간에 있어서 다 날아간 것이죠. 지금 현재 조사된 지면에서는 찾기가 어려울 것입니다.

좌장 노중국 : 예. 알겠습니다. 삼중환호에 목책이 있다면 이 삼중환호는 위례성으로 불렸을 가능성도 충분히 있다고 하겠습니다. 그 다음에 정치적 중심지와 관련해서 우리 초기백제사 연구에서 좀 더 고민해야 할 것의 하나가 국읍國邑의 문제입니다. 『삼국지』 동이전에 의하면 국國은 국읍과 읍락邑落으로 구성된 것으로 나옵니다. 신라 시조 혁거세赫居世의 건국설화와 가락국 시조 수로首露의 건국설화에는 건국 이전에 6촌, 9촌이 있었던 것으로 나오잖아요. 이 6촌이나 9촌이 바로 『삼국지』 동이전의 읍락과 같은 성격의 것이지요. 이 가운데 국읍은 중심읍락으로서 국國을 성립시킬 때 핵심적인 역할을 한 것으로 볼 수 있습니다. 이렇게 보면 온조집단이 한강유역에 내려와서 나라를 세웠다고 했을 때 몇 개의 읍락들이 있었을 것이고 그 중에 중심지 역할을 한 국읍도 있었을 것입니다. 이 국읍이 특별한 변화가 없는 한 뒤에 왕도가 되는 것이지요. 온조집단이 세운 십제국의 국읍이 어디인지는 분명하지 않습니다. 그렇지만 하나 염두에 두어야 할 것은 국읍의 위치는 때에 따라 옮겨질 수도 있다는 것과 그 규모는 정치적 성장에 따라 확대되어 가기도 하였을 것이라는 점입니다. 이렇게 건국 이후 정치적 중심지로서의 국읍이 옮겨질 수 있다고 하면 어느 면에서는 삼중환호가 온조 집단에 의해 처음으로 만들어진 국읍이 아니고 온조 집단의 세력이 보다 커졌을 때 확대된 국읍으로서의 모습을 보여주는 것일 수도 있다는 것입니다. 그렇다면 삼중환호를 만들기 이전에 어디엔가 초기의 중심지가 있었을 가능성도 있습니다. 즉 초기의 국읍에서 옮겨진 이후의 정치적 중심지가 삼중환호라고 할 수 있는 것입니다. 이처럼 정치

적 중심지로서의 국읍이 상황에 따라 옮겨질 수 있다고 하는 시각에서 본다면 초기의 정치적 중심지로서의 국읍은 하북에 있었을 가능성도 일단은 열어놓고 고민해볼 필요가 있지 않겠느냐 생각합니다. 이렇게 보면 국읍의 위치 이동은 『삼국사기』 온조왕 13년조에 나오는 하북에서 하남으로의 천도 기사와도 연관시켜 살펴볼 수 있지 않을까 합니다.

그 다음에 풍납토성과 몽촌토성의 축조시기 문제에서 가장 주목되고 많이 논의된 것이 전문도기입니다. 전문도기는 풍납토성이나 몽촌토성의 축조시기를 보여주는 중요한 증거로 사용되었기 때문입니다. 그러나 여기에서 하나 짚고 넘어가야 할 것은 전문도기가 풍납토성이나 몽촌토성 축조 시기의 상한선을 보여주느냐 하한선을 보여주느냐는 것입니다. 이에 따라 토성의 축조시기가 달라지게 되기 때문입니다. 이는 전문도기의 성격을 어떻게 볼 것이냐와도 연관되는 것입니다. 이때 고민해볼 필요가 있는 것이 전문도기의 수량이 상당히 많다는 것입니다. 많은 양의 전문도기가 한성으로 들어왔는데 이 많은 양의 전문도기가 우연히 들어온 것이 아니고 의도적으로 들여져 왔다는 것입니다. 전문도기가 의도적으로 들어왔다는 것은 결국은 중국제 도자기를 필요로 하는 수요층이 백제 안에 이미 형성이 되어 있었음을 보여줍니다. 즉 그러한 수요층이 형성되어 있었기 때문에 그 수요를 충족시키기 위해 전문도기가 들어온 것이라는 것입니다. 우연히 들어온 것이 아니고 수요층이 있어서 들어왔다고 하면 수요층의 형성이 먼저이고 중국제 도자기가 들어온 것은 시기적으로 그 보다 늦습니다. 이렇게 보면 백제에서 중국제 전문도기를 선호하는 수요층이 어느 시기에 형성되었느냐 하는 것도 염두에 두면서 중국제 도자기를 검토하는 것이 필요하지 않을까 생각하는 생각에서 말씀드린 것입니다. 저의 얘기는 이 정도로 마무리짓고…그리고 강종원 선생님이나 나머지 선생님들도 혹시 보완할 게 있으면 말씀해 주시죠.

신희권 : 보완은 아니고 저희가 했던 대화에서 좀 논란이 됐는데 답을 얻지 못한 부분이 마침 근초고왕대의 이도한산하고 관련된 부분에서 한산이 과연 한강 이남에 있는 남한산 쪽이냐 아니면 북쪽에 있는 북한산이든 그 이북일 것이냐 이런 부분이 해결을 못한 과제로 남았었는데 마침 강종원선생님께서 근초고왕 왕권, 영토를 발제 해 주셔서 혹시 그때 그런 내용들이 언급된 게 있는지 아니면 또 다른 학회에서 정리되고 있는 의견들이 있는지 여쭤보고 싶습니다.

강종원 : 근초고왕 시기 영토 얘기할 때는 그 부분은 전혀 언급이 안 됐고요. 질문하셨으니까 제가 좀 궁금한 부분과 함께 관련해서 말씀을 드리면 '이도한산移都漢山' 했을 때 크게 두 가지 견해가 나온 것 같습니다. 이도학 교수님은 북한산, 『삼국유사』에서도 이도한산은 북한산이라고 명시를 해놨기 때문에 북한산으로 보시는 것이고, 여호규 선생님은 몽촌토성으로 한산을 또 보고 계시는데 그런데 이 부분과 관련해서 또 남북성을, 풍납토성과 몽촌토성을 남북성으로 이렇게 얘기가 되고 있는데 실제 장수왕이 개로왕대 백제를 침략할 때 7일간 북성에서 치열한 전쟁이 벌어지고 그걸 함락시키고 다시 남성을

공략하지 않습니까? 그때 개로왕이 피신하다가 잡혀서 죽게 되는데 이 기록을 보면 실제 풍납토성과 몽촌토성이 바로 인접해 있는데 치열한 전쟁이 7일 동안 풍납동토성에서 일어나고 있는데 개로왕이 몽촌토성에 그냥 있었겠는가? 이 부분과 연계시키면 혹시 이 북성이 북한산성 쪽에 비정할 수는 없겠는가? 이런 견해도 있거든요. 끝에 가면 근초고왕대 이도한산 했다는 부분도 결국은 그와 연계시켜서 볼 여지는 없는 것인지 궁금합니다.

좌장 노중국 : 『삼국사기』에는 '이도한산移都漢山'으로 되어 있고, 『삼국유사』에 '북한산'으로 이도한 것으로 되어 있습니다. 이에 대해 생각은 다를 수 있겠습니다마는 그 당시 전체적인 상황의 흐름을 보면 근초고왕은 371년에 평양성을 공격해서 고국원왕을 전사시키고, 그 다음에 도읍을 옮긴 것으로 되어 있습니다. 즉 '퇴군해서 도읍을 옮겼다'고 하였을 때 왜 옮겼느냐에 대해 연구자들의 대다수가 공통적으로 인정하는 것은 '혹시 있을지도 모를 고구려의 압박에 대응하기 위해서'라는 것입니다. 이점은 공통된 견해입니다. 여기에서 문제가 되는 것은 도읍을 옮긴 곳이 어디냐는 것입니다. 『삼국사기』에 따르면 한산은 남한산이므로 남한산으로 도읍을 옮긴 되는 것이고, 『삼국유사』에 따르면 북한산으로 도읍을 옮긴 것으로 되는 것입니다. 그런데 북한산은 한강 북쪽에 있습니다. 고구려의 남하 압력을 걱정해서 거기에 대비하기 위해 도읍을 옮겼다고 하면 과연 한강을 건너갈 수 있을까요? 한강 자체가 아주 좋은 방어시설인데 그것마저 버리면서 더 위험한 곳으로 옮겼을까요? 이렇게 보면 『삼국사

기』의 기사대로 한산, 즉 북한산이 아닌 남한산으로 도읍을 옮긴 것으로 보는 것이 좋을 것 같습니다. 다만 논자에 따라서 "이 한산은 몽촌토성이고 그래서 몽촌토성은 371년 이후에 만들어졌다." 라고 보는 견해도 있다는 정도로 정리해 두는 것으로 하겠습니다. 이제 지배방식과 관련한 얘기를 좀 하려고 합니다만….

임영진 : 근초고왕대 백제 영토 문제에 있어서 늘 논란이 됐던 게 남계南界입니다. 제가 전남 지역에 있기 때문에 이 얘기를 꺼낼 때마다 늘 조심스러운데요. 아무튼 근초고왕 24년인 369년에 완전히 백제 영토로 포함이 됐다는 논지로 정리가 됐지만 몇 가지 좀 감안해야 될 문제점이 나열이 되어 있습니다. 저는 이 나열된 몇 가지에 대해 주목하고 싶은데요. 일단은 영토에 대한 지배방식에 있어서 지배방식이 크게 직접지배, 간접지배로 나누어졌고, 그 외에 세력권, 영향권이라고 하는 것도 있는데 영토 내에서 이루어진 지배방식은 직접지배와 간접지배에 해당된다고 봤을 때 전남지역은 간접지배라기보다는 영향권, 세력권으로 보는 게 훨씬 여러 가지 논란의 여지가 있는 문제들과 잘 부합되지 않는가 하는 점을 말씀드리고 싶습니다. 이게 여러 자료들이, 예를 들어 시계를 이루는 여러 톱니바퀴들이 잘 맞물려야 시계가 정상적으로 작동하듯이 서로 관련된 여러 고고학자료와 문헌자료가 톱니바퀴처럼 제대로 척척 맞아들어야 그 견해가 타당하다, 통설로 인정할 만하다, 이렇게 되어야 할 텐데 지금 「양직공도梁職貢圖」에 나오는 백제 주변의 다른 소국 문제 여기서는 도저히 전남지역이 아니면 비정할 수 없는 소국들이 나열되고 있거

든요. 그리고 22담로擔魯에서 37개 군(〈그림 20〉 참조)으로 바뀐 지방 편제, 그리고 전남지역에서만 나타나고 있는 일본식 장고분長鼓墳(〈그림 21〉 참조)의 존재 문제, 이런 것들을 종합적으로 감안한다면 저는 근초고왕대의 전남지역이 영향권, 세력권에 해당될지언정 영역으로 포함됐다고 보기에는 단언하기가 쉽지가 않다, 그 말씀을 드리겠습니다.

〈그림 20〉 백제 사비기 5방 37군도(박현숙 안)

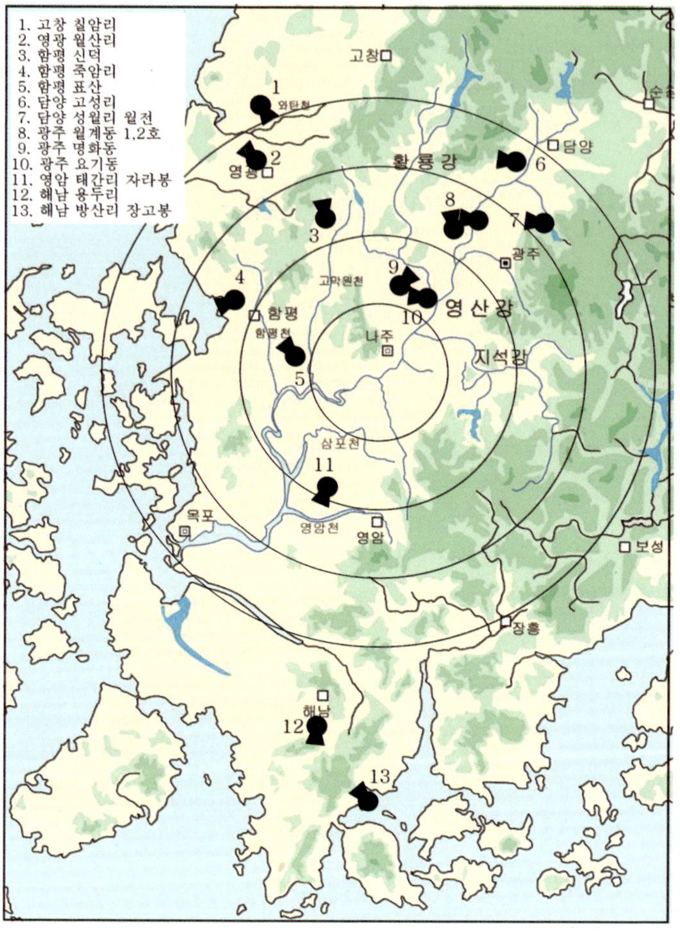

〈그림 21〉 전남지역 일본식 장고분(전방후원형 고분) 분포도

좌장 노중국 : 임 선생님은 영산강유역 쪽은 4세기 중후반까지는 백제의 영역은 아니고 백제의 세력권이나 영향권에 있었다고 보는 자신의 입장과 견해를 얘기했습니다. 이에 대해 강 선생님의 얘기를 듣고 난 후

1부를 정리하는 것으로 하겠습니다.

강종원 : 제가 특별히 드릴 말씀은 없고요. 문헌이나 제가 발표한 주제와 관련해서는 고고학 쪽은 당시 서현주 선생님께서 발표해 주셨는데 기본적으로 서현주 선생님께서는 『일본서기』 기사를 긍정적으로 수용을 하면서 논문을 작성을 했더라고요. 그러기 때문에 그 부분을 저는 소개를 해드렸고, 문헌사적인 측면에서는 당연히 저는 포함되었다고 이렇게 봤습니다. 그리고 글에 그 내용은 다 정리가 되어 있기 때문에 별도의 보완설명은 필요하지 않을 것 같습니다.

임영진 : 많은 문헌사 연구자들께서 『일본서기』 신공기 49년조를 근초고왕대의 영역확장 기사로 이해하고 계시고, 저는 문헌사학자가 아니기 때문에 그것이 과연 옳은 판단인가 잘못된 판단인가를 논할 능력은 가지고 있지 않습니다. 그래서 이게 타협은 아닙니다마는 고고학적으로 봤을 때는 도저히 이해할 수 없는, 수용할 수 없는 현상들이 나타나고 있기 때문에 근초고왕대의 정복을 일회성 타격 정도로 볼 수는 없을 것인지, 예를 들어서 근초고왕이 평양성을 치지만 그건 계속된 영역지배로 이어지지는 않거든요. 일회성으로 타격하고 물러났듯이 369년 기사도 그렇게 볼 수는 없는 것인지 여쭤보고 싶습니다.

좌장 노중국 : 마무리하는 겸 한 마디 말씀드리겠습니다.

하나는 『양직공도』에 나오는 7국 중에 지미止迷, 마련麻連, 하침라下枕羅, 그 상기문上己文 이런 지역의 위치를 아까 강종원 선생님은 대충 전남 지방이라 했는데요, 그러면 사실 너무 모호해 집니다. 전남 지방이라고 하면 전남 전체를 말하는 것이냐 아니면 전남의 일부 지역을 말하는 것이냐 하는 문제가 생기는 거죠. 그래서 지명의 경우 앞으로 정리할 때 그 위치를 조금 구체적으로 비정해 주어야 할 것 같습니다. 『양직공도』에 나오는 7국의 위치에 대해 여러 견해가 있고 또 영산강 유역까지 확대시켜 보는 견해도 있습니다만 근래에는 대개 호남 동부지역, 좀 더 좁혀보면 여수・광양 쪽으로 비정하는 것이 대체적인 경향이다라는 말씀을 드리겠습니다.

그 다음 심미다례忱彌多禮에 대한 공격을 근초고왕의 평양성 타격 정도로 볼 수 없지 않겠느냐 하는 점입니다. 그런데 『삼국사기』에 의해 근초고왕의 평양성 공격을 보면 백제군은 평양성을 함락시키지 못했습니다. 백제군과 고구려군이 서로 싸우다가 고국원왕이 유시流矢에 맞아서 돌아가신 것으로만 나오지 백제가 평양성을 함락시킨 건 아니고요. 이는 심미다례를 도륙했다고 하는 것과는 다르다는 것입니다.

그 다음에 심미다례忱彌多禮는 신미국 또는 침미다례라고 하는데 영산강 유역에 위치한 세력이지요. 이 세력을 공격하기 위해 근초고왕은 왕자 근구수近仇首와 함께 친히 군대를 거느리고 한성에서 출발해서 거기까지 갔습니다. 또 가라(고령)에 주둔하고 있던 백제 장군 목라근자木羅斤資는 이곳에서 군대를 이끌고 서쪽으로 가서 고해진에 이르게 됩니다. 그리고 나서 심미다례를 '도屠'합니다. 이 '도'는 도륙屠戮할 때의 '도'자입니다. 이는 정복 활동이 매우 가혹하였음을 보여줍니다. 따라서 심미다례의 도륙과 평양성 전투에서 고

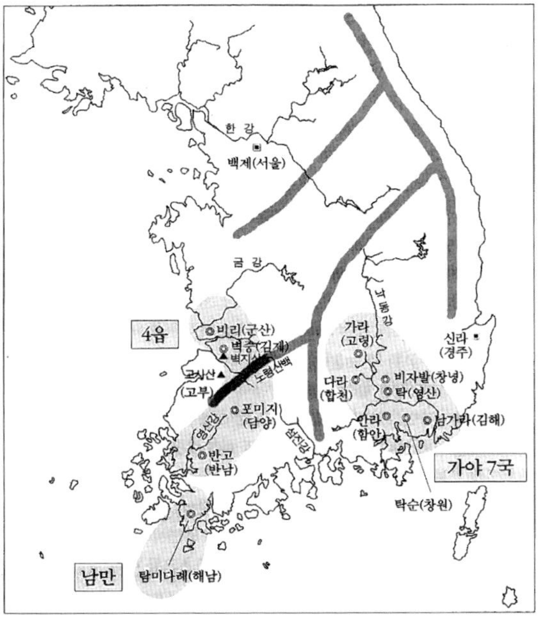

〈그림 22〉 심미다례(忱彌多禮 : 침미다례 또는 탐미다례) 등
『일본서기』 신공 49년 전쟁 기사에 나오는 지명의 위치비정(김태식, 2014)

국원왕을 전사시킨 것을 비교하는 것은 적절하지 않다는 말씀을 드리겠습니다.

제1부는 원래 계획으로는 40분에 끝나게 되어 있었는데 10분 정도 늦어졌습니다. 그래서 제2부는 순연해서 3시부터 시작하도록 하겠습니다. 그 동안 경청해 주셔서 고맙습니다.

(장내 박수)

(정회 - 14시 50분)

(속개 - 15시 00분)

Ⅱ. 논평과 전망

좌장 노중국 : 제가 가능하면 영어를 안 쓰려고 하는데 컨퍼런스를 우리말로 뭐라고 하나요? 회의군요. 이제 2부 회의 시작하겠습니다.
2부에서는 1인당 12분 내로 내용을 간략하게 소개하고 그 다음에 종합하는 것으로 하겠습니다. 그리고 청중들이 쉽게 받아들일 수 있고 이해할 수 있도록 하는 쪽에 초점을 맞추어 발표해 주시기 바랍니다.
먼저 조윤재 선생님. 지금 저 시계로 3시 3분인데 3시 15분까지 마쳐주길 바랍니다.

4. 백제의 성장과 낙랑 · 대방

조윤재 : 안녕하십니까? 고려대학교 조윤재입니다.

제가 주문 받은 것은 백제의 성장과 낙랑·대방에 발표했던 내용들에 대한 평론입니다.
시간이 많이 없으니 바로 시작하겠습니다. 1부보다는 조금 간략하게 얘기하도록 하겠습니다.
먼저 권오영 선생님께서 백제의 성장과 낙랑·대방의 성장이라는 내용으로 기조발표를 해 주셨습니다. 그 전반적인 내용 중 가장 중요한 것은 백제의 국가적 성장과정에서 과연 낙랑·대방이 어떠한 역할을 한 것인가? 여기에는 순기능과 역기능이 있었을 텐데요, 백제의 발전과정에서 낙랑·대방의 이탈 주민들이 참여함으로써 백제의 성장에 실질적 역할을 수행하였다는 것이 아마도 순기능이 될 것입니다. 이는 문헌이나 고고자료를 통해서 해석이 가능합니다. 이렇듯 순기능도 있었지만, 반대로 역기능이라고 볼 수 있는 문제를 예견해본다면, 예를 들어서 당시에 발생했던 백제와 낙랑·대방의 군사적 충돌 사건이 있습니다. 구체적인 시점은 246년 정시연간正始年間인데요. 이 사건을 계기로 백제가 마한 사회의 주도권을 획득했다는 그런 예가 있었습니다. 그리고 백제로 전이된 낙랑·대방의 물질문화 방면에 대한 실제적인 근거는 현재 우리가 여러 고고자료들을 통해 확인하고 있습니다. 여기에는 토기土器, 와전瓦塼, 화폐貨幣라든지 동경銅鏡, 장신구裝身具, 분묘墳墓, 축성築城기술 같은 것들이 있는데, 으레 추측되듯이 이 물질문화의 흔적들에서는 한나라계의 영향이 강하게 나타납니다. 당시 낙랑·대방으로부터 백제의 구성원으로 편입된 유민들의 정체성과 이후 행적에 관한 문제는 뒷부분에 다시 나오기 때문에 넘어가겠습니다.

개별 주제 발표 부분에서는 '낙랑군 설치와 주민이동,' 오랫동안 낙랑을 연구해오셨던 권오중 선생님께서 분기별로 낙랑의 변화 발전 과정을 일목요연하게 잘 설명해 주셨습니다. ①, ②, ③, ④, ⑤, ⑥, 한 여섯 가지 분기로 잘라서 말씀을 해주셨는데요. 첫 번째, 한무제漢武帝 전후시기입니다. 이 때는 변군이 설치된 초창기에 해당하며, 한漢의 세력이 상당히 팽창하는 무렵입니다. 그리고 이 시기 주변 정세에 관해서도 여러 가지를 설명하고 있습니다. 두 번째, 민간 역할 확대라는 부제를 달았습니다. 이것은 당시에 민간의 교류와 교역이 상당히 활발해졌다는 것을 의미하는데, 낙랑의 활력에 절대적으로 기여를 하고, 동시에 본토 중원인사들의 최적의 피난처로서 낙랑이 상당히 잘 활용이 되었다는 내용들이 있었습니다. 세 번째, 낙랑군의 재정립입니다. 이 때는 광무제光武帝~안제安帝 시기에 해당합니다. 후한정권後漢政權의 낙랑 왕조에 대한 응징이랄까요? 이로 인해 낙랑을 이탈하는 인구가 상당히 급증하여 인적 이동이 활발하게 이루어지는 시점입니다. 이 시기에는 요동의 영향력이 낙랑군을 견인했던 것으로 파악되고 있으며, 1세기인 30년 이후 시점에 이르러서는 부도위가 폐지되었던 것으로 보아 체제 자체의 변화 또한 간취됩니다. 한편, 백제의 대응능력 개선으로 말갈과의 관계도 일부 설명을 하고 있습니다. 네 번째, 안제安帝~헌제獻帝 시기로 부제는 '낙랑 주민의 이탈'입니다. 이때는 후한이 거의 쇠망하고 있었기 때문에 나라 안팎으로 이와 관련된 징조들이 격화가 되는 시점입니다. 이는 남부의 군현체제 붕괴라는 결과를 야기했을 뿐만 아니라 남부 원주민 사회의 성장 및 낙랑 주민들이 백제지역으로 역류하는 현상을 초래한 시점으로 파악되고 있습니다. 다섯 번째, 요동세력의 지원, 후한의 쇠망, 그리고 삼국정립의 혼란기로서 이로 인해 낙랑을 포함한 변군지역이 중원의 관심에서 배제되는 시기입니다. 특히 공손씨의 출현이 주목되는데, 점차 요동할거정권으로 교체되는 과정에서 요동 세력의 정치적 추이가 굉장히 복잡한 상황으로 진입하게 됩니다. 또 이후에 조위 정권의 전략적인 움직임 등 상술한 여러 상황들이 대방군 지속경영의 역할을 한다. 대략 이런 내용이었습니다. 여섯 번째, 서진西晉 시기로 거의 마지막 단계입니다. 이 시기에 대한 설명에서는 조금 재미난 표현이 보이는데요, "주거집단으로 잔존을 했다." 이렇게 파악을 하셨는데, 이 때는 백제가 점차 영역국가로 도약하는 시점과 맞물립니다. 낙랑 · 대방의 압박에서 이탈을 한 상당한 원주민들이 백제로 편입되고, 또 이전에 갈등을 겪었던 말갈과의 관계도 상당부분 개선이 됩니다. 게다가 313년 · 314년에 드디어 낙랑과 대방이 차례로 붕괴가 되는데, 이 시기에 보이는 현상을 군현의 체제로 인식하는 것 보다 '관성화된 주거집단'의 형태로 보는 것이 조금 더 적절하지 않겠느냐, 이런 의견을 피력하신 것 같습니다.

다음으로 김창석 선생님께서 '중국계 인물의 백제 유입과 활동 양상'이라는 주제로 발표를 해주셨습니다. 여기서는 앞서 권오중 선생님이 발표했던 내용 중 일부분에 대해서 상당히 세밀한 접근을 시도하고 있는데, 이 내용을 크게 네 부분으로 구분해서 보겠습니다. 첫 번째, 중국계 성姓을 사용한 인물들을 구체적으로 적출했습니다. 왕인王仁 등 특히 왕씨王氏 인물이 대표적이고, 그밖에 고高, 장

張, 양楊, 진씨陳氏 성을 가진 인물들의 활동이 보입니다. 그리고 두 번째, 중국계 인구유입의 과정과 배경에 대해서 문헌자료 혹은 고고자료를 이용하여 설명하고 있습니다. 그에 따라 중국계 인구의 유입을 낙랑 · 대방군 붕괴 이전에 이루어진 것으로 보고 있습니다. 이것은 앞부분에서 권오중 선생님께서도 설명을 한 바 있습니다. 세 번째, 인구이동의 특징 및 중국계 인물의 활동에 대해 살폈습니다. 중국계 인물의 백제에서의 활동을 구체적으로 다룬 것인데요, 마한까지 포함되겠습니다. 주민의 이동은 낙랑 · 대방군에서 마한 · 백제로의 일방적인 유입만 이루어진 것이 아니고, 대방군 설치로 인한 쇄환 과정에서 마한 · 백제지역 및 예濊지역으로의 역유입도 포착이 된다. 그래서 백제, 신라, 가야를 경유하여 왜로 유입된 인구의 흔적도 일부 확인이 되고 있다. 이것은 상당히 중요한 지적인 것 같습니다. 결국 백제에서 왜로 파견된 중국계 직능인들, 이 사람들의 향후 활동들이 어떠한 형태로 포착이 되고 있느냐, 그리고 대중 외교교섭에 실제로 참여한 중국계 관료들도 있으며, 그밖에 백제의 교육이라든지 공문행정, 외교 등 상당히 전방위적인 방면에서 활동을 했을 것이다. 네 번째, 백제로 유입된 외래계 인물의 활동양상입니다. 여기서는 문헌을 활용해서 여러 활동의 상황들을 설명하고 있습니다. 대략 이 정도로 발표 내용이 정리가 됩니다.

그리고 백제 한성기 횡혈식고분 발생과 낙랑 · 대방의 묘제에 대한 발표도 있었는데, 이것은 제가 발표한 것 입니다. 간략하게 몇 마디만 하고서 넘어가도록 하겠습니다. 이것은 고분 축조 방면에 있어서 인구의 유입 양상을 설명했습니다.

마지막은 역시 고고학 부분인데, 토기土器 · 와전瓦塼 부분의 발달과 낙랑 · 대방에 대한 정인성 선생님의 발표였습니다. 주요 논점은 마한 · 백제계의 토기 계통과 와전 계통에서 그다음에 오는 낙랑 계통의 물질문화에도 상호간의 유사성 혹은 계보적인 동질성이 보이는가에 대한 문제에 있었습니다. 여기서 정인성 선생님 입장을 보면 고고학적으로 증명되는 사실에서는 그렇게 볼 수 있는 근거들이 상당히 부족하고, 사실상 거의 부재하고 있다는 주장입니다. 즉 와전이나 토기의 제작기술 부분의 특징이나 계보를 설명할 때 사실은 구조적으로 낙랑과의 관계가 많이 언급될 여지가 거의 없다. 그런 주장을 하고 있습니다.

토론과 비평입니다. 이 부분에서는 한 네다섯 가지가 되는데, 양이 꽤 많습니다. 때문에 시간을 고려해서 간략하게 얘기하겠습니다.

첫 번째, 백제 건국세력과 낙랑군의 남부도위南部都尉에 관한 부분입니다. 남부도위南部都尉가 과연 지리적으로 어떠한 위치에 있었으며, 또 남부도위南部都尉의 폐지 혹은 생성된 시점은 언제였는가, 그리고 남부도위南部都尉가 수행한 역할은 무엇인가? 생각해 볼 문제입니다.

두 번째, 백제의 건국과 대방군의 위치입니다. 온조 집단, 앞에서도 말씀이 나왔습니다만, '온조 집단' 그리고 '건국세력' 용어 설정 문제에 대한 논의가 있었습니다. 또한 '대방고지帶方故地'라는 표현에 대해서도 그 용어의 적절성 여부가 상당히 격렬한 논쟁을 일으켰습니다. 과연 대방군이라는 대단히 애매모호한 표현을 앞으로도 지속적으로 사용을 할 것인지, 아니면 뭔가 다른 것으로 교체를 해야 하는가? 그런 용어의 적절성에 대한 검토가 필요하다고 했습니다.

세 번째, 백제토기의 발달과 군현계의 문물입니다. 여기서의 주요 논점을 들어보면, 문헌상에 나타나는 환령지말桓靈之末의 상황을 고고학에서는 너무 하나의 프레임에 가두어 놓고 논의를 전개하고 있다는 것이며, 이러한 부분에서 반성을 조금 해야 한다는 것입니다. 학계에서의 논의들이 이 환령지말桓靈之末의 기록에만 주목하고, 여기에 맞추려 하고 있기 때문에 실상은 여러 가지 물질자료 현상에서 텍스트보다 콘텍스트의 해석의 문제가 상당히 있다. 왜 틀을 맞춰놓고 하는가? 이것은 전반적인 인식의 재검토가 필요하다. 이런 얘기가 있었습니다.

그리고 낙랑·대방과 말갈과의 관계. 이 부분도 앞으로 조금 더 확장된 논의가 필요할 것으로 보입니다.

다섯 번째, 고흥高興의 기록 문제입니다. 이것은 아무래도 문헌사 쪽이기 때문에 제가 정리만 했습니다. 서기書記의 문제인가, 아니면 역사책의 문제인가. 즉 이것이 역사책인가 아니면 단순한 공문 행정차원에서 유류된 문서인가? 이 부분에 대한 논쟁이 있었습니다.

여섯 번째, 환령지말桓靈之末과 조묘기술집단에 관한 부분인데, 이것은 앞에서 얘기했던 것과 상당 부분 중복됩니다.

일곱 번째, 이것도 앞의 내용과 중복되는 부분으로 고분 축조기법과 여러 기술적인 문제입니다.

여덟 번째, 낙랑계 인물의 백제유입 문제. 앞서 김창석 선생님께서 매우 자세하게 설명을 했었습니다. 그렇기 때문에 이미 정리한 것을 참고하시면 될 것 같습니다.

아홉 번째, 한성기 기와의 낙랑 문제. 즉 기와제작기법의 원류에 관한 문제입니다. 이것도 토론시간에 다시 재논의가 됐습니다.

총평 및 향후 과제는 네 가지로 정리했습니다. 첫 번째, 낙랑·대방의 영역권 문제, 또 백제 태동기 및 성장기의 공간적 위치에 대한 면밀하고도 지속적인 논의들이 필요할 것입니다. 두 번째, 인구이동 문제에 대한 것, 특히 낙랑군 설치 이전의 인구이동 문제에 대한 조명이 조금 더 활발하게 논의가 이루어져야 할 필요가 있습니다. 세 번째, 역시 최근에 계속 논의가 되고 있는 고고학 중에서의 백도의 유입 문제가 있는데요, 이에 대한 논의가 조금 있었습니다. 이 부분을 이 자리에서 길게 얘기하지는 못하겠으나, 앞으로 낙랑·대방 지역에 관한 자료로서 출토 봉니자료에 대한 고고학과 사학계 분들의 적극적인 검토가 필요하다고 생각됩니다. 네 번째, 백제문화에 이입된 다소 중층적重層的 외래요소에 대해서도 조명이 필요하지 않겠는가? 이 정도로 정리를 해봤습니다.

마치겠습니다.

좌장 노중국 : 조윤재 선생님, 시간 지켜줘서 고맙고요.

아까 제가 시작하면서 빠뜨린 게 있습니다. 발표자 소개를 해야 했는데 이제 발표가 끝났으니까 소개하겠습니다. 고려대학교의 조윤재 교수입니다. 박수 한 번 주세요.

(장내 박수)

윤용구 선생님도 발표 끝나면 소개를 해드릴게요.

5. 백제의 성장과 중국

윤용구 : 다섯 번째 쟁점토론회는 "백제의 성장과 중국"이라는 제목으로 2014년 10월 2일에 개최되었습니다. 앞선 토론회와 마찬가지로 고고학과 문헌사 분야에서 각기 2명씩 4분의 발표와 같은 수의 토론자가 참여하였습니다. 다루는 시기는 3세기를 기준으로 그 전후를 다뤘습니다. 문헌은 저와 여호규 선생님, 고고학은 정인성 선생님과 조윤재 선생님이 발제를 맡았습니다. 토론 역시 문헌사에 김병준, 강종훈 선생님 그리고 고고학에서는 김무중, 성정용 선생님이 수고해 주셨습니다.

네 분의 발표는 발제문에 제시한 대로, 한강유역을 기반으로 영역국가로 확장되어가던 시기 백제와 중국(군현)과의 교류와 교섭의 실상을 구명하려는 데 주안점이 두어져 있습니다. 그런데 이번 토론회에 참여한 4명의 발표자는 공교롭게도 모두 마한백제사나 같은 시기 고고학 전공자가 아니었습니다. 자연 그 동안 마한백제사와 백제고고학 분야에서 쌓아 온 대외교섭의 이해와는 상반된 내용으로 전개되었습니다.

먼저 문헌사 분야에서 윤용구는 3세기 중후반 백제국伯濟國이 마한의 맹주로 여겨온 사료적 근거가 박약하다는 점을 제기하였습니다. 곧『삼국지』한전에 보이는 246년 기리영 공격의 주체는 통설과 같은 백제 고이왕이 아니라 마한 신분고국이라는 점,『진서』본기와 마한전에 보이는 서진과의 교섭 주체인 마한왕을 백제왕으로 단정할 근거가 없다는 점을 분명히 하였습니다. 4세기 동진과의 교섭 관계를 다룬 여호규 선생님의 글에서도 372년 이전 동진과의 교섭의 흔적을 찾을 수 없다고 보았는데요, 시유도기와 진식 대금구의 출토 사실을 통하여 372년 이전 동진과의 교섭을 주장해 온 백제고고학의 견해를 정면에서 비판하였습니다. 특히 370년까지만 하여도 동진은 주변국에 책봉호를 수여하지 않았다는 점에서 그 간의 논의가 당시 국제 정세를 고려하지 않은 사실을 지적하였습니다.

고고학 분야에서도 발표자의 논조는 비슷하였습니다. 정인성 선생님은 마한백제의 중국과의 교섭을 낙랑·대방군 설치 이후 군현과의 관계만을 중시해 온 이해 태도를 비판하였습니다. 곧 낙랑군 설치 이전에도 중국과의 교섭이나 여러 가지 문물이 유입될 수 있는 여건이 있었는데 그 부분에 대한 고려가 전혀 없었다는 점. 그다음에 군현 설치 이후에도 낙랑·대방과의 교섭 외에 중국 내 다른 지역과의 교섭은 고려하지 않았다는 점을 강하게 거론을 하셨습니다. 그래서 군현설치 초기에는 낙랑계 유물이 거의 한강유역에서 발견되지 않는다는 점을 지적하면서, 그 전 단계 대성리, 운북동 유적에서 나오는 중국계 유물은 군현 설치 이전으로 보아야 하며, 그 이후라 하더라도 중국 산동지역과의 직접 교류의 가능성을 제기하셨습니다. 특별한 결론을 맺지 않으셨지만 3세기 이전에 중국과의 교섭을 고고학적으로 보는 그 동안의 시각에 전환을 요구한 셈입니다.

끝으로 조윤재 선생님의 경우에는 여기 계시니까 아마 제가 잘 못하면 보충해 주실 것이라 생각이 드는데요. 서진에서 동진대로 분류된 출토 유물을 연구 동향까지 일목요연하게 정리해 주셨습니다. 와당瓦當의 경우 몽촌토성과 풍납토성 그리고 석촌동 고분에서

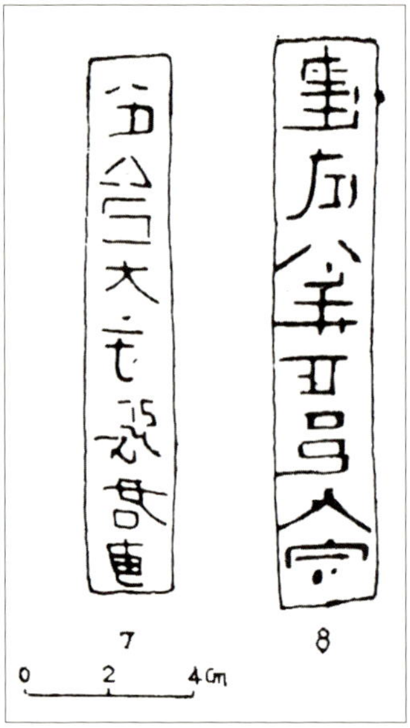

〈그림 23〉 建武 8년 〔西邑〕太守 張君塼(한인덕, 「로암리돌천정벽돌무덤에 대하여」, 『조선고고연구』 2003년 3기, 37쪽 그림2 수정 전재)[6]

나오고 있는데 그 유입 배경과 경로 등 기술적 계보를 이해하기에는 관련 연구가 너무 미진하다는 점을 제기하셨습니다. 이와 관련하여 특별한 설명없이 황해도 안악군 노암리에서 나온 '건무팔년建武八年'명 전돌의 도면(〈그림 23〉 참조)을 제시하셨는데, 후조의 문화가 낙랑 · 대방 지역을 거쳐서 한강유역에 유입된 것을 지적하신 것이 아닌가 생각해 보았습니다. 한편 남조와의 교류의 자료 가운데 전문도기와 시유도기 문제를 적지 않은 지면을 할애하여 설명하셨습니다. 다 아시는 대로 얼마 전 왕지고王志高라는 중국학자가 바로 이 자리에서 전문도기와 시유도기에 대한 우리의 연대와 판이한 결과를 발표하신 바 있습니다. 그에 대한 논란이 여전하지만, 중국에서는 대량 출토되는 시유도기의 실상이 제대로 정리가 안 되고 있기 때문에 현 단계에서는 왕지고王志高의 연구는 전반적으로 재검토의 여지가 있다는 점을 지적하셨습니다.

6) 「建武八年」 銘 전돌은 「建武八年 西邑太守」와 「西邑太守張君塼」 두 가지 명문이 새겨져 있는 것으로 소개되었다.(한인덕, 2003, 38쪽) 전돌 사진이나 명문 탁본이 아니라, 벽돌의 긴 측면처럼 선을 긋고 자획을 모사한 형태로 제시되었다. 따라서 판독이 정확한지는 별도의 비교자료가 없어서 분명치 않은 실정이다.(윤용구, 2010 「낙랑 · 대방지역 신발견 문자자료와 연구동향」, 『한국고대사연구』 57, 61쪽) 특히 '西邑'으로 판독한 부분은 모사한 자획에도 차이가 있어서 신뢰하기 어렵다. 그런데

그다음에 남북조를 아울러서 이제 한강유역과 중국과의 교섭을 설명해 줄 가장 대표적인 유물로 이른바 진식대금구晉式帶金具의 문제를 설명하셨습니다. 우선 진식대금구와 거의 유사한 것이 이미 오나라 때에도 만들어졌고, 중국 전 지역에서 나오기 때문에 진식이라 표현보다는 중원식대금구란 그런 표현으로 대체하였습니다. 나아가 이 문제의 논란거리인 동진과의 교섭과 책봉의 결과인가 하는 점에 대해서는 이 물품의 유입 과정이 분명치 않아 단정하기 어려운 사실을 제기하였습니다.

이어진 토론의 경우 먼저 문헌사 발표에 대하여 김병준 선생님의 논평이 있었습니다. 윤용구의 발표에 대하여 『진서』에 나오는 조공기사를 거기 대표적으로 거론되는 국가나 어떤 종족을 맹주盟主로 해석하기 어렵다는 점, 그리고 20여 국, 30여 국이 나온다 해서 그것이 같은 날에 일시적으로 집단적으로 오는 어떤 하나의 정치체가 아니다 라는 점을 강조를 하셨습니다. 조공 사절의 실상의 한 예로 돈황현천치한간懸泉置漢簡의 서역사절의 이동경로와 교섭자료를 통한 김병준 선생님의 설명에 토론에 참여한 많은 분이 공감하였습니다.

그 다음은 3세기 이전 고고학을 다룬 정인성 선생의 발표에 대하여 김무중 선생님의 토론이 이어졌습니다. 김무중 선생님은 3세기 이

'建武' 銘 전돌은 이미 일제강점기에도 황해도 신천군에서 2점이 조사되었다. 하나는 「建武九年三月三日王氏造/奉車」 명 전돌이 신천군 수습품으로 알려 졌고, 다른 하나는 「建武十六年大歲在..../田氏塼」 명이 황해도 신천군 용문면 복우리 8호 벽돌무덤에서 출토되었다. 신천 출토 「建武」 銘 전돌을 후한 광무제의 建武(25~56)으로 보기도 하였으나, 로암리 돌천정 벽돌무덤 발견으로 後趙 建武(335~348)의 연호 임이 분명해졌다. (윤용구)

전에 한반도 중부지역에서 나오고 있는 중국계 유물에 대한 세밀한 검토가 필요하다는 점을 주로 지적하였습니다. 이에 따라 '백제의 성장과 낙랑 · 대방' 이라는 9차 한성백제사 집중토론회가 새로 만들어지는 계기가 되었습니다.

다시 동진대를 다룬 여호규 선생님의 발표에 대한 강종훈 선생님의 토론이 있었습니다. 『자치통감』과 『진서』 등 4세기 중엽에 처음으로 보이는 백제에 대하여 발표자 여호규 선생님이 고구려나 부여로 전환시켜 봐야한다는 그런 논리에 대한 반박이 주로 이루어 졌습니다. 특히 봉유의 상서에 나오는 백제를 오기誤記 인지 여부는 요서진출설과 관련된 문제로 토론이 비화하는 듯 했습니다. 논쟁은 문제 제기로 그쳤지만, 7회의 집중 토론회를 "백제와 요서지역"를 주제로 삼은 계기가 되었습니다. 공교롭게도 5차 집중토론회는 7회와 9회의 토론회를 새로 만들어낼 정도로 강렬한 문제제기가 이루어진 모임이었다고 하겠습니다.

마지막에 성정용 선생님의 경우에는 조윤재 선생님의 견해에 특별한 비판보다는 특히 이제 충주지역의 사람은 이른바 백제식 마구의 특이성 그것이 이제 부여의 마구하고 일맥 통할 수 있는 그런 계통을 제작계통을 설명을 해 주시면서 문제는 이 경우에도 조윤재 선생님이 문제제기하신 것과 같은 유입경로에 대한 연구가, 특히 서북지방에 이와 비슷한 마구의 존재를 확인할 수 없다고 하는 것이 백제식 마구의 계통을 설명하는데 대단히 난점이 있다는 말씀을 해 주셨습니다.

좌장 노중국 : 예. 고맙습니다.

정재윤 선생님은 정해진 시간을 넘기면 안 됩니다.

방금 발표하신 분은 인천도시공사의 윤용구 선생님이었습니다. 박수 한 번 쳐주세요.

(장내 박수)

그 다음에 정재윤 선생님, 12분 안으로 발표해주시면 좋겠습니다.

6. 한국사 속의 백제와 왜

정재윤 : 공주대학교의 정재윤입니다.

제가 발표를 맡은 주제는 바로 "한국사 속의 백제와 왜"였습니다. 네 분의 선생님이 발표를 했는데요. 문헌사 쪽에서 두 분, 고고학에서 두 분이 발표하셨습니다.

논의의 시기는 4세기부터 5세기를 중점 살펴보았는데, 4세기 후반 근초고왕대부터 백제와의 교섭이 시작이 되고 태자인 전지腆支가 파견이 되며, 또 좌현왕左賢王이었던 곤지가 가고 그 아들들인 동성왕, 무령왕이 귀국하는 이렇게 인적교류가 활발해진 시기이다. 이런 인적 교류와 동반해서 물적 교류가 당연히 나와야 된다. 그래서 이 물적 교류의 양상을 한 번 살펴보자 라는 게 본 학술회의의 목적이었습니다.

이제까지 우리 쪽 시각으로는 백제가 일방적으로 왜의 문물과 문화를, 제도를 전파했다는 입장이었는데 최근에는 영산강 유역을 중심으로 해서 왜 계통의 유적과 유물이 나오기 때문에 이 점을 한 번 구체적으로 실상을 파악하자는 것이 본 토론의 목적이었다고 생각이 듭니다.

그래서 첫 번째로는 홍성화 선생님이 4세기 말~5세기 초 백제와 왜의 관계에 대해서 살펴보았습니다. 먼저 신공기神功紀 기사를 살펴봤는데 근초고왕대 마한 교섭과 가야 진출에는 동의한다는 입장에서 발표를 했는데요. 가야사를 하시는 이근우 선생님께서는 이 신공기神功紀 기사는 임나일본부설任那日本府說의 입론이기 때문에 여기에 동의할 수 없다는 백제사와 가야사의 입장 차이도 드러냈습니다. 그리고 홍성화 선생님은 석우로 기사와 미사흔 기사를 중심으로 해서 봤을 때 3세기 중반과 5세기 초라는 편차가 벌어지는 두 기사를 어떻게 이해할 것인가에 대하여 문제제기를 했습니다. 우리가 일반적으로 이해하기에는 120년 인하를 적용할 수 없다는 것이죠. 이런 주장은 나름의 일리가 있지만 신라 기사를 중심으로 해서 신공기神功紀 기사를 조정하게 된다면 전체적으로 신공기神功紀 백제 관련 기사도 성립할 수 없기 때문에, 백제 사료를 중심으로 기사를 이해해야 한다는 것이 생각입니다.

칠지도 같은 경우는 판독을 통해서 '十一' 자로 하여, 11월 16일과 일치하는 전지왕 4년으로 비정하였습니다. 그러나 새로운 글자가 들어갈 상황이 아니라는 것, 그리고 여러 가지 정황을 봐서 사료를 부정할 만한 결정적 단서가 없는 한 현재까지 369년 통설을 그대로 따라야 하는 것이 대체적인 토론의 분위기였습니다.

광개토왕비문에서는 영락 8년과 17년조의 기사를 백제의 정벌로 보고, 비문의 내용은 백제 중심의 정벌이라고 주장하였습니다. 이런 주장에 대해서는 동의하는 분도 있었는데, 다만 그럴 경우에 후연 기사가 없고 너무 백제로 한정된다는 이런 문제점이 있기 때문에 여기에도 조금 더 신중해야 된다는 반론도 있었습니다.

그리고 응신기應神紀 25년조 기사를 중심으로 해서 목라근자의 활동 시기를 400년 무렵으로 설정하여 전지왕 즉위 후 백제와 왜의 관계를 살펴보는 것은 전체가 아닌 일부만 취함으로써 사실이 어긋나 오해의 소지가 있다는 우려가 제기되었습니다. 백제의 협조 내지는 묵인없이 왜의 독자적인 교류가 불가능하며, 목라근자의 활동을 신라로 국한시킬 수 없고 영산강 유역과도 연동되기 때문에, 이 지역의 정벌이 근초고왕대가 아닌 5세기 초로 돼버린다는 지적은 이를 분명하게 보여줍니다.

두 번째 발표는 5세기 백제계 도왜인 곤지계를 중심으로 한 저의 발표가 있었는데 왜5왕의 자칭호로 한반도 남부의 관할권 주장을 하는 것은 잘못됐다는 학계의 통설에 대해서 이근우 선생님은 반드시 하위의 작호를 받은 사람이 상위의 작호를 받은 사람을 관할할 수 없다고 보는 것은 문제가 있다고 이의를 제기하였지만 전체적으로 국제사회에서 백제가 왜보다 위상이 높고, 왜가 백제와의 관계를 주도하였다는 것은 주객이 전도된 것으로 보는 분위기였습니다.

두 번째로, 곤지琨支의 활동에 대해서는 치카츠아스카近つ飛鳥 지역에 정착하여 백제계의 도왜인들의 구심점 역할을 한 것은 동의를 했고, 치카츠아스카 지역으로 가는 항해로가 논란이 됐었습니다.

이 토론을 통해서 우리가 알 수 있었던 것은 현재 우리가 생각했던 것처럼 한반도 남해안에서 쓰시마對馬島 남단을 통해 왜로 가는 항로가 아니다. 쿠로시오黑潮 해류가 섬의 북단을 감싸 돌고 있기 때문에 쓰시마 남단으로 갈 수 없어 일부에서 주장되는 쓰시마 남단에서 이키섬壱岐島과 그리고 가당도, 즉 현재의 가카라시마加唐島로 이어지는 항로는 상당히 문제가 있다. 이에 대해서는 보다 더 신중한 검토가 필요하다는 의견이 제기되었습니다.

다음으로 곤지의 정착지를 현재의 아스카베신사 주변으로 보는 것도 신중한 검토가 요망된다는 주장도 있었습니다. 아스카베신사는 궁벽진 곳이어서 교통의 요지인 다지히미치丹比道가 지나는 모리모토杜本 신사 부근도 검토해야 한다는 대안도 제시하였습니다. 가카라시마가 학술적인 검토가 없이 무령왕 탄생지로 굳어지는 오류를 없애려면 곤지의 활동 무대에 대해서는 신중한 검토가 필요하며, 이를 통해서 보다 활동상을 잘 밝힐 수 있을 것으로 기대됩니다.

그리고 당시 백제와 신라, 그리고 백제와 왜의 동맹을 이분법적이 아닌 상호보완적인 외교관계로 봐야 한다는 4세기에서 5세기에 이르는 큰 흐름을 제시하는 등 상당히 진일보한 토론이었다고 생각합니다.

세 번째로 왜에 남겨진 백제문물입니다. 서현주 선생님께서 발표했었는데, 당시 3~4세기경에 이중구연호 등 마한계의 유적 · 유물이 등장을 하며, 백제 고고학 자료는 5세기를 전후한 시기에 본격적으로 등장한 것으로 보았습니다. 일본열도의 여러 지역에 걸쳐 있지만 규슈와 긴키 지역이 중심이다. 그리고 그 흐름은 규슈에서 긴키 지역으로, 마한계에서 백제계로 중심이 가고 그 중심선상에서 5세기 중반 소위 말하는 위세품이 등장하면서 백제 왕족의 파견은 위계 있는 사람의 이동과 관련된 모습이 왜에 있는 백제 문물의 양상에서 드러난 것이 아닌가, 이렇게 정리를 했습니다. 문제는 이런 지역 자료가 중앙을 통한 교류인지 아니면 지역 간의 교류인지 이걸 알 수가 없다는 것이죠. 그래서 이런 부분에서는 조금 더 신중해야 된다는 의견도 있었고요. 한반도 지역 세력들의 독자적인 교류 가능성도 제기를 했습니다. 또한 이주와 교류를 구별할 필요도 있다. 이주는 사람이 사는 곳이고, 교류는 물건이 왔다 갔다 하는 것이기 때문에 사람이 사는 곳과 물건을 주고받을 때는 내용물이 있기 때문에 우리는 이주와 교류 구분에 좀 더 신중해야 한다는 이런 의견도 있었습니다.

마지막으로 백제에 남겨진 왜의 문물이라는 주제로 전북대 김낙중 선생님께서 발표를 했습니다. 우리가 익히 알고 있는 것처럼 왜의 문물로는 전방후원형 고분, 그리고 횡혈묘橫穴墓를 대표적으로 들 수 있고요. 토기로는 스에키須惠器 토기를 들 수가 있겠습니다. 그래서 전체적으로 백제와 왜의 교류에서 영산강 유역과 규슈 지역이 중심이 돼서 교류를 한 것이 아닌가 보았습니다. 그리고 처음에는 서남해안 교역로를 중심으로 해서 나타나고, 다음으로 완연한 왜인의 왜계 무덤이 등장하며, 그 다음에 점차 지역적으로 확산되면서 현지화 과정을 거치는 이런 단계별 접근이 있었다는 정리는 성과라고 할 수 있겠습니다. 다만 전 번 토론에서도 나왔지만 영산강 유역을 정치체로는 백제로 보나 고고학적으로는 6세기 전엽까지 백제로 볼 수 없다는 이런 발표자의 의견에 대해서 과연 이런 것이 명확한 기준점이 없는 상황에서 발표자의 견해대로 고고학적 현상만으로서 이야기를 할 수 있는가. 그리고 또한 그 고고자료라는 것은 바로 나오는 것이 아니라 시기적인 편차성이 있기 때문에 점진적으로 변화가 된다는 점이 있기 때문에 이런 것에 대한 명확한 기준을 제시해야 된다는 반론도 있었고요. 다음으로 부안 죽막동 제사유적 같은 경우에는 현재 백제 중심의 제사에서 국제적인 어떤 제사 모습을 드러낸다고 이렇게 이야기를 했고, 가야계의 토기도 그 증거로 보았습니다. 그런데 가야계의 철모나 무기류를 자세히 봤더니, 이것은 가야계라기보다는 왜계의 유물로 볼 수가 있다는 주장은 향후 과제로 볼 수 있는 토론의 성과였습니다. 그래서 이런 부분도 구체적으로 논문을 통해 보여줄 필요가 있다 라고 이렇게 정리를 했습니다.

시간이 없다고 사회자께서 눈치를 주시기 때문에 여기서 그만 마치겠습니다.

이상입니다.

좌장 노중국 : 공주대학교의 정재윤 교수였습니다.

(장내 박수)

정리된 걸 제대로 전달할 수 있도록 시간을 많이 드리지 못해서 미안합니다.

앞서 마찬가지로 이 세 가지 주제는 지금 봤을 때 대개 낙랑·대방군 문제, 그 다음에 동진시대 일부와 서진 대, 그 다음에 이른바 십육국시대十六國時代가 한 부분으로 묶여질 수 있고, 그 외에 동진과 송과의 관계를 하나 묶어보고, 그 다음에 왜의 관계를 정리해보는 이런 발표였습니다. 그런데 여기에 대해서 이제 앞 시간과 마찬가지로 혹시 우리 윤 선생님이나 정 선생님 같은 경우에 조윤재 선생님 발표한 데에서 혹시 또 보완 정리할 수 있는 내용이 있으면 말씀을 해주면 좋겠습니다.

윤 선생님 먼저 해 주시죠.

윤용구 : 조윤재 선생님이 발표해 주신 9회 세미나에서 토론자로 참석을 했고요. 가장 최근에 했기 때문에 기억이 나서 말씀드리겠습니다.

발제해 주신 내용 중에 권오중 선생님이 이야기하신 많은 문제 중에서 두 가지 정도가 조금 더 강조됐으면 하는 생각이 들었는데, 하나는 말갈 문제입니다. 『삼국사기』에 나오는 말갈을 그동안 동예라든가 예계주민이랑 이렇게 보았던 것을 부정하지는 않지만, 사료에 따라서는 군현계 이탈민으로 표현할 수 있다는 점과 이들은 군현과 마한 사이의 어떤 공백에 위치한 주민집단으로 설명하신 부분이 기억에 남습니다.

다른 하나는 246년에 한이 대방군을 공격할 때 타격점이었던 기리영이 갖고 있는 중국 고대 변경의 방어조직 상의 위치를 재검토하신 부부입니다. 특히 후한 말부터 위상이 높아진 자사부에서 직접 관리한다고 하는 것, 그런 부분을 강조하시면서 기리영이 갖고 있는 변경기구로서의 의미를 강조해 주셨습니다. 공손씨 정권에서 만들었다는 견해는 증명하지 못하였지만, 그동안 이 문제를 이해하는데 있어서 새로운 관점을 제시하는 것, 그게 기억이 납니다. 이상입니다.

좌장 노중국 : 예. 고맙습니다.

혹시 정 선생님? 조 선생님 발표에 대해서?

정재윤 : 저 같은 경우에는 특별한 내용은 없고 일단 대체적으로 낙랑 · 대방에만 국한하여 이야기됐는데, 조윤재 선생님이 답변할 내용은 아니지만 낙랑 · 대방인들이 백제의 성장에 어떠한 역할을 했는가라는 이런 부분이 빠져서 아쉬웠다, 이렇게 말씀드리고 싶습니다.

좌장 노중국 : 고맙습니다.

낙랑 · 대방이라고 했을 때 지난번 학술회의에서도 나왔고 방금 정재윤 선생님도 얘기했습니다만 주제가 '백제의 성장과 낙랑 · 대방'인데 그러면 그날 토론 때 논의되었던 사항들과 관련되는 유물이 무엇이며, 백제와 낙랑 · 대방과의 관계를 보여주는 유물들이 무엇이며, 이러한 물질 자료들이 백제의 성장에 어떻게 작용하였느냐 하는 것에 대한 논의가 미진했다는 얘기들이 나왔습니다. 이 부분은 앞으로 조금 더 보완해야 하지 않을까 생각합니다.

그 다음에 문헌사 연구에서도 그렇고 고고학 자료를 집중적으로 보는 고고학 연구 쪽에서도 그러한 경향을 보이는데 앞서 조윤재 선생님이 언급했습니다마는 환령지말桓靈之末, 즉 후한의 환제와 영제의 말기의 상황이 너무 강조된 게 아니냐 하는 것입니다. 이러한 지적은 상당히 의미가 있는 것으로서 받아들여져야겠다는 생각이 들었습니다. 환제와 영제 말기에는 한韓과 예濊는 상당히 강성해 있었기 때문에 군현민들이 한과 예 쪽으로 이탈해 오기도 하였는데 이것을 너무 강조하다보니까 그 다음에 대방군이 설치되고, 특히 조위가 낙랑군과 대방군을 접수한 후 삼한의 신지臣智들한테 읍군邑君의 인수를 주고 그 다음 세력자들에게 읍장邑長 인수를 사여한 사실들이 간과되었습니다. 또 이 시기에 천여 명이나 되는 하호下戶들이 조복을 빌려 입고 인수를 빌려 차고 중국 군현에 출입해서 이를 통해 많은 문물 교류가 이루어졌는데 이들을 매개로 하여 이루어진 문문 교류가 어떤 내용인지에 대한 천착도 거의 하지 않아 상대적으로 소홀히 취급되어지고 있습니다. 이런 면들에 대해서는 반성을 해야 되지 않을까 하는 생각입니다.

그 다음에 아까 와당 같은 것은 낙랑 · 대방과는 직접적인 관련이 없다는 주장도 나왔는데요, 여기에서 한 번 더 생각해볼 수 있는 것이 16국과 백제와의 관계입니다. 백제와 16국과는 아무런 교섭과 교류가 없었느냐는 것입니다. 그래서 16국과의 관계를 다시 한 번 검토해볼 필요가 있지 않겠느냐 하는 것입니다. 16국 가운데 특히 주목될 수 있는 나라가 전진입니다. 사실 전진은 고구려하고도 관계를 가졌고 신라하고도 관계를 가졌는데 백제는 과연 전진과 관계가 없었을까 하는 것입니다. 그래서 관계를 가졌을 가능성을 열어놓고 적극적으로 검토해볼 필요가 있다는 것입니다. 두 나라 사이에 관계가 있었을 가능성을 보여주는 사례로는 먼저 전진왕 부견苻堅의 사촌동생인 부락苻洛이 반란을 일으킬 때 백제에 구원을 요청을 했다는 사실입니다. 그 다음에 실물은 없고 그림만 남아있는 '천왕조백제왕동호부天王詔百濟王銅虎符'입니다(〈그림 24〉 참조). 이 동호부는 전진의 것으로 보이는데 전진의 천왕이 백제왕에게 동호부를 주었다는 것은 백제와 전진과의 관계를 짐작하게 합니다. 그 다음에 태평어람太平御覽에 의하면 신라가 382년에 전진에 사신 위두를 보냈고 위두가 전진왕 부견과 대화를 나눈 것을 기록한 후 뒷부분에 '신라는 백제의 동쪽에 있다'라고 기록하고 있습니다. 전진이 백제를 기준으로 신라의 위치를 설정하고 있다는 것은 382년 이전에 백제와 전진 사이에 교섭과 교류가 있었기 때문에 가능하지 않았을까 하는 것입니다. 이처럼 16국의 하나인 전진과의 관계를 좀 더 천착해볼 때 고고학 자료가 보여주는 내용과 16국과의 관계를 연관시켜볼 수는 없을까 하는 생각에서 말씀을 드렸습니다.

다음에 두 번째로 발표한 윤용구 선생님의 발표에 대해서 두 분들이 보완할 것이 있으면 말씀해 주시죠. 조윤재 선생님?

조윤재 : 딱히 제가 말씀드릴 것은 없습니다. 워낙에 윤용구 선생님이 촘촘하게 정리를 해 주셨습니다. 보충이라기보다는 다시 한 번 상기시키고 생각해보자는 차원에서 답변드리겠습니다. 그러나 이것이 발표 자료에 대한 해답은 아닙니다. 앞서 윤용구 선생님이 발표하실 때 조공 문제 부분에 대해서 여러 말씀을 하셨습니다. 저도 김병준 선생님 자료하고 같이 보면서 생각했던 부분들이 있는데, 이 조공

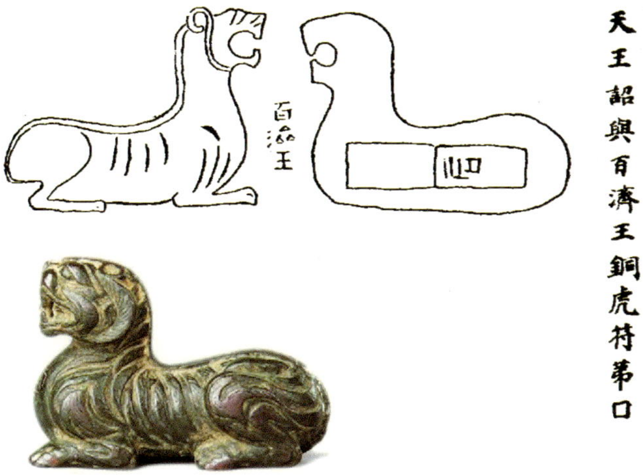

〈그림 24〉 백제왕동호부(百濟王銅虎符) 명문 및 산동(山東) 동평현(東平縣) 진대(晉代) 호부(虎符)

문제 같은 경우는 앞으로 중국 내지에서 변경지역과의 관련된 사례들을 찾고, 나아가 논의를 확장해봐야 할 필요성이 있다고 생각을 했습니다.

그리고 노중국 선생님께서 말씀하신 호부 문제는 제가 그 이후에 백방으로 원본이 재출판된 책을 구입해서 보았습니다. 그런데 그 책에 실려 있는 호부탁본은 문제가 있습니다. 무엇보다 우리가 활용하는 사진하고 다릅니다. 명문은 있습니다만, 문제는 책에 수록된 것이 탁본의 문제가 있는 것인지, 아니면 그게 일체형인지? 그것에 조금 의심스러운 정황들이 있습니다. 또한 그 이후에 그 호부의 내원이라든지 아니면 행방에 대해 제가 백방으로 조사를 해보았지만, 이에 대한 기록이 아직까지는 전혀 보이지 않고 있습니다.

좌장 노중국 : 그건 조윤재 선생님이 더 열심히 찾아서 나중에 발표하면 좋겠네요.

혹시 정 선생님 이야기하실 것이 있으면 같으면 간단하게, 1분 내로 말씀해 주세요.

정재윤 : 조금 제가 발표시간이 적어서 한 2분만 쓰겠습니다.

윤용구 선생님이 정리한 내용이 아까 모두에서 나왔습니다만 발표자가 사실 다 백제사 전공자가 아닌 데서 접근을 했고, 어떤 면에선 백제사 연구자들이 틀에 갇힌 것을 좀 외연적으로 확장시켜 나가는 점에는 동의를 합니다. 그래서 저희도 반성을 하겠지만 또 한편으로는 논의에서 백제사가 빠져있다는 아쉬움도 있습니다. 246년에 기리영 전투의 주체랄까 이 부분에는 물론 저는 윤용구 선생님 견해에 동의하지 않지만 그 기리영 전투의 주체가 소위 말하는 신분고국臣濆沽國이었고, 신분고국이 멸망하면서 백제가 부상할 수 있었던 그런 계기가 되는 것으로 보고 있습니다. 그렇게 본다면 사실 한강유역에서 백제라는 나라는 신분고국보다 하위에 있다가 소위 말하는 신분고국의 멸망 때문에 부상하는 이런 것이 되고요. 여기까지는 괜찮습니다. 그런데 소위 말하는 서진과의 빈번한 교섭에서 등장한 마한 연맹체는 이제까지 백제국 중심으로 보거나 아니면 『진서晉書』 장화전張華傳에 나오는 동이마한 신미제국新彌諸國이 등장하는 282년을 기점으로 해서 신미제국과 백제로 나뉜다는 현재까지 학계의 논의를 떠나서 지금처럼 백제의 주도권을 인정하지 않게 된다면 3세기 후반까지도 백제가 주체가 되지 못하는 이런 상황이

되기 때문에 정말 백제는 없다가 되는 거죠. 그렇게 된다면 과연 백제의 성장요인은 어떻게 찾아야 될 것인가 하는 심각한 문제에 직면하게 됩니다. 한강유역에 온조 세력이 정착을 하고, 점차 농업이 발달하면서 해상세력인 비류 세력을 흡수하며, 한강 유역의 지리적 이점을 이용하여 북한강, 남한강 중상류 지역을 통합하는 지리적 요인이랄까 농업 기술의 발달 등 여러 가지를 설명해야 되는데, 3세기 중후반까지 백제가 주도권을 잡지 못했다로 논의가 되고 있다는 것이죠. 그러면 갑자기 어떻게 해서 근초고왕대 마한을 정복을 할 수 있는 힘이 나왔느냐, 이런 논리적 모순에 빠진다는 거죠. 그래서 이런 점에서 조금 더 신중해야 되지 않을까 이런 생각이 듭니다.

좌장 노중국 : 예. 고맙습니다. 말을 좀 빨리 끝내달라고 해서 미안합니다. 정 선생님의 견해에 대해 다시 답은 요구하지 않겠습니다. 『진서』 본기나 마한전에 의하면 동이 몇 국이 서진에 사신을 보냈다는 얘기가 나오고 또 '마한주馬韓主'라는 표현도 나옵니다. 여기에서 논쟁이 된 것이 이때 마한을 대표한 세력이 어느 세력이었겠느냐 하는 것입니다. 이제까지는 대다수의 연구자들이 백제가 마한을 대표하지 않았겠느냐고 보아왔는데 그렇게 볼 근거는 없다 라고 하는 반론도 나오고 있고 그러한 반론에 대한 재반론도 나오고 있습니다. 따라서 이 문제는 이렇게 정리를 해봐야 될 것 같습니다. 마한이 성립한 시기에 대해서는 여러 가지 견해가 있고 이런 저런 얘기가 나올 수 있습니다마는 문헌상에서 보면 가장 빠른 것이 고조선의 준왕準王이 남쪽으로 가서 한지韓地에서 한왕韓王을 칭한 것을 들 수 있겠죠.

그 후에 이 마한이 어떻게 변화하여 갔느냐를 구체적으로 보여주는 자료가 없어 그것을 세밀하게 따져볼 수 있는 방법은 별로 없을 것 같아요. 그렇지만 하나 생각해 볼 수 있는 것은 마한은 통일된 일국一國이 아니고 여러 국으로 이루어진 연맹체라는 것입니다. 이러한 전제 하에서 보면 연맹체에는 연맹체를 대표하는 세력이 있게 마련입니다. 이 대표세력은 힘의 우열에 따라 바뀌기도 하였습니다. 그랬을 때 『삼국지』 동이전에는 목지국目支國이 진왕辰王으로 나오고 있으므로 246년까지는 목지국이 대표세력이라 할 수 있겠지요. 그 다음 246년에 마한과 중국 군현이 충돌하여 마한이 패배한 이후 마한연맹체를 이끌어간 세력이 어느 세력일까에 대해서 즉 246년 이후에 마한을 대표하는 세력으로 목지국을 이야기하는 분은 거의 없는 것 같습니다. 그러면 마한을 대표하는 세력이 누구였겠느냐? 백제냐 아니면 신분고국이냐 뭐 이런 얘기가 있어 왔는데 저 개인적으로는 이후에 전개되는 과정과 연결시켜보면 246년 이후에는 백제가 마한을 대표하는 세력이 아니었을까 하는 생각만 말씀을 드리겠습니다.
마지막으로 정재윤 선생님의 발표에 대해서 혹시 보완해 주실 것이 있으시면? 없습니까?
정재윤 선생님이 다룬 지난번 학술회의 발표주제는 굉장히 광범위했습니다. 광개토대왕도 다루고, 칠지도도 다루고, 그 다음에 『송서』 왜전에 나오는 왜5왕 문제도 다루고, 그 다음에 백제에서 왜로 건너간 도왜인渡倭人들을 다루었습니다. 이러다보니까 많은 논점이 있는 주제를 한꺼번에 얘기하다보니까 하나로 수렴되기가 상당히 어려웠다는 말씀을 먼저 드리지 않을 수 없을 것 같습니다. 「광개토대왕비」에는 백제와 고구려와의 관계뿐만 아니라 거기에는 백제를 중심으로 해서 정리해봐야 될 내용들이 상당히 많이 들어 있어서 별도의 주제로 다뤄도 좋지 않을까 생각하고 있습니다. 즉 주제는 '광개토대왕비문을 통해 본 백제'가 되어지는 거죠. 이에 대해서는 다음 기회에 다루어야 할 필요가 있을 것 같고요.

그 다음에 칠지도와 관련해서 핵심적인 논쟁의 하나는 제작 연대 문제입니다. 연대를 얘기할 때 태화太和라고 하는 연호를 중심으로 해서 파악할 것이냐, 아니면 5월 11일 또는 16일이 병오정양丙午正陽이라고 하는 일간지日干支를 중심으로 할 거냐에 따라 연대가 달라집니다. 이로 말미암아 논점이 나누어지게 됩니다마는 태화太和를 동진東晉 연호로 보는 견해들이 많이 있고요, 이와는 달리 백제 자체의 연호로 보는 분들도 있습니다. 그러나 유물도 남아있으면서 문헌기록에 이름이 보이는 아주 희귀한 예가 칠지도이잖아요. 『일본서기』에 의하면 백제가 칠지도를 왜에 보냈다는 얘기가 나오고, 또 지금 그 실물이 일본에 남아있다는 것 이런 것들을 중심으로 봤을 때 연대의 폭을 좀 좁혀볼 수 있지 않을까 하는 말씀을 드릴 수 있을 것 같습니다.

그 다음에 『송서宋書』 왜전倭傳에 대해 지난번 학술회의에서는 주로 장군호號에 대해 많은 얘기를 했는데요, 그러나 이에 못지않게 검토해야 할 것이 '도평해북95국渡平海北九十五國'이라는 구절입니다. 이 구절은 지난번 학술회의에서는 물론 오늘 발표에서도 전혀 다루어지지 않았어요. 사실 임나일본부의 문제와 관련하여 장군호의 위상도 문제가 되지만 왜왕무의 상표문 중에 '바다를 건너서 95국을 평정했다'고 한 기사에 나오는 평정의 대상이 한반도라고 보는 것입니다. 이는 임나일본부설을 곧장 뒷침해 줄 수 있는 것입니다. 그럼에도 도평해북 문제를 다루지 않았다는 것이 상당히 아쉬웠다는 말씀을 드려야 할 것 같습니다. 즉 왜왕무의 상표문에는 동정모인東征毛人 55국하고, 서복중이西服衆夷 66국 하고 나서 그 다음에 도평해북 95국이 나오는데 도평해북 문제는 사실 백제뿐만 아니라 신라와 가야하고도 관련되는 문제인데 이것이 다뤄지지 않았다는 것입니다.

그 다음에 백제에서 왜로 건너간 사람들을 어떠한 용어로 표현할 것이냐 하는 것입니다. 왜로 건너간 사람들에 대해 우리학계는 알게 모르게 일본 학계에서 주로 쓰는 도래인渡來人이라는 용어들을 받아들여서 사용해 왔습니다. 아시다시피 일본에서는 초기에는 "귀화인歸化人"이라는 표현이 사용되었습니다. 귀화인은 『일본서기』에 나오는데 천황의 덕화를 흠모해 온 사람이라는 정치적 의도를 다분히 가진 표현입니다. 일제 때는 이 귀화인이라는 용어를 쓰다가 비판이 일어나게 됨에 따라 이제 일본에서는 "도래인渡來人"이라는 표현을 쓰고 있습니다. "바다를 건너온 사람들"이라고 하는 이 표현은 사실 가치중립적인 표현이어서 저도 괜찮다는 생각을 합니다. 그러나 이 표현은 왜의 입장에서, 일본의 입장에서 봤을 때의 표현이지 한반도에서 건너간 사람이란 입장에서 봤을 때는 적적하지 않습니다. 그래서 "도래인" 표현보다는 "도왜인"이라는 표현을 쓰자는 제안이 나왔는데 지금 백제사를 연구하는 연구자들의 상당수가 이 용어를 쓰고 있습니다. 따라서 이러한 용어 문제도 적극적으로 생각해볼 필요는 있다는 것입니다. 왜로 건너갔다는 것을 의미하는 '도왜渡倭'는 당나라에 공부하러 간 유학승이나 유학생들을 도당渡唐 유학승 또는 유학생 하는 것과 비슷한 개념이라고 하겠습니다.

마지막으로 정리를 해야 할 것은 낙랑이나 대방 쪽에서 온 많은 주민들이 백제에 와서 이런 저런 활동을 하게 되는데 이동해 온 주민들이 활동을 하기 위해서는 그들이 이동해올 당시의 백제 또는 마한의 나라들이 그 주민들을 어떻게 받아들이고, 어떻게 대우하고 또 활용하고 이용했느냐 점도 좀 더 밝혀져야 할 것 같습니다. 이것은 왜로 들어간 백제계 도왜인들의 경우에도 마찬가지라고 할 수 있지요. 도왜인들을 왜 조정 즉 야마토大和 정권이 어떻게 받아들이고 어떻게 활용하고 어떻게 처우했는가 하는 것과 같은 입장에서 보아야 할 것 같습니다. 처지만 바꾸어 놓으면 비슷한 부분이 많기 때문에 이런 말씀을 드린 것입니다. 2부는 원래 4시 10분에 마치도록 계획하였는데 5분 정도 시간을 더 내서 제가 부탁을 드리고자 합니다.

오늘 낙랑·대방과 백제, 그 다음에 16국과 백제의 관계, 그 다음에 동진東晋 및 송宋과 백제의 관계, 백제와 왜의 관계 등에 대해 이런 저런 얘기를 했습니다. 그러나 막상 돌이켜 보면 백제와 삼국간의 관계에 대한 얘기가 빠져버렸습니다. 아까 주보돈 선생님이 주제발표를 하면서 백제와 삼국 사이의 관계에 대한 주제가 빠지게 된 이유를 간단하게 얘기했습니다만 주보돈 선생님에게 백제와 삼국간의 관계를 5분 안에 핵심적인 내용을 얘기를 해주기를 부탁드립니다.

주보돈 : 반갑습니다. 5분인데 4시 10분까지만 말씀드리겠습니다.

사실 백제, 전에 말이죠. 외교사를 볼 때 우리 외교사를 바라보는 시각의 근본적인 문제는 굉장히 일방적으로 바라본다는 점에 있습니다. 백제가 신라와 백제 · 고구려, 백제 · 가야 관계를 설명할 때 백제만 중심으로 상대방을 바라보고 이해하는 그것은 신라사라고 우리 사에도 마찬가지입니다. 중국사회에서 바라볼 때도 일방적입니다. 그런데 외교라고 하는 것이 그렇게 잘 드러나지 않고 자기들 이해관계를 다 숨기고 있는 것이고, 또 상대방은 가만히 고정된 존재가 아니고 움직이는 존재입니다. 타깃이 움직이기 때문에 굉장히 파악하기 어려운데 일방적으로 외교사를 쉽게 보고 접근해가지고 일방적으로 이야기하고 있다. 이를 테면 오늘 두 분이 나왔는데 낙랑 · 대방을 이야기할 때도 낙랑 · 대방의 대응이나 이런 것을 전혀 우리가 고려하지 않거든요. 중국 본토에도 고려하지 않고, 우리 일본을 이야기하면서 일본을 고려하지 않는 것은 우리 고대사회에서의 외교사의 기본 자세가 문제가 있기 때문에 요즘은 고쳐야 된다. 삼국간의 관계도 역시 마찬가지입니다. 백제와 신라, 백제와 고구려 관계에서 볼 때도 고구려가 거기에 대응하는 자세가 어떨까, 또 외교라고 하는 것은 내정의 연장이라고 합니다. 외교사의 책 첫머리에 보이는 그런 내용인데 이 부분을 또 충분하게 고려를 해야 된다, 이렇게 말씀을 드리고요.

그다음에 이제 백제를 중심으로 해서 신라와 고구려 관계가 맺기 시작하는 것은 역시 369년이 아주 중요한 기점입니다. 이때부터 372년 사이에 새로운 관계들이 편성이 됩니다. 삼한이 끝나고 가야

신라도 출현하고 백제도 통합되고 왕국으로 등장하고 고구려에 대응하는데 백제는 제가 아까 전에 모두에 말씀드린 것처럼, 처음에 발표할 때 말씀드린 것처럼 굉장히 복합적인데 외국의 선진문물의 문제나 외국에 대해서 굉장히 외교적인 문제에 관심을 많이 가지고 출발을 하는데 그 이유는 뭐냐 하면 역시 북쪽에 있는 고구려에 대항하기 위해서였던 겁니다. 그래서 백제는 적극적으로 나서서 고구려와는 그야말로 몇 만기에 이르기까지 거의 관계를 우호적 관계를 체결하지 않았다라고 정도로 관계를 맺게 되는데 그 출발이 바로 여기에 있습니다. 그래서 가능하면 고구려에 저항하기 위해서 동진과 통교하고 가야도 끌어들이고 왜도 끌어들이는 시점이 바로 이 시점인데 거기에 대해서 신라는 굉장히 모호한 자세를 처음에 취합니다. 백제가 다가가고서 신라를 끌어들이려고 하니까 신라가 잘 끌어들여지지 않습니다. 사실 이 시점이 굉장히 중요한 시점이 되는데 왜냐하면 신라는 자기 나름대로의 선택을 하려고 합니다. 백제를 선택하느냐 고구려를 선택하느냐에서 고구려를 선택함으로써 바로 이 무렵에 백제 중심의 남방 벨트가 하나 만들어지고 북쪽에는 고구려와 신라가 맺는 그런 관계가 형성이 됩니다. 그다음에 나타나는 양상은 고구려가 신라를 지배하면서 신라에 400년에 소위 낙동강 유역에 진출해가지고 신라를 제압하는데 신라를 제압하는 데는 백제 중심의 가야와 왜를 끌어들여서 신라를 공격을 해서 399년에 신라 수도 왕도가 함락이 되면서 신라는 사실 고구려에 어떤 영향권 아래에 들어가서 한 60여 년 간 들어가게 되는데 이때 정치적 가능성이나 봉합의 문제나 이런 경제적 부담이 되게 크기 때문에 신라는 가능하면 고구려로부터 독립을 해가게 되는데 이 결과로써 433년에 나제동맹이 결성이 됩니다. 그런데 우리 교과서에서는 나제동맹이 결성되고 난 뒤에 신라와 고구려의 관계가 끝장난 것처럼 이야기하지만 사실상 그렇지 않고 신라는 이중외교를 펼칩니다. 백제와 관계를 맺으면서 고구려와 관계를 맺어 가는데 사실 『일본서기』에 보면 464년에 완전히 관계가 파탄이 나는데 신라가 고문단으로서 신라의 왕도에 주둔하고 있던 고구려 병력을 완전히 몰살시킵니다 그런데 여기 중요한 갈림길이 생겨나는 겁니다. 신라는 일방적으로 백제와 관계를 맺는데 이 사건에 고구려의 입장에서는 백제가 뒤에 배후에 있다고 생각하고 신라는 고구려가 치러 올 걸 대비를 해가지고 이때부터 대비를 하게 돼가지고 같이 성을 쌓고 왕도를 수비하고 이런 작업을 펼치는데 바로 이 시점에 개로왕이 자신만만해가지고 오히려 고구려를 건드려서 475년에 장수왕 군대를 맞아서 오히려 몰락을 하게 되는 그런 관계가 진행이 되게 됩니다.

조금 더 시간이 있으면 자세하게 말씀을 드리겠는데 약속된 시간이 되어 가지고 제가 두서없는 말씀 이것으로 접겠습니다.

좌장 노중국 : 『일본서기』 신공기 49년(369)조의 기사는 백제와 왜의 관계는 물론 백제와 신라, 백제와 가야의 관계에도 중요합니다. 이 가운데 특히 심미다례 세력의 정복 문제는 백제의 영사강 유역 진출과 관련하여 주목되는 기사입니다. 그 다음에 「광개토대왕비」에 나오는 '400년 전투'에 대해 우리학계에서는 대개 '고구려의 남정南征'이라

는 표현을 쓰고 있는데 저는 이런 표현을 쓰는 것에 대해 반대합니다. 비문에 입각해서 '400년 전투'의 성격을 보면 고구려의 신라 구원 전쟁입니다. '신라 구원 전쟁'이라는 표현과 '고구려의 남정'이라고 하는 표현이 주는 느낌과 내용은 상당히 다릅니다. 따라서 내용에 맞는 용어와 표현을 사용하는 것이 좋겠다는 말씀을 드리겠습니다. 그런 관점에서 저는 '400년 전투'는 '신라 구원 전투'로 표현하는 것이 좋겠다는 생각입니다.

그 다음에 433년에 신라와 백제 사이에 맺어진 이른바 '나제동맹'이 과연 동맹이냐 하는 것에 대해서도 논란이 있습니다. 그 이유는 433년에 동맹을 맺었다고 하면서 군사 활동을 같이 한 모습은 개로왕 즉위년인 455년에 처음으로 보이기 때문입니다. 동맹을 맺은 후 20년 동안 아무런 공동의 활동도 없었는데 이것을 동맹이라 할 수 있겠느냐는 얘기인 것이죠. 그러나 이 문제는 달리 생각해볼 수도 있을 것 같습니다. 433년에 백제가 신라와 동맹을 맺어 신라로 하여금 고구려 쪽에 기울어지지 않도록 하는 것만 해도 상당히 큰 도움이 되기 때문입니다. 이 점은 '나당동맹'에서 비슷한 상황을 찾아볼 수 있습니다. 648년 신라 김춘추는 당나라에 들어가 당태종과 군사동맹을 맺습니다. 이것을 우리는 나당동맹이라고 얘기를 합니다. 그런데 나당동맹이 맺어진 이후 신라와 당나라가 공동으로 군사 활동한 것은 660년 백제 공격이 처음입니다. 동맹을 맺은 지 12년이나 지나서 공동의 군사 활동이 이루어진 것이죠. 그 사이에는 공동의 군사 활동은 없었지만 당나라는 백제나 고구려 편을 든 게 아니라 신라 편을 들어줬습니다. 동맹을 맺은 후 공동의 군사 활동을 하지 않는다고 하더라도 다른 나라 편을 들지 않는 것도 동맹이 갖는 의미라고 할 수 있는 것입니다. 따라서 나제동맹도 동맹 자체가 갖는 의미를 소홀히 해서는 안 된다는 의미에서 한 말씀을 드린 것입니다.

시간이 조금 지났습니다마는 이것으로 제2부 회의는 모두 마치도록 하겠습니다. 4시 20분에 다시 시작하겠습니다.

(장내 박수)

(정회 - 16시 10분)

(속개 - 16시 20분)

Ⅲ. 논평과 전망

좌장 노중국 : 3부 회의를 하겠습니다.

먼저 발표자 소개를 하겠습니다.

먼저 충북대학교의 양기석 교수님이십니다.

(장내 박수)

다음에 고려대학교의 박현숙 교수님이십니다.

(장내 박수)

그 다음 서울교육대학교의 임기환 교수님이십니다.

(장내 박수)

오늘 행사의 마지막 부분인데요. 1부, 2부가 미진한 게 있더라도 3부가 잘되면, 우리말에 '끝 좋으면 다 좋다'라는 말이 있잖아요. 앞에서 잘했다고 하더라도 끝이 좋지 않게 끝나면 안 되거든요. 그래서 양 선생님, 박 선생님, 임기환 선생님께 사회자로서 부탁을 드립니다. 아주 끝이 좋게 3부를 마칠 수 있도록 해 주면 고맙겠습니다. 원래 예정 시간이 25분입니다마는 한 5분 정도 지났습니다. 그래서 발표는 한 12분 내로 해 주시고 그 다음에 보완할 수 있는 얘기를 하도록 하겠습니다. 앞의 시간과 마찬가지로 지난번 학술회의 때 발표한 네 분의 발표 내용과 토론했던 핵심적인 내용 가운데 공감대가 형성된 부분을 중심으로 얘기를 해 주시면 좋겠습니다.

먼저 박 선생님은 지금 시간이 26분이므로 38분 전까지 발표해 주시죠.

7. 백제의 왕권은 어떻게 강화되었나

박현숙 : 제가 맡은 부분은 4권 총서에 대한 것으로, 한성백제박물관에서 2014년 4월 30일의 토론회를 정리한 것입니다. 벌써 지금으로부터 한 3년 전의 일이라고 하니, 시간이 참 빨리 지나간 것 같습니다. "제4회 '쟁점백제사' 백제의 왕권은 어떻게 강화되었나"에서는 이현혜 선생님, 박현숙, 이한상, 노중국, 박순발 선생님이 발표를 했고, 임기환 선생님이 좌장으로 이희준, 전덕재, 강현숙, 권오영 선생님

께서 토론을 맡아주셨습니다. 이 4차 회의에서는 백제 한성시기 왕권의 문제를 통해 중앙집권화의 시기에 대한 논의를 진행하였고, 중앙과 지방과의 관계를 문헌사학과 고고학 분야의 연구 성과를 통해 밝히고자 하였습니다. 다섯 가지 주제발표에 대해서 간략히 말씀드리겠습니다.

이현혜 선생님은 백제국가의 형성과 발달과정을 둘러싼 중요 쟁점에 대해서 발표해 주셨는데, 어떻게 보면 이 4차 회의에서 중요한 문제제기를 발표하셨다고 생각됩니다. 한국 고대국가 형성과정에 대한 연구는 70~80년대에 활발한 논쟁을 거치면서 용어도 다양해지고 각 단계별 변화과정에 대한 개념도 점차 구체화되었습니다. 그러나 모두에서도 말씀드렸듯이, 연구자마다 용어와 성격에 대한 이해에 있어서 다른 양상을 보이고 있습니다. 이현혜 선생님은 이날 발표에서 현재 한국 고대사학계에서 백제국가는 3세기 후반 고이왕 때 연맹왕국 또는 부체제의 단계에 이르렀고 4세기 중엽 근초고왕대가 되면 중앙집권적 귀족국가 단계에 진입하였다는 그런 백제사의 통설에 대해 의문을 제기하였습니다. 소국연맹체의 맹주국인 백제국을 연맹왕국 백제로 부풀려서 해석한 것은 아닌지, 고이왕대 백제국 단계에서 과연 부를 상정할 수 있는지에 대해서 의문을 제기한 것입니다. 또한 근초고왕대는 귀족국가 단계로, 신라사의 내물마립간대는 연맹왕국 단계로 봄으로써 백제와 신라의 국가발전 단계에 대해서 너무 차별해서 다르게 주장하는 것이 합리적인가에 대해서도 지적하였습니다. 그리고 근초고왕대 백제 영역 중에서 직접통치 지역이 어느 정도 비중을 차지하는가가 중요하다고 보았습니다. 근본적으로 국가형성 단계에 있어서 백제사 연구자들이 신라사보다 너무 많이 앞서서 중앙집권적 고대국가를 백제사에 설정하는 것이 아닌가에 대해서 문제점을 제기하셨고 그것과 관련된 발표를 해 주셨습니다.

저에게 주어진 주제는 한성 백제의 중앙집권화 정도에 대한 연구의 평가였습니다. 그래서 기존의 연구사를 정리하였습니다. 『삼국사기』 초기기록의 해석 문제와 국가발전 단계론의 적용문제, 그리고 다양한 중앙집권화의 지표들에 대해서 논의하였습니다. 왕위 계승의 문제, 중앙관료체제의 정비문제, 지방 통치제제의 구축과 대민지배의 문제, 불교의 수용문제, 율령 반포의 문제, 왕도의 정비문제, 역사 편찬의 문제를 검토하였습니다. 중앙집권의 지표를 어떻게 설정하는가에 따라서 중앙집권화의 시기와 강도는 달라질 수 있기 때문입니다. 그래서 모든 요소를 만족하는 단계를 중앙집권화된 시기라고 할 것인지 아니면 왕권강화 또는 고대국가의 지표와 나누어 지방에 대한 직접통치가 실현되는 시점을 중앙집권화의 단계로 볼 것인지에 대한 정확한 개념 정의의 중요성을 지적하였습니다. 그래서 이러한 지표의 양상을 통해서 연구자들이 대부분 중앙집권화의 기점을 세 부분으로 나눴습니다. 고이왕대 설, 근초고왕대 설, 최근에는 또 개로왕대 설로 얘기되고 있습니다. 영역팽창과 통치체제를 정비한 근초고왕대가 대부분 그래도 한성백제에서 중앙집권화된 시기라는 것에 대해서 백제사 연구자들이 많이 동의하고 있었습니다. 그러나 이를 한성백제의 중앙집권화의 시점으로 볼 것인지, 아니면 성숙단계라고 볼 것인지에 대해서는 아직 다양한 해석의 여지가 있다고 연구사를 정리했습니다. 그런데 어쨌든 이렇게 보더라도 이현혜 선생님의 부분과는 너무 일찍 본 우려를 반영한다든지, 다른 내용을 담지는 못했습니다.

그 다음에 이한상 선생님께서는 고고자료에 투영된 한성백제의 중앙과 지방을 발표하셨습니다. 고고자료를 통해 지방과 중앙의 공통점과 차이점을 확인하고자 하였습니다. 공통점으로 볼 수 있는 자료로 토기양식, 금속 용기, 진식대금구, 금제 이식, 수입품 등을 중심으로 고찰하였고 백제의 금속제 장신구문화의 출발점은 진식대금구로 대표되는 외래문물이지만 곧 백제적인 장신구 문화를 만들어 냈다고 보았습니다. 그리고 분포조사와 발굴조사가 상당히 진척된 상황임에도 백제양식의 금공품[7]이 출토된 유적은 아직 고르게 분포하지 않고 금강 수계에 밀집되고 있다고 보았습니다. 그래서 남한강과 섬강이 합류하는 지점에 법천리 고분군, 해안에 인접한 서산 부장리 고분군, 고창 봉덕리 고분군 등의 유적이 분포한다고 하였고, 수입품[8]의 경우 왕성이었던 풍납토성을 비롯해 한성이 압도적인 우위를 보이고 있다고 하였습니다. 위세품으로 보면, 묘제는 다양한데 이는 집권력의 한계나 지배방식의 특징 때문에 묘제나 토기의 다양성이 존재한다고 보았습니다. 지방에서 대형 고분을 축조하고 중앙에서 제작한 고급 물품을 보유한 것은 기왕의 어떤 자치력을 보유한 것으로 보았습니다. 이와 같이 4~5세기 백제

7) 관, 비녀, 이식, 팔찌, 대금구, 식리

8) 진식대금구, 금속용기, 도자 등

중앙에서 지방의 자율성을 용인한 것은 지방지배의 효율성 때문인 것으로 보았습니다.

노중국 선생님께서는 백제 한성도읍기 중앙과 지방의 성립과 지방통치에 대해서 발표하셨습니다. 한국 고대 사회에서의 국가발전단계를 읍락단계, 국단계, 국연맹단계, 부체제, 중앙집권 단계로 보시고 이를 백제사에 적용하여 분석하였습니다. 국國 및 연맹단계에서는 중앙과 지방이 성립되지 않았다고 보았고, 부체제는 3세기 후반인 고이왕대에 성립되었다고 보았습니다. 부체제가 성립되면서 맹주국의 중심지였던 국읍은 수도로서 기능하게 되었고 편입된 국國은 지방으로 편제되어 갔습니다. 이리하여 중앙과 지방이 생겨나게 되었다고 보았습니다. 부체제 단계에서 백제의 영역 지배와 관련하여 국왕의 직할지는 직접지배가 행해졌고, 부의 장들이 주관하는 곳에서는 간접지배가 행해졌다고 보았습니다. 그리고 이러한 토대가 마련된 시기로 비류왕대를 주목하였습니다. 지방통치조직의 설치와 직접지배로의 변화와 관련해서는 근초고왕대(353년) 담로제의 실시에 주목하였고, 영역의 확장과 함께 담로제도 확대 시행되었음을 밝혔습니다. 이와 관련하여 한성시기에 그치지 않고, 남방경략과 영산강 유역 병합 또 북방으로의 진출 문제를 다루셨습니다. 그리고 왕·후호의 검토를 통해 이를 담로의 장長이 아니라 봉호로 파악하였고, 위신품과 관련하여 금동관을 부장한 무덤의 피장자는 지방세력이나 토착세력이 아니라, 그 지역의 출신자로서 왕·후호를 받아 중앙에서 활동하다가 죽은 피장자의 귀장의 결과로 파악하셨습니다.

다섯 번째 박순발 선생님께서는 고고학 자료를 통해 백제 한성기의 지방도시를 밝히셨습니다. 한성백제의 왕권이 어떠했는가를 알기 위해서는 중앙 권력뿐만 아니라 지방에 대한 통제력을 통해 알 수 있다고 하였습니다. 그리고 발표에서는 지방이라는 중앙에 대응되는 개념을 도시사적 관점에서 지방도시로 살펴보았습니다. 지방도시란 중앙집권체제의 성립을 전제로 합니다. 3~5세기 무렵의 각지 묘제 변화와 토기 등의 유물상의 변화를 통해 이 문제에 접근하였습니다. 그리고 4~5세기 후반에 백제의 영역을 설정하는 데 근거가 될 수 있는 고고학 자료로 백제 토기의 분포, 중국제 청자 등의 위신재, 금동제 관모, 또 산성과 같은 군사적 거점 등을 들었습니다. 한성기에 백제 지방도시가 이를 통해 출현하고 있음을 밝히며 취락의 구성요소에 의해 5개 등급으로 구분하셨습니다. 백제의 지방도시는 상위의 취락유형[9]에 해당된다고 하셨고 특히 연기 나성리 취락은 원삼국 단계의 취락 기반이 없는 새로운 곳에 취락이 형성된 것을 잘 보여준다고 하였습니다. 아직까지 마한 속국 단계의 도시적인 면모를 보이는 취락이 분명하지는 않지만, 나성리 유적을 통해 보면 늦어도 4세기 말~5세기 초 무렵 이후에는 도시적 주민으로 구성된 백제의 지방도시가 성장하고 있음을 밝히셨습니다.

핵심 논쟁 토론 요지는 연맹왕국과 귀족국가의 개념에 대해서 얘기를 했고요. 그래서 이현혜 교수님은 어쨌든 좀 연맹왕국 단계에서

9) 주거지+저장시설+생산시설+분묘+방어시설

지배 복속을 유지하기 위해서 간접통치를 하는데 기존에 얘기하고 있는 백제사의 그런 시기구분이 빠르다고 하셨고, 노중국 교수님은 연맹왕국이라는 정의가 모호하므로 사용하지 않고 기록에 보이는 부체제를 사용하셨습니다. 그래서 부체제는 연맹단계에서 중앙집권체제로 넘어가는 과도기적 모습을 보인다고 하셨습니다.

그리고 한성백제의 중앙과 지방에서의 부部와 관련해서는 임기환 선생님께서도 그렇지만 대부분 고구려, 백제, 신라의 '부'는 똑같이 표현되고 있지만, 그 실제 내용이나 관계에 있어서는 상당한 차이가 있다고 보았습니다. 또 권오영 선생님은 그 부部 문제를 같이 묶을 수 있을지 회의적이라고 보았습니다. 그리고 이현혜 교수님은 풍납토성의 3세기 후반대 축조설에 대해서도 의문을 제기하였고, 직접통치를 하는 영역의 확보라는 것은 백제가 신라보다는 그래도 좀 넓었을 것이라고 보았습니다.

그리고 위세품과 관련해서 이한상 교수님은 백제에서 만든 가장 빠른 금속제 장신구는 4세기말~5세기 초로 비정되고 공주 수촌리 1호정도에서 보인다고 하였고, 위세품 사여 문제는 백제와 신라의 차이가 있다고 하였습니다.

한성백제의 중앙과 지방의 관계를 보여주는 고고자료에 대해서 권오영 교수님은 나성리 유적을 세종시와 같은 백제의 신도시로 추측했고, 박순발 교수님은 주변의 송원리 유적이나 송담리 유적은 원삼국시대부터 지속되는 곳으로 보았습니다.

이러한 여러 가지 문제에 대해서 열띤 토론이 있었습니다. 결론을 간단히 정리하자면, 합의점보다는 서로 다른 해석이 가능함을 확인하는 자리였습니다. 그러나 백제의 중앙과 지방, 왕권, 그리고 국가 형성에 대해 앞으로 해결해야 할 과제들을 짚어보는 의미 있는 시간이었습니다.

문헌이나 고고학 자료를 통해 한성시기 왕권이 강화되고 백제의 중앙과 지방이 생겼으며, 나성리와 같은 백제 중앙에 의한 지방도시의 발전 사례를 확인할 수 있었습니다. 그러나 『삼국지』와 『삼국사기』 초기기록의 해석에는 아직 많은 이견이 있음을 확인할 수 있었고, 부部의 범위에 대해서도, 또 부체제의 성격에 대해서도 서로 이해가 다름을 확인할 수 있었습니다. 문헌기록상 중앙집권화의 지표인 율령 문제도 고이왕대, 근초고왕대, 개로왕대 등 다양한 의견이 공존하였습니다. 중앙에서 지방으로의 위신재 사여 등의 양상과 지방도시의 형성, 왕권의 위상, 국가 성격을 어떻게 볼 것인가에 대해서도 백제사 내에서, 그리고 백제사와 신라사 간에 어떤 관점의 차이를 확인할 수 있었습니다.

백제, 고구려, 신라 국가의 발전과정은 비슷한 단계를 보이는 듯하지만, 그 양상이나 시기 설정에 있어서는 상이점과 특수성이 드러나고 있습니다. 이러한 부분들을 어떻게 해석할지에 대한 논쟁은 당연히 겪어야 할 과정이라고 생각됩니다. 그러나 그 논의를 발전적으로 진행시키기 위해서는 역시 한국고대사에서의 중앙과 지방, 지배와 복속, 간접지배와 직접지배, 부체제와 연맹왕국 등 그 개념에 대한 공통된 인식이 필요함을 다시 한 번 느낀 시간이었습니다.

이상입니다.

좌장 노중국 : 감사합니다.

그 다음 두 번째로 임기환 선생님, 발표해 주시죠.

8. 백제와 요서지역

임기환 : 임기환입니다. 제가 맡은 주제는 백제와 요서지역이고요. 제가 발표문에 2015년 4월 학술회의라고 썼는데 잠시 착각을 했습니다. 2015년 10월 8일에 한성백제박물관에서 주관해서 학술회의를 진행하였습니다. 백제의 요서 경략, 요서 진출 등 여러 용어로 쓰고 있는데, 교과서에 실리고 또 이런 저런 논문도 많이 제출이 되어 있고, 일반 시민들의 관심도 많이 받는 그런 주제라고 할 수 있습니다. 앞서 발표하셨던 박현숙 선생님의 주제는 백제의 왕권, 특히 중앙과 지방이라고 하는 이 주제는 생각해보면 폭이 넓고 다뤄야 될 부분들이 굉장히 많은 부분인데, 백제의 요서 진출은 어떻게 보면 거기에 비해서 보다 간명하게 초점이 맞춰져있는 주제라고 할 수 있습니다. 그럼에도 불구하고 그동안에 학술회의에서 거의 다루어진 적이 없었기에, 2015년 10월의 학술회의가 사실은 본격적으로 이 주제를 가지고 다룬 첫 번째 학술회의라고 할 수 있습니다.

그렇게 된 이유는 이 주제를 다루어도 쉽게 답을 얻기 어렵다 라는 연구자들의 공감도 있었고, 또 한편으로는 이 주제가 교과서에 실리고 동시에 대중적 관심이 높은 주제이며, 학술외적인 요소들이 상당히 깊이 개입될 수 있는 주제이기 때문에, 이런 면들이 학술적이고 객관적인 입장에서의 토론을 혹 장애하지 않을까 하는 우려들도 그동안 있던 것이 아닌가 생각합니다. 이제는 그런 부분들을 확실히 정리할 필요가 있고, 현재 가능한 수준까지라도 정리하고 가는 게 좋겠다는 의도에서 그때 학술발표가 기획된 것으로 알고 있습니다.

그날 발표는 총 다섯 분이 해 주셨고, 저도 발표를 했는데 다른 분과는 약간 거리가 있는 역사교육 측면에서 요서경략설이 교과서에 어떤 식으로 실리게 되고 또 어떤 서술의 변화가 있는가를 발표했습니다. 나머지 네 분 선생님이 백제 요서 진출을 검토하는 발표를 하셨는데 처음 두 분은 당시 요서 지방의 상황이 어떤가를 살펴보는 주제였습니다. 먼저 이 시기 요서 지역의 고고학적 자료를 통해서 과연 백제 요서경략, 또는 요서 진출이라는 상황들을 어느 정도 확인할 수 있을 것인가 라는 점에서 박순발 선생님께서 발표를 해 주셨습니다.

그 다음에 최진열 선생님께서는 요서지역과 관련된 문헌 자료, 특히 사민과 관련된 문헌 자료들을 모두 망라하고 정리하면서 과연 백제가 이 지역에 진출할 수 있는 그런 여지가 있는지를 검토해 주셨습니다.

그리고 다음 두 분 선생님의 발표 중 한 분은 요서 진출에 대해서 긍정적인 입장을 취하신 분으로, 다른 한 분은 부정적인 입장을 취하신 분으로 기획하였습니다. 그런데 실제 발표해 주신 윤용구 선생님께서 긍정적이거나 부정적인 입장을 가지신 분은 아니고, 그래서 발표도 전반적인 연구사를 객관적으로 잘 정리해 주시고, 또 향후의 과제도 적시해 주셨습니다.

그 다음에 강종훈 선생님은 요서 진출에 대한 다소 긍정적인 입장을 갖고 계신 분으로서 4세기 전반기 백제군百濟軍의 요하遼河 일대의 활동 부분들에 대해서 새로운 문제 제기를 해 주셨습니다.

이제 이런 발표 내용을 간략히 요약해서 말씀드리도록 하겠습니다. 많은 발표 내용이 있습니다마는 초점이 백제의 요서 진출 여부, 그 다음에 그와 관련된 자료의 문제이기 때문에 이와 관련된 부분만 간단히 말씀드리겠습니다. 나머지는 자료집에 정리한 것을 참고해 주시기 바랍니다.

먼저 박순발 선생님이 고고학적으로 본 요서지역이라는 발표에서 '요서백제'의 가능성을 고고학적으로 두루 탐색하셨습니다, 그리고 이 주제에 초점을 맞춘 것은 아닙니다만 '극동아시아 농렵구極東亞細亞 農獵區'(〈그림 25〉 참조)라는 독자적인 개념과 용어를 사용했다는 점도 발표에서 주목할 만한 부분이었습니다. 다만 백제의 요서 진출 부분에 초점을 맞추어 정리한다면, 한위漢魏시기에는 요서지역에서는 중원 한족과 오환, 선비들이 각축장을 벌이고 있는 데에 반하여, 오히려 요동 지역에서는 한족 문화가 계속 이어지고 있다는 차별성들을 지적하고 있습니다. 그리고 모용선비가 등장한 3세기 말~4세기 초 이후에는 거의 모용 선비의 고고학문화자료가 일색이기 때문에 다른 자료는 찾아볼 수가 없기 때문에 사실 '요서백제'

〈그림 25〉 극동아시아 농렵구
(極東亞細亞 農獵區)(박순발 안))

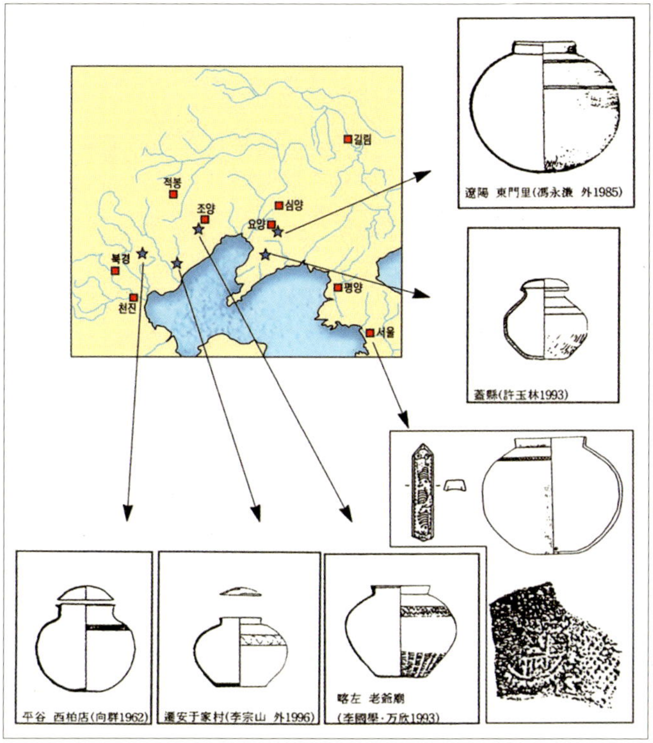

〈그림 26〉 중국 동북지역 후한 말~서진대 직구호와 백제 직구단경호(박순발 안)

의 고고학자료는 현재까지는 전혀 발견되지 않았다. 다만 그 이전 시기에 백제의 직구단경호直口短頸壺라든가 직구광견호直口廣肩壺 같은 기종은 요서의 직구호와 관련성이 높다라는 주장을 전에도 하셨는데,(〈그림 26〉 참조) 이 발표에서도 같은 문제제기를 해 주셔서 백제국가 성립기에 요서 지역과의 연계 가능성에 대한 문제 제기를 해 주셨습니다.

다음 16국시대 요서의 인구 증감과 전연前燕, 후연後燕, 북연北燕의 대응이라는 최진열 선생님의 발표는 삼연三燕의 인구문제를 중심으로 요서 일대에 어떤 변화들이 있는가를 아주 방대한 양의 문헌 자료를 통해 추적해 주셨습니다. 그래서 전체적으로는 삼연三燕 지역에서의 인구의 유입과정 등을 삼연三燕의 발전 과정과 연계시켜서 말씀해 주셨는데, 제가 여기서 따로 정리하지는 않겠습니다. 대체로 모용부의 정치적인 변화에 따라 요서 일대의 인구 문제도 같이 변동해 가고 있다는 내용이죠. 모용부가 성장하면서 인구가 유입됐고, 모용씨慕容氏 전연前燕이 중원 지역으로 진출하면 요서 지역에서 인구가 다시 줄어들게 되고, 다시 모용씨 세력이 후연後燕 때 요서로 옮겨오게 되면서 다시 인구가 늘어나게 되는 이런 변화 과정을 정리하셨습니다. 전체적으로 모용부의 세력의 쇠락에 따라 요서 지역의 인구 변화가 있다는 말씀이 주 내용이었습니다. 발표문에 간단하게 논점을 정리했으니까 참고해 주시기 바랍니다.

다음에 백제 '요서진출설'에 대한 문헌적 검토는 윤용구 선생님이 해 주셨는데, 주로 연구사를 꼼꼼하게 정리해 주셨습니다. 여기서 연구 동향 정리는 생략하겠습니다. 윤용구 선생님 발표에서는 양직공도에서 요서를 점령한 주체가 백제가 아닌 낙랑樂浪으로 기록한 기사가 중요한 논점의 하나가 될 수 있다는 지적을 해 주셨습니다. 그 다음에 윤용구 선생님뿐만 아니라 저도 중요한 연구 중에 하나라고 생각하는데, 1990년대 이후 연구에서 요서지역에서 부여계 유민들의 활동이 백제의 요서 진출의 기사와 연관되어 후대 역사서인 『송서』와 그 이후 사서에 남게 되었다는 연구 성과가 제기되었습니다. 물론 요서의 부여계 유민의 활동을 고려한다고 하더라도,

여호규 선생님은 백제의 요서 진출을 부정하고 있고, 강종훈 선생님이나 정재윤 선생님 경우는 긍정하는 입장에서, 이때 부여계 유민의 활동과 백제의 활동을 연결시켜서 보고 있습니다. 어쨌든 『진서』와 『자치통감』의 부여계 유민 여암의 "영지웅거令支雄據"라는 기사가 중요한 논점으로 떠오르게 되었습니다.

그 다음에 관련 사료에 대해서는 크게 네 가지로 구분하면서 특히 『송서』 백제전, 『남제서』 백제전, 그 다음에 최치원의 상태사시중장上太師侍中狀에 보이는 기사들이 중요한데, 특히 그 중에서 ①, ②, ③ 사료가 중요하다고 보고 있습니다. 또 중요한 지적을 하셨는데, ①, ②, ③ 기사를 이전의 연구에서는 서로 연속적인 상황으로 보고 있었는데, 예컨대 ①, ②의 기사를 가지고 ③의 기사를 설명한다거나, 혹은 ②, ③의 기사를 가지고 ① 기사의 가능성을 높게 보는 식이었는데, 이렇게 접근하면 안 되고 사료 상으로는 서로 분리해서 봐야 된다는 지적을 해 주셨습니다.

다음에 강종훈 선생님이 4세기 전반 백제군百濟軍의 요하遼河 일대에서의 활동에 관한 발표를 해 주셨습니다. 이 발표에서는 그동안 주로 검토되는 『송서』나 『남제서』의 기사가 아니라 『진서』 모용황재기와 『자치통감』에 보이는 백제 기사에 대해서 검토해 주셨습니다. 특히 『진서』 모용황재기에 보이는 봉유 상서문에 백제가 나오는데 여기 이 백제를 무엇으로 보아야 될 것인가. 통상 '부여'를 보고 있었는데 '부여'가 아니라 '백제'일 가능성이 높다는 점을 1차 사료라는 측면에서 접근해 주셨습니다.

다섯 번째로는 제가 역사교육적 측면에서 발표를 했습니다. 전체적으로 보면 역사교과서에 서술되어 있는 백제 요서 진출 서술은 학계의 성과를 반영을 해야함에도 불구하고, 제가 검토를 해보니까 학계의 성과와 관계없이 교과서 서술 자체 내에서 자기 논리성을 갖고 내용이 확장되고 있습니다. 예컨대 6차 교육과정 교과서의 서술에서는 백제 수군이 등장합니다. 제가 알기에 백제 수군에 대한 연구는 거의 없는 걸로 알고 있는데, 교과서에서는 백제가 요서에 가려면 수군이 필요하고, 그러다보니까 백제 수군에 대한 서술이 교과서에 등장하는 식입니다. 이렇게 교과서 서술 자체 내부에서 논리적 확장을 해나가는 어떤 맥락을 찾아볼 수 있었습니다.

전체 발표를 다시 정리해보자면, 요서지역의 고고학적 자료로서는 백제의 요서 진출은 확인하기 어렵겠고요. 그래서 결국 논점은 다시 문헌자료로 돌아오게 되었습니다. 또 문헌자료에서도 모용부 삼연 시대의 상황, 즉 중국 쪽 상황을 통해서 접근하는 방법도 결과적으로 불투명하게 되었습니다. 즉 다른 문헌자료를 가지고는 백제의 요서 진출 여부를 도저히 판단하기 어려운 상황임을 최진열 선생님의 발표글에서 파악할 수 있었습니다. 결과적으로는 이제까지의 논의 방식으로 다시 귀결이 되었습니다. 즉, 백제의 요서진출설은 백제의 요서 진출과 관련된 사료 그것만으로써 다시 검토를 해야 되는 상황, 즉 지금까지의 논의 상황으로 다시 돌아오게 되었다고 볼 수가 있습니다.

그렇다면 이제까지 연구동향을 다시 재정리하고 어떤 방식으로 논의를 전개할 것인가가 현재 시점에서 가장 중요하다고 볼 수 있겠습니다. 그런 점에서 볼 때 현재까지 나온 가장 유력한 해석 중의 하나는 이미 말씀드린 바와 같이 부여계 유민 여암의 영지웅거令支雄據 기사와 이 기사에 이어서 나오는 고구려 고국양왕故國壤王 때의 요동진출 기사가 이어지기 때문에, 『송서』의 찬자들이 아마 이 상황들을 현재 『송서』의 기사처럼 정리한 것이라는 주장이 중요합니다. 이런 주장은 여호규 선생님이 처음 제기하셨고, 그런 견해에 여러 선생님들이 동의를 하고 계시며, 앞서 말씀드린 바와 같이 부여계 유민의 활동을 고려한다고 하더라도 백제의 요서 진출 자체에 대해서는 부정론과 긍정론이 역시 팽팽하게 대립되고 있습니다.

그래서 이 문제제기를 어떻게 볼 것인가가 현재 중요한 논점이라고 생각합니다. 또 부여계 여암의 활동 상황에 대해 『송서』 찬자가 혼란을 일으키거나, 그것을 오해해서 그렇게 기록했다고 하더라도 그 뒤에 보이는 "진평군晋平郡 진평현晋平縣" 기사 경우에는 어떻게 기록으로 남게 된 것인지, 또 『남제서』에서 백제군, 진평군晋平郡 등 이름이 어떻게 나타나게 되었는지를 설명해야 된다고 봅니다. 『송서』의 기사가 등장하게 되는 정황은 충분히 설명될 수 있지만, 기사 내용 전체가 부여계 여암의 활동 만으로 충분하게 설득력 있게 해결이 되었다고 보기 어렵다는 생각이 듭니다. 또 『양직공도』에 반영된 기사가 『송서』 기사보다 더 원전적 성격을 가질 수 있다는 윤용구 선생님의 지적도 있기 때문에, 결국 『송서』 기사를 둘러싼 해석이 하나의 중요한 논점으로 파악할 수 있다고 생각합니다.

그리고 마지막 발표에서 강종훈 선생님께서 제기한 『진서』 모용황 재기의 봉유 상서문에 보이는 백제, 또는 『자치통감』의 부여 멸망 기사에 보이는 백제 기사들을 또 어떻게 볼 것인가도 중요 논점이라고 봅니다. 물론 이 기사들이, '낙랑군의 장통張統과 함께 이주해 간 주민집단을 가르키는 것'으로 본 양기석 선생님의 견해도 있으며, 기존에도 이러저러한 설명들이 있습니다. 그러나 전체적으로 보면 관련 기사들이 몇 안되기 때문에 더욱 그러하리라고 생각이 듭니다만, 이런 문헌 기사들을 합리적으로 설명할 수 있는 의견들이 아직 충분히 수렴되지는 않았다고 봅니다. 그래서 백제의 요서 진출에 대해 앞으로도 답을 찾기는 쉽지 않겠다는 생각이 듭니다. 왜냐하면 기존의 논의를 넘어보기 위해 이 학술회의 때 고고자료하고 중국 쪽 상황들을 살펴본 것인데, 이런 접근에서 별다른 도움이 될 수 있는 자료가 나오지 않은 셈입니다. 결론적으로 이런 정도로 정리할 수 있겠죠. 구체적으로 백제가 요서에 진출했다라는 고고자료는 없다. 그 다음에 백제의 진출설을 직접 보여주는 몇몇 기사를 제외한 나머지 백제의 진출 가능성을 보여줄 수 있는 문헌자료는 찾아지지 않는다. 이런 발표의 결과는 어쩌면 백제의 요서진출 자체를 고려하는 해석이 그리 타당하지 않다라는 부정적인 입장을 강화시키는 것으로 볼 수 있겠습니다. 하지만 동시에 백제의 요서 진출 자체를 직접 부정하는 논거도 아니라는 점을 고려하면, 백제의 요서 진출을 보여주는 문헌자료들을 우리가 어떻게 검토하고 해석할 것인가 하는 이제까지 도달했던 연구사의 위치로 다시 돌아온 것이 아닌가 생각합니다.

이런 정도로 정리를 마치도록 하겠습니다.

좌장 노중국 : 임 선생님, 수고하셨습니다.

마지막으로 양기석 선생님, 지금 55분이니까 5시 6분 정도까지 발표해 주시죠.

9. 개로왕의 꿈, 대국 백제

양기석 : 제가 맡은 주제는 '쟁점백제사' 여덟 번째 작년 4월 29일 날 이 자리에서 '개로왕의 꿈, 대국 백제'에 대한 타이틀로 발표회가 열렸습니다. 이날은 제가 개로왕에 대한 역사적 평가라는 이름으로 기조발제를 했고요. 주제발표는 네 분이 하셨습니다. 김수태 선생님이 개로왕대의 대외관계에 대해서 말씀해 주셨고, 김영심 선생님이 개로왕대 정국의 동향과 체계 정비에 대한 문제를 말씀해 주셨고, 그다음에 고고학 분야에 두 분입니다. 이남석 선생님이 한성도읍 후기 백제 묘제의 전개 양상, 신희권 선생님이 개로왕대 한성의 도성 경관과 토목공사 이렇게 문헌 둘, 고고학 둘, 모두 네 주제 발표가 있었습니다. 그날 노태돈 선생님이 좌장을 해 주셨고, 토론자로서는 노중국 선생님과 여호규 선생님, 문안식 선생님, 김무중 선생님, 양정석 선생님 이렇게 다섯 분이 토론에 참여를 해 주셨습니다.

제 요지는 273쪽에 있는데 내용이 다소 많은 것 같아서 제한된 시간에 요약을 해서 내용 요지와 논의점 이것을 한꺼번에 말씀드리겠습니다. 개로왕은 한성 시기의 마지막 왕입니다. 한성 시기에서 웅진시기로 넘어가는 하나의 획기라는 측면에서 관심을 갖게 되었습니다. 종래는 개로왕이 475년에 고구려에게 왕도 한성을 뺏기고 결국 자신도 목숨을 잃게 되는 파국을 맞았기 때문에 백제 국가를 한

때 패망의 위기를 초래한 장본인이란 점에서 부정적인 평가를 내리는 것이 지배적이었습니다. 사실 그렇죠. 패군지장이 무슨 말을 할 수 있겠습니까? 그런데 최근에 개로왕대에 대해 종전의 견해와는 달리 율령을 반포하거나 수취체제의 개편이라든가 또 지방제도의 개편, 이런 중요한 문제들이 아마 개로왕대에 추구했을 가능성이 있다고 해서 나름대로 개로왕이 패망은 했지만 나름대로 개혁적인 군주로서의 이미지를 가질 수도 있겠다라는 그런 입장들이 제기되고 있습니다. 그러면 개로왕이 과연 집권기의 21년 동안에 과연 어떠한 정책을 추구했으며, 그에 대한 성과나 평가는 어떠한가에 대해 이런 것들을 네 단락으로 나눠보았습니다.

제일 먼저 개로왕대의 대외관계입니다. 대단히 중요한 부분이죠. 475년에 개로왕 자신이 고구려 침입으로 패사를 했기 때문에 개로왕대의 대외관계는 중요합니다. 이에 대해 김수태 선생님은 백제의 대고구려 관계, 대신라및 왜와의 관계, 그리고 중국과의 관계를 폭넓게 살펴보셨습니다. 먼저 백제와 고구려의 관계는『삼국사기』에 세 차례 나오고 있습니다. 개로왕이 종전의 백제와는 달리 수세적인 입장에서 고구려에 대해서 능동적으로 전환하였고, 또 신라와의 관계에서도 신라와의 동맹관계를 잘 활용해서 455년에 고구려를 물리치는 등 이런 측면에서의 성과를 보여줬다는 것을 말씀해 주셨습니다. 여기에 대해서는 다소 논란도 있었습니다. 개로왕 15년 469년 기사를 보면 백제가 청목령靑木嶺에 목책을 설치하고, 쌍현성雙峴城을 수리했다는 기사가 나옵니다.『삼국사기』의 기록대로 청목령하고 쌍현성의 위치가 어디냐, 이에 대해서 긍정적으로 보는 견해, 부정적으로 보는 견해 둘로 나뉘져 있습니다. 하나는 광개토대왕의 남정 때 상실한 것을 이때 회복을 했다고 보는 견해가 있는가 하면, 하나는 마식령산맥馬息嶺山脈으로 비정되는 청목령까지 백제가 과연 그 당시 진출할 수 있겠는가의 회의적으로 보는 견해, 그리고 개로왕이 한강이나 임진강유역까지 진출한 것을 반영한 것이 아니겠는가, 등등의 문제로 보는 비판적인 입장도 있습니다. 또 하나 나제동맹이 433년에 맺어졌지만 실질적으로 가동하는 시기를 455년으로 보고 있는데『일본서기』에 보면 464년까지 신라에 고구려군이 주둔한 기사가 있기 때문에 이것과 맞지 않는 것으로 보는 견해가 있습니다. 그러나 이 시기는 주보돈 선생님이 말씀하신 대로 신라가 양다리 걸치기, 백제와 고구려에 대해 사안에 따라 이중플레이를 하는 관계로 해석되기 때문에 455년을 실질적인 나제동맹 관계로 긍정적으로 볼 수 있다는 견해들도 있습니다.

그 다음에 백제와 대왜관계가 되겠습니다. 이것은 종전에서도 두 번째 주제인가요, 말씀이 나왔습니다만은 소위 왜의 5왕 시대입니다. 그때 백제하고 왜가 자칭호를 사용하면서 서로 동아시아 국제관계에서 우위를 과시하려는 그런 외교전이 물밑에서 치열하게 전개되고 있었습니다. 이래서 두 나라 간은 동맹관계이면서도 서로 미묘한 관계가 생기기도 하였는데 그러던 중 바로『일본서기』웅략기 2년 458년에 보면 백제 왕녀 지진원 화형 사건이 발생합니다. 이에 대해 백제는 그 대안으로 개로왕의 동생인 곤지昆支를 파견하면서 왜와 극적으로 우호관계를 수습하게 되는데, 이런 문제에 대해서 나름대로 김수태 선생님은 백제와 왜의 관계가 개로왕대에는 불안정하지만 어느 정도 관계가 회복이 됐다, 이렇게 평가를 하고 있습니다.

그 다음에 송나라와의 관계입니다. 송나라 관계가 다섯 차례 추진이 됐는데 당시 460년대의 동아시아 국제관계는 크게 변하고 있었습니다. 그러던 중 462년에 고구려와 북위가 관계개선을 하고, 467년 5월 이후에는 북위가 송나라를 공격해서 산둥지역과 회수淮水 일부 지역을 장악하게 됩니다. 개로왕은 그런 움직임에 대해서 대처를 하게 됩니다. 그럼에도 불구하고 김수태 선생님은 백제가 송나라와의 관계를 꾸준히 유지한 것으로 얘기를 하고 있습니다. 이에 대해 여호규 선생님께서 아마 너무 백제 중심적인 해석이 아니냐. 그건 고구려를 송나라에서 고구려를 보는 카드를 먼저 고려해야지, 백제측 입장에서 일방적으로 해석해서는 안 된다는 지적이 있었습니다.

그 다음은 북위관계로 유명한 472년에 개로왕이 북위에 보낸 국서에 대한 얘기가 되겠습니다. 백제가 북위에 국서를 보낸 목적이 뭐냐 등등의 얘기가 나왔는데 그 국서의 내용을 보면 조서의 내용이 1, 2, 3을 이렇게 장을 달리해서 나오고 있습니다. 그 다음에 또 시간을 나타내는 그런 용어들이 거기에 나오고 있습니다. 예를 들면 경진년庚辰年으로 언급되는 조서가 있습니다. 그 경진년은 440년인데 이것은 개로왕의 아버지인 비유왕대의 얘기입니다. 경진년 이후에 이를 소개하고 있고, 그 다음에 왕년往年이라는 얘기가 있고, 그 다음에 끝부분에 보면 백제가 비로소 사신을 보냈다라는 '시始' 자 얘기가 나옵니다. 이 용어들을 어떻게 해석하느냐에 따라서 옆에 계신 노중국 선생님이 반론을 제기하셨습니다. 그러니까 472년에 처음 북위와 교섭을 가졌다는 것이 학계의 일반론인데 노중국 선생님은 아까 말씀드린 시제를 나타내는 용어들에 주목하여, 440년부터 시작해서 비유왕대부터 북위와 백제가 교섭을 어떤 형태든 가졌을 가능성을 제시하면서 많은 논란이 제기가 됐습니다.

그 다음에 개로왕대 정국의 동향과 체제 정비에 대해서는 김영심 선생님은 개로왕이 정변에 의해서 즉위하였고 그 다음에 왕계 문제는 문주나 곤지가 모두 개로왕의 동생이고 무령왕 도군嶋君도 곤지 아들로 보는 것이 타당하다고 하였습니다. 이에 대해서는 노 선생님이 아마 개로왕대로 연결시켜 볼 수도 있지 않느냐는 반론도 제기를 했습니다.

그 다음에 정치 운영 방향에 대해서 언급을 하셨는데 물론 개로왕이 왕족을 중용한 건 사실이지만 그 자체가 왕권 강화로 직결된 것은 아니라고 하였습니다. 또 그 다음에 곤지를 461년에 왜에 보낸 것은 정략적인 추방에 의한 것으로 볼 수도 있다고 하였습니다. 대왕제, 장군호의 수여, 16관등제의 정비, 군호제君號制, 좌우현왕제, 왕후호제王侯號制 등과, 그 다음에 지방제도에 대해서 논란이 많은 『일본서기』 인덕기 41년조 기사를 받아들여서 이것을 개로왕대의 지방제도 개편으로 받아들이는 견해를 얘기하셨습니다.

그 다음에 이남석 선생이 새로운 견해를 제시를 하셔서 그날 아마 큰 하이라이트가 된 것 같습니다. 바로 5세기대의 한성도읍기에 있는 백제 지배층의 주 묘제는 우리가 흔히 언급하는 적석묘가 아니라 횡혈식 석실묘다라고 말씀을 하시고, 그 다음에 서울지역 가락동이나 석촌동 지역에 분포하고 있는 적석묘라는 것은 그 기능이 공주에 있는 수촌리고분 등등을 고려해봤을 때 이것은 제단시설로 기능한 것이기 때문에 무덤으로 보기가 어렵다는 신설이 나와서 주목을 끌었습니다. 이에 대해서 김무중 선생님이나 몇 분들의 비판이 있습니다. 예를 들면, 서울 가락동이나 방이동 지역에 분포한 고분들이 일제강점기에 조사된 것만 해도 300여 개가 되는데 그렇게 공주 수촌리와 같은 한두 개 사례만 갖고 어떻게 일반화할 수 있느냐 하는 등등의 반론들이 있었습니다.

그 다음에 개로왕대의 도성 경관과 토목공사에 대해서는 신희권 선생님이 개로왕 21년조에 고구려 첩자의 꾀임에 빠져 여러 가지 토목공사를 벌이는 기사에 의거하여 이를 입증하기 위해 최근의 고고학적 성과를 중심으로 검토해봤습니다. 대충 도성의 범위를 송파구를 중심으로 한 강동구, 강남구 일대로 보고, 또 도성 배후에 한산, '이도한산移都漢山' 즉 한산으로 이도했다는 기사의 한산을 남한산으로 추정을 했습니다. 그 다음에 성곽은 아단성阿旦城과 사성蛇城. 아단성阿旦城은 아차산성이고, 그 다음에 사성蛇城은 서울 삼성동 토성일 가능성이 높다고 말씀하셨고요. 그 다음에 궁실은 풍납토성과 몽촌토성에 궁실의 존재 가능성을 고고학 성과와 관련해서 말씀해 주셨습니다. 그 다음에 왕릉은 왕성 남쪽에 위치한 석촌동 일대부터 조성되기 시작해서 방이동까지 마감되는 그런 범위를 말씀해 주셨습니다. 그 다음에 강변 제방도 한성의 범위와 관련해서 말씀을 해 주셨습니다.

이상의 논의된 것을 종합 정리를 해보면 논란의 여지가 많은 부분이 있습니다. 첫 번째가 472년 개로왕 국서에 나타난 백제와 북위와의 교섭을 472년에 비로소 이루어진 것으로 보느냐, 아니면 노중국 선생님 말씀대로 그 이전 비유왕대부터 소급해서 보느냐에 대한 논의가 거의 합의를 보지를 못했습니다. 이것은 아마 관련 자료의 면밀한 검토가 필요할 것으로 생각이 됩니다.

그 다음에 두 번째 큰 문제가 개로왕대 지방통치체제의 구축에 대한 문제입니다. 이것은 바로 『일본서기』 인덕기 41년조의 기사 내용과 관련이 있는데 그 기사가 다분히 일본의 8세기 이후의 율령국가의 모습을 보여주고 있기 때문에 이 기사를 곧이곧대로 받아들기 어렵다는 비판이 있었습니다. 일부 논의 과정에서 그렇게 논란이 많은 자료를 굳이 활용할 필요가 있겠느냐 해서 이 문제는 재검토의 필요성은 크게 높지 않은 것으로 판단됩니다.

다음으로 제기되는 문제는 서울지역의 석촌동 일대에 분포하는 적석총의 기능과 성격에 대한 문제와, 과연 5세기 당시에 백제 지배층의 묘제가 횡혈식 석실묘였느냐에 대해서는 거의 합의를 보지를 못했습니다. 이것도 더 면밀히 검토되어져야 할 부분입니다.

다음에 또 하나 문제는 왕후제에 대한 문제가 되겠습니다. 왕후제와 장군호 문제가 나와 있는데 이것은 시기라든가 성격이나 의미에 대해서는 논란이 많습니다. 예를 들면 왕후제 같은 경우는 의례적이다, 또 중국 관계에 필요에 의해서 나온 작호다, 또 한쪽에서는 지방통치체제와 관련해서 담로제나 금동관 사여 등과 관련시키는 경우가 많습니다. 이런 것들도 뭔가 당장의 큰 소득은 없지만 논의의 방향을 좀 진전시키는 데 한계는 있지만 다양한 각도에서 좀 세밀한 논의가 필요하지 않은가 이렇게 서너 문제만 말씀드렸습니다.

이상입니다.

좌장 노중국 : 고맙습니다.

세 분이 각 주제에 대해 행해진 그 동안의 연구발표의 내용과 토론 성과를 정리를 해 주셨습니다.

1부나 2부 때와 마찬가지로 각 발표에 대해 보완해야 할 사항이 있으면 말씀을 해야 할 시간입니다. 박현숙 선생님이 지난번 학술회의 때의 발표 내용을 정리한 것에 대해 보충할 것이 있으면 얘기해 주시면 좋겠습니다.

임기환 : 박현숙 선생님이 발표하신 "백제 왕권은 어떻게 강화되었나"라는 학술발표회 때에 제가 토론 사회를 봤던 것으로 기억하는데요. 박현숙 선생님께서 그날 토론이 합의점보다는 서로 해석의 차이점을 확인하는 자리였다고 잘 정리해 주셨습니다. 아마 제가 토론을 잘 이끌지 못했던 그런 잘못도 있겠습니다만, 한편으로는 그만큼 논의의 시각들에 상당한 차이들이 있었던 것 같습니다. 특히 근초고왕 때 중앙집권체제를 성립했다고 하는 부분에 대해서는 현재 학계에서 많이 동의하시는 바입니다만, 그런 과정들이 어떻게 이루어지고 있는가에 대해서는 여러 견해의 차이들이 있었지요. 제 기억에 박순발 선생님께서 고고학 자료를 검토하시면서 연기 나성리 취락을 통해서 알 수 있는 바와 같이 4세기말~5세기 초 무렵에는 지방도시가 등장했다라고 보시면서, 그런 자료들은 기본적으로 근초고왕대에 집권체제가 마련되고 있는 국가체제로 볼 수 있는 고고학적 자료라고 해석했던 것으로 기억합니다. 그러나 다른 분들은 나성리 유적만이 아니라 다른 고고자료 볼 때 중앙집권 여부를 고고학 자

료로 말씀드리기가 좀 어렵다는 입장을 취하시기도 했습니다. 그래서 고고자료를 통해서 왕권의 강화방식, 특히 중앙과 지방의 관계를 설명하는 게 쉽지 않고, 앞으로 더 많이 해결해야 할 과제가 있음을 확인한 자리였지요. 정치사회의 흐름을 통해서 백제 국가가 중앙집권적 체제까지 어떻게 과정을 통해 가느냐 하는 문제가 중요해지는데, 결국 문헌자료의 경우에서 볼 때 아시다시피 백제본기百濟本記의 사료적 성격이 굉장히 혼란스럽지 않습니까? 특히 온조왕대의 기사라든가 고이왕대의 기사들에 후대 기사라고 보통 추정하는 기사들이 많이 섞여있는데, 우리는 백제의 국가발전 단계를 정치사 맥락에서 설명하지요. 특히 노중국 선생님의 경우처럼 국가발전 단계를 읍락, 소국, 소국연맹, 부체제, 중앙집권체제 단계라는 정연한 발전단계의 이론적 틀 속에서 백제본기의 기사들을 해석하시면서 단계화시키는데, 혼란스럽고 착종되어 있는 백제본기의 기사들을 가지고 이런 발전단계를 설명해가면서 과연 왕권의 강화과정이라든가 집권력의 강화과정, 지방과 중앙의 모습들을 제대로 해석할 수 있을까라는 의문도 한편으로 들고 있습니다. 그래서 오늘 여러 컨퍼런스 속에서 많은 주제들을 다루고 있는데 백제사 연구에서 중요한 몫을 차지하는『삼국사기三國史記』백제본기百濟本記를 사료적 입장에서 본격적으로 끝장 토론하는 방식으로 한 번 검토해보는 게 필요하지 않을까, 그런 시간을 한 번 마련해보는 게 어떨까라는 말씀을 드리는 것으로 대신하겠습니다.

좌장 노중국 : 예. 감사합니다.

그 다음에 양 선생님, 혹시 정리된 것에 대해 보완할 것이 있으면 간단하게 말씀해 주시죠.

양기석 : 우리는 백제를 공부하면서 흔히들 근초고왕대를 주목합니다. 그건 당연합니다. 사실은 『삼국사기』 백제본기百濟本紀를 보면 근초고왕 시기에 앞 기사의 내용이 텅 비어있지요. 그런데 이 시기에 율령반포가 실시되었고, 또한 담로제가 실시되었다고 주장해서 모든 걸 근초고왕대에다가 갖다 붙이고 있는데 사실 근거는 좀 불안한 것 같아요. 이 시기에 갑자기 영역국가로 탈바꿈했으니까 거기의 일종의 상황론에 얽매여서 갖다 붙이는 경우가 좀 많지 않았는가 생각합니다. 물론 자료가 부족하니까 그런 것 같습니다. 그런데 그런 근초고왕대를 국가 발전단계상으로 볼 때 그 역사상의 위치나 성격을 우리가 어떻게 볼 것이냐 하는 문제도 생각을 해볼 필요가 있습니다. 박현숙선생님의 경우 선생님의 견해가 아니라 정리한 것이기 때문에 귀족국가가 부체제 다음에 연맹왕국이라 하셨는데 실제로 보면 근초고왕대에 왕비족이 생기지 않았습니까? 그러면 왕비족이 생기는 게 권력분점을 하는 것이거든요. 그런 시기에 뭔가 어떤 권력이 왕권에 집중됐다고 보는 것도 문제가 있는 것 같고, 또 마립간 시대에 비교해서 마립간 시대를 귀족국가로 보기는 어렵지 않습니까? 진흥왕조차도 정복군주로서 업적은 많지만 그 신라사를 저는 잘 모르지만 관련연구를 보면 그 시기를 중고기의 과도기로 보고 귀족연합체제로 보는 견해가 많지 이때를 전제왕권의 시기로 보는 그런 얘기를 안 하거든요. 또 하나 문제는 근초고왕대를 너무

강조를 해버리면 백제 국가가 발전 로드맵을 봤을 때 그 뒤에 나오는 무령왕, 성왕, 무왕과 같은 대표적인 개혁군주들의 시기를 어떻게 보아야 하는지에 대한 문제에 봉착하게 됩니다.

좌장 노중국 : 예. 두 분이 박 선생님의 발표에서 보완해야 할 부분을 말씀을 해 주셨습니다. 백제가 중앙집권체제를 언제 이루었느냐는 시기에 대해 방금 소개한 대로 여러 가지 견해가 나와 논란은 있습니다. 이러한 논의 과정에서 백제가 지방통치 조직을 갖추고 율령을 반포한 것은 개로왕대가 아닌가 하는 견해까지 나오고 있습니다. 방금 양 선생님이 말씀하신 대로 근초고왕대의 사실을 살펴보고자 할 때 제일 어려운 점의 하나는 즉위년 기사 이후 21년까지 한 약 20년 동안의 기사가 완전히 공백으로 되어 있다는 점이다. 이러한 상황은 개로왕대와 아주 비슷합니다. 『삼국사기』에 의하면 개로왕 본기에는 즉위년 기사가 있은 후 15년에 이르기까지 15년 동안 아무런 기사가 없는 공백입니다. 개로왕의 재위 15년까지의 공백을 메워주는 것이 『송서』 백제전입니다. 이에 의하면 개로왕은 재위 4년(458)에 송나라에 사신을 보내서 장군호를 요청하여 정식으로 승인을 받고 있습니다. 『삼국사기』 개로왕본기에는 개로왕 초기에 관련되는 기사는 없지만 『송서』 백제전에 의해서 이를 보완할 수 있다는 것에서 미루어 보면 백제 근초고왕의 경우도 20년 동안에 기사가 공백으로 되어있지만 정말 아무 것도 없었던 것이 아니라 뭔가 있었을 것이라는 점은 충분히 염두에 두어야 하지 않을까 생각하고 있습니다.

근래에 풍납토성과 몽촌토성의 축조 시기와 관련하여 아까 잠깐 말씀드렸습니다마는 여기에서 출토되는 중국제 도자기의 연대를 낮추어 보고 그에 따라 풍납토성과 몽촌토성의 축조 시기도 늦어진다고 하면서 이와 연계하여 한성시기, 예를 들면 4세기 대 백제의 모습을 신라의 마립간 시기와 비슷한 것으로 보고 마립간시기와 연계시켜 봐야하지 않느냐는 얘기까지 나오고 있는 실정입니다. 그렇지만 과연 신라의 발전과정에 비추어 백제의 발전 과정을 정리해야 할 것인가? 하는 의문이 들기도 합니다. 따라서 근초고왕대를 신라의 마립간시기와 연계하여 보는 것은 별도의 검토가 필요하지 않을까 싶습니다.

그 다음 중앙집권체제와 관련해서 박현숙 선생님이 맨 마지막에 지적을 했습니다마는 용어 문제입니다. 용어에 대해서는 한 번 더 검토해볼 필요가 있을 것 같습니다. 직접지배, 간접지배, 왕호 문제, 왕도의 성립 문제, 지방의 성립 문제들에 대한 기본적으로 공통적인 이해가 있을 때 의견 수렴이 될 수 있지 않을까 다시 한 번 생각해보게 됩니다. 이것들은 다음 기회의 학술회의의 주제로 설정해볼 수 있을 것 같네요. 이 모든 논란의 핵심은 『삼국사기』 초기기록을 어떻게 이해할 것인가에 달려있는 것 같습니다. 제가 첫 머리에 한 번 말씀을 드렸습니다마는 초기기록 문제는 백제본기 뿐만 아니라 신라본기까지도 연결됩니다. 사실 신라본기의 초기기록도 어느 면에서는 백제본기의 초기기록과 비슷한 모습을 보이는데 이 초기기록 문제에 대해 한 번 난상토론 또는 끝장토론을 해보는 것이 필요하다는 말씀을 드려야 될 것 같습니다.

다음에 두 번째로 임기환 선생님이 정리한 것에 대해 혹시 보완할 사항이 있으면 말씀해 주시죠. 요서경략설 문제와 관련해서도 좋습니다. 박 선생님, 먼저 말씀해 주시죠.

박현숙 : 아까 첫 발표에 대해서 질문이 좀 있으셨는데, 근초고왕대가 비어 있기 때문에 노중국 선생님도 그렇고 저도 그렇고 비류왕대에 주목하는 것입니다. 그러니까 뭔가 고구려에게 대항하고 황색깃발을 쓰고 그다음에 372년에 동진과 외교를 해서 책봉을 받으려면 뭔가 그전 단계의 준비가 필요하잖아요. 그래서 보면 비류왕대를 조밀하게 보면서 백제본기를 세밀하게 읽어보면 분명히 정비되고 발전되어 나가는 백제의 모습은 그려진다는 생각을 갖고 있습니다. 그래서 꼭 그것이『삼국사기』에 기록되지 않고 비어있다고 해서 없는 게 아니라, 뭔가 보이지 않지만 백제사의 발전과정 속에서 일궈낼 수 있는 부분들은 있는 것 같습니다. 그 다음에 우리가 근초고왕 대에 중앙집권체제가 됐다고 해서 그 다음 단계는 어떻게 하냐가 아니라, 이 정도면 그래도 체제가 정비됐다고 말할 수 있는 거고 그 뒤에는 그 왕조의 성쇠가 있는 거죠. 왕대별 성쇠가 있는 거기 때문에 꼭 그것을 최고 단계로 보고 그 다음부터 그러면 백제사를 어떻게 이해하느냐 이것은 조금 관점의 차이라고 생각이 들었습니다. 그때 사실은 백제사 내에서 전공자들끼리 이러한 부분에 대한 어떤 합일점이 없이, 오히려 이현혜 선생님을 비롯한 신라사의 공격을 받으면서 그 날은 백제사 대對 신라사의 어떤 토론과 같은 그런 분위기가 있었습니다. 사실 이현혜 선생님도 한 말씀하셔야 되지 않

을까 이런 생각이 들었고요.

임기환 선생님 내용과 관련해서는 계속 같은 부분인데 고고학 자료를 통해서 백제가 요서 진출한 게 안 보인다. 중국 상황으로 봐서도 어렵다 그랬지만 더 근본적으로 백제가 요서까지 갈 수 있었나, 백제가 그런 힘이 있었나 그 부분에 대한 것이 명확해진다면 오히려 이걸 떠나서 먼저 백제가 그럴 만한 힘이 있었나, 그러한 국가였는가, 그다음에 요서에 갔다면 그게 정말 백제 국가의 문제였는가, 어떤 세력의 문제였는가, 어떤 주체의 문제였는가 이런 부분들이 같이 얘기되야 되지 않을까 합니다. 결국은 백제사의 내부를 튼튼히 해야지만 확장되고 밖으로 나간 부분을 명확히 설명할 수 있지 않을까 하는 것입니다. 우리가 백제 국가가 지금 어느 단계인가, 어느 정도 정비 됐는가, 어느 정도 힘 있는가 알 수 없는데 점령했나, 진출했나 이걸 말하기는 상당히 어렵다고 봅니다. 그래서 그런 부분은 역시 백제사 자체가 어떤 발전 상황에 있었는가에 대한 이해가 필요하지 않을까 이런 생각을 했습니다.

좌장 노중국 : 예. 고맙습니다. 혹시 양 선생님 보완하실 게 있으면.

양기석 : 저는 그 『송서』 백제전에 왜 이 기사가 느닷없이 불쑥 튀어나오는가. 물론 백제전이 처음 입전된 것은 『송서』지만 그게 군현까지 언급되어 있습니다. 그런 식으로 진평군晋平郡 진평현晋平縣이 설치되었다라는 기사가 나오는데 이것을 어느 분 얘기하신 대로 부여계 유민인 여암의 영지, 이것 갖고 부여하고 백제하고 혼돈해서 기록

했을 가능성은 그렇게 높지 않지 않을까 생각합니다. 왜냐하면 적어도 국교는 중국 왕조하고 맺지는 않았지만 저도 그전에 얘기를 한 적이 있습니다만 낙랑·대방이 무너지면서 주민들이 요서지역으로 많이 사민徙民돼가기 때문에 그 사람들은 백제라는 존재를 알았을 거예요. 5호16국도 백제라는 실체는 어느정도는 알고 있었을 텐데 이걸 부여나 고구려하고 혼동했을 것이라는 얘기는 조금 받아들이기가 어려운 것 같습니다. 질문보다도 느낌입니다.

좌장 노중국 : 요서지역 문제를 저희들이 거론한 것은 아까 발표에서 나왔습니다마는 백제가 요서를 경략하였다는 것이 교과서에 실려서 사실로 되어 버린 것 때문이죠. 우리 학계에서는 방금 보신 것처럼 백제가 요서로 진출하였다는 것에 대해 하지 않았다고 하는 반론도 강하게 제기되는 등 굉장히 논란이 있어 의견이 수렴되어 있지 않았습니다. 이렇게 학계에서 의견이 수렴되지도 않았는데 의견의 수렴 과정 없이 교과서에 실려서 백제가 요서로 진출하고 또 일본열도로도 진출해서 거대한 해상왕국을 이루었다는 식으로 정리되어서 역사인식에 커다란 오류를 범하게 하는 문제를 야기하였다는 것입니다. 아까 임기환 선생님이 발표하면서 언급하였습니다만 요서진출 문제는 이제 학문외적인 요소, 이른바 국수주의國粹主義라고 할까요? 이런 걸 강하게 주장하는 쪽에서 백제가 요서 진출을 안 했다고 하면 완전히 식민주의 사학자 아니냐 하는 형태로 학문외적인 공격들을 하는 일이 생길지도 모른다고 하는 것까지도 생각을 해야 할 형편입니다. 이러한 상황들을 생각하면서 이 문제를 다루어야

합니다만 이 문제는 앞으로 조금 더 시간을 두고서 다시 한 번 다루어야 하지 않을까 하는 정도로 정리를 해두겠습니다. 그리고 교과서에 백제의 요서진출을 수록하는 문제는 현 단계에서 과연 옳은지에 대해서는 좀더 검토가 필요하다는 말씀을 드리겠습니다.

그 다음에 마지막으로…

임기환 : 백제 요서진출 문제는 저도 개인적으로는 부정론의 입장에 기울어져있는 입장입니다만, 박현숙 선생님이 말씀하셔서 제가 잠깐만 덧붙이려고 합니다. 즉 부정론의 논거 중에서 가장 중요한 것 중의 하나가 백제가 과연 그럴 수 있느냐라는 정황론이라고 저는 생각합니다. 또는 그럴 필요성이 있느냐, 그럴 힘이 있느냐 이런 정황론 입장에서 보면 이들 기사는 뭔가 이상하다, 그러니까 이 기사를 어떻게 해석하는 게 합리적인가, 이렇게 접근하는 게 부정론의 기본적인 입장이라고 생각합니다. 저도 부정론에 동의합니다만, 그래도 정황론에 입각해서 기사 해석 문제를 출발하는 것은 좀 곤란하다고 생각합니다. 그래서 현재 기사 자체가 문제가 많다고 하더라도, 일단 주어진 기사를 가장 합리적으로 해석하는 방법을 최대한 모아서, 거기서부터 문제의 출발점이 나와야 되는 게 아닌가 생각합니다. 그런 점에서 볼 때 백제가 요서로 진출하고 있다는 그 기사만을 고려할게 아니라, 고구려가 요동을 차지했을 때 백제가 요서로 진출했다는 기사 전체 내용을, 부여계 여암이 영지에 웅거했을 때 고국양왕이 현도군・요동을 차지하는 기사가 나란히 기술되어 있는 상황과 연관하여 해석하는 견해가 현재 가장 합리적인 해석 중의

하나가 아닐까 저는 그렇게 생각합니다.

좌장 노중국 : 백제의 요서 진출 문제를 생각할 때 백제사와 관련해서 고민스러운 것이 똑같이 『송서』 왜전에 실려 있는 왜 5왕 관련 기사입니다. 지난번 학술회의의 발표문에 실려 있고 또 2부에서 다룬 『송서』 왜전倭傳에 나오는 왜오왕 기사는 백제뿐만 아니라 신라, 가야하고도 연결이 되어집니다. 『송서』왜전에 나오는 왜 5왕의 기사, 즉 "도독왜백제신나임나가나진한모한칠국제군사都督倭百濟新羅任那加羅秦韓慕韓七國諸軍事"라고 하는 왜왕의 자칭호를 액면 그대로 받아들이면 한반도 남부 지역은 완전히 왜왕의 군사통제하에 들어가 있는 것이 되어 버리게 되는 것이죠. 그래서 『송서』 백제전에 있는 백제의 요서 경략 기사를 사실로 믿는다고 할 때 저가 우려하는 것의 하나가 『송서』 왜전의 기사도 믿어야 하지 않느냐는 반론이 나올 수 있다는 것입니다. 『송서』 왜전을 믿게 되면 방금 말씀드렸다시피 상황이 완전히 달라져 버리게 되는 것이지요. 즉 백제는 요서 지역에 진출하여 진평군晋平郡 진평현晋平縣을 설치했다고 하는데 거꾸로 백제를 포함한 한반도 남부지역은 왜가 군사적으로 통할한다고 하는 식으로 되어 버리는, 그러한 해석이 나올 수 있는 우려도 있다는 생각을 말씀드리겠습니다.

마지막 주제 개로왕대에 대해서 두 분 선생님, 혹시 보완하실 게 있으면 해 주시기 바랍니다.

박현숙 : 앞서 개로왕대를 중앙집권화 시기로 보는 최근의 논문들이 나오면

서, 개로왕을 개혁군주로 보려는 노력의 일환이라고 말씀하셨는데... 그런 부분도 있고, 아까 말씀하신 것처럼 근초고왕대 중앙집권화를 보기 어렵다고 보는, 『삼국사기』 초기기록에 대한 신뢰를 덜 하면서 근초고왕대 중앙집권의 회의를 느끼는 측면에서 이제 개로왕대를 다시 주목하는 그러한 분위기도 있지 않나하는 생각이 듭니다.

그 다음에 백제와 중국과의 외교관계를 잠깐 검토해 볼 기회가 있어서 봤더니, 동진도 그렇고 송도 그렇고 백제가 외교를 할 수 있었던 중요한 이유가 이들이 산둥반도를 차지했기 때문에 백제가 이제 적극적으로 동진과 송과 교류할 수 있었던 것입니다. 그래서 그런 입장에서 보면 결국 467년 5월에 북위가 산둥반도와 회수로 진출한 이후에, 그러니까 송은 이미 북위에 의해 쫓겨났기 때문에 백제가 송과 교류를 할 수 없었던 것입니다. 그래서 교류할 수 있는 대상은 북위밖에 없었기 때문에 의도적으로 북조北朝에 접근했던 것이 아니라, 외교 루트 상 갈 수 있는 게 북위였습니다. 그래서 그런 입장에서 보면 결국 북위와의 관계는 467년 이후로 진행이 돼야 하지 않을까 하는 것을 최근에 자료를 보면서 느꼈습니다.

좌장 노중국 : 예. 고맙습니다. 우리 임 선생님?

임기환 : 보충 말씀이라기보다는 양기석 선생님의 발표 들으면서 든 생각을 간략히 말씀드리겠습니다. 8회 학술발표 주제는 전체 백제사 중에서 매우 중요한 걸 다루고 있습니다마는, 개로왕은 대중적으로도

부정적인 이미지를 받고 있어서 개로왕 다시 보기라는 그런 형태의 기획이 되었습니다. 그리고 이미 발표에 정리된 바와 같이 개로왕대에 관련해서는 그 앞의 왕들의 경우와는 달리 매우 풍부한 자료를 갖고 있습니다. 노중국 선 말씀대로 비유왕대에 백제와 북위와의 관계를 살펴봐야 한다고 말씀하시는 것처럼 정작 비유왕대는 전혀 자료가 없는 상황인데, 개로왕대의 외교와 관련해서는 『송서』 자료도 있고, 『일본서기』 자료도 있는데, 그만큼 개로왕이 다양하고 활발하게 국제관계를 했음을 보여주는 것이지요. 또 도림道琳 기사와 관련해서도 개로왕 대의 여러 모습들을 볼 수 있는 자료들이 남아 있습니다. 그래서 이런 자료들을 보면 매우 풍성하게 개로왕대의 역사를 구성할 수 있고, 개로왕이 나름대로 뭔가를 많이 이루었고, 그래서 지금 말씀하신 대로 중앙집권체제가 개로왕때 갖춰진 게 아니냐는 견해도 나올 수 있었던 게 아닌가 생각합니다. 하지만 상대적으로 풍부한 자료가 개로왕대의 역사를 혹 과대하게 보이게 한다는 생각도 듭니다. 매우 활발했던 대외 관계도 뒤집어 생각하면 고구려로부터 어떤 압박 등을 느끼게 되고 그 결과 활발한 대외관계를 만들게 되었다고 볼 수 있지요. 그리고 개로왕대 과도한 토목공사라고 표현되는 자료이긴 합니다마는 방어를 위해서 애쓰는 모습들로 볼 수도 있죠. 물론 왕의 무덤을 화려하게 다시 꾸미는 사례 등은 다른 맥락입니다만, 결국 개로왕대에 한성이 함락되고 한성백제를 마감하는 최후의 왕이라는 점에서 각종 부정적인 이런 스토리를 담은 개로왕대의 자료가 많이 남았던 것이 아닌가. 『삼국사기』에 개로왕대의 자료가 풍성하게 남았던 것은 멸망에 관한 이야기들이라서 그 이야기들이 풍성하게 전해졌던 것이 아닌가 생각됩니다. 그래서 거꾸로 생각하면 고구려의 남하라는 외부의 압박 속에서 그것을 돌파하려는 노력들이 개로왕대에 다방면으로 벌어지게 되고 결국 자료상으로 풍성하게 남게 되었는데, 이런 자료만으로 해석하면 개로왕대의 모습이 좀 더 크게 보이는 면도 있지 않을까라는 입장에서 제가 잠시 말씀을 덧붙였습니다.

좌장 노중국 : 예. 고맙습니다.

이번 컨퍼런스에서의 발표를 '발표'라고 하고 저도 계속 발표라는 표현을 사용했는데, 지금 가만히 생각해보니까 이번 발표는 '지난번까지의 학술회의에서 발표되고 토론된 것을 정리해 주셨다' 이렇게 표현해야 정확한 표현이 될 것 같네요. 발표라고 하면 자신의 의견을 표명하는 것인데 이번 경우는 자신의 견해를 표명하기 보다는 기왕에 나온 여러 견해들을 종합하고 정리하는 것이었습니다. 그럼에도 이것을 발표라고 하여 마치 자신의 의견을 표명한 것과 같은 오해를 준 것 같네요. 막판에 들어와서이지만 제가 수정하도록 하겠습니다.

개로왕과 관련한 우스개 소리입니다. 백제사를 연구하는 연구자 사이에는 농담 겸 해서 별명을 부르기도 하는데 양기석 선생님의 별명이 양개로입니다. 개로왕에 대해 종래에는 나라를 거의 멸망에 이르게 하였다는 것이 너무 강조되지 않았느냐는 반성도 일어나고 있습니다. 그래서 개로왕에 대해 재평가, 재인식하는 것이 필요하지 않겠느냐 하는 것입니다. 물론 개로왕은 마지막 거의 나라를 멸망하게 했습니다. 그런 점에서 개로왕은 자신에 대한 혹평에서 자유롭지 않을 것입니다. 그렇지만 막바지의 실정으로 가기 이전까지 개로왕은 백제를 강국으로 만들기 위해 나름대로 노력을 하였고 그러한 노력은 재평가할 필요는 있지 않을까 하는 정도로 정리해 볼 수 있을 것 같습니다.

개로왕과 관련하여 한 번 생각을 해봐야 할 사항이 있습니다. 『삼국사기』 개로왕본기의 기사는 아까 말씀드린 대로 즉위 2년에서 13년까지 아무런 기사가 없는 공백의 시기로 나옵니다. 그러나 『송서』 백제전에 의하면 개로왕은 즉위 4년(458)에 송에 사신을 보내서 왕호와 장군호에 대한 인정을 받고 또 여기餘紀 등 11명의 고위 귀족들에게 자신이 임시로 수여한私假 관직을 송으로부터 정식으로 승인받는 기사가 나옵니다. 여기에서 주목되는 것이 우현왕 여기餘紀와 좌현왕 여곤餘昆, 그리고 보국장군 여도餘都 등의 활동입니다. 이들은 왕족으로서 개로왕 초반의 고위 귀족들입니다. 이들이 개로왕이 즉위하는 과정에서 또 즉위한 이후 즉위 초반에 어떤 활동을 하였는지에 대한 논의들이 조금 더 됐으면 좋겠다는 것입니다. 왜냐하면 개로왕의 아버지인 비유왕의 죽음이 묘하게 나오고 있기 때문이죠. 『삼국사기』에는 '흑룡이 날아가고 나서 왕이 돌아가셨다'고 이렇게 나오고 있고, 아까 박순발 선생님은 중국의 용어사전까지 뒤져가면서 인용했던 아버지 무덤이 노지에 '권찬權攢'되어있다, 즉 임시로 묻혀있다고 하는 이런 상황들도 있습니다. 그 다음 즉위하고 나서 4년에 여기餘紀와 여곤餘昆에게는 좌현왕과 우현왕의 왕호를 주고 또 동생 여도餘都 등 측근 왕족들에게는 보국장군을 비롯한 고위의 장군호를 내려주고 있습니다. 이러한 상황들을 종합하면 개로왕은 즉위할 당시에도 그렇고 즉위한 이후 초반에도 정치적 상황은 정상적이지 않았을 가능성도 염두에 둘 필요가 있다는 것입니다. 그 다음에 특히 4년(458) 이후에 개로왕이 왕권에 제약되는 요소들을 어떻게 극복해나갔느냐 하는 점도 새로운 각도에서 살펴볼 필요는 충분히 있다고 생각합니다. 그런 각도에서 봤을 때 주목되는 것이 두 가지입니다. 하나는 우현왕에 책봉된 동생 여곤餘昆을 왜에 보낸 것이고, 다른 하나는 개로왕 4년에는 보국장군이었던 동생 여도(문주)가 이후 상좌평으로 두각을 나타내는 것입니다. 여곤을 왜에 파견한 것과 여도를 중용한 것은 서로 표리관계를 이루고 있는 것 같습니다. 이러한 길항관계를 잘 정리하면 개로왕 초반의 상황은 물론 개로왕이 왕권 강화를 위해 추진한 일련의 조치들에 대한 이해도 한층 높일 수 있지 않을까 생각됩니다. 따라서 이 문제에 대해서 앞으로 얘기를 해보아야 되지 않을까 하는 말씀을 드려봅니다.

또 왕·후호제와 관련한 기사는 개로왕대에 처음으로 보입니다. 이후 동성왕 대에도 왕·후호제가 나옵니다. 이 왕후호제는 고구려, 신라, 왜에는 보이지 않는 백제만이 중국의 제도를 받아들여 운영한 것입니다. 이 왕·후호제가 백제의 정치운영에 어떻게 작용하였는지에 대해서도 앞으로 새로운 주제의 하나로써 얘기를 해볼 필요가 있지 않겠느냐는 생각을 말씀드립니다.

3부를 마치기 전에 제가 두 분한테 의견을 말해달라고 부탁을 드리겠습니다. 하나는 박순발 선생님에게 드리는 부탁입니다. 지난번 학술회의 주제의 하나가 백제의 중앙집권과 관련한 것이었습니다.

학술총서 제4권입니다. 제4권의 주제는 백제의 왕권은 어떻게 강화되었느냐 하는 것이었습니다. 이제까지 우리 학계가 학술회의를 할 때 대개의 발표는 중앙과 관련한 얘기만 했습니다. 중앙의 통치조직이나 중앙의 지방에 대한 지배방식 등 지배와 관련한 얘기만 했는데 지난번 학술회에서 처음으로 지방도시와 관련한 얘기가 나왔어요. 연기 나성리 유적을 지방도시적 관점에서 접근한 것이었습니다. 저는 굉장히 신선하다고 봤습니다. 그래서 박순발 선생님한테 하나 여쭤보고자 하는 것은 백제의 지방도시는 연기 나성리 외에 다른 지역에서도 그러한 지방도시의 모습을 그려낼 수 있는 자료들이 있는지요? 하는 것과 혹시 안성 도기동 유적 같은 것도 지방도시의 관점에서 살펴볼 여지는 없는지요? 하는 것입니다. 여기에 대해 얘기를 좀 해 주시면 고맙겠습니다.

덧붙여서 적석총과 관련한 문제에 대해 한 말씀드리겠습니다. 아까 양 선생님의 발표에 나왔는지 박 선생님의 발표에서 나왔는지 모르겠습니다만 적석총과 관련한 설명입니다. 지난번 학술회의에서 이남석 선생님이 '적석총은 무덤이 아니고 제단이 아니겠느냐' 그리고 '한성도읍기 왕실의 무덤은 횡혈식 석실일 것이다'라는 발표를 해서 굉장히 논란을 줬는데요. 오늘 석촌동 적석총과 관련해서 박순발 선생님은 "선왕지해골 권찬어노지先王之骸骨 權攢於露地"라는 『삼국사기』의 기사를 '선왕의 해골이 노지에 임시로 되어있는 것을 다시 욱리하에서 대석을 가져와서 아버지 비유왕의 무덤을 다시 정비한 것'으로 본 것이 아니라 왕실의 무덤 전체를 한꺼번에 재정비한 것을 보여주는 것이 아니겠느냐는 형태로까지 얘기를 했습니다. 과연 이 기사를 가지고 왕실 무덤 전체를 정비한 것으로 볼 수 있는지에 대해서는 의문이 든다는 얘기를 먼저 해놓겠습니다.

다른 한분은 논의 과정에서 이름이 나와 버렸는데요, 이현혜 선생님입니다. 앞서의 발표에서 이 선생님은 백제의 발전과정은 신라하고 같이 봐야 되지 않겠느냐는 얘기를 하셨는데 오늘 그 얘기에 대한 비판이 있었습니다. 이에 대한 본인 생각을 한 번 더 말씀해 주면 듣는 것으로 하겠습니다.

먼저 박순발 선생님부터 5분 이내로 얘기를 해 주시기 바랍니다.

박순발 : 지방도시를 전제로 했던 것 가운데 도시적인 성격이 뭐냐 이런 것에 대한 생각을 정리한 게 있습니다. 지금까지 가령 원삼국 시대原三國時代라고 우리가 표현하는 마을이 있는데요, 그런 시기에 나오는 취락들을 보면 대개 취락들이 수혈 주거지와 같은 형태로 분포합니다만, 최근 세종시 나성리유적 이외에도 대략 4세기 대에서 한 5세기 대에 저평지에 집중적으로 확인되는 취락은 그와는 양상이 다릅니다. 물론 이전에는 그러한 저평지에 대한 조사를 안했던 탓도 있을지 모르겠습니다마는 지금 곳곳에서 그러한 저평지 취락이 나타나는데, 밀집 정도로 봐서 자급자족의 취락으로 보기는 어려운 양상들입니다. 주거지를 밀집 배치하기 위해서는 도로와 같은 가로망이 등장하고 저평지이므로 배수를 위해 주거지 주변에 일정한 구역을 도랑으로 둘러친다든지 하는 식의 시설을 갖춘 유구들이 굉장히 많이 나오는 특징이 있죠. 그리고 최근 멀리 영산강 유역에서도 광주 동림동 유적(〈그림 27〉 참조)과 같은 예가 알려져 있습니다.

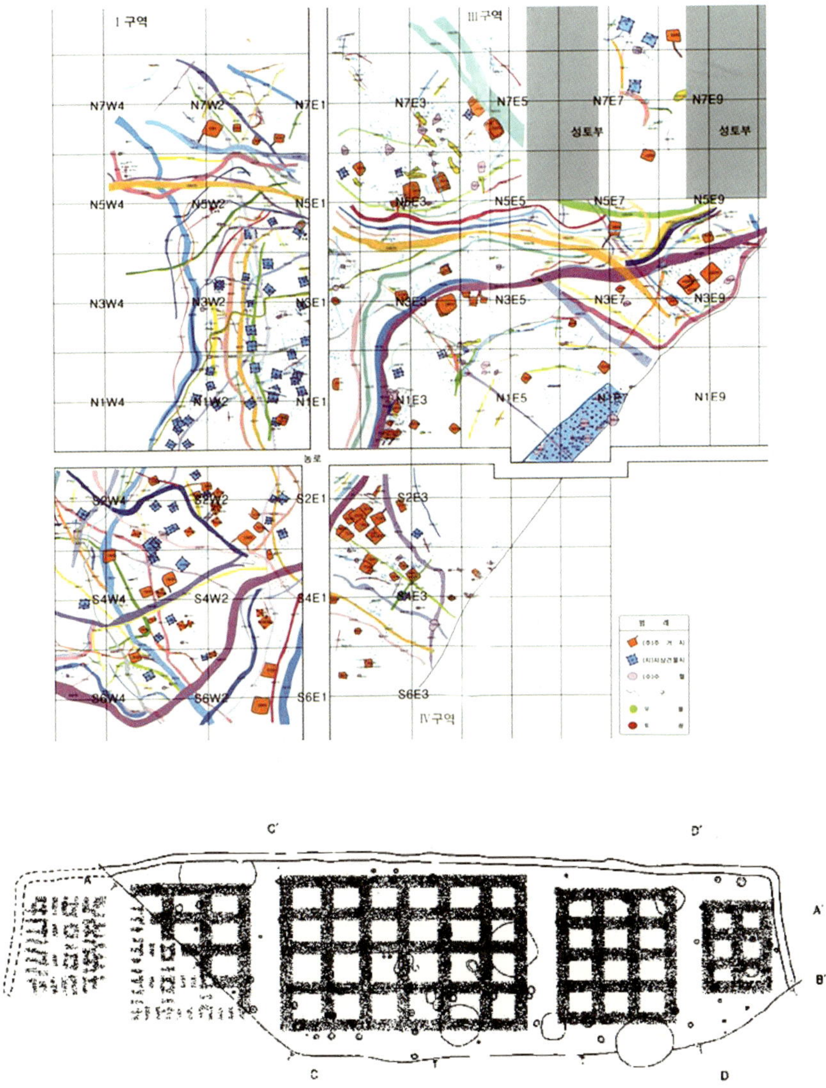

〈그림 27〉 광주 동림동 유적과 대형 건물지군

마침 그에 대해 오늘 지방도시를 주제로 호서 고고학대회에서 지금 같은 문제를 다루고 있을 겁니다. 따라서 이제 그러한 지방도시적 성격의 취락 존재를 우리가 의심할 필요는 없고, 다만 그것이 정확히 언제부터 시작됐느냐는 문제와 관련해서는 조금 더 올라갈 가능성이 있습니다. 가령 당시의 취락과 관련해 문헌사료에 '국읍國邑'과 같은 존재가 나오는데 그러한 읍락邑落의 규모는 만여萬餘 가家에 이르고 있다고 하는 점이 참고가 됩니다. 이러한 저평지 입지 취락 주변에는 묘역도 확인됩니다. 예를 들면, 청주 오송五松 유적에서는 저평 입지 취락 주변에 초기 철기시대 이래 백제에 이르기까지 각 시기의 묘역이 분포하고 있습니다. 그러한 예를 더 꼭 꼽아 보면 평택 세교와 같이 백제 한성기의 중앙적 성격이 나타날 단계에 해당되는 것이 있고, 잘 알려진 바와 같이 아산 갈매리와 더불어 그 바로 옆에 위치한 아산 배방 유적도 있지요. 그리고 이미 말한 청주 오송도 그렇고 광주 동림동도 그렇지요. 이런 정도로 소개를 드릴 수 있을 것 같습니다.

좌장 노중국 : 고맙습니다. 광주 동림동 유적은 대개 몇 세기로?

박순발 : 그건 오늘 이영철 씨가 발표를 하고 있을 테지만, 그분 연대관으로 론 아마 5세기 전반~중반, 이 단계에는 백제가 이미 그 지역에 영향을 미쳤다고 보는 입장입니다. 그 부분에 대해서는 연구자간에 미묘한 차이가 있습니다.

좌장 노중국 : 알겠습니다. 지방 문제를 이렇게 소개를 해 주셔서 고맙습니다. 앞으로 우리가 조금 더 관심을 가져야 할 부분은 백제의 중앙지배세력이 지방하고 어떤 연결 속에서 국가를 운영했느냐의 문제일 것 같습니다. 그 속에 지방도시의 문제도 포함되는 것이지요.

이현혜 선생님도 한 5분 정도만 말씀해 주시지요.

이현혜 : 시간 많이 주시네요. 발표자 분들한테는 인색하시더니.

저는 별로 말씀드릴 생각이 없었는데 기회 주시니까, 조금 전에 박순발 선생님 말씀 상당히 중요하다고 보고 특히 4세기 말부터 그런 얘기가 그런 현상이 나타난다는 게 제가 보기에는 신라도 그렇고 백제도 그렇고 지방에 있는 소국들을 어떻게 복속시키고 해체해 나가느냐라는 과제를 가지고 있는데 그 백제의 방식인 것 같습니다. 그러니까 정복된 소국 지역을 그대로 초기에는 간접통치를 하는 경우도 있고, 언젠가는 직접지배 내지 중앙에서 다 컨트롤해서 해체를 해야 되는데, 그게 바로 안 될 경우에 거점도시를 만든다든가 해서 그 지역에 들어가서 파고 들어가서 거기서 어떤 해체 하나의 중심 거점으로 활용한다. 저는 고고학 자료를 그런 백제의 시도, 어떤 전략화 양상의 하나로 저는 해석할 수 있지 않나 그런 생각을 가집니다. 그런 측면에서 저는 처음 이 토론 '쟁점 백제사'를 시작할 때 저의 시작은 고이왕대에 대한 정치사회적인 발전 수준을 지금까지 백제사에서 좀 지나치게 과장적으로 해석해온 측면이 없느냐. 그게 시발점이었어요. 그래서 처음부터 무슨 신라사에 비교한다 이런, 대입한다 이런 의도는 전혀 없었고, 결과론적으로는 우리가 서로 신라와 백제도 비교해보고, 백제와 고구려와도 비교해보고, 그런 객관적 비교는 불필요한 건 아니니까요. 그러나 대입한다는 건 전혀 아닙니다. 만약 비교를 한다면 백제-고구려를 비교하기보다는 백제-신라를 비교하는 것이 오히려 어떤 유사성이 많다. 예컨대 마한, 진한이라는 건 뿌리가 서로 비슷하고 동이전에 나오는 양상에서도 고구려는 상당히 마한, 진한, 변한보다는 더 발전한 사회의 모습을 보이고 있기 때문에 백제를 비교한다면 차라리 신라가 더 가깝지 않느냐. 그런 측면에서는 대입한다, 이런 오해의 소지가 있는 것 같고요. 그렇다면 이 고이왕대의 정치사회의 발전단계를 다른 관점에서 볼 수 있는 그 중요한 자료가 아까 『진서』의 마한, 진한의 견사기록인데요. 그 기록에 대해서 이제 김병준 교수가 저는 그날 발표는 못 들었습니다마는 받은 논문을 통해서 논지는 아는데, 그러한 견사의 내용을 일단 교육이라고 하는 성격으로 규정한 것은 저와 상당히 일맥상통한 얘기였고, 그것을 중국의 서역의 사례를 통해서 뒷받침해줬기 때문에 참 유용한 자료라고 생각합니다.

그러나 또 하나는 교육 중에서는 원거리 교육인데 long-distance training이라고 해가지고 그런 교육을 수행하기 위해서는 조직체를 만들고, 그렇게 지리정보도 공유해야 되고, 그밖에 어떤 물자에 대한 정보도 가져야 되기 때문에 이게 개인 소규모로써는 불가능한 일이고 뭔가 강력 조직을 만들어 하는데, 그러한 조직을 만드는 그 자체가, 또 그러한 걸 성공적으로 수행하는 자체가 국가의 형성 발전과정에서 어떤 전단계적인 하나의 형태로써 간주할 수 있다. 그것이 토대가 돼서 나중에 정치적인 조직체, 군사적인 조직체로 발달하는 것이 결국 국가라는 것으로 연결이 된다, 그런 이론들이 있지 않습니까? 그래서 경제활동을 위한 조직 그 자체는 목적을 달성하고 나면 해체되어 버립니다. 그렇기 때문에 지속성이 없어서 그러한 현상 자체만을 가지고 우리가 국가를 형성했다, 권력이 집중화됐다 이렇게 해석하는 것은 과도한 것이죠. 그래서 김병준 교수의 해석은 중국의 어떤 사례는 우리가 충분히 이제 참고할만한 것이고, 저도 처음부터 과도하게 그러한 서진의 견사를 가지고 국가 그때부터 벌써 집권적인 것은 아닙니다마는 부체제라든가 연합 단계에 들어왔다 해석하는 것은 처음부터 반대였습니다. 오히려 그 미흡한 형태, 들어가기 직전의 형태로써 어떤 교육을 목적으로 하는 그런 조직체가 활동을 하고 있었고 또 그러한 조직체를 만들 수 있었다는 그 자체가 이전과는 다른 상황, 발전한 상황이다. 그러니까 전의 관점에서 볼 때와 후에 관점에서 볼 때, 전에 관점에서 볼 때 발전한 거지만 더 발전한 데에서는 아직 미흡하죠. 그것이 바로 백제와 마한의 차이. 진한과 신라의 차이라고 저는 해석합니다. 그래서『진서』의 사회상에 대하여 해석해 보면, 거의 대부분의 연대가 바로 고이왕대거든요. 그래서 이런 것을 종합적으로 볼 때 백제 전체의 국가에 어떤 형성과 발전단계 또 통합수준의 발전단계에서 고이왕대에 대한 해석은 재고의 여지가 있다, 이런 의견을 제가 피력했고, 그것을 변호하는 것이고, 또 그런 맥락에서 이게 같이 몰려나오는 게 근초고왕대인 것 같습니다. 그런데 제가 후속 논문을 써야 되는데 아직 못 썼습니다.

이상입니다. 감사합니다.

좌장 노중국 : 네, 고맙습니다.

이번 회의는 모두에 드린 말씀대로 컨퍼런스의 형식으로 진행시켜 보려고 했습니다. 이렇게 새로운 형식으로 진행하면서 몇 가지 저 나름대로 느낀 것을 말씀드리겠습니다.

먼저 이번 회의가 원래 의도대로 잘 진행이 됐는지 안 됐는지 모르겠습니다만 여기서 실수나 또 미진한 부분들에 대해서는 "아, 이게 처음 했기 때문에 그렇구나" 하고 넓은 아량으로 받아들여 주시면 좋겠고요.

두 번째는 "이제까지 여러 차례 학술회의를 하였지만 이번의 컨퍼런스 형식의 학술회의는 아마 처음이다." 이렇게 얘기해도 괜찮을 것 같습니다. 종래까지는 논의는 굉장히 많이 하면서 이것을 수렴해보고자 하는 노력이나 또는 모임은 별로 없었습니다. 그래서 그 다음 회의에 가면 그 주제에 대해서 또 다양한 얘기들이 나오고 했습니다. 이번에 첫 시도로써 많이 나온 의견들을 최대한의 공약수로 수렴하려고 했다는 것입니다. 이점은 높이 사주셔야 되지 않을까 하는 생각을 해봅니다.

세 번째로는 아까 말씀드리기도 했습니다만 기본 사료나 기본 사건이나 또 기본 용어의 개념에 대한 공유가 있어야 한다는 것입니다. 그래서 학계 차원에서 개념을 어떻게 하면 공유할 수 있는지에 대한 방안을 모색하는 것이 필요하겠다는 것입니다. 용어나 사건에 대한 개념에 어느 정도의 공감대가 있을 때만 다양한 논의들이 수렴될 수 있지 않을까 하는 생각에서 말씀을 드리는 것입니다.

그 다음에 지금까지 9회에 걸친 학술회의의 9개의 주제의 성격에 대해 제가 기조발표를 할 때 말씀을 드렸습니다만 '한성도읍기의 백제의 정치와 대외관계'였습니다. 그러나 정치와 대외 관계가 백제사의 전체는 아니잖아요. 정치와 대외관계 이외에 백제인들은 어떻게 사유했느냐 하는 사상 문제, 무엇을 먹고, 무엇을 입었으며, 어떻게 살았느냐는 의식주 문제, 문화의 문제, 생활의 문제 이런 것들도 빠뜨려서는 안되는 것이지요. 이런 주제들은 앞으로 다루어야 할 과제로 남겨두어야 할 것 같습니다. 그러면서 동시에 백제의 역사는 한성도읍기로서 끝나는 것이 아니라 웅진도읍기와 사비도읍기로 이어집니다. 따라서 한성도읍기와 웅진, 사비도읍기를 연계해서 살펴보는 학술 토론도 지속적으로 이루어져야 하지 않겠느냐는 말씀을 드립니다. 한성도읍기 백제사와 관련하여 앞으로 다루어야 할 주제에 대해서는 저의 기조발표문 75쪽에 간단하게 적어봤습니다. 참고해 주세요. 그리고 앞으로의 주제와 관련하여 꼭 말씀드리고 싶은 것은 진국辰國 문제입니다. 지금까지 학술회의에서 진국 문제는 전혀 거론이 안 됐습니다. 『삼국지』 한전에 "위만조선衛滿朝鮮 준왕準王이 남쪽으로 도망해 해서 한지韓地에 살면서 한왕韓王을 칭했다."라고 했을 때의 한지와 한왕, 그 다음에 『사기史記』 조선전朝鮮傳에 나오는 진국辰國은 모두 백제가 성립하기 이전 시기의 사실입니다. 지금까지는 백제가 성립할 당시 한강유역이 어떠한 상태에 있었는지에 대한 검토도 없이, 또 한漢나라에 국서를 보낼 정도의 문화 능력을 가진 진국의 문화적 기반이 뭔지에 대한 검토 없이 백제의 건국과 성장 문제를 얘기해 왔습니다. 그러다보니까 백제의 건국과 성장의 토대가 된 것이 무엇이었느냐와 관련하여 많은 논란이 나오지 않았느냐는 말씀을 하나 더 드립니다.

오늘 이 자리에 참석한 많은 분들한테 자신의 의견을 이야기할 수 기회를 많이 드렸으면 좋겠습니다마는 이것으로 학술회의를 마감하려고 합니다. 저가 여러 차례 학술회의 종합토론을 진행해 보았는데 이제까지 사회를 보면서 정해진 시간 안에 끝내보기는 이번이 처음입니다.

이상으로 제10회 '쟁점백제사' 학술회의를 모두 마치도록 하겠습니다.

끝까지 경청해 주셔서 감사합니다.

(장내 박수)

사회자 : 오랜 시간 이렇게 발표해 주신 여러 선생님들 감사드리고요. 끝까지 자리를 지켜주신 청중 여러분들께도 감사드립니다.

이번 10회 컨퍼런스를 계기로 해서 조금 더 공감 가는 백제사 연구와 발전을 위해서 노력하도록 하겠습니다. 다음 쟁점백제사는 가을에 있습니다. 다음에 또 뵙도록 하겠습니다. 안녕히 돌아가십시오. 감사합니다.

(장내 박수)

(폐회 - 18시 00분)

휘보(총 목차)

백제학연구총서 쟁점백제사 1

백제, 누가 언제 세웠나(Foundation of Baekje)

- 백제의 건국시기와 주체세력

총론

백제학 연구 현황과 과제(노중국)

주제제안

백제의 건국 연구 현황과 과제_백제사 이해의 새로운 방향(신형식)

주제발표

백제, 언제 세웠나_문헌학적 측면(양기석)

백제, 언제 세웠나_고고학적 측면(박순발)

백제, 누가 세웠나_문헌학적 측면(김영심)

백제, 누가 세웠나_고고학적 측면(임영진)

종합토론

좌장 노중국 **토론** 양기석 · 박순발 · 김영심 · 임영진 · 최병현 · 주보돈 · 권오영

Ⅰ. 백제, 누가 세웠나

- 건국자와 시조
- 부여계와 고구려계

Ⅱ. 백제, 언제 세웠나

백제학연구총서 쟁점백제사 2

근초고왕 때 백제 영토는 어디까지였나(Territorial Expansion of Baekje)

- 백제의 영토확장

주제제안

백제의 영토확장에 대한 몇 가지 검토(노중국)

주제발표

백제의 동북방면 진출_문헌적 측면(임기환)

백제의 동북방면 진출_고고학적 측면(심재연)

백제의 서남방면 진출_문헌적 측면(강종원)

백제의 서남방면 진출_고고학적 측면(서현주)

종합토론

좌장 이현혜 · 임영진 **토론** 이성주 · 백승옥 · 노중국 · 임기환 · 심재연 · 강종원 · 서현주

Ⅰ. 영역의 기준과 지배방식

1. 영역의 개념과 기준
   - 영역의 개념
   - 영역의 기준·명찰론
2. 지배방식
   - 지배방식의 유형
   - 직접지배·간접지배
   - 영향권·세력권
3. 영역과 지배방식의 고고학적 지표

- 5가지 고고학적 지표 - 성곽
- 무덤 - 취락
- 위세품 - 토기

Ⅱ. 백제의 영역 확장

1. 『삼국사기』 백제본기 초기 기록의 영역 확장 기사
   - 영역 확장 기사의 연대 - 패하·주양·웅천의 위치
2. 백제의 북부지역 진출
   - 패수·열수·대수의 위치
3. 백제의 동부지역 진출
   - 말갈 기사의 해석 - 화천 원천리 유적
4. 백제의 남부지역 진출
   - 벽골제 축조 - 고사부리성 축조
   - 풍납토성 초축 연대 - 완주 상운리 유적
   - 영산강유역 -『일본서기』 신공기 49년조 기사
5. 근초고왕 때 백제의 영토는 어디까지였나

백제학연구총서 쟁점백제사 3

한성백제의 왕궁은 어디에 있었나(Structure of Hanseong, the Capital of Baekje)

- 한성의 도시구조

1. 용어 검토

- 도·도성·왕성
- 성·곽·성원·성장
- 원·궁원

2. 백제 한성시기 주요 성곽의 분포

- 이성산성
- 아단성
- 광주고읍 춘궁리·하남 교산동

3. 백제 한성시기의 도성

- 하북 위례성
- 고대 도성의 구성요소

4. 풍납토성의 도성 구성

- 궁전
- 제의시설
- 도로시설

5. 몽촌토성의 도성 구성

- 지상 건물지·성토대지
- 목책
- 외성
- 적석시설
- 무덤

6. 풍납토성과 몽촌토성의 축조 시기

7. 백제 한성시기 왕궁의 위치

Ⅲ. 백제의 초기 도성 관련 남은 문제

백제학연구총서 쟁점백제사 4

백제의 왕권은 어떻게 강화되었나(Establishment of State Power in Baekje)
- 한성백제의 중앙과 지방

주제발표

백제 국가의 형성과 발달 과정을 둘러싼 중요 쟁점(이현혜)

한성 백제의 중앙집권화 정도에 대한 연구의 평가(박현숙)

고고자료에 투영된 한성백제의 중앙과 지방(이한상)

백제 한성도읍기 중앙과 지방의 성립과 지방통치(노중국)

백제 한성기의 지방도시(박순발)

종합토론

좌장 임기환 **토론** 강현숙 · 권오영 · 노중국 · 박순발 · 박현숙 · 이한상 · 이현혜 · 이희준 · 전덕재

종합토론 1부

Ⅰ. 문헌 자료 연구성과 정리

1. 연맹왕국과 귀족국가의 개념

- 3~4세기대 각 국의 지배 복속 관계
- 부와 부체제

2. 한성백제 중앙과 지방에서의 부

- 고고자료를 통해서 본 부
- 3~4세기 정치발전단계와 부체제

Ⅱ. 문헌과 고고자료의 조화 모색

1. 위세품 사여를 통한 중앙과 지방과의 관계

2. 한성백제의 중앙과 지방관계를 보여주는 고고자료

종합토론 2부

Ⅲ. 주요 쟁점사항

1. 한성백제의 영역

- 삼국사기 초기 기록의 해석과 영역
- 고고자료의 분포 범위와 정치체의 영역

2. 한성백제의 영역지배

3. 중앙에서 지방으로의 위신재·위세품 사여

- 문헌기록상 중앙집권화의 지표
- 피장자의 성격과 위세품 및 위신재
- 금동제 위세품의 사여 연대
- 위신재의 출토 상태와 성격

4. 고구려의 왕권 강화 사례

Ⅳ. 객석 질문

백제학연구총서 쟁점백제사 5

백제의 성장과 중국(The Growth of Baekje and China)

종합토론 2부

Ⅱ. 백제의 고대 중국 사행로와 교역품

1. 백제의 대중국 사행로

2. 백제 마구의 변천과 중국과의 관계

3. 백제의 중국자기 이용 방식과 의미

4. 백제 지역 마구의 기원과 변천 양상

Ⅲ. 객석 질문과 총평

백제학연구총서 쟁점백제사 6

한국사 속의 백제와 왜(Baekje and Wa in Ancient Korea)

주제발표

4세기말~5세기초 백제와 왜의 관계(홍성화)

5세기 백제계 도왜인-곤지계를 중심으로(정재윤)

왜에 남겨진 백제 문물(서현주)

백제에 남겨진 왜의 문물(김낙중)

종합토론

좌장 주보돈 **토론** 박현숙 · 이근우 · 우재병 · 홍보식 · 홍성화 · 정재윤 · 서현주 · 김낙중

종합토론 1부

I. 발표내용 논평과 비판

1. 4세기 말~5세기 초 백제와 왜의 관계

- 『일본서기』 사료의 비판
- 칠지도 제작 연대와 배경
- 광개토왕릉비의 백제와 왜
- 목만치를 통해 본 백제와 왜의 관계

2. 백제와 왜의 문물 교류 양상

- 백제와 왜의 교역 물품
- 고분의 피장자 문제와 문물의 선별 수용 양상

종합토론 2부

3. 왜 5왕을 중심으로 본 백제와 왜의 관계

II. 문헌자료를 통해 본 백제와 왜의 관계

1. 인명과 장군호를 통해 본 백제와 왜의 관계

2. 곤지와 동성왕 무령왕을 중심으로 한 백제와 왜의 관계

Ⅲ. 고고자료를 통해 본 백제와 왜의 관계

1. 한반도와 일본열도 고고학 자료의 용어 문제

2. 부안 죽막동 제사유적 출토 자료의 계통

3. 고고자료에 근거한 백제와 마한의 구분

4. 영산강유역 고분의 계통

Ⅳ. 객석 질문과 총평

백제학연구총서 쟁점백제사 7

백제와 요서지역(Baekje and Liaoxi)

주제발표

종합토론

좌장 노중국 **토론** 노태돈 · 양기석 · 오영찬 · 홍승현 · 임기환 · 박순발 · 최진열 · 윤용구 · 강종훈

종합토론 1부

-『남제서』의 동성왕 표문 해석과『진서』의 입전 체제

종합토론 2부

Ⅱ. 백제와 요서지역의 관계

1. 용어 설정 및 교과서상 서술에 대한 문제 제기
2. 백제 요서진출의 시간적 범위
3. 문헌자료를 통해 본 백제의 요서 진출
4. 백제 요서진출의 공간적 범위
5. 백제와 요서지역의 관계 해석

Ⅲ. 백제 요서진출설 관련 쟁점에 대한 제언(교과서상 서술 문제 등)

Ⅳ. 객석 질문과 총평

백제학연구총서 쟁점백제사 8

개로왕의 꿈, 대국 백제(King Gaero's Dream toward the Great Baekje)

기조발제

백제 개로왕에 대한 역사적 평가(양기석)

주제발표

백제 개로왕대의 대외관계(김수태)

개로왕대의 정국의 동향과 체제정비(김영심)

한성도읍 후기 백제 묘제의 전개양상(이남석)

개로왕대 한성의 도성 경관과 토목공사(신희권)

종합토론

좌장 노태돈 **토론** 노중국 · 여호규 · 문안식 · 김무중 · 양정석 · 양기석 · 김수태 · 김영심 · 이남석 · 신희권

종합토론 1부

I. 발표 내용과 비판

1. 백제 개로왕대의 대외관계
   - 백제와 고구려, 신라의 관계 - 백제와 왜, 송, 북위의 관계
2. 백제 개로왕대의 지방통치 방식
3. 한성도읍 후기 백제 묘제의 전개양상
4. 한성의 도시 경관과 토목공사

종합토론 2부

Ⅱ. 백제 개로왕대를 바라보는 시각

1. 개로왕에 대한 평가
2. 왕 · 후제에 대한 이해
3. 백제의 대외관계
4. 백제 한성기의 고분 양식
5. 백제 한성기 도성, 궁성, 왕성 문제

백제학연구총서 쟁점백제사 9

백제의 성장과 낙랑 · 대방(The Growth of Baekje and Lelang · Daifang)

기조발제

백제의 성장과 낙랑, 대방의 관련성(권오영)

주제발표

낙랑 역사의 전개와 백제(권오중)

中國系 인물의 百濟 유입과 활동 양상(김창석)

백제 한성기 횡혈식고분의 발생과 낙랑 · 대방의 묘제(조윤재)

백제 토기 · 와전문화의 발달과 낙랑 · 대방(정인성)

종합토론

자문 노중국 **좌장** 박순발 **토론** 윤용구 · 김기섭 · 김무중 · 성정용

종합토론 1부

I. 발표 내용과 비판

1. 백제의 건국세력과 낙랑군 남부도위
2. 백제의 건국과 대방군의 위치
3. 백제 토기의 발달과 군현계 문물
4. 낙랑 · 대방과 말갈
5. 고홍(高興)의 역사 기록, 서기(書記)의 문제
6. 환령지말(桓靈之末)과 조묘기술집단

7. 낙랑 고분의 동장 기법과 산초법(散草法)

8. 낙랑 인물의 백제 이동 문제

종합토론 2부

Ⅱ. 백제와 낙랑 · 대방

1. 백제 한성기 기와 제작기법과 낙랑
2. 백제 한성기 기와의 문양
3. 총평
4. 객석 질문